HUGO VON HOFMANNSTHAL SÄMTLICHE WERKE

HUGO VON HOFMANNSTHAL
SÄMTLICHE WERKE
KRITISCHE AUSGABE

VERANSTALTET VOM
FREIEN DEUTSCHEN HOCHSTIFT
HERAUSGEGEBEN VON
HEINZ OTTO BURGER, RUDOLF HIRSCH
DETLEV LÜDERS, HEINZ RÖLLEKE
ERNST ZINN

S. FISCHER VERLAG

HUGO VON HOFMANNSTHAL
SÄMTLICHE WERKE

XXIX

ERZÄHLUNGEN 2

AUS DEM NACHLASS
HERAUSGEGEBEN VON
ELLEN RITTER

S. FISCHER VERLAG

Freies Deutsches Hochstift – Frankfurter Goethe-Museum
Frankfurt am Main, Großer Hirschgraben

Redaktion:
Ernst Dietrich Eckhardt
Ingeborg Beyer-Ahlert
Hans Grüters
Martin Stern war bis 1974 Herausgeber,
an seine Stelle trat Heinz Rölleke.

Die Ausgabe wird von der
Deutschen Forschungsgemeinschaft gefördert.
Die Erben Hugo von Hofmannsthals,
die Houghton Library der Harvard University, Cambridge, USA
und die Stiftung Volkswagenwerk
stellten Handschriften zur Verfügung.

ERZÄHLUNGEN

DER GEIGER VOM TRAUNSEE
(Eine Vision zum St. Magdalenentag.)

Montag 22. ⟨Juli 1889⟩ Maria Magd⟨alena⟩
        Der Geiger vom Traunsee
     (Eine Vision zum St. Magdalenentag.)
Die schwere drückende Gluth eines wolkenlosen Julinachmittages
lag über Berg und See. Kein Hauch bewegte die weite metallisch
blinkende Fläche. Kein Hauch spielte um die Wipfel des mächtigen
Waldes, der sich ein düster schleppender Mantel von den Schultern
des Bergriesen herabzieht bis hart ans Ufer. Hier, an der Grenze von
Wald u Fluth bilden sich zahllose kleine Buchten, dem landenden
Kahne günstig, bieten wechselnde Einschnitte schattig überhangende
Lauben ein wechselnd bewegtes Bild, das Bild friedlicher Ruhe, sorg-
loser Geborgenheit doppelt wohlthuend nach dem furchtbar grossartigen Bilde der wild-abstürzenden Felswand, der schroff aufragen-
den Klippen an der Stirnseite des Traunstein. Im Schatten einer dieser
Buchten, wo sich ein crystallhelles Bächlein den Weg durch schwel-
lende Moospolster an das kiesige Ufer bahnte, hatte ich nach langem
suchen gefunden was ich suchte, ein Fleckchen Erde, weltvergessen
und weltentlegen; Belebende Kühle umfieng mich, sowie mein Kahn
den weissen Sand der kleinen Bucht streifte, und mir war als hätte sich
gleich mir alles hierhergeflüchtet vor der sengenden Gluth da draussen
was keimt und blüht, was sprosst und gedeiht. Tief sank der Fuss in
den schwellenden Moosteppich der selbst die unfruchtbaren Geschiebe
des Ufers überwuchert hatte, so dass ihn nur mehr ein schmaler Strei-

fen weissen Sandes vom Wasser trennte. Und dicht wie der Teppich war auch das Blätterdach das sich zur traulichen Laube wölbte, kaum hie und da fiel ein Sonnenstrahl in eine Lücke, vergoldete mit feuchtem Glanz den Stamm

Magda – Ruhe – 39. Wer mag die Magda gewesen sein, die sich ein halbes Jahrhundert vor mir dies Lieblingsplätzchen erlesen; die hier gesessen in der Tracht unsrer Grossmütter, den schlanken Hals mit dem vormerzlichen Seidentuch umwunden den zierlichen Fuss in winzige französische Seidenschuhe gepresst? war sie hierhergekommen mit Claurens Mimili dem empfindsamen Geläute heimkehrender Herde zu lauschen, eine bleiche, geheimnisvolle Liebe im Herzen, hatte sie sich hierhergeflüchtet um mit Jean Paul in wehmüthigem Genuss seliger Beschränktheit zu schwelgen oder um sich dem bestrickenden Zauber romantischer Waldeinsamkeit hinzugeben? vielleicht lebt sie noch vielleicht gehe ich täglich an ihr vorüber, einer alten corpulenten Beamtenswitwe, die als ehrsame Frau Magdalena beim Schälchen Caffée mit einem unterdrückten Seufzer der Magda von einst und des lauschigen Plätzchens gedenkt. Während meine Gedanken also müssig umherschlenderten, suchte ich auf dem Brette eifrig nach einer Inschrift, einem Verslein, mit dem ja gefühlvollere Menschenkinder so gern ihrer Begeisterung beim Anblick ewig junger Naturschönheiten Worte verleihen. Umsonst mühsam hob ich das Brett vollends aus seinem feuchten Lager unzähliges Gewürm aufstörend, Da auf der Unterseite Worte, Verse, eine unentschiedene, frauenhafte Schrift: bald weich und liegend, dann wieder starr aufgerichtet, voll u. kräftig. Eine Flechte bedeckte die letzten Zeilen vorsichtig hob ich sie mit dem Taschenmesser ab: Am St. Magdalenentage 1839. Nik. Lenau. Dieser Name warf wie ein Blitz sein Licht in mein Gedächtniss. Ja das waren die Züge, in die ich mich mit wehmüthigen Seligkeiten vertieft hatte, sooft mir mein Schurz 2 Blicke in die reiche handschriftl⟨iche⟩ Hinterlassenschaft seines Schwagers gewährt hatte. Laut pochte mein Herz vor freud⟨iger⟩ Aufreg⟨ung⟩ einen Augenblick war ich wie geblendet. Dann suchte ich mit freudebebenden Händen meinen Schatz zu entziffern. Aber ach, vergebens wohl liess sich Vers metrische Form und Zeilenzahl des Gedichtes erkennen, wohl liessen sich einige Zeilen zu verständlichen Sätzen mit leichter Mühe ergänzen, aber Sinn des Gedichtes zu erschliessen, das musste ich alle Hoff-

nung aufgeben. So wie ich, so öd, ohnmächtig qualvoll musste sich
der Bettler fühlen vor dessen Füssen ein gleissender Schatz in die Tiefe
sank? Eine heisse Thräne der Enttäuschung und bitteren Hilflosigkeit
fiel auf die grauen Zeichen. Es war ein Sonnett; eine Dichtungsart die
5 Lenau nicht gern gebrauchte, denn er liebte es, was ihm Herz und
Sinn durchstürmte, frei entströmen zu lassen wie die ungebundenen
Tonfluthen seiner Geige nicht es zu feilen u zusammenzupressen in
die enge Schranke der kunstvoll verschlungenen 14 Zeilen. Was sich
erkennen liess, war abgerissen und unzusammenhängend

10 Du fielst, ein Weib, wie tausend Weiber sanken,
Dein Heiland hörte dein⟨es⟩ Herz⟨ens⟩ stöhnen
Die Reu, wie das Vergehen, ohne Schranken
Mein Wollustmeer ist eine Welt von Tönen
Und Zechgenossen sind mir die Gedanken
15 Du warst ein Weib wohl dir du konntest weinen
Und heute preisen Heil'ge dich Legenden
Dein Platz ist bei den Makellosen Reinen
Wann wird die Qual wann die Verfolgung enden?

Eine Säule eines verschütteten Palastes, ein abgerissener Accord, vom
20 Wind verweht. Und doch ein Accord der wieder und wieder erklingt
im tosenden Kampfgetümmel der Albigenser im leisen flüstern der
Schilflieder; stets die eine quälende Frage an das Schicksal bald gesteigert zum verzweifelten Aufschrei aus wunder Brust bald gedämpft
zur kindlich-vertrauenden, demüthigen Bitte. Wann wird die Qual,
25 wann die Verfolgung enden. Alle Saiten meiner Seele tönten nach,
melodisch begleitet von den rauschenden Blättern, den schlaftrunken
plätschernden Wellen. Vor meinem Aug stiegen zwei Bilder auf, die
schöne Büsserin im Schmuck des niederwallenden Haares den seligen
Glanz überst⟨andener⟩ Prüfung im Auge, und der bleiche Mann mit
30 der Rhätselfr⟨emde⟩ im sehnenden Aug u dem halb traur⟨igen⟩ halb
spöttischen Zug um die vollen Lippen wie er in Schurz Arbeitszimmer hieng. Über meine Stirn schwebte ein Falter; gedankenlos zer-
knickte ich eine dunkle Orchis, die im Bereich meiner Finger stand.
Gedankenlos lauschte ich den ruhigen Athemzügen der schlafenden
35 Fluth. Da mischte sich in das Plaudern u. Murmeln der Wellen ein
seltsames Klingen, wie ferner Geigenton. Leise u doch vernehmlich
klang es aus der Tiefe, als schlängen Nixen ihren Reihen durch die
feuchte Bogen und Hallen der versunkenen Stadt. Fester schloss ich

die Augen denn ich fürchtete zu erwachen u die süssen Klänge zu ver-
scheuchen. Aber sie zogen näher und näher, und immer sehnsüchtiger
lockender erklang die Weise. Endlich schien mir, als drängen sie dicht
vor mir aus dem Boden, ich riss die Augen auf, vor mir stand ein
ernster, bleicher Mann, in der förmlichen, spiessbürgerl⟨ichen⟩ Tracht   5
unsrer Vorfahren, die grossen dunklen Augen fragend vor sich hin
gerichtet, um die vollen weichen Lippen ein Lächeln, halb traurig halb
spöttisch. Im Arm aber ruhte ihm eine unscheinbare dunkle Geige,
auf der er fort und fort spielte, langsam weiterg⟨ehend⟩ ohne meiner
oder des Weges zu achten. Tausend Empf⟨indungen⟩ stürmten auf   10
mich ein, aber so sehr mir die Brust vor Erregung bebte und arbeitete,
kein Wort entrang sich meiner Kehle, stumm stand ich da, ohne den
Blick von dem wunders⟨amen⟩ Geiger abwenden zu können. Ohne
abzubrechen, war er aus dem lockenden Reigen übergegangen in ein
leises inniges Flehen. Da war's mir als hielte gleich mir, die ganze   15
Schöpfung den Athem an, dem sehnsuchtvollen Werben zu lauschen.
Und wo er gieng, da leuchteten die weissen Sternblumen heller, und
durch die Bäume gieng ein wonniges Beben. Und wie die Töne immer
heisser, inniger flehten da öffnete sich die unentwirrbar grüne Wand,
die verschlungenen Äste lösten sich lautlos und vor uns lag ein grüner   20
Waldpfad. Da erklang es wie gestilltes Liebessehnen, goldne Töne
schwangen sich auf zu den alten Wipfeln, die rauschend zusammen-
schlugen. Der unbeschreiblich süsse Hauch der auf den Märchen unserer Kindheit liegt umschwebte mich wieder, dazwischen scholl das
Lied mit dem mich meine Mutter in den Schlaf gesungen. Dann   25
schmetterten wilde kriegerische Töne durch den horchenden Wald,
wie die empörten Wogen eines Giessbaches schwollen die Töne an,
klirrend stiessen sie aneinander, die Erde erdröhnte vom wüthenden
Anprall; endlich floss alles brausender Siegesruf, der Schrei der Verzweiflung, ohnmächtiges Stöhnen in Einen brausenden Chorgesang   30
zusammen, fessellos und unergründlich wie das tobende Meer. Schau-
rig hallte es an den Wänden. Alles was in meinem Herzen übrig geblieben von flammender Begeisterung heissem Ringen der Jugend
schlug noch einmal lodernd auf. Noch hallten die Schwingungen des
wilden chaotischen Tonsturmes von Stamm zu Stamm, als schon wie-   35
der neue Lieder aus der Geige quollen zart wie wenn im silbernen
Mondstrahl Elfenreigen um Moor u. Halde schweben. Süsses Vergessen, sorglose Verborgenheit, von Blumenglück u Blumenleid von
langen Wintern da die Erde schläft und von seligem Erwachen des

Frühlings plauderten u flüsterten die Töne. Ich weiss nicht wie lang wir so dahinschritten durch den dunklen hohen Wald er unermüdlich spielend ich horchend mit jeder Faser meines Herzens. Aber als wir heraustraten aus dem Dunkel an den kahlen Felsgrat, da stand die Sonne tief im Westen; schwere bleigraue Wolken waren heraufgezogen und ein rauher Windstoss fegte den felsigen Abhang herab uns entgegen, und der See tief zu unsern Füssen sah tiefblau fast drohend herauf, und hie und dort trug er weisse Schaumkronen. Unser Pfad ward eng und schwindlich und zu beiden Seiten schroffe Abstürze, von phantastischen Klippen u Zacken unterbrochen. Kaum hie und da gewährte die Wurzel einer verkrüppelten Föhre dem Fuss einen sicheren Anhaltspunkt. Er schritt dahin ohne auszugleiten, ohne sein Spiel zu unterbrechen es schien ihn die Gewalt seiner Töne emporzutragen und zu leiten. Mühvoll, keuchend mit blut⟨enden⟩ Händen jede Zacke, jeden Ast benutzend folgte ich ihm, wie gebannt von der Gewalt dieser Töne. Einmal bei einer Biegung, konnte ich ihm ins Gesicht sehen, es war bleich wie früher, aber die Augen glühten und der Mund war weit geöffnet Immer heisser unstäter scholl sein Spiel. Mich ergriffs ins Herz mit schmerzl⟨icher⟩ Gewalt, wie die Klän⟨ge⟩ flehten u. rangen, tobten u. weinten. Wie ich schaudernd über den Abgrund hinab blickte über den der Wind sie mir zuwehte war mir als stünde ich vor dem grossen räthselhaften das ein Menschengemüth bewegt. Da verfinsterte sich die Sonne sausend flog der Wind um den nächsten Vorsprung, die ersten schweren Regentropfen fielen mir auf die glühende Stirn. Vor mir aber suchten und knirschten, wühlten und wimmerten die Geigentöne und übertäubten das Heulen der Wogen die tief drunten in ohnmächtiger Wuth gegen die unersch⟨ütterliche⟩ Felswand tobten, bis sie zu weisser Gischt zersprühten Wilder jagte der Wind daher, der See war eine weisse Fläche, stöhnend hob und senkte sich der Wald. An die Felswand geschm⟨iegt⟩ mit beiden Händen eine Zacke umklammernd stand ich, mein Blick aber hieng an ihm, wie er höher und höher stieg, ohne zu wanken, ohne Athem zu schöpfen. Ich hörte sein Spiel nicht mehr denn um mich zischte der Wind in den Nadeln, donnerten Blöcke die grundlose Tiefe hinab. Nur dann u. wann warf mir der Sturm mit einem Gusse eisigen Regens ein paar loosg⟨erissene⟩ kreischende Töne zu. Er war schon weit, weit von mir, und mir war als sähe er sich nach mir um mit dem stummen, hilflosen herzzerreissenden Blick der Verzweiflung. Da fegte der Sturm eine schwarze Wolke über die Schluchten; die

Schroffen und Zinken streckten ihre Fangarme nach den gehetzten
Wolken aus, sie zu Fetzen zerreissend, ein feuchter erstickender
Schleier füllt den Abgrund zu meinen Füssen aus, die Steine an denen
ich hänge wanken, krachend stürzen sie hinab, noch hänge ich mit
beiden Händen an der Wurzel; eine schwache Wurzel einer Zwerg-   5
fichte; ich fühle wie sie meinem Gewicht nachgiebt, ihre Fasern lösen
u ich stürze
    Als ich erwachte, war ich durchnässt und rings um mich trieften die
Bäume

AM RAND DER HAUPTSTADT...   10

Am Rand der Hauptstadt. Localstudien. Ein Complex kleiner halb-
verfallener Arbeiterhäuser. (Laaerberg, Simmering) Schenke, der
Schenkwirt ein Jude, Hehler, mit dem Gesindel vertraut, Autorität
aller von der Polizei verfolgter, sein Sohn, 16 Schlingel, durchtrie-
ben, schlau u. diebisch, dabei aber gutmüthig; um ihn sammeln sich   15
die jungen, Deutsche – Czechen; die Diebe und Pläneschmiede aller
Nationen, Georg Held, der Vater, 38 Jahre alt, der Sohn fünf; der
Vater seit 3 Jahren krank. Hauptzug: Rechtschaffenheit, dabei aber
Schwäche; aus seiner gedrückten Lebensstellung folgende Willen-
losigkeit, am meisten gegenüber der Frau. Diese 29jährig, Kind   20
wohlhabender Eltern in der französischen Schweiz, deren Liebling
daher eigenwillig, genussüchtig; aus blinder Liebe mangelhaft erzogen, Bildung besteht in etwas Clavier, einer hübschen französischen
Aussprache, und der Lectüre sittenloser Romane, die sie sich in Genf
zu verschaffen gewusst. Ihr Vater durch eine anarchistische Ver-   25
schwörung, um die er gewusst habe, compromittiert, da er heftig und
unbesonnen ist, widersetzt er sich der Gefangennahme und wird von
einem gens d'arme erschossen. (Dies alles erzählt Alice einer lieder-
lichen Freundin, wobei immer der Zweck der Erzählung, die Hervor-
hebung ihres früheren Standes u. die Verachtung ihres Gatten, der   30
sich sein Brot mühsam verdienen muss hervorleuchtet) ebenso das
folgende: Der Besitz des Vaters geht verloren, ihre Mutter stirbt
aus Gram darüber. Ohne Mittel, ohne Verwandte, unfähig sich ihr

Leben durch ungewohnte Arbeit zu erkaufen, zehrt Alice von dem
Rest ihrer kleinen Barschaft. Sie geht in ein Vermittlungsbureau, wo
⟨sie⟩ einen jungen Mann ⟨begegnet⟩, der im Auftrage seiner Mutter
hier ist, um für seine kleine Schwester eine Gouvernante zu suchen.
Der junge Mensch (ein verdorbener Zögling eines Institutes in Genf
wo er soeben die Abgangsprüfung abgelegt, 19 Jahre, Karl Bergheim
angezogen durch das hübsche Gesichtchen der 17jähr⟨igen⟩ Stelle-
suchenden) lässt sich mit ihr in ein Gespräch ein, sie vertraut ihm
rückhaltlos ihre hülflose Lage an, der junge Wohllüstling, bestellt sie
für den nächsten Tag in das Haus seiner Mutter. Diese, eine herrische,
strenge Frau überredet er, dass er eine Aspirantin gefunden, die zwar
über keine Zeugnisse verfügen könne, aber ihm von der Vorsteherin
wärmstens empfohlen sei. Alice stellt sich vor, gefällt, wird aufgenommen. Ihre leichtsinnige Herzlosigkeit zeigt sich darin, dass sie in der
Freude über ihren Eintritt in ein so glänzendes Haus, den Abschied
von ihrer alten Pflegerin (seit dem Tode der Mutter) vergisst. Die
Mutter ist nur nach Genf gekommen um ihren Sohn aus dem Institut
abzuholen, ihr kränkliches 7jähriges Töchterchen Elsa die würzige
Schweizer Luft genieße. Im Herbst reist sie daher nach W⟨ien⟩ zurück, wo ihr Gatte der Notar B wohnt, dem wird Alice vorgestellt;
sie ist glücklich über die vielen Abwechslungen der Reise, das glän-
zende Leben der Hauptstadt. Bald fühlt sie sich heimisch in der Familie, die Herzensgüte des alten Herren, das zutrauliche Wesen Elsa's,
die aufmerksame Galanterie des jungen Studenten, alles übertrifft ihre
kühnsten Träume. Aber in ihrer blinden, egoistischen Vergnügungs-
sucht bemerkt sie nicht, wie der junge Mann, nur noch verschlechtert
durch frivolen Umgang, sich Freiheiten herausnimmt, die das ehrbare
Mädchen nimmer dulden darf. Sie schmeichelt es, dass der Sohn der
Herrschaft, den so manches Fräulein ersehnt, sich so gerne u. viel mit
der armen Gouvernante beschäftigt; er ist schön, feurig weiß sie zu
beschwatzen und zu betäuben, bis ihr Entgegenkommen (in der Hoffnung auf ehrbare Verbindung) ihm einen leichten Sieg verschafft. Wie
sie ihren Fehler einsieht, beschwört sie ihn, durch eine baldige Erklärung vor den Eltern ihre geraubte Ehre wiederzugeben. Er antwortet
mit ein paar lächelnd hingeworfenen Phrasen und geht in den Ballsaal;
in ihrer Herzensangst wirft sie sich der Mutter zu Füßen; diese behandelt sie wie eine Dirne, jagt sie aus dem Hause, verständigt sofort
ihren Gemahl. Der Sohn, zur Rede gestellt, läugnet nicht, aber giebt
dem herausfordernden Benehmen die Schuld. Da ohnehin sein Frei-

willigenjahr bevorsteht, wird er nach einer harten Auseinandersetzung
in die Garnison geschickt. Unterdessen wankt Alice schluchzend aus
dem Hause; sie begegnet einem Schlosser, der für Bergheims arbeitet;
öfter hat sie mit ihm ein paar gleichgültige ⟨Worte⟩ gewechselt, diese,
mit ihrer Schönheit vereinigt, haben genügt, dem einfachen Mann   5
eine tiefe Neigung einzuflößen. Er hat es aber nie gewagt, ihr dies ein-
zugestehen, da er sie stets in einer Stellung die sehr der einer Tochter
des Hauses glich, sah. Jetzt aber, da sie auf seine theilnahmsvollen Fragen, ihr Unglück erzählt, ohne dessen Ursache zu nennen, fasst er
Muth und fragt sie, ob sie einwilligen könnte, sein bescheidenes Los   10
mit ihm zu theilen. Er sei arm, aber von niemand abhängig und wenn
sie nicht mehr bedürfe, als ein Herz das nur für sie schlägt und eine
Hand, die nicht müde werden würde für sie zu arbeiten so möge sie
ihn durch ein Ja zum Glücklichsten der Sterblichen machen Sie wil-
ligt ein. Hochzeit. Beginn der Zwistigkeiten.   15

STOFFE

22. VII. ⟨1891⟩
Stoffe.

1) durch den Vater (Carlweiss) die Erziehung eines Mädchens (Rosa)
beeinflussen; missglückte Versuche (Carmen, Nihilistin) enden mit   20
Hysterie. In ihrer Trauer über den darüber trostlosen Vater, in der
langsamen Verklärung des Sterbens, wird sie heilig.
2.) Sohn eines jüdischen Vaters; Mutter bigotte Katholikin; der
Salon einer alten Tante erregt in ihm vagues atavistes Verlangen,
nostalgie nach den Bräuchen, dem Geist, Mimik, Demuth Ressenti-   25
ment, Aristokratie des Judenthums; dieser Drang von der Mutter
zum Aloysiuscult abgeleitet, den er in confusen Träumen vom Marty-
rium der Keuschheit und Judenverfolgung übt: Wallfahrt, Orgel,
Geissel. er wird in der Kirche ohnmächtig.
3. Praetendent. Herausgegeben von einem Psychologen. Schilde-   30
rung des Sterbezimmers. (im Duell gefallen) combinierte Erinnerungen. Tagebuch einer Badereise. Details dazu: Emily de Laszowska-

Gerard. Laroche der Neffe des berühmten. Das Bad gleich neben
einem Weltbad auf Rat des Arztes. Durch Eigenheiten (niemand kam
in die Wohnung etc.) erwirbt er den Ruf eines interessanten Sonder-
lings, während ihm immer nur um den tadellosen gentleman zu thuen
5 ist.

AGE OF INNOCENCE
Stationen der Entwicklung

3 H–hH
Age of innocence.
10   Stationen der Entwicklung.
Er war von dem Geschlecht, das, siebzehnjährig, im Gymnasium, los-
gerissene Blätter von »Hedda Gabler« und »Anna Karenina« zwischen den Seiten des Platon und Horaz liegen hatte, und dann, in den
Neunzigerjahren des 19. Jahrhunderts das Leben lebte, dessen äußere
15 und innere Geberden das Product blaguierender französischer Bücher
und manierierter deutscher Schauspieler waren.
Damals war er acht Jahre alt.
Sein Lieblingsbuch, von früher her, war ein englisches Bilderbuch:
»The age of innocence«. Es handelte von Kindern für Kinder, sagte
20 die Dame, die die Vorrede geschrieben hatte. Er hatte es hauptsächlich
bekommen, um darin englisch lesen zu lernen. Als er soviel englisch
lesen konnte, um die Vorrede zu lesen – die er für die erste Erzählung
hielt – verstand er das nicht; zwar die Worte wohl, aber nicht den
Sinn. Denn die Bilder hatte er schon angesehen und es war ihm nie
25 der Gedanke gekommen, dass das Kinder sein sollten, Kinder wie er,
diese blonden, mit den Greenaway-Hüten, mit den stilisierten Stumpf-
näschen der Unschuld und der wohlerzogenen Drolligkeit der Bewegungen.
Seine Augen waren nicht so rund und lachten nicht so; und seine
30 Bewegungen waren auch anders, heftiger und hässlicher.
Er dachte nicht weiter darüber nach und behandelte sie wie Indianer
oder sprechende Thiere, als etwas, dessen Existenz man nicht weiter
leugnet, dem man aber wahrscheinlich nicht begegnen wird. Auch ihre
Gespräche hatten für ihn nicht das Interesse, wie etwas Lebendiges

und Verwandtes, und für die Spiele die sie auf der gelben Düne oder
auf grünem Gras unter blauem Himmel spielten, hatte er gar keinen
Sinn. Trotzdem hatte er das Buch sehr gern und seine erste Conception
der Schönheit war die blonde, zarte, auf der gelben Düne oder auf
grünem Gras unter blauem Himmel. Er spielte anders, schon weil er   5
meistens allein war.

Nachmittag, wenn er allein zuhause war, kniete er vor dem Ofen
und sah regungslos in das Schwälen und Knistern der Gluth und sog
den heißen Hauch ein, der um seine Wangen leckte, bis ihm die Augen
thränten und die Stirn glühte. Da bog er sich zurück, und schrie   10
manchmal, wie in einer Trunkenheit, und warf sich auf den Teppich,
zuckend und sehr glücklich. Oder er lief in die Küche – die war leer –
und schlug mit dem Holzmesser auf den Holzklotz in bacchantischer
Zerstörungslust und athemlosem Wohlsein. Dann trank er Wasser in
langen schlürfenden Zügen.   15

An Frühlingsabenden aber, wenn er allein war und die Fenster
offen, beugte er sich aus dem Fenster weit über und hieng lange, mit
gepresster Brust, die laue Luft im Haar, bis ihm schwindelte und vor
dem Stürzen graute. Dann lief er zu seinem Bett und vergrub den
Kopf in die Kissen, tiefeinwühlend, und Tücher und Decken in er-   20
stickendem Knäuel darüber: vor seinen Augen strömte es dunkelroth,
seine Schläfen hämmerten und nachbebende Angst schüttelte ihn.

Aber ihm waren das heimliche Orgien und er liebte die Augenblicke,
vor denen ihm graute. – –

Auch mit der Angst im Dunkeln spielte er gern und sich selbst zu   25
quälen machte ihm Vergnügen. Dazu benützte er spitze Nägel, das
heiße Wachs und Blei von Kerzen und geschmolzenen Spielsoldaten,
das Berühren von Raupen und Thieren, vor denen ihm ekelte, oder
auch harte Aufgaben, die er sich stellte, asketische Verzichtleistungen.
Dies alles betrieb er Anfangs ohne bestimmten Zweck, aus unklar ge- 30
fühltem Wohlgefallen an der Macht über sich selbst und weil er seine
Empfindungen gleichsam auskostete, wie man eine Weinbeere erst
ausschlürft und aussaugt und dann mit den Zähnen presst und zer-
quetscht, bis dahin, wo ihre Süße herb und bitter wird.

. . . Später pflegte er diese Martern der Heiligen Dreifaltigkeit aufzu- 35
opfern, die ihm nichts war als eine Dreizahl, von der er besessen war,
der zu Ehren er eine Zeitlang alles unangenehme und peinliche dreimal

oder dreimal dreimal oder dreimal dreimal dreimal that, ja sogar Gedanken, die ihm Angst machten, Erinnerungen, vor denen er sich
schämte, dreimal durchzudenken suchte.

Das war auch die Zeit, wo die Augen des Muttergottesbildes droh-
ten oder lächelten und wo er den Ausgang aller Dinge von dem Eintreffen gewisser Ereignisse abhängig machte: zum Beispiel, ob das
vierte Haus am Weg dreistöckig sein wird, oder ob ein Regentropfen
in die Mitte eines Pflastersteines fallen wird . . Diese Zeit dauerte aber
nicht lange . . .

Dann kam ein ängstliches Denken an den Tod, den eigenen und den
der Verwandten (. . wann Weltuntergang und Jüngstes Gericht sein
wird? . . ob eine Revolution sein muss, jedesmal, wenn ein neuer
Kaiser kommt?) . . und ein Ausrechnen von Lebensaltern und Wahr-
scheinlichkeiten.

Dann kam ein fieberhaftes Verlangen nach Besitz, nach Übersicht,
Eintheilung, Ordnung: . . wie viele Kasten und Claviere und Bücher
man erben könnte, und geschenkt bekommen, und rauben? . . und
unter welchen Umständen? und wie ungestraft bleiben und das Er-
worbene nie wieder hergeben müssen?

Und er fieng an, seine kleinen Sachen zu zählen, zu ordnen und in
ein Notizbuch einzutragen; und sie noch mehr zu eigen zu haben,
beschrieb er sie in dem Notizbuch mit Worten und unbeholfenen Strichen und schrieb die schönsten Stellen aus den schönsten Büchern
wörtlich ab. Bald aber ließ er das ängstlich umklammerte wieder los
und nach einer Zeit des Hütens kam wieder eine Zeit des Sammelns.

Damals bekam er die historischen Erzählungen für die reifere Jugend
in die Hand. Das antiquarische Detail, die exotischen Namen, die
Titel, das Costüm nahmen ihn sehr ein: er fieng an, sich in Costüm zu
sehen und in costümierten Redensarten zu denken. Er genoss das
seltsame Glück, seine Umgebung zu stilisieren und das Gewöhnliche
als Schauspiel zu genießen. Das Erwachen kam über ihn und das
Erstaunen über sich selbst und das verwunderte Sich-leben-zusehen.
Da wurden die Gerüche lebendig und die Farben leuchtend; die Aufeinanderfolge des Alltäglichen wurde Ereignis und die Umgebung
Bild. Und es kam eine süße Hast und Unruhe über ihn, als ob die unmittelbare Zukunft irgend Etwas bringen müsste und der kommende
Tag irgend einen großen Sinn haben.

Damals riss er sich einmal auf der Straße beim Spazierengehen von

dem Fräulein los und lief durch die Straßen, von einem unbestimmten
Bann getrieben, athemlos und wie berauscht. Er schrie vor sich hin,
heiser vor sinnloser Aufregung; in das rasseln und klirren und dröhnen
der Wagen mengte er seine schrille Stimme und der Schauer lief von
seinen Haarwurzeln den Rücken herab, den er immer hatte, wenn er   5
hohe Trompeten hörte oder Glocken und das Weinen quoll ihm die
Kehle herauf; so lief er durch die Straßen.

Dann wurde es halb finster und er wurde müde, und der Rausch
vergieng; er hatte Halsschmerzen und aufgesprungene Lippen und
brennende Wimpern. Er hatte sich nicht einmal verlaufen. Kreisend   10
war er dort hingekommen, von wo er sich leicht nach Hause finden
konnte. Zu Hause waren sie geängstigt und böse; er hatte den Geschmack von unsäglicher schaler bitterer Enttäuschung auf der Zunge.

Ihr ganzes brutales Nichtverstehen war ihm widerlich und er log.
Er log mit dem dumpfen Bestreben, einen Mantel um sich zu machen   15
und irgend etwas Heimliches nicht preiszugeben.

Er log aus Schamhaftigkeit der Nerven.

Ein Vorhang, ein dolchartiges Messer, ein Tuch, sein eigener Körper,
die Beweglichkeit seiner Mienen, die Kleider, die man an- und aus-
ziehen kann, Lampenlicht und Halbdunkel und vollständiges Dunkel, 20
das waren ihm die Ereignisse unzähliger Dramen oder eigentlich
eines einzigen monatelangen Mysteriums.

Er spielte und sah zu, fühlte die Schauer des Mordes und das
Grauen des Opfers, weidete sich an seinen eigenen Qualen, brachte
sich selbst Botschaft von sich selbst, weinte aus Rührung über seine   25
eigene Stimme, verriet sich selbst die Geheimnisse seines Innern und
erweiterte die Scala seiner Empfindlichkeiten; sein eigenes reiches
Reich.

So erlangte er die peinliche Geschicklichkeit, sich selbst als Object
zu behandeln.   30

Manchmal verlor er den Faden seines Dramas, und wurde von dem
bloßen Beben seiner Stimme durch eine Reihe von Affecten ohne Vor-
stellungsinhalt willenlos mitgerissen – sinnlose Worte vor sich hin-
sprechend, die ihn berauschten. – Dieses Vibrieren der Nerven, das er
durch bewußte Führung und Wahl der Worte nie zu erreichen ver-   35
mochte, hatte für ihn den großen Reiz des Unverständlichen und
brachte ihm die Hochachtung vor unverständlich gewordenen Dingen
und den Cultus der Erinnerung bei.

Mit 8 Jahren fand er den größten Reiz an dem Duft halbvergessener Tage und that manches nur mit dem dumpfen Instinct, zukünftige hübsche Erinnerungen auszusäen. So gewöhnte er sich resigniert, den Wert und Reiz der Gegenwart, erst von der Vergangenheit geworde-
5 nen zu erwarten.

Einmal, Anfangs Juni, da war eine merkwürdige Nacht. Es war eine sehr heiße Zeit; die Wassergläser waren immer angelaufen und abends athmeten die Steine lauen Qualm aus. An den offenen Fenstern in der Vorstadt saßen abends die Leute im Hemd. Damals hatte die Mama
10 das Fräulein fortgeschickt und er schlief allein. Früh in der Nacht schrak er auf aus einem Traum; das Fenster war offen, der laue Wind spielte mit den Vorhängen; gegenüber, hinter den Rauchfängen, stand der gelbe Vollmond.

Sein Herz pochte; ihm war, als hätte ihn jemand gerufen, er lauschte
15 mit eingehaltenem Athem, man hörte nichts als das nächtige Knistern der Möbel. Er richtete sich im Bette auf; das Alleinsein war ihm Ereig-niß. In der Ecke stand des Fräuleins großer Ankleidespiegel, leise glitt er vom Bette herunter und stand, athmend, die nackten Füße auf der kühlen Matte. Mit einem Schritte stand er vor dem Spiegel, und genoß
20 den wohlbekannten Schauer des Erschreckens, als ihm seine eigene weiße Gestalt aus dem Halbdunkel entgegensprang. Dann spielte er vor dem Spiegel: das betende Kind (die Ofenfigur im Vorzimmer); der Kaiser Napoleon in Fontainebleau mit finsterer Stirne im Arm-sessel (der Kupferstich hängt in Papas Zimmer); dann der Wahnsin-
25 nige, den ihm das Fräulein einmal vorgemacht hatte, um ihn zu er-schrecken, mit stieren, hervorstehenden Augen, wo man das Weiße unten sieht, und verzerrten Lippen.

Den machte er immer zuletzt und zitterte jedesmal vor seiner eige-nen Schöpfung.
30 Aber schließlich wird auch das Grauen langweilig. Horchend trat er ans Fenster, das gieng in den Hof, um den rings in jedem Stockwerk ein offener Gang führte. Gegenüber lag das Mondlicht auf den grau-weißen saftlosen Blättern eines verstaubten Epheugitters, das da stand und auf den Regen wartete. Von irgendwo her drangen halbverwehte
35 Geigentöne; er bemühte sich, sich den Menschen vorzustellen, der jetzt Geigen spielte. Er mußte alt sein wie der pensionirte Ministerial-beamte vom III. Stock und zitternde Hände haben und thränende Augenwinkel; das las er aus dem Spiele heraus.

Zum erstenmal bekam die Außenwelt für ihn ein selbständiges
Interesse, die anderen Menschen, die gar keine Bekannten sind, und
an denen man sonst immer nur vorübergeht. Da schwirrte Etwas vor
seinen Augen vorbei und fiel unten klatschend auf; dann hörte man
lachen von Menschen, die sich aus den Fenstern beugten. Das mußte   5
bei der Dame mit dem Mops sein, die immer einen gelben Hut auf-
hatte und immer abends mit ihrem Dienstmädchen spazieren gieng,
und über die die Mama sich beim Hausadministrator beschwert hatte.

Er empfand plötzlich eine Sehnsucht darnach, in fremde Zimmer hin-
einzuschauen und fremde Menschen fühlen zu fühlen.   10
   Die »Anderen« hatten für ihn einen Sinn bekommen . .
   Er hatte einen neuen Reiz des contemplativen Lebens entdeckt.

4 H
Kreuzwege.

Was man also den Lebensweg nennt, ist kein wirklicher Weg mit An-   15
fang und Ziel, sondern er hat viele Kreuzwege, ja er besteht wohl
eigentlich nur aus Kreuzwegen und jeder Punkt ist der mögliche Ausgangspunkt zu unendlichen Möglichkeiten; und das Schicksal nannten
darum die Griechen sehr geistreich »Tyche«, das zufällig-zugefallene.
   Es geht immerfort die Wahrheit an uns vorbei, die wir vielleicht   20
hätten verstehen können und die Frau, die wir vielleicht hätten lieben
können . . .

       . . . . car j'ignore où tu fuis, tu ne sais où je vais
       ô toi que j'eusse aimée, ô toi qui le savais . .

Das ist beinahe traurig aber es ist für mich wirklich erlebte Erfahrung;   25
es gehört zu meiner Resignationsphilosophie. Nervöse Menschen
kann es aber auch zu einem seltsamen Suchen und Sehnen führen,
schmerzlich und ohne Zuversicht, aber doch ohne Ende.
   Wie alle Erfahrung hab ich längst gewusst, seit jeher, aber deutlich,
lebendig geworden ist es mir erst damals. Damals . . aber ich erinnere   30
mich so genau ich könnte das ganze in ein Tagebuch bringen: ein
nachträgliches Tagebuch. Das wäre wenigstens ein Tagebuch ohne
Pathos, mit den graciösen unaufdringlichen Dimensionen des entrückten und dem kühlen reservierten Ton des nicht mehr wirklichen.
Also gut.   35

Anfang Jänner 1886.

Ich komme seit einigen Wochen sehr viel zu W. Heddy ist nämlich
wirklich in ihrem Boudoir viel hübscher als überall anders. Sie kann
sehr hübsch sitzen und lehnen, mit einer leichten Andeutung des
5 frierenden Kauerns. In ihren Negligés imitiert sie ein bisschen die
Anziehtechnik der Sarah Bernhardt aber nicht sclavisch: viel Spitzen
und weiche Falten und die hohen mattgoldenen Empiregürtel, die ich
so gern habe. Ihr Gespräch ist eigentlich merkwürdig geradlinig; nur
fragt sie viel und manchmal mit so eigenen suchenden Augen.

10 Einmal sah ich eine Biscuitgruppe an, die auf ihrem Kamin steht
gutes, französisches Rococo mit kleinen Stumpfnasen in der manier
der Frauen von Watteau u Largillière

Wie hübsch das ist, sag ich

Warum? fragt sie.

15 Ich war einen Augenblick verlegen; endlich sagte ich: Warum,
weil es Stil hat. Sie schwieg und wir redeten von etwas anderem.

Nach ein paar Tagen sagte sie plötzlich, ganz ohne Übergang

5 H

Wie mein Vater der alte Herr mit dem traurigen Lächeln und dem
20 eigentümlichen Parfum in den Seidentaschentüchern und den ge-
stickten Westen starb, war ich noch ein Kind. Dann lebte ich weiter
allein, mit einem alten Diener, der zugleich Koch war, in der altmodi-
schen Wohnung, ein seltsam puppenhaftes gespenstisches Dasein.
Mein grosses, vielzugrosses Bett in der alcove und die Kupferstiche
25 nach Danhauser u Fendi Eysen und Greuze mit galanten Versen und
die grossen gelbrothen Möbel der Congresszeit und der rätselhafte
Geruch nach Äpfeln und alten Büchern machte das lichte saalartige
Zimmer anders als alle andern Zimmer auf der Welt. Nur eines war
sehr schön: zwischen den weissen Gardinen sah ein heller grüner
30 Garten herein und in Sommernächten schwebten vor der Mond-
scheibe auf dem schwarzblauen Nachthimmel weissleuchtende Kirsch-
blüthenzweige. Hier lebte ich eine altkluge Kindheit in selbstgenüg-
samer Harmonie. Ein feiner glatter pedantesker Tanz, ein graciöses
resigniertes Menuett. Wie ich klein war hatte ich bei meinem Vater viel
35 Musik gehört: alle Sonntag abends kamen 3 Freunde zu ihm, alte
Hofbeamte wie er und spielten Kammermusik. Seit der Zeit aber war
keine Musik mehr und ich tupfte nur manchmal ängstlich in der

Abenddämmerung auf die Tasten des Claviers, vor dem ich Furcht
hatte. Aber das langsame Verklingen der Töne war sehr schön. Ich
suchte mich oft an die wirkliche Musik zu erinnern, an die von damals:
ich sah dann eine metallene Landschaft mit rothglühendem Himmel,
oder ein goldenes Meer mit emailblauen Inseln und weissem licht-   5
durchsickertem Nebel oder grosse weisse Stiegen mit modernden
Blättern corallenroth und grün, denn alle Töne hatten für mich eine
Farbe, Farben von unsagbarer sehnsüchtiger Schönheit, viel schöner
als alle wirklichen Dinge, Farben die ich gar nicht nennen kann und
die ich nirgends wiederfinde.   10

Dann kam meine Universitätszeit. Ich erlebte nichts und schrieb in ein
lichtgelb gebundenes Tagebuch hochmütige und enttäuschte Verse,
die ziemlich deutlich eine empfindsame und unruhig fröstelnde Seele
ausdrückten mit Sehnsucht nach vielerlei, ohne Zuversicht und mit
manierierter Scheu vor den lauten heftigen Worten. Ich glaube   15
nicht dass jemand diese Verse zu Gesicht gekommen sind. Gleichviel.
Es kam im März ein lauer fast schwüler Abend, so einer wo im Wind
auf den Wegen der Duft und Athem des ganzen Frühlings ist und über
den kahlen Bäumen feuchtwarme Sommerwolken hintreiben. Ich
gieng lange durch die Gassen, mir fielen gewisse Dinge mit einer   20
Deutlichkeit ein, die mich angenehm beschäftigte. Es waren an sich
ganz gleichgiltige Dinge, aber sie waren interessant wie im Traum.
Besonders eine bestimmte alte tändelnde Melodie und ein Duft, der
Duft eines Vormittags, einmal im Schwarzenberggarten und der
braungrüne Teich mit den Sandsteintritonen und die vielen jungen   25
Mädchen und die warme einschläfernde Luft. Warum das so sehnsüch-
tig schön schien, so getaucht in die Schönheit die weinen macht, diese
alltägl⟨ichen⟩ Dinge.
   Wie schlafwandelnd war ich ⟨in⟩ eine alte schlecht erleuchtete
Strasse der inneren Stadt gekommen. Aus dem Fenster eines dritten   30
Stocks drang Musik, Harmonium und Singen. Ich blieb stehen. Es
war eine Frauenstimme, nicht sehr stark und nicht sehr schön, aber
eine von denen, die uns an Dinge erinnern, die heimlich in uns sind.
Dann fiel mir ein, dass ich diese Wohnung kenne. Dort wohnt der
Vater eines Schulkameraden, ein ehemaliger Hofsecretär. Samstag   35
abends kamen junge Leute hin zu Cafe, Gugelhupf und Musikmachen.
An die Tochter erinnerte ich mich garnicht. Obwohl ich die Einla-

dung nie angenommen hatte, fühlte ich doch plötzlich eine Lust hin-
aufzugehen.

In dem halbdunkeln Hausflur stand in einer Nische die Madonna, in
hölzerner lächelnder Anmuth, ganz umwunden mit Blumen und Flit-
5 terkränzen und kleinen buntglimmenden Glaslampen.
  Als ich oben eintrat, wunderte sich niemand. Im ersten Zimmer
gieng der Alte auf und ab und hörte der Musik zu, die aus dem Nebenzimmer in dunkelm schwerem Schwellen kam. Auf dem alten Leder-
sopha lag ein gestickter Polster, ein violetter Pudel auf gelbem Grund.
10 Auf dem Tisch stand ein Einsiedglas mit candiertem Obst, aus dem
der Alte jedesmal beim Vorübergehen mit langen schmalen gepflegten
Fingern eine Frucht nahm. Er bewillkommnete mich mit unangeneh-
mer Höflichkeit; seine Stimme passte ganz zu seinen kurzsichtigen
blauen vorstehenden Augen und dem gelbgrauen hochgelockten
15 Haar.
  Die Musik hörte auf und er rief ins Nebenzimmer: Madeleine. Un-
hörbar herangetreten stand sie plötzlich in der Thür und reichte mir
die Hand. Sie war mittelgross und zart, hübsch, aber unbedeutend;
nur die schmalen festaufeinandergepressten Lippen und der matte
20 Perlglanz der Wangen gaben dem Kindergesicht einen eigentümlichen
Reiz wie von leisem Leiden. Ihr faniertes grossblumiges Kleid hatte
noch den hohen Gürtel und den Ausschnitt der Congresszeit und um
den Hals war ein Stückchen Schleier gewunden.
  Im andern Zimmer lehnten am Clavier zwei junge Leute mein Schul-
25 camerad und ein älterer, den ich auch schon kannte etwa 25jährig,
hässlich mit einem nervösen Zucken und wasserhellen unstäten Augen.
Ein dritter mit einem eigentümlich traurigen Blick stand am Fenster.
Madeleine nannte seinen Namen, »Hammer« und liess mich neben ihm
stehen. Dann setzte sie sich ans Clavier und ihr Bruder nahm die Geige.
30 Sie spielten etwas, worin kindische verträumte Anmuth war zugleich
mit wehmütiger Herzlichkeit und verwirrender leichtfertiger Grazie,
wie wenn einer ans Abschiednehmen denkt und zugleich wieder alte
vertraute Dinge und wieder lachendes Vergessen. Es werden wohl
Tänze von Lanner gewesen sein.
35 Ich sass mit halbgeschlossenen Augen und hörte zu einmal war mir
als wäre alles angefüllt mit rosenrothen Rosen, ich fühlte den betäu-
benden Geruch ja den Geschmack dann tauchte wieder der Alte auf,
tänzelte nach dem Tact, nahm eine candierte Birne aus einem Topf der

hier am Ofen stand und tänzelte wieder hinaus, dann kam wieder der
Schwarzenberggarten mit dem grünbraunen Teich aber auf einer
Sandsteinbank sassen unter blühenden Kastanien die Madonna von
der Stiege mit lapisblauem Holzmantel und einer rothen Glaslampe in
der Hand und Madeleine mit dem grossblumigen Kleid und dem   5
Stück Schleier um den Hals.

Als ich wieder unten auf der Gasse stand, hatte ich ein unerklärliches
bitter aufquellendes Gefühl wie von Enttäuschung und Entbehrung.
     Neben mir gieng schweigend der traurige junge Mensch ⟨aus⟩ der
Fensterecke.   10
     Und sonderbar, dann kamen wir auf das Problem des Glücks zu
sprechen. Von seinem Wesen gieng eine tiefe ansteckende Traurigkeit
aus.

2 PSYCHOLOGEN

29. X. ⟨1891⟩   15

2 Psychologen: Novelle; Adepten, der eine Mäcen, dilettantenhaft,
der andere bis zur Manie.

DUSE-NOVELLE

N 1

Mai 1892.

Die Duse-Novelle könnte auch Ende des XVIII. Jahrhunderts spielen
5 und im Venedig von 1792 enden. (Locandiera. französ. Husar).

Nachlesen über wandernde Comödianten: Scarron; Smolett; Rétif
de la Bretonne (?)

N 2

der wandernde Recitator, ein verkommener Comödiant (Grabbe-
10 biographieähnliches): als Ende der Duse-novelle

N 3

daran zu knüpfen die Comödiantennovelle: Du s e (Arles, Marseille,
Venedig)
Zug aus ihrer Kindheit sich nachts auf den Boden der Kammer
15 legen, wo schwarze Greifen und eiserne Kröten hocken

Kaiserin Theodora: wie sie sich schaukelt im offenen Haar, das Dia-
dem zurückgesunken

EINE NOVELLE, DIE IN AVIGNON
SPIELEN (ODER BEGINNEN) SOLL

20 Wache Gedanken: 1.) die Rose und der Schreibtisch;
                             2.) eine Novelle, die in Avignon spielen (oder be-
                                  ginnen) soll
Bestandstücke: das Haus gegenüber der Papstburg, dessen Façade
von Michelangelo herrühren soll. Links von der finsteren schwarz-
25 grünen Thür ein Antiquitätenladen (sensitive Erziehung; Aufsatz
über Swinburne) rechts ein Blumenladen (die Töchter der Gärtnerin,
The sensitive plant); der Bronzethürklopfer ein Baum, in dessen
Zweigen der Teufel hockt, am Stamm halten sich Adam und Eva

GESCHICHTE DER KLEINEN ANNA

N 1

Juli 1893.

Der Tod der kleinen Addah in Marie's Brief: frierend, mit verklärten
fiebernden Augen im weissen Firmungskleid unter dem früchtebela-   5
denen Kirschenbaum; »so müsste man die Heiligen malen«

N 2

Die kleine Addah. Grasbegiessen mit Liebeshingebung kleiner Garten, Lebenssaft aus ihr entfliehend steigt den Kirschbaum aufwärts

Sie erwartet von der Todesstunde die Erfüllung gewisser Verheissun-   10
gen

Im Finstern fürchtet sie sich vor dem Tod
Schlafende Menschen sind ihr unheimlich

N 3

Addah,   15
Musik jetzt u. früher

sich bei Italien der Duse erinnern.

N 4

Geschichte der kleinen Anna.
Beschreibung von Hatzenbach. Einrückung. Bericht des Ortsvorste-   20
hers. Erstes Gespräch mit der Kranken. Ich weiß dass mein Erlöser
lebt. Gieb mir das weiße Kleid. Gespräch.
Spaziergang. Inzwischen waren die Eltern da. Morgen kommt der
Herr Pfarrer. Sie will hinaus   über ihr der Kirschenbaum. Erst zärtlich. Dann in sich gekehrt. Hier hört er die Geräusche des Hofs und   25
der Thiere   Dann weint sie. Dann fängt sie an zu pfeifen. sehr bunt.
schöne Helena. Generalmarsch   zum Schluss kommt der Mond über
das Dach. Die Eltern kommen nach Haus.

Das Dorf als n i c h t arm geschildert. Sie ist die süßeste lieblichste
F r u c h t dieses Bodens.   30

während des Spazierganges sieht er Pferde bei der Tränke. Die Soldaten und Corporäle loben den Ort: gutes Wasser, gutes Brot guter
Wein, gute Streu.

»in sich gekehrt« wie müde Bauern sitzen, mit gerade vorgestemmten
Füßen, die Hände im Schooß.

Das Gleichnis des Hochzeittages muss ganz durchschimmernd: einmal
Fingerverschlingen

Schwindel vom Hinaufschauen in den Apfelbaum der die ganze Kraft
des Boden mit einer mächtigen Geberde emporzuheben scheint

DELIO UND DAFNE

Dem Giovanni Battista Giraldi Cintio nacherzählt

N 1

Dafne und Delio.
für ihn enthüllt sich das Leben nicht. Alle Erscheinungen sind ihm
versiegelte Krüge. Sie scheint zuletzt alles zu wissen, aber der Tod
hält ihr den Mund zu.

sein Weg in die Stadt,
Staubwolken in der Vollmondnacht
Himbeeren, Gewitter
Flüchtende begegnen
geschminktes Babel auf einer Terrasse am Weg

N 2

Dafne und Delio.
Ein Zug: er will den wunderbaren Garten der Träume worin sie lebt,
nicht ohne etwas Zierde und Prunk betreten, deshalb lässt er vorher
die schmalen Finger seiner schönen Hände wie matte Rubinen erglü-
hen.

das steife kleine Gespräch mit ihr auf der Hochzeit.

wie er vor ihrem Haus steht, ruft sie ihm ein paar Worte hinunter, mit
so unsagbar viel bebender Liebe im Ton, dass sein ahnungsvolles,
seltsam divinatorisches Herz ihres nahen Todes bei diesem so
ganz umgewandelten Wesen schon fast sicher ist. Rothe Nelken in   5
dieser Scene von schauerlich-seliger Pracht, die schönsten von allen.
Er hat eine unglaubliche Kenntniss von rothen Nelken weil es ihre
Lieblingsblume   sie lehnt den Ausdruck ab, jeder solcher verwirrt ihr
naives Wesen   ist, er ist im Stand sich einen ganzen Tisch voll lauter
verschiedenen vorzustellen.   10

Er ist ganz im »gleichnisshaften« des Daseins befangen

N 3

Delio ist nicht hübsch, hat mattgelben Teint, buschige Augenbraunen,
etwas linkisches. Durch zu schnelles Denken verwirrt u. verletzt er
die Menschen.   15

Dafne   sie hält den kleinen Becher beim Trinken wie eine heilige auf
Glasfenstern die Blume zu der sie riecht.

seine Mutter. sehr intensive Menschen, voll pénétrance der Bewegungen und Blicke.

das hochmüthige Schauen der Irene Mittag. Das Dienstmädel das ich   20
einmal gesehen hab. die Duse. die Mimik bei Dante. er nicht so. die
Clary, verlegene Schulterbewegung.

N 4

Dafne und Delio.

sie. sie lebte, lebte. (muss Kinder haben)   25

er: (er ist die Jugend): ihm graut vor »Einsamkeit«   er glaubt an
Leben füreinander. In einem seiner Träume das Glücksgefühl, wenn
man eine liebliche befremdende Erscheinung mit Namen nennen kann.
So ein sich-besinnen auf den Namen glaubt er, muss auch im Leben
kommen. mit einem solchen »Entathmen« wie sonst seine Träume   30
zergiengen, zergeht auch an der hölzernen Treppe sein Leben

Das Sirenenhafte des Lebens.

Das Element, dessen Symbol die Anmuth der Glieder, die durch Bewusstheit zerstört wird.

er ist einer von denen, die schön sterben.

Vielleicht könnte der Cardinal von Velazquez in derselben Geschichte sein.

Pest als Hintergrund: nur schön-aufregend.

Ballade von der Dame mit dem Knecht (Swinburne)   ein Knabe, den er kennt, von ihm in diese Gefahren projiciert.   Thukydides

Boccaccio

wie er näher kommt, alles **anders**, alles niederschlagend. er kann nichts damit anfangen.

N 5

Dafne u. Delio.   Pest im Hintergrund wie unser Krieg

N 6

Delio und Dafne.

bei ihm kein Aufbäumen gegen die Trennung, ebensowenig als sich einer gegen den Schlaf wehren würde, der ihn ja auch auf Stunden des Bewusstseins seines Besitzes beraubt; er denkt: was beieinander, ineinander ist, kann nicht auseinanderkommen.

Vom ersten Augenblick der Trennung an ist sie für ihn nicht minder **todt**, verloren als da sie ihm wirklich todt in den Armen liegt. Macht der Phantasie über das Leben

einen einzigen glücklichen Traum, aus dem ihn eben der Ausdruck des Glücksgefühls, ein lautes unmässiges Lachen aufweckt und in unsägliche Öde zurückwirft.

N 7

D⟨elio und⟩ D⟨afne⟩   V C⟨apitel⟩

von Deinen heil'gen Seelenblicken

Glänzt meiner Sinne dumpfe Flur

Mir löst ein menschliches Entzücken

Die rohen Ketten der Natur

D⟨elio und⟩ D⟨afne⟩

Herz jagt ihn aus Träumen auf. schlimme Tagträume

N 8

Delio   III u. V Capitel

Klopfendes Herz j a g t ihn aus Träumen auf.   5

im faulenden, gurgelnden, triefenden Garten alle Zweifel, Zweifel
am Fühlen, am Leben

Leben Traum und Tod umtanzen ihn wie grosse unheimliche
Hunde, springen an ihm hinauf

IV. Capitel   10

in glatten Wänden Pfeilern spiegelt sich die Pracht
sie hat etwas mädchenhaft unberührtes

N 9

Dafne und Delio.

I. Capitel. Kindische Liebe   15
II. Erste Trennung. Delios Elend.
III. Briefe.
IV. Capitel. Traumleben in der Einsamkeit
V. Wiedersehen bei einer fremden Hochzeit
VI. Tod.   20

IV. Capitel. Träume. wie sie ihm das Leben vom Baume pflückt, im
Obstgarten; die gute Suppe
wie er mit dem Zimmer auffliegt, Traumtod.
wie der Tod auf der Gartenmauer sitzt
wie er sehnsüchtig wandert, Leben Traum und Tod   25

V.   I Hälfte, stickende Zweifel, üppiges schwüles Dickicht im kleinen
Garten

N 10

II.   er wird so überempfindlich dass ihn Schulden, häusliche Missver-
ständnisse, Kränkungen, fast krank machen   30

IV. Wie ihn das durchscheinende Blut an seiner Hand erinnert, wie ihm einmal ihre Haare durch die Hand glitten; auf dem Apfelbaum. nach dem Bad

N 11

₅ V. Sie zu ihm? (er zu ihr?): Ich hab Euch nie gekannt, auch damals nicht, ich spürte nur immer so etwas von Euch

er wortlos, wie übervolle enghalsige Flasche
überhaupt einer von denen, die nichts durchsetzen, weil sie es allzugut machen wollen

₁₀ ihm Lüge widerwärtig

sie fühlt gleich, dass er sie einmal ansieht

sie ist vollkommen mädchenhaft geblieben

N 12

Delio und Dafne
₁₅ Über eine Liebe nicht hinauskommen wollen; nicht wollen, dass die Seele von einem Lehrer in einen grossen fremden Garten geführt werde, wo sie der Liebe nicht bedarf.

N 13

Dafne und Delio?
₂₀ ein Becken mit lebendigem Quellwasser im Zimmer der kleine alte eherne Brunnen im Museum von Salzburg: die Schönheit davon. Ein so schöner Gast, wie ein junger schöner Freund. Wie wundervoll aber ist es zu bedenken, dass wir selbst in unseren Betten liegen.

zusammen einschlafen: wie fortgleiten im Kahn auf einem Fluss in ₂₅ die Nacht hinein

ERZÄHLUNG IM DÖBLINGER PARK

Erzählung im Döblinger Park

Die Welt nicht kennen. Die anderen Menschen nicht kennen.

Jugend – Kindheit: Margaritas ante porcos; wenn sie etwas nicht versteht wird er nur traurig und wirft den Gedanken weg, als ob er an   5
sich gar keinen Sinn gehabt hätte und nur die Bestimmung ihr möglicherweise zu gefallen. Er gewöhnt sich daran, nicht verstanden und
überhört zu werden. Die andern jungen Männer nur widerwärtig. Das
Schlittschuhlaufen in dem alten Schlosspark.

An Gesichtern hübscher Chormädchen, an Operettenmelodien und   10
dem staubigen Grün der Bäume zwischen denen man auf Landpartien
hindurchfährt, hieng ein solches grenzenloses Übermass von Sehnsucht, an diesen Dingen hatten sich so wundervolle wunderweite
Ahnungen geweckt, solche Abendsonnenausblicke in zauberluft-
erfüllte Lebensländer,   das Leben ahnen, anderes Leben, an den Ge-   15
sichtern der Vorübergehenden: fälschlich interpretiert man diese
Rührung als Wehmuth über versäumtes Leben   das war nicht mehr
einzuholen.

NOVELLE

N 1   20

Novelle   vorletztes Capitel (III)

der Spaziergang: aus dem schon etwas dunkelnden Garten durch ein
kleines Thürl auf die Strasse hinter den Gärten, an Lusthäuserln vorbei, durch den Weinberg, ein Stück auf einer Mauer, über einen kleinen Steg, dann irgendwo wo das Land sehr weit daliegt, dann auf den   25
kleinen Bahnhof

beim Nachhausfahren erlebt er die letzten 1 1/2 Stunden schon ver-
schönt wieder: das Auseinanderbiegen von Ästen, das Gehen auf der
Mauer, eine kleine Stiege, der Ton ihrer Stimme   das weite stille Land,
und die Schönheit von dem was sie ihm erzählt
                                                                       30

N 2

Novelle.

letztes Capitel. Prater. Frühling. oder Belvedere

in einer gewissen jungen kinderhaften Atmosphäre kommt ihm die
5 Jugend, die eigene und die der ganzen Generation nah, mit ihrer ganz
bestimmten Art Liebe, ihrer bestimmten Weise sich die Hüften zu
gürten fürs Leben, ihrer unerfüllten Sehnsucht an »unwürdigen« Gegenständen entzündet. Und diese Gegenstände erscheinen ihm um so
viel würdiger und wahrer, so unausschöpflich reich und so liebens-
10 werth. Er greift fast weinend in die Luft, das Gefühl der grossen
Unzulänglichkeit kommt über ihn

und sie welken dahin in ihrer unendlichen Schönheit, sie alle diese
Wesen und ich selber.

N 3

15 Novelle.   letztes Capitel.

sein Einschlafen am Ende eine Art ohnmächtig werden, wo der Körper unter dem Gewichte solcher Eindrücke nichtig wird und vergeht
vorher im halben Dämmern ist ihm als ob er neben sich dem liegenden
im Bette kauern und sich selbst auf die Stirn küssen würde

20 bei ihrer Erzählung: vergebliche Sehnsucht

Bei dem Nachhausgehen durch die dunkelnde Strasse kommt ihm der
Seelengehalt seiner Jugend zurück ungeheure Anspannungen und
Demüthigungen, Zartheiten Schüchternheiten, Kühnheiten, Grau-
samkeiten und unsägliches Glücksgefühl, Träume die ganze Welten
25 sind und fast alles menschliche in sich haben.

SCENEN VOR DEM SELBSTMORD DES HELDEN

Scenen vor dem Selbstmord des Helden.

das Gehen gegen den Prater. unnatürlich lebhaftes Aufnahmsvermö- gen. sein Gehirn wirft die Bilder in ununterbrochenen Stössen aus, nettgeprägt, entsetzlich deutlich, »es denkt in ihm« und scheint ihn   5 gar nichts anzugehen   sich um ihn nicht zu bekümmern. Das kleine Gasthaus. er will sich erhängen. Jetzt noch warten bis man diese Grille wieder hört. Dann liest er mit der grössten Aufmerksamkeit eine alte Zeitung. Denkt an den Tod, an das »Wegsein«   nicht mehr dabeisein, weint bei seinem eigenen Leichenbegängniss; erinnert sich wie er 10 als kleines Kind Mitleid gehabt hat mit einer hässlichen Circusreiterin

Reichsbrücke, letzte Eisschollen, goldener Wind auf dem gerippten glänzenden triumphierend strömenden Wasser.

Die Berauschung wirft ihn hinein.

er stürzt sich hinein und wird gerettet   auch der Tod hat ihm nichts 15 zu sagen: endlich Fieberträume.

von doppelter Individualität, gleichzeitig Alexander, Maki und Buddha, man wächst innerlich

Schlafwandler den ein gellender Trompetenstoss ängstigt

Der Held des Romans bin ich selbst, des guten Kernes, der Wirksam- 20 keit, beraubt.

NOVELLE

Novelle

ein Psychotherapeut und ein wirklicher Arzt am Todtenbett eines jungen Mädchens gestehen einander wechselweise ihre Hilflosigkeit 25 ein.

PHANTASTISCHES TAGEBUCH

N 1

17 I 94.

phantastisches Tagebuchblatt.

5 Wie eine dicke Mauer zwischen 2 unheimlichen Gärten, so lag zwischen seinen Tagen die Nacht. In diese dicke dunkle Mauer höhlte er sich eine Nische, die Stunden von 1 bis 3, eine finstere todtenstille Nische, wo er bei flackerndem Kerzenlicht Früchte ass die nach nichts irdischem schmeckten, und Gedanken nachhieng die gleichsam un-
10 heimliche Gespenster waren und von der Welt weniger wussten als von einem flüchtigen Traum, unterirdische fieberhafte Gedanken.
Die Träume um Mitternacht haben eine unheimliche ringende und böse Färbung wie das Inferno, die gegen Morgen eine erdenfremde, unsäglich geistige wie das Purgatorio.

15 Stadtleben. abgeschnitten von der Natur. Man sieht nicht wie die Sonne aufgeht, wie der junge Wind vorüberläuft und der grosse wie ein Landsknecht mit starken Armen, klirrend, man riecht nicht den frischen Schnee und nicht die reifenden Früchte. Auf dem Land wohnen!
20 oder auf einem Schiff, oder auf einem Thurm   der Schiffer abgelöst von der Wirrniss des Lebens, der Thürmer über ihr schwebend

N 2

Gertrud. phantastisches Tagebuchblatt

18 Jänner 1894

25 in ihrem Zimmer steht ihr Bild als Blinde, »Licht« von Gabriel Max. in diesem Sich zur Schaustellen in einer symbolischen Figur liegt etwas die Scham verletzendes, als ob man tiefe leidenschaftliche Lieder vor den fremden Menschen sänge.
Max lässt auch »Du hast die schönsten Augen« durch blinde
30 Musikanten spielen.

Wie sie von der Kälte draussen redet, der Hundekälte, und dabei eine Geberde hat wie ein sich Hinrecken zur wohlthuenden weichen Flamme.

N 3

in das phantastische Tagebuch eine innere Entwicklung, symphon⟨ischen⟩ Sinn bringen   Auch ein Buch als ganzes muss componiert sein

NOVELLE

In der Novelle muss seine Phantasie beim Hereinfahren vom Land die Geschichte vom Selbstmord in der Donau ausspinnen. Er könnte plötzlich mit einem ganz fremden Menschen (einem Commis, Selbstmörder aus dem Hôtel Zillinger) ein unbegreiflich tiefes Mitleid haben, wie der neben der todten Geliebten, ein hilfloses Wesen sitzt. Dieses Gefühl wäre ein Präludium zu dem Gefühl mit dem er sich im Belvedere über das Kind und schliesslich über seine eigene Seele niederbeugt.

Am Todtenbett des Vaters (nach dem Vorlesen) hat er eine Vision der Welt, die er immer falsch für die seine hält: eine Complexe Vision, in der die Adventandacht der Stefanskirche, Murat, Frauen im Fiaker, kleine Schulmädchen und eine heroische Landschaft durcheinanderschwanken

beim Einsteigen in den Zug in Rodaun oder Liesing ist grosses Gedränge; aus der dunkelnden Ferne dröhnt der Zug in die Schaar von Menschen hinein, die das Leben unheimlich hin und her wirft

AMGIAD UND ASSAD

N 1

Im Augenblick eines Erlebnisses wird man rings um sich her lauter
analoge Schicksale gewahr   Browning!!
5 Schicksalstragödie. Humanisierung des Zufalls.
     Ödipus
     Amgiad u. Assad (Tausendundeine Nacht)
Zwillingsbrüder, der eine vor dem andern verborgen, die sich
unter dem Zwang ihrer Entwicklung entgegenstreben

10 Grundtrieb der Seele, das innere Schicksal operiert in zweierlei Weise
    a.) bewusst
    b.) (hauptsächlich) instinctiv vorwegnehmend, blind drängend

N 2

Amgiad und Assad.
15 Auf dem Berg. jeder seiner Schönheit unbewusst, der andere einmal
der Schönheit des Schlafenden bewusst.
in dem Garten der Königin Morgane ahnt Amgiad die eigene
Schönheit.

immer sehnen sie sich einander wiederzusehen; wie es sich endlich
20 erfüllt, hat der Wunsch seinen Sinn verloren: sie sind sich der menschlichen Einsamkeit zusehr bewusst geworden.

auf dem Berg: Assad schläft in einer Spalte, im Halbschlaf mit zuckenden Lippen und gekrümmten Fingern denkt er an Amethysten, an den
verlockenden grauen Palast in der Nacht, an Sitzen im Garten und auf
25 eine Geliebte warten: die Sehnsucht und das Gefühl der unbefriedig-
ten Gier und das plötzliche Erschrecken darüber dass er sich die
Geliebte gar nicht vorstellen kann, wirft ihn beinahe hinunter, denn
er sitzt wie in der hohen Hinterwand auf der Flusseite des Palastes
über der Regenrinne in der Mauer eingelassene hockende Greifen. In
30 das Erwarten der Geliebten und Murmeln »vita et dulcedo mea«
mischt sich doch auch eine Ahnung von der Sterilität dieses Erwartens
eine Art Verliebtheit in sich selber, ganymed-narcissoshaft. Etwas
ähnliches empfindet er jetzt gegen den schlafenden Bruder.

In der Mulde oben auf dem Berg kommt die Versuchung des Lebens
über sie.

Amgiad liebt Bostane nur, weil er sich intensiv mit ihr beschäftigt;
das muss ja dazu führen. Er liebt die menschliche Seele in ihr.

Assad ist durch Jahre mit dem Suchen des Bruders ausgefüllt, dabei
lebt er das Leben baut, richtet, und wird älter und schwermüthiger.
Er lernt an der Grauenhaftigkeit des Daseins alles begreifen was
ihm vom Leben seines Vaters ins Gedächtniss kommt

Ende. der König ihr Vater wälzt ein furchtbares Kriegsheer gegen das
Land der Feueranbeter. einer der Prinzen reitet ihm entgegen: sie
erkennen sich nicht sogleich. der Prinz führt den alten König in einen
viereckigen Garten, durch dessen Gitterstäbe alle Grossen und Hauptleute hereinstarren. Dort redet der Sohn zu dem Vater solche Dinge
dass dieser weint, ein Grab ausschaufelt, seine Krone und seinen Mantel hineinlegt und sich magnitudine vitae oppressus, selbst hineinlegen
will, vor seinem Sohn kniet er nieder.
Die Grossen und Hauptleute versammeln sich weil sie nicht wissen
ob ihr König diesen fremden mit eigener Hand tödten wird oder
bewirthen

N 3

Amgiad und Assad

die Feueranbeter wie die Husaren, die einander alle gleich sehen und
wie einen Ton haben

König

auf der Mulde am Berg: im Hintergrund wie Riesenschiffe am Horizont schwankend die Thaten Alexanders des Grossen. Das Hinunter-
laufen Amgiads über Steintreppen mit fliegendem Haar als Kosmo-
phoros

N 4

Amgiad und Assad.

die Begegnung mit dem alten König ist in einer verlassenen Königs-
stadt wo riesige bemalte Götter vor den vergoldeten öden Palästen
stehen

Amgiad versteht die Sprache der Feueranbeter nie ganz. Für ihn
sehen sie sich alle unheimlich ähnlich und haben ungeheuer stark das
gleichnishafte des Daseins

N 5

an der Betrachtung des Todes erwacht das Lebensgefühl: Michelet
Préface de 1869

J'avais une belle maladie qui assombrissait ma jeunesse, mais bien
propre à l'historien. J'aimais la mort. J'avais vécu neuf ans à la porte
du père Lachaise, alors ma seule promenade. Je menais une vie que le
monde aurait pu dire enterrée, n'ayant de société que celle du passé,
et pour amis les peuples ensevelis. Refaisant leur légende, je réveillais
en eux mille choses évanouies. Le don que Saint Louis demande et
n'obtient pas, je l'eus: »le don des larmes«.

Spinoza Ethik

N 6

Es ist möglich dass in dem Gemach des Prinzen Assad eine wundervolle ornamentale Tapete, das Leben der Thiere des Waldes darstellend, hängt und dass die beiden so lange getrennten Brüder von diesem Kunstwerk reden, statt von vielen anderen Dingen, theils aus
allzugrosser Ergriffenheit, theils auch weil sie verlernt haben, im
Reden eine Erleichterung des Daseins zu suchen

N 7

die Brüder

sie weinen über die Landschaft: riesige Terrassen, Werkleute, Perlen-
und Fischhändler, blühende Gärten, Öl und Wein getragen, Kinder,

Schiffe Reiter. im Weinen sehen sie beide ihrer mädchenhaften Mutter
sehr ähnlich.

N 8

Assad und die Tänzerin

N 9

Auf der Höhe des Berges Versuchung des Lebens.
Ost und West! Indien, Sindbad

die Worte, Namen der Länder und Meere wie Lichter herüber-
glühend

S i r e n e n : einem Fürsten dienen der traurig und kühn ist, in einem
Palast mit cyklopischen Thoren wohnt

zuerst gehen sie stumm und schauen in die Landschaft.
dann erst fangen sie wie trunkene zu reden an

N 10

Ersteigen des Berges.
sie fühlen den Tod um sie schweben, schicksalgemäss aus ihres Vaters
Zorn hervorgewachsen, was ihnen eine grossartige Ahnung des Daseins giebt.

später haben sie Tage von Verzagtheit und Kleinheit

N 11

G⟨öding⟩ 30 V 95.
Prinzen Amgiad u. Assad.

I der eine: für ihn sind die Wunder des Lebens so durcheinander
gewachsen, dass immer eins dem andern den Mund verschliesst. Nicht
zu bewältigen erscheint es ihm, grösser als man begreifen kann. Er
hat die Gabe des Lebens. Ruhm, Kraft, Macht, effort bedeuten ihm,
aber auch Hingabe, Eingezogenheit

es ist dieser der die vielen Abenteuer hat.

II der andere: er sieht das Leben fortwährend harmonisch, aber wie
hinter einer Glasscheibe, unerreichbar: das »gerade ich« τυγχάνω ὤν,

kann er mit dem Fall der Ereignisse nicht vereinigen. Fortwährend
verwirrt ihn dass dieselben Abenteuer in der Vorstellung und in der
Realität so gar nicht zusammenzuhängen scheinen, seine Seele ist nicht
ganz im Hades befangen, er sieht gleichsam mit einem halben Auge
übers Leben hinaus, wie einer der träumt und dem die reale Welt hin-
einspielt weil er nicht tief genug schläft.

Strasse vor der Begegnung der beiden Prinzen mit ihrem Grossvater
dem Zauberer und Kaiser Timur: die im Leben gefangenen Wesen:
viele Hunde, die sich balgen, Kinder; etwas wie die gekreuzigten
Löwen in der Salammbô, kranke Thiere (mit ihren besonderen
Krankheiten: Dummkoller etc.)

(ob nicht einer der beiden Prinzen stirbt und der andere erst den Bruder begräbt und dann zum Kaiser Timur, seinem Grossvater reitet)

lesen: Koran, Shachname, Brehm, orientalische Jagd; Botanik es ist
aber ohne alle Localfarbe, menschlich

N 12

Amgiad und Assad. Bilder ohne feste Gliederung
am Ende sind sie sehr stark und gross weil sie so viele traurige Dinge
erduldet haben; so wie mächtige Zauberer gehen sie dann dem Heer
des Kaisers von China entgegen, vor dem das flache Land flüchtet.
dem einen Prinzen kommen die Feueranbeter gar nicht wie Menschen
vor, sondern gleichnishaft als scheinbar erlebende

wie das Schicksal ihn wieder fasst, dadurch dass er in den Garten der
Königin Morgane hinausgeht

das Ersteigen des grossen Berges. Vorgefühl des Daseins warum
gehen sie eigentlich da drüber? Schicksal wo Du sterben sollst, dahin
tragen Dich Deine Füsse ist das Haus erst fertig, so kommt auch der
Tod

N 13

G⟨öding⟩ 11/6ten 95.
Der Prinz Amgiad mit der Leiche seines Bruders am Weg zu Timur.
Er muss ein größeres Pferd nehmen, um den Leichnam zu tragen.
Erlebnisse mit diesem Pferd, seine Krankheit.

Brüderlichkeit aller Thiere in einer großen Mulde erkannt. Gespenstisch sieht er in allen Thieren sich selbst. Auch die Unterschiede von
klein und groß werden ihm plötzlich sehr nichtig (Die riesige Maulwurfsgrille v TT Heine) Bruder Sonne! (untergehende Sonne)

es ist in dem Buch
Der Stolz des Lebens (an der Felswand, oben die Wolken u. Sterne
unten das Meer mit den Urthieren)
Die Trunkenheit des Lebens (das Bergabschreiten)
Die Schwere des Lebens   in der Gefangenschaft
Das Trügerische des Lebens   Eintritt in die Stadt
Das Kernlose des Lebens (Zusammentreffen der 2 Brüder)
Das Traurige des Lebens (Amgiad überlebend)
Das Große des Lebens (der alte Kaiser demüthigt sich)

N 14

G⟨öding⟩ 14 VII 95
Prinzen Amgiad und Assad.

Ihre Religion (persisch vor Zoroaster) verbietet, eines der Elemente
(Luft Erde Wasser Feuer) zu verunreinigen. Scham als das gute
κατ' ἐξοχήν.
Das in einer Böcklinischen Situation herausbringen. Sommerabend
auf der Jagd badend. Die Heiligkeit der Körper, der umwehenden
Luft, des umtauschenden Wassers.

N 15

Prinzen Amgiad u Assad: Kerker lehrt die Zeit (sie ist nicht lang noch
kurz sondern ὥσπερ δεῖ), auch den Unwerth, das allmähliche Erster-
ben der Phantasie;

leben oder sich ausleben nur im Kampf mit den Widerstrebenden
Mächten. So lehrt mich mein Pferd den Werth des Vermögens, der
Unabhängigkeit. Sehnsucht, Hass, Demüthigung . . . sind die Einstel-
lungen des seelischen Augapfels zum Erkennen der eigenen Lage im
universellen Coordinatensystem und des Verhältnisses zu den andern
Geschöpfen. Vorher geht man in Gedanken leichtfertig mit den Wesen
um wie mit Marionetten. (scheinhaftes Leben.)

N 16

Bauernarbeit. Die einfachste: das Korn von Spreu befreien. Die Masse
macht es aus. Der Prinz Amgiad im Gefängnisse könnte arbeiten,
und davon allmählich den Sinn begreifen. Seine Kerkermeister scharf
beobachtend, lernt er erst Menschen erkennen.

DE DUABUS VITAI CLAVIS

4 Mai 95

De duabus vitai clavis.

Die Keule der Überfülle. Actäon. im Anfang nur breit das Verhältnis
zu den Hunden. Kurz, blitzartig blendend die Krisis. οὕτως Ϧεὸς
ἀποκτείνει !

Die Keule der Verödung. Eine junge Heilige, die im Stand der verlorenen Gnade stirbt. οὕτως Ϧεὸς ἀποκτείνει!

ein Diener des Lebens, der mit ausgebreiteten Armen eine Hymne wie
eine Litanei eintönig singt: der die Schönheit davon, wie die Menschen
am Leben sterben, trunken geniesst

NOVELLE VOM SECTIONSRATH

N 1

Novelle. Söhne von seinen Geliebten haben. Vision von Kalksburg.
schliesslich Tochter, die sich von ihm abwendet.

Vision des Lebens in öden Tagen: die vielen einen unerschlossenen   5
Typus tragenden Frauenköpfe. Anekdote mit der Vase auch hinein.
als Symbol seiner Halbheit

Sein Leben kehrt zu seinen Quellen gierig zurück. Als Kalksburgerbub
hat er einmal einen (seinen?) abholenden Vater gesehen. Wie leer wie
schal ist ihm das, schlaflos im Bett vorgekommen wie unentrinnbar   10
öd   die tiefsten schauerlichsten Dinge denkend isst er Marmelade.
Welche Transfiguration, welche Grösse hat er da vom Leben erwartet.
Und am Ende! Es ist gross, schauerlich, unglaublich nur weil es
durchlebt ist, voll Leiden, Gräbern und Süssigkeiten. Mais où sont les
neiges d'autan! tragisch erfasst   Das Leben als Sinn des Lebens, das   15
Leben an dem man wiederum stirbt. Die unaufhörlichen Forderungen,
das sich-selbst-verzehren, dass alles von drinnen und draussen, als
brutales Leben und als Stil gefühlt werden kann. sub specie aeternitatis
ist das grosse schöne von draussen sehen z.B. es giebt Stunden wo
man einem Garten nicht gerecht werden kann.   20

N 2

4 Mai 95

Novelle vom Sectionsrath

in der Dürre der letzten Jahre sehnt er sich auf nach der Traurigkeit
der früheren, nach solchen Stunden, wo er mit seinem Vater allein ge-   25
sessen ist, beide stumm, und beide bebend von der Wehmuth eines
Unausgesprochenen, unsäglich Traurigen, irgend einer tiefen de-
müthigenden Unzulänglichkeit ihres Lebens.

N 3

Novelle vom Sectionsrath: wie er ein Kind war und der Vater ihn in   30
Kalksburg besucht hat: was ihn zusammenschnürt, ist der Gedanke,
dass man weiterleben kann, und so wenig erlangt haben, sein Leben
so wenig erfüllt haben. Damals fängt dieses Mitleid mit dem Vater
an, der ihm vor Gott und allen Menschen hilflos vorkommt. Er ist

damals ein Kind Gottes, ein Page des Herrn des Himmels, des Todes,
der Erdbeben.

N 4

Ende . . .

Und dann konnte der Herr Sectionsrath einschlafen   (Ende I)
Und dann fiel der Mensch auf seinem Bette in Schlaf.   (Ende II)
Zu einer ungewöhnlichen Stunde, denn alles ist anders ist wie bei
den Nachfolgern Christi nur flüchtige Herberge.

Die Erhöhung ist beim Nachhausgehn von der Südbahn im Belvedere gegen 7 Uhr abends April. Der erste Gedanke ist, seine eigene
Kindheit, (die ihm so leer erscheint) suchen zu wollen   sie erscheint
ihm z w i s c h e n den Dingen, an Büchern und Menschen erlebt. Er hat
Liebe zu sich selber. Etwas ähnliches zärtliches, gütiges ist in der Luft
und an den Bäumen

Er geht zuhaus gleich ins Bett, (erinnert sich an Kinderkrankheiten)
es ist noch halblicht, alles andere ist unheilig, er will seinen heiligen
Leib vor der Berührung wahren

N 5

Gedrückte Zeit: Via Sionis lugent quod non sint qui veniant ad
solemnitatem! (Lam. 1. 4.)
(zu der Geschichte vom Sectionsrath.)

H

Novelle

Damals, Ende der achtziger Jahre, waren in Wien die ganz jungen
Leute, die von 15 und 19, wirklich etwas merkwürdiges und besonderes, eine neue Generation der Seele, nicht dem Datum nach. Zu denen
gehörte er aber gar nicht. Seine Geburt fiel in die Jahre nach 1850,
welche man in Wien als Reactionszeit bezeichnet, und als er ganz jung
war, im Convict, war die Zeit, da sich ganz Wien darüber freute, den
Parisern des zweiten Empire eine so ungeheuer brillante und gut stili-
sierte Botschafterin hingeschickt zu haben. Damals war er sehr fromm.
Später nahm man ihn aus dem Convict und gab ihn in ein Wiener

Gymnasium, wo er sich angewöhnte, der Intelligenz einen übermässigen Werth beizulegen, eine verwirrende Menge wissenschaftlicher Bücher las, nebenbei schlecht tanzen und etwas besser reiten lernte und das hie und da auftauchende Gefühl innerer Oede sich selber hinwegzuerklären suchte, indem er es auf das »Provisorische« und Unbefriedigende seines Adolescentendaseins schob und sich vom Eintritt ins Leben etwas ähnliches erwartete, wie junge Mädchen von ihrer Einführung in die Welt. Er war so trocken und gescheidt, dass er nicht einmal dann verstand, wonach es sich in ihm sehnte, wenn ihn ein Wachsgeruch oder irgend ein Windhauch in eine Stimmung der Kindertage zurückwarf und ihn diese Kleinigkeit fast zum Weinen brachte. Er redete dann einfach von einer Fascination der Vergangenheit, ohne das tiefer begreifen zu wollen. In der geschilderten inneren Verfassung trat er in den Staatsdienst, erlebte das Ende der ziemlich glänzenden Beamtencarrière seines Vaters, der, selbst der Sohn eines kleinen Tiroler Beamten, als geheimer Rath und Mitglied des Herrenhauses in Pension gieng, und wurde älter, ohne merklich anders zu werden: wenigstens nicht weniger gescheidt, immer ohne Ehrgeiz, nur mit der Zeit etwas trauriger und mitunter bitter und innerlich muthlos. Äusserlich avancierte er, gieng unter Menschen, war gut angezogen, redete viel und mit Geist, spielte gut Karten, verstand ziemlich viel von Rennpferden und verliebte sich zwei oder dreimal in sehr junge Mädchen, die wirklich sehr hübsch und elegant waren, mit ihm nichts anzufangen wussten und sich von seiner Art mit ihnen zu sprechen, wie mit kleinen Thieren, verletzt fühlten, ohne etwas tieferes zu merken. Nur eine einmal verstand ihn ganz gut und war so nett, ihm in einem merkwürdig graciös geführten ganz kurzen Gespräch in einer Kaminecke zu sagen, dass sie sich für jemand andern interessiere. Erst an der freundlichen, sozusagen gütigen Art, wie sie ihm dann beim Aufstehen die Hand gab, verstand er sie.

VATER UND SOHN

N 1

ein Sohn an seinen Vater: die Beziehungen der beiden, wie der Vater
immer seine Möglichkeiten sieht und wieder ersticken muss   kann
man combinieren mit der Geschichte vom Orakel, dass ein Dach ihn
tödten wird; auch das Orakel hat er nicht gleich verstanden   den Sohn
immer mehr ins Einsame lenkt

N 2

G⟨öding⟩ 30 V 95.
Orakel von der Schildkröte (Sohn u Vater)
das Orakel, welches ihm einen bestimmten Tod zuweist, symbolisiert
das überhaupt Unabwendbare und als solches flösst es ihm solche
Angst ein

N 3

Vater und Sohn.
In gewissen Momenten hat der Vater Ehrfurcht (awe) davor, ein von
der Gemeinheit so völlig freies Wesen geboren zu haben.

Dem Sohn wieder kommt der Vater vor Gott so hilflos vor. (Scene in
Kalksburg.)

DER NEUE ACTÄON

N 1

Der neue Actäon und seine Freunde.
Die Zeit ganz erfassen wollen. Die Stärke und Schwäche von England.
Die Angst vor Russland und die Liebe für Russland. Adel. die unter-
drückten Stände. Die Macht die in den kaiserlichen Sammlungen liegt.
Wo ist ein wahrer König. Machen, dass die Guten aufeinander hören.

Altes Athen, Jünglinge wie in den Platonischen Dialogen waren nicht,
ausser in Platon; Leidenschaften nicht in der Zeit, ausser in Shakespeare

N 2

4. Mai 95.

Der neue Actäon.

Zuerst werden eine Menge von Mächten wie Theile eines Heeres in
der Stille herangeführt. Dann bricht alles los: Freunde, Weltgang,
Schauspiel, eigene weitestreichende Wirkung, Spiegelbild in der
Kunst, Kraft des Lebens in andern beobachtet, Erinnerungen, alle
Vergangenheit der Welt.

schlechte Ernährung, wachste Nächte. Unzulänglichkeit gegenüber
den masslosen Forderungen, ja die Gabe das Fordern zu erwecken.
(wie Actäon die Hunde, die eigenen Hunde, die er gezüchtet, also
eigentlich erzeugt hat, zum Mord anreizt) In diese Erzählung am
Anfang einflechten den Aufenthalt eines jungen Menschen unter lauter
alten.

EINE NOVELLE DEREN HELD SICH SUCHT...

N 1

Gedanke. Eine Novelle deren Held sich sucht, jenes große Ich, »das
nicht in uns wohnet und seinen Stuhl in die oberen Sterne setzt«; eine
Geschichte die ihren Schwerpunkt in der transcendentalen Welt hätte.
Exstatische Momente der Erhöhung (Ergreifen des Genius), Momente der Verlassenheit, auch ein Beschleichen und ahnendes Schauen,
wie Actäon durch die Büsche die Schönheit der Göttin beschleicht.

N 2

G⟨öding⟩ 14 VII 95.

Lebensweg; führt zu immer stärkerer Magie.

(Märchen von der Prinzessin, die durch einen Garten bergauf gehen muss und sich nicht umdrehen darf, vielleicht?)

Magie, Fähigkeit Verhältnisse mit Zauberblick zu ergreifen, Gabe das Chaos durch Liebe zu beleben. Chaos als todtes dumpfes Hinlungern
5 der Dinge im Halblicht.

Die Ideen sind vermöge der Realitäten für uns existent (= für uns geweckt entbunden, weil in uns wie Granatapfel all in eins), aber nicht in den Realitäten zu finden.

Lebensweg, Steigerung der Magie darstellen. auf der höchsten Terrasse
10 eritis sicut Deus, fähig aus allem etwas zu machen denn für Gott, der die Welt ist, ist keine Bildung schlechter Stoff. Dies so ausdrücken: Der soweit Gestiegene greift mit Fingern in die Erde, wie durch Wasser, Wasser aber ballt sich ihm wie Crystall, fernes zieht er heran (Menschen und Thiere durch eine Allee heran)   schwebt in der Luft
15 Früchten zu, liegt im Rasen wie am Rücken schwimmend; Vergangenes zieht er an sich; tief ergreift ihn die Idee der Bewegung (Beispiel wie die Schlange links, der Engel rechts gegeneinander harmonieren auf dem Sündenfallbild von Michelangelo, solche Visionen hat er fortwährend) auch fortwährend enthüllen ihm seine eigenen Bewe-
20 gungen ihre großen Archetypen.

als Einleitung halbwacher Morgentraum mit undeutlich bewusster Wohnung: in einem Lusthaus im Wald quer über den Rasenweg, bei offenem Fenster, zu ebener Erde; oder auf einer kleinen Insel in der Bucht, dahinter die ungeheuern Berge, oder auf der höchsten Terrasse
25 über den Wipfeln der niederen, unter der der See liegt

Ein Traum von großen Magiern.

Darunter Pereira, Grotthuss verklärt, ihr Lächeln, ihre Augen wie merkwürdige lebendige pulsierende fühlende Edelsteine. Der eine Magier zieht die anderen Verklärten heran und freut sich an ihren
30 Gesichtern, ihren Fingern, ihren Nüstern,

SOLDATENGESCHICHTE

H

Auf dem langen Holzbalken der längs der Hinterwand des Stalles
hinläuft sassen die Dragoner der Schwadron und assen ihr Mittag-
brod. Sie sassen in einem schmalen Streifen Schatten den das über-   5
hängende Stalldach gerade auf ihre gebückten Köpfe hinabliess und
auf die zinnernen Esschalen, die jeder Mann auf seinen Knien stehen
hatte. Ein paar Schritte weiter unter einem Nussbaum der spärliche
Flecken schwarzen Schattens auf den ausgetrockneten Boden warf
hatte die Unterofficiere: 3 Zugsführer, der Escadronistentrompeter   10
und ein paar Corporäle eine aus 2 Fässern und einem Brett gebaute
Bank. In dem Schattenstreif an der Wand lief eine Art von Gespräch
hin und her: es war ein halblautes dumpfes Gespräch wie es niedere
Menschen führen, wenn sie sich beengt und unfrei fühlen. Dann und
wann lief ein halblautes Lachen, ein gemurmelter billiger Scherz den   15
jeder wiederholte durch die Reihe: aber er lief nicht ungebrochen
durch   die Reihe hatte einen todten Punkt einen traurigen Menschen
in der Mitte an dem sich die von rechts und links kommenden Wellen
harmlosen Geschwätzes brachen. Das war ein Mensch, in dessen
magerem langen Gesicht mit den grossen Ohren nichts besonderes lag   20
als dass die Ohren abstehend waren und röthlich schimmerten und
durch ihren eingelegten wie gefalteten oberen Rand etwas ängstliches
hatten. Er hatte wie die andern seine Esschale auf den Knien; aber
während bei den andern schon der zinnerne Boden durch den Brei aus
zerdrückten fetten Erdäpfeln blinkte, war seine Schale noch halbvoll. 25
Trotzdem stand er plötzlich auf, stellte die Esschale auf den Platz wo
er gesessen hatte und gieng mit grossen ungelenken Schritten fort.
Der Zugsführer Schillerwein hob das sommersprossige Raubvogelgesicht und sah dem Mann nach. Schwendar! schrie er hinter ihm her
als der Dragoner um die Ecke gebogen war. Ein kurzhalsiger Corpo-   30
ral neben ihm sah ihn fragend an. »Der Mann gefallt mir schon lang
nicht.« sagte der Zugsführer. »Der Kerl muss krank sein oder was«
und ass weiter. Schwendar war um die Ecke gebogen, hatte seinen
Namen hinter sich schreien gehört und war mit gesenktem Kopf längs
der nach erwärmtem Kalk riechenden Mauer weitergegangen, über   35
ihm die wüthende Gluth der funkelnden Sonne vor der die durchsich-
tige Luft in ungeheuern bläulichen Massen hieng wie Dunst gewor-

denes dunkles Metall. Der Dragoner überschritt den breiten Hof der zwischen den Stallungen liegt und das blendende Licht des weissen Bodens und der kalkbestrichenen Mauer verwischte alle entfernten Formen und zehrte den Weg vor seinen Füssen auf, so dass er wie im Leeren dahingieng.

Plötzlich fielen seine gesenkten Blicke auf ein dunkles tiefes Wasser und er schrak zusammen bis ins Mark der Knochen, obwohl er sich augenblicklich bewusst wurde, dass es nichts weiter war als das grosse halb in den Boden gesenkte Fass aus dem man die Tränkeimer für die Pferde füllte. Aber seiner Seele war in der Kinderzeit ein tiefer Schauer vor leisem beschatteten Wasser eingedrückt worden: zuhause in der Ecke des kleinen Garten zwischen einem hohen Stoss verfaulender dumpfriechender Blätter und einem mit feuchtkühlem Schatten erfüllten riesigen Hollunderstrauch war das Regenwasserfass gestanden, in dem sich kurz vor seiner Geburt seiner Mutter jüngere Schwester, ein alterndes Mädchen aus Angst vor der ewigen Verdammnis und dem Feuer der Hölle ertränkt hatte indem sie mit der geheimnissvollen eisernen Willenskraft der Schwachsinnigen den Kopf hinein tauchte, bis sie todt über dem Rand hieng. Dem Knaben schien in dämmernden Abendstunden der unheimliche Winkel den schlaff überhängenden Leib der Todten zu zeigen, aber fürchterlich vermengte sich dieses Bild mit seinem eignen tiefsten Leben wenn er an heißen Mittagsstunden sich über den dunklen feuchten Spiegel bog und ihm aus der Tiefe die ihm grün schien sein eigenes Gesicht entgegenschwebte, dann aber wieder sonderbar zerrann von schwarzen und blinkenden Kreisen verschluckt und ein gestaltloser Schatten sich nach aufwärts zu drängen schien, dass er schreiend entlief, und doch immer wieder zurückkam und hineinstarrte. Dass ihn aber die Erinnerung daran in diesem Augenblick mit solcher Heftigkeit anfiel, war nur ein Theil des sonderbaren Zustandes, der sich des Soldaten seit Wochen immer mehr bemächtigt hatte, einer schwermüthigen Nachdenklichkeit, ⟨die⟩ ihn in eine immer tiefere Traurigkeit hineintrieb ihm im Bett die Augen aufriss und den Druck seines schweren Blutes fühlen ließ ihm beim Essen die Kehle zuschnürte und sein Gemüt für alles Beängstigende und Traurige empfänglich machte. Nun wusste er, er würde sich umsonst aufs Bett legen: die glühende Sonne machte ihn nur müde nicht schläfrig und von innen war er unerklärlich aufgeregt:

Die Erinnerungen der Kindheit lagen entblößt in seinem erschütterten Gemüth, wie Leichen die ein Erdbeben emporgeschüttelt hat:

die Schauer der ersten Beicht, des ersten Gewitters, die grellen und
dumpfen Erinnerungen der Schultage drängten ihm ein Kind entgegen zu dem er mehr als Du, zu dem er Ich sagen sollte und doch war
in ihm ein solches Stocken der Liebe dass er nicht wusste was er mit
dieser Gestalt anfangen sollte die ihm fremd war wie ein fremdes Kind,   5
ja unverständlich wie ein Hund. Diese traurige Trunkenheit dieser
unerklärliche innere Sturm war ihm lästiger als die frühere Niedergeschlagenheit; er wollte lieber versuchen sich zu zerstreuen und
gieng in den Marodenstall um nachzusehen ob neue kranke Pferde
dazugekommen wären. Er fand aber in dem großen dunstig dämmern-   10
den Raum nur die drei die er schon kannte: Der alte blinde Schimmel,
dessen Farbe an den Flanken ins gelbliche gieng trat webend in seinem
Stand nach rechts und nach links und ohne Unterlass wieder nach
rechts und nach links.

Im benachbarten Stand lag das dämpfige Pferd: es ruhte nicht mit   15
untergeschlagenen Beinen wie gesunde Pferde thuen, sondern es lag
sonderbar mit halbangespannten Gelenken als ⟨wenn⟩ es unaufhörlich bereit sein müsste aufzuspringen, und der Kopf mit den großen
suchenden Augen war krampfhaft nach oben gerichtet um mit weitaufgerissenen verzweifelten Nüstern all die Luft einzuziehen, derer   20
seine Brust und die wogenden schlaffen Flanken bedurften. Dies war
die einzige Lage welche es ertrug ohne das Ersticken befürchten zu
müssen. Das röchelnde Athmen dieses Pferdes und das dumpfe tact-
mässige Hin- und Hertreten des webenden Schimmels gaben zusammen den Ton der das Leben dieses Raumes ausmachte: von der Ecke   25
wo das dritte Pferd stand gieng nichts aus als Todtenstille. Es war ein
großes Thier und stand mit gesenktem Kopf auf seinen vier Füßen als
ob es schliefe. Aber es schlief nicht: unterm Fressen hatte es sich vergessen, wie es sich unterm Gehen vergessen konnte und geradeaus in
eine Mauer oder in ein Wasser laufen wie in leere Luft. Es lebte, aber   30
das Leben war ihm so völlig verloren wie einem Stein der in einen
Teich gesunken ist: in seinem dumpfen Wahnsinn stand es nicht
schlafend und nicht wach, vom Leben und vom Tod ja selbst von der
Möglichkeit des Sterbens durch eine unsichtbare undurchdringliche
Wand abgeschlossen: seine Augen waren offen aber sie sahen nicht,   35
er wusste unter dem Fressen in Bewusstlosigkeit auf seinen grossen
herabhängenden Lefzen klebten viele Haferkörner und zwischen ihnen
hieng eine winzige hellgelbe Made die sich voll Leben wand und
krümmte.

Als der Dragoner wieder über den Hof zurückgieng, hörte er aus einer Stallthür lautes wieherndes Lachen. Zwei Corporäle standen unter der Thür und unterhielten sich damit, den Dragoner Moses Last um die Namen des Herrn Brigadiers und des Herrn Corpscommandanten zu fragen. Dieser Mensch war schwachsinnig; seine Ausbildung im Reiten hatte man nach kurzer Zeit wegen unüberwindlicher Feigheit aufgegeben und da er von Haus aus Schneider war so steckte man ihn ins sogenannte Professionistenzimmer; außerdem wurde er aber zur Pferdewartung verwendet und stundenlang konnte man ⟨ihn⟩ unter dem Leib der ihm anvertrauten Pferde knien sehen mit lautloser Emsigkeit darin verloren, ihre Hufe mit einem kleinen fetten Lappen so heftig zu reiben bis sie glänzten wie poliertes Horn. Aber es war unmöglich ihm sonst die geringste militärische Ausbildung zu geben. Wenn der Rittmeister, dem er in hündischer Art anhänglich war, vor der Stallthür vom Pferd stieg, lief er hinaus nahm die Kappe ab und sagte indem er das Gesicht vor Freude verzog »Guten Tag Herr Rittmeister« Davon war er weder durch Krummschließen noch durch Dunkelarrest abzubringen eben so wenig aber durch irgendein Mittel dahinzubringen, dass er sich den Namen des Rittmeisters oder denjenigen eines anderen Vorgesetzten gemerkt hätte.

Schwendar machte die Kopfwendung um die beiden Unterofficiere zu grüßen und indessen seine Augen während dreier Doppelschritte auf ihnen hafteten, prägte sich der Anblick des Schwachsinnigen ihm heftig ein: er stand zitternd, in krampfhaft steifer Haltung, mit vorgestrecktem Kinn und Hals: in seinem aufgedunsenen Gesicht gieng ein schiefer gleichsam gesträubter Blick auf seine Quäler; hinter seinen dicken Lippen arbeitete es mühsam. Endlich flog ein schwacher Lichtschein über sein Gesicht er quetschte Worte hervor und im Eifer schob er sich dem einen Corporal auf den Leib und er fasste ihn mit einer beweglichen Geberde bei den Knöpfen der Uniform. Dann brüllte der Corporal irgendein Commando und Schwendar sah noch das aufgedunsene Gesicht vor einer geballten zum Schlag aushol⟨enden⟩ Faust zurückfahren. Er gieng mit schnellen Schritten weiter, hinauf ins Mannschaftszimmer, und weil doch Sonntag war, so zog er die Ausgehmontur an und nahm Helm und Säbel um in die Stadt zu gehen. Als er fertig war griff er aus Gewohnheit nach seiner alten silbernen Taschenuhr und erinnerte sich sogleich dass er sie nicht mehr besaß und dass er seit 2 Monaten täglich danach griff und sich täglich mit dem gleichen Gefühl von Demüthigung und dumpfem

Schmerz auf die Umstände ihres Verlustes besann. Der Dieb war sein
einziger Freund. es war der Escadronsriemer Thoma, der jetzt im
Spielberg saß

Immer tiefer trieb es ihn in den Wald hinein. Mit nachschleppendem
Säbel und in den Nacken zurückgeschobenem Helm stampfte er zwischen den Birken hin wie ein Betrunkener. Die niedrigen Zweige
schlugen in sein erhitztes Gesicht, seine Füße ließen in dem moorigen
Boden tiefe Spuren zurück, die sich gurgelnd mit schwarzbraunem
Wasser füllten. Dieses Geräusch brachte ihm den Gedanken an den
Tod so nah wie am Vormittag der Anblick des Wassereimers und um
es nicht länger zu hören veränderte er seine Richtung und lief mehr
als er gieng einen Durchhau entlang, der festeren Boden hatte. Vor
ihm schien der Wald sich zu lichten. Etwas Röthliches schwebte vor
seinen Augen, ein röthlichblauer Schimmer zog sich quer über den
Weg. Als er näher kam, waren es viele Salbeiblüthen zwischen den
dämmernden Büschen. Er sah sie aufmerksam an, aber wie er die
Augen hob und weitergieng, flog das Röthliche wieder vor ihm wie
ein schwebender Schleier. Dann lag ⟨es⟩ auf dem Stamm einer vorge-
neigten Birke, die halbversteckt lauernd seitwärts, wie ein rother
Fleck. Dann kam es von allen Seiten ein ganzer bluthrother Schleier,
warf blutige große Flecken auf das kugelige Grün der dichten Büsche,
auf die weißen Stämme. Lachen von Blut standen da, dort über dem
dunkelnden Erdboden. Zehn Sprünge zu deren jedem sein klopfendes
Herz die Kraft verweigern zu wollen schien, brachten ihn an den Rand
des Waldes. Blutend, von einem übermäßig angespannten Glanz wie
mit dem letzten Blick eines brechenden Auges starr und regungslos
angeglüht lag die endlose wellenförmige Ebene vor ihm. Hinter dem
großen Eisenbahndamm bis zu welchem es 2 Stunden zu reiten war,
sank die Sonne. Nur mehr der oberste Rand der nackten glühenden
Scheibe blinkte über den Damm, wie das oberste eines vom Lid ent-
blößten Auges: dann fiel auch dieses letzte funkelnde hinab und allmählich sank der Glanz des Landes in seinen Abgrund, aus dem
rother Rauch emporwehte ins Todte. Erschöpft von Angst und Laufen hatte sich Schwendar am Rand des Waldes niedergesetzt. Als er
den schweren Helm abnahm und ihn neben sich ins Gras stellte, war
ihm als träfe ihn aus dem Gebüsch von der Seite her ein kalter, auf-
merksamer und doch theilnamsloser Blick, und er fühlte seine Brust

von einem Gefühl zusammengeschnürt, das mit einer fernen ganz
fernen Erinnerung verknüpft sein musste. Es war die Erinnerung an
jenen Tag, an welchem seine Mutter gestorben war, eine dumpfe
Erinnerung des Körpers mehr als der Seele. Er fühlte das Stocken
seines Athems und das Frieren im Rücken als die Kranke sich plötzlich
aufrichtete und mit einer fremden harten und starken Stimme sagte:
Es ist die heilige Jungfrau Maria, sie winkt mir mit einem Licht, und
dann noch einmal sie winkt mir mit einem Licht. Dann giengen die
Blicke der Sterbenden langsam, mit einem Ausdruck von Strenge und
ohne alle Theilnahme über den Knaben hin, über ihn und über alles
was noch im Zimmer war, zuletzt über die Erhöhung der Bettdecke
dort wo die eigenen mageren Füße waren, und blieben endlich stehn,
starr und voll gespannter mühsamer Aufmerksamkeit wie nach innen
gerichtet während in die Seele des Knaben sich lautlos das Grauen
hineinschraubte über dieses Entsetzliche dass eine Gestalt die er nicht
sehen konnte, winkte und die Mutter ihr nachgehen musste und dieser
Fremden so verfallen war, dass ihre offenen Augen nichts mehr sahen,
ihn nicht und nichts in der Welt. Alle diese Dinge stiegen in ihm
empor und brachten eine Bitterkeit mit sich, gegen die es keine Rettung gab. Von neuem durchfühlte er das innere Erstarren des Kindes
bei der Einsicht, dass so etwas geschehen k o n n t e ; jetzt aber, da es
schon so lange geschehen war, sah er es in einem neuen fürchterlichen
Lichte: er hasste seine Mutter dafür dass ⟨sie⟩ sich so aus dem Leben
fortgestohlen hatte mit einem kalten leeren Blick auf ihn und alles was
sie in dieser Hölle zurückließ. Den Rasen auf dem er saß fühlte er als
einen Theil der großen undurchdringlichen Decke unter der die
Todten sich verkrochen um nicht mehr dabei zu sein. Wie Schläfer,
die sich in den Dunst ihrer Betten einbohren und ihr Gesicht in den
Polster graben lagen sie unter ihm und ihre Ohren waren voll Erde,
dass sie sein Stöhnen nicht hören konnten und nicht achten auf seine
Verlassenheit. Er sprang auf und schlug mit den Füßen gegen den
Boden, dass die Sporen tiefe Risse in der Erde ließen und die streifigen
Fetzen des Rasens gegen den Himmel flogen. Dann zog er den Säbel
und fieng an, auf die Büsche und kleinen Bäume einzuhauen vor Wuth
sinnlos und berauscht vom Gefühl des Zerstörens. Er glaubte einen
schwachen Widerstand und den empörten Athem der Wesen zu
spüren die ihm unterlagen. Zerfetzte Blätter erfüllten die Luft und der
Saft der verwundeten Zweige sprühte dem Soldaten auf Gesicht und
Hände. Der Säbel schlug klaffende Streifen in das kühle Dunkel, ⟨das

ihm⟩ wie aus Kellerlöchern, entgegenquoll. Er fuhr zurück denn
diesmal berührte ihn ein starrer todtenhafter Blick aus deutlicher
Nähe, zu seinen Füßen schien ein elendes Wesen im Dunkel zusam-
mengekauert, sein Säbel sauste auf einen weichen Körper nieder und
als er es herausschleuderte war es die klägliche kleine Leiche eines
verendeten Hasen, deren starre Augen jetzt mit leblosem Glotzen in
das Weite des hohen kühlen Himmels schauten. Dieser erbärmliche
Anblick erhöhte die dumpfe Wuth des Elenden; von neuem stürzte
er auf das todte Thier zu und schleuderte es in einem starken Bogen
seitwärts, dass es klatschend gegen einen harten Stamm schlug und in
der Höhe ein Schwarm erschreckter Dohlen sich jäh mit widerlichem
Rufen und knarrenden Flügeln flüchtend in die stille Luft warf. Ihr
Schreien zog den Blick des Soldaten aufwärts. Aus dem Gewipfel
einer ungeheuren Ulme schwang der hässliche Schwarm sich weg, die
auf uralten Wurzeln ruhend mit der Last einer grünen auf jähem Abhang aufgethürmten Bergstadt spielend schien. Zur Seite der Ulme
aber stiegen 2 riesige Pappeln auf und drängten mit strebenden Kronen hoch ins Dämmernde empor. Die 3 Bäume waren nicht ineinander
verwachsen, aber ihr grenzenlos starkes Streben schien sich aufeinander zu beziehen: Die dreifach ansetzende Wipfelmacht der Ulme
nahm den kletternden Blick wie mit gewaltigen hebenden Armen
mit, eine lebendige schattenerfüllte Wölbung reichte ihn der andern
empor, bis ihn die letzte an die Pappeln abgab die wie von inneren
Flammen lautlosen Wettkampfes ergriffen still neben einander in den
Raum hinaufwuchsen. Der Anblick der drei Bäume, die in der dunkelnden Stunde immer mehr ins riesenhafte wuchsen, legte sich wie
ein Alp auf Schwendar: der Gedanke mit seinem Säbel gegen diese
unerschütterlichen Stämme zu schlagen, machte seinen Arm schwer,
wie ein lahmes Glied. Die Macht dieser verhaltenen Riesenkräfte
raubte seinem sinnlosen Spiel den trunkenen Schein von Überlegenheit, der ihn für Augenblicke über das Gefühl seiner Schwäche und
Angst hinweggebracht hatte, unterband sein Blut und wies ihn ins
Leere zurück Er nahm seinen Helm mit abgewendeten Augen vom
Boden auf und lief fort quer über die offene Hutweide der Caserne zu,
den bloßen Säbel in der einen, den Helm in der andern Hand. Er hatte
keinen andern Gedanken als den, nicht länger allein zu sein: seine
Angst hatte Bestimmtheit gewonnen, ihm war als würfe sich nun bald
die Last, mit ⟨der⟩ diese riesigen Bäume spielten, auf seine Seele.
Schon war er ein weites Stück gelaufen, als er zwischen dem Klopfen

seiner Adern die wüthend schnellen Hufschläge eines Pferdes wahr-
nahm das hinter ihm herjagen musste und mit jedem dumpfen Dröhnen ein Stück des trennenden Bodens hinter sich warf. Ohne Über-
legung warf er sich seitwärts wie ein gehetzter Hase und stürmte in
weiten Sätzen dem Walde zu. Wo die Schleuse des herrschaftlichen
Karpfenteiches an den Waldrand tritt sprang er über den trockenen
Ablassgraben und lief am Teich weiter mit dem wilden Schatten seiner
tollgewordenen Messnergestalt die großen dunklen Fische erschreckend, dass sie wie von einem Steinwurf getroffen im Kreis aus-
einanderschossen und in die grünschwarze feuchte dunkle Tiefe ver-
schwanden. Der junge Officier, der ihm aus Neugierde nachgaloppiert
war, parierte am Rand des Teiches den großen heftig athmenden
Fuchsen und sah der unbegreiflichen Gestalt nach, die mit den Sprün-
gen eines Wilden Helm und Säbel in langen Armen krampfhaft
schwingend zwischen den Bäumen herflüchtete.

Er richtete sich auf. Helles Mondlicht lag über den 2 langen Reihen
gleichförmiger Betten und dunkle starke Schatten trennten wie Abgründe die Leiber der Schlafenden. Ihren Gesichtern gaben die dunklen Stellen, die unter den Augen und Lippen lagen etwas fremdes, ver-
größertes. Schwendar hatte sich aufgesetzt. Die Hände deren Schwere
er fühlte als wenn sie todt wären hatte er vor sich auf der Decke
liegen. Seine Augen liefen mit einem unruhigen und leeren Ausdruck
über die Schlafenden hin. Das Wachsein war nicht besser als der
Halbschlaf mit geschlossenen Augen. Es war als schwebe der schwere
Stein, der auf seiner Brust gelegen war in einiger Entfernung vor ihm,
rechts in der Gegend der halbdunkeln Ecke wo die Zugstrompete
hieng, als schwebe er dort regungslos in der Dämmerung und beäng-
stige von dort her seine Brust mit derselben lähmenden Last wie früher. Er wandte den Kopf nach der Seite, um ihn nicht zu sehen und
spannte seine ganze Kraft an um sein Denken auf das zu drängen was
er vor Augen hatte. Es war ihm als müsse es möglich sein mit einer
übermenschlichen Anstrengung die Gedanken nach außen zu drücken
so dass sie dem was ihn im innern ängstigte, den Rücken wenden
mussten. Der Mann welcher ihm zunächst lag war der Corporal
Taborsky Er war im Civil ein Schuster. Er lag kerzengerade auf dem
Rücken Die Arme hatte er auch gerade ausgestreckt, einen rechts
einen links. Er war ein gutmüthiger Mensch, der etwas auf Manieren

hielt. Aus dem zufrieden aussehenden Gesicht stand das strohgelbe
Schnurrbärtchen unter der Stumpfnase freundlich empor und bewegte
sich bei den ruhigen Athemzügen. In der gewissermassen wohlwol-
lenden Regelmäßigkeit der Athemzüge lag das ausgedrückt, was ihn
auch beim Dienst auszeichnete. Niemand sah mit soviel Wohlwollen   5
einem Pferd fressen zu, niemand hörte mit einem so freundlichen
überlegenen Gesicht schimpfen und klagen an. Er konnte Stundenlang im Stall auf und abgehen, jedesmal in jede der Spiegelscherben,
die zum Richten der Halsstreifen an den Holzpfeilern angebracht einen
freundlichen Blick werfen, gleichmüthig aber nicht ohne Ironie   10
nicken und wieder weitergehn. Unter seinem Kopfkissen lag ein zu-
sammengefaltetes Taschentuch das er nie benützte und einige Blätter
eines Colportageromans. In diesen liebte er gern und mit einer gewissen Ostentation zu lesen, noch mehr liebte er es aber gefragt zu werden, warum er denn gar so gern lese, und darüber Auskunft zu geben   15
und im allgemeinen über den Unterschied von gebildeten Menschen
und solchen die sind wie das liebe Vieh, zu reden. Auf einmal, und mit
einem Schlag, wusste Schwendar, dass nun alles zu Ende gedacht war,
was er im Stande wäre über diesen Mann zu denken und dass ihn länger anzuschauen ebenso nutzlos wäre wie für einen Durstenden einen   20
Krug zu haben, der keinen Tropfen Wasser mehr in sich hält. Und
schon spürte er im Innern, wie aus großer Entfernung unaufhaltsam
näherkommend das Wiederkehren der Angst, welche diesen elenden
aus Sand aufgeführten Damm, dieses Denken an den Mann der neben
ihm lag, unaufhaltsam fortspülen würde, wenn er ihn nicht schnell   25
schnell verstärkte. Aber er hatte kaum den Muth, seinen Blick von dem
Corporal weg und nach dem nächsten Bett hin zu drehn, denn dabei
musste er den dunkeln Raum zwischen diesen beiden Betten streifen
und in diesem mit Schatten gefüllten Abgrund schien ihm die Bestäti-
gung des Entsetzlichen zu liegen, die Unabwendbarkeit des Wirkli-   30
chen und die lächerliche Nichtigkeit der scheinbaren Rettungen. Wie
ein feiger Dieb zwischen zwei Athemzügen ⟨über⟩ den Schlafenden
den Fuß hebt, vom eignen Herzklopfen so umgeben, dass ihm der
Boden weit weit weg vorkommt und die Möglichkeit seine Füße zu beherrschen unendlich gering. Er hob verstohlen und bebend den Blick   35
über den dunklen Streifen und ließ ihn wie liebkosend mit aller Kraft
über das Gesicht des nächsten Mannes gleiten, der beide Arme unter
dem Kopf hatte, und mit offenem Mund schlief, dass man die starken
hübschen Zähne seines Mundes sehen konnte und die Nüstern seiner

aufgeworfenen Nase. Es war der Dragoner Cypris, ein kindischer
Mensch, in dessen braunen Wangen Grübchen erschienen, wenn er
lachte. Und er lachte überaus gerne. Schwendar versuchte sich den
Klang seines leisen und unerschöpflichen Lachens ins Gedächtnis zu
rufen: es war wie das silberhelle Glucksen im Hals einer Glasflasche.
Dieser Cypris war in seine Decke eingerollt wie ein Kind. Ihm gegenüber in der anderen Bettreihe lag der starke Nekolar. Er war zwanzig-
jährig, aber riesengroß und der stärkste Mann im Zug. Sein Haar war
fein kurz und dicht wie das Fell eines Otters und von der Farbe wie
glänzendes Strahlen Er lag das Gesicht in dem Kopfpolster eingegraben und seine großen Glieder waren über das Bett geworfen, als wäre
es ein großes missfärbiges Thier mit dem er ränge und das er mit der
Spannkraft seines jungen riesigen Körpers gegen den Boden drückte.
Mit düsterer Verwunderung wandte Schwendar den Blick von ihm
ab und sah seinen Nachbar an. Der Mann hieß Karasek. Hässlich und
gemein war sein Gesicht und hässlich lag er im Bett, die Decke unter
sein fettes Kinn hinaufgerissen, die Knie in die Höh gezogen, gleichzeitig feig und unverschämt. Von ihm zogen sich Schwendars Blicke
traurig und mit Ekel zurück und blieben auf der leeren Schlafstelle
liegen, die unmittelbar neben seiner eigenen war, der Schlafstelle
seines Freundes des Riemers Thoma, der im Stockhaus saß. Da kam
das Gefühl seiner Verlassenheit unendlich stark über ihn: verrathen
und verkauft hatte ihn sein Freund, seine Mutter war unter die Erde
gegangen, seine Kehle verschnürte sich gegen das Essen, seine Glieder wollten ihn nicht mehr tragen und der Schlaf warf ihn aus.
Stumpfsinnig stützte er sich erst auf einen Arm dann auf den andern.
Dann mehr in einem Fieberdrang die Stellung zu verändern, als mit
einer inneren Absicht, warf er die Decke ab und kniete in seinem
Bette nieder. Mein Gott mein Gott mein Gott stöhnte er halblaut vor
sich hin und drehte die Augen in den Höhlen wie ein leidendes
Thier. Immer heller wurde das Zimmer, immer mehr beklemmte ihn
die Nähe dieser Menschen, die eingehüllt in ihren schlafenden Leib
dalagen und seiner Qualen nicht achteten. Eine dunkle Erinnerung
gab ihm die Worte in den Mund Mein Gott, mein Herr lass du diesen
Kelch an mir vorübergehn! Er wiederholte sie 3 oder 4mal, bis sich
plötzlich etwas Unbegreifliches ereignete. In dem Licht, das das
ganze Zimmer mit stiller Helle erfüllte, gieng eine Veränderung vor
sich. Es währte nur einen Augenblick lang: es schien von innen, es
mochte von außen gekommen sein. Es war nichts als ein Aufzucken,

wie das Winken eines fernen Lichtes. Dann sank das stille Licht wieder in sich zusammen und alles war wie früher. Aber seiner Seele bemächtigte sich mit übernatürlicher Schnelligkeit die Ahnung, die Gewissheit dass es ein Zeichen gewesen war, ein Zeichen für ihn, der Widerschein des geöffneten Himmels, der Abglanz eines durch das Haus gleitenden Engels. Mit offenem Mund und gelösten Gliedern drehte er sich auf den Knien dem Fenster zu.

Der schwarzblaue in ungeheuerem Schweigen leuchtende Himmel trat vor seinen Blicken zurück und schien von nichts zu wissen. Auf der Erde aber lag das weiche Licht des tiefstehenden Mondes, umgab die Schmiede und das rothgedeckte Haus in welchem Unterofficiere wohnten mit einem fremdartigen Schein, ließ die Barrièren der offenen Reitschulen schlanker erscheinen, rundete die Kanten der frisch aufgeworfenen Gräben ab und machte aus den Äckern und dem großen Exercierplatz ein einziges mit schwimmendem Glanz bedecktes weites Gefilde, um dessen fernen Rand der große finstere Damm den Blick aufnahm um ihn mit sich fortzureißen wie ein erhöhter riesiger pfeilgerader Weg ins Unbekannte. Schwendars Augen aber, die ein feuchter Glanz zu erfüllen anfieng, suchten in dem ganzen großen Raum ein Etwas, das kleiner sein mochte wie der aufblitzende Blick eines Menschenauges und doch so groß dass es durch den Zwischenraum des Himmels und der Erde hinwehte und alle menschlichen Maße zu nichte machte. Seine Augen suchten den Ort, von dem das Zeichen ausgegangen war, denn er wusste dass es ein Zeichen gewesen war und dass es ihm gegolten   mit einem gewaltigen lautlosen Schwung war in seine leere Seele der Glaube zurückgesprungen und durchdrang ihn wie eine weiche stille von geheimnisvoller Lauheit getragene Fluth   Schon nicht mehr wie das Nichts, dessen Inneres ausgehöhlt war von Leere und Kummer von unfruchtbarem Stöhnen, schon verwandelt, eines unverlierbaren Glückes dumpf bewusst kniete er in seinem weißen Hemd mit seinen schweren Augen seinen sehnsuchtoffenen Lippen über den Leibern dieser Schlafenden, die sich in den Dunst ihrer Betten hineinbohrten, und mit den Zähnen gegen das Dunkel knirschten. Aber noch einmal wollte er das unsägliche Glück dieses Anfangs genießen das ihm schon begehrenswerther schien als die Minuten die seitdem verflossen waren, noch einmal den Anhauch fühlen   das lautlose Aufleuchten, mit dem etwas Ungeheures, unter dessen Vorüberwehen die Helle des Mondes lautlos anschwoll und wieder in sich zusammensank, durch die schweigende Nacht hin sich

ihm zugeneigt hatte. Dass aber die Wiederholung des Zeichens aus-
bleiben und damit alles in Nichts zusammensinken könnte, dem vor-
zubauen formte er den Gedanken des Wunsches mit einem kaum ihm
selber deutlichen inneren Vorbehalt, er erlaubte dem Herrn im Voraus sein zweites Zeichen zurückzubehalten und auch das sollte nichts
Böses bedeuten. Sein Gesicht nahm einen schlauen und furchtsamen
Ausdruck an: er wurde sich des Geräusches bewusst, das sein Athmen
machte und hielt ein. In diesem Augenblick durchdrang ihn die Überzeugung dass sich an einem Theil des Himmels den seine Blicke nicht
bedeckten etwas ereignet hatte. Er wusste nicht was es war, aber Es
war eingetroffen. Eine innere Gewalt bog ihn näher gegen das Fenster
und heftete seinen Blick auf das Stück des seitlichen Horizontes das
sich nun hervorschob. Dort war es: dort wo zwischen 2 riesigen Pappeln eingeklemmt eine Ulme den Bau von Ästen geisterhaft gegen den
dunkel undurchdringlichen Himmel hob, dort war Es, halb Bewegung
halb leuchten, lag es zwischen den Wipfeln als hätte die Ferse eines
Engels im Hinunterfahren den schaukelnden schwarzen Baldachin
gestreift, unmerklich wie das Flügelheben eines kleinen Vogels in
hoher heller Luft, und doch Bewegung ungeheurer Art, wie wenn
auf den großen Hutweiden hinter fernen kleinen Staubwolken sich
viele Schwadronen ordneten, deren Näherkommen den Boden in
fühlbaren Wellen erdröhnen ließ wie unterirdischer Donner.

Nach der Wiederholung des Zeichens ließ sich Schwendar leise
niedergleiten und drückte die Stirn mit dem Gefühl innigen Glückes
auf das Fußende des Bettes. Ihm war leicht wie einem neugebornen
Kind: alle Schwere, alle Qualen schienen in der Ferne abschwellend
hinzusinken, wie das Rauschen der Bäche aus tiefsten Thälern für den,
der auf den Gipfel des ungeheuren Berges emporgehoben ist.

Er zog die Stallschuhe und die Zwilchmontur an, dann setzte er sich
auf sein Bett und wartete leichten Herzens, bis er auf der Treppe die
schweren Tritte des Tagescorporals hörte, der die Stallwarten ablösen
gieng. Da stand er auf und gieng in den Stall. Auf der Stiege begegne-
ten ihm die 3 oder 4 Abgelösten, die schlafen giengen. Ihre stumpfen
mürrischen Gesichter und ihre Hast, ins Bett zu kriechen erregte in
ihm eine behagliche Verwunderung, wie das Treiben kleiner Kinder
in einem Erwachsenen. An der Stallthür wo es dunkel war stieß ein
betrunkener Wachtmeister der sich einbildete, er sei der Inspections-
officier und müsste Ordnung schaffen so heftig an ihn, dass er in den
kleinen Graben der um jeden Stall läuft, hineintaumelte: aber das

innerliche Glücksgefühl, das ihn erfüllte, wurde unter jeder Berührung nur immer stärker und unwiderstehlich quoll aus seinem tiefsten Herzen eine Freudigkeit, die auf seinem Gesicht zu einem Lächeln wurde, wie bei einem stark Verliebten. Zu einem Lächeln das immer neu aufstieg wie leichte Luftblasen am Ende eines Wasserrohres. Alles nährte seine Heiterkeit: das hastige Herumlaufen zwischen den Ställen, wie es immer zur Zeit der Ablösung, das Fluchen des betrunkenen Wachtmeisters das sich in der Ferne verlor. Als ein Dragoner der zu einem andern Zug gehörte, aus Irrthum barfuß in seinen Stall gelaufen kam um seine vergessenen Stallschuhe zu holen, musste er laut lachen und sagte innerlich zu sich selber: »da gehts zu wie bei einer Hochzeit.« Behaglich gieng er in dem halbdunklen Stall zwischen den stillen Pferden die liegend oder stehend schliefen auf und nieder, mit behaglichen wiegenden ⟨Schritten⟩ wie ein reicher Bauer nur dass er die Hände nicht am Rücken hielt, sondern vor dem Leib gefaltet.

CASERNE

N 1

Caserne. die Fechtstunde vor dem Gewitter.

Gleich im ersten Augenblick musste er sich gestehen, dass er heute sehr gut focht. Dann mit jedem Streich grosse Orgien, Abgründe gehen auf, Entlegenes schlägt heran: ein grosses Gefühl vom Reiten, alle Härten geschwunden, die Hingebungen seiner Seele gleich, wie Geschwister von den stolzen Schönheiten behandelt, ja ihr Wesen so verwandelt dass sie wirklich jener gleich sind, alles an ihm gross

N 2

Fechtlehrer. seine Frau leicht lieben und ihr Kind, dessen Züge auch er trägt. Der seltsame Reiz davon.

Fechten, in guter und schlechter Disposition: Sinn der Paraden und Engagements, Hieb auf Hieb, wie Hunde ineinander verbissen, die Augen, die Arme, die Beine, die Klingen   alles gegeneinander gestimmt.

in schlechter: mit dem Stierkopf eine ganze klirrende dröhnende
falsche Welt herunterheben

durch das Fenster des Fechtsaales Alleen mit schwarzen Wolken u
rother Sonne

N 3

Caserne.

Gewitterscene.

dieser Geist:
>Helena: ich scheine mir verlebt und doch so neu
>In Dich verwebt, dem Unbekannten treu
>
>Faust: Durchgrüble nicht das einzigste Geschick
>Dasein ist Pflicht, und wärs ein Augenblick!

erstes Abendmahl mit den Adeligen. Himbeeren Schwüle wenig
Licht. An Péreira das schön wie er vor den andern weggeht.

N 4

der Cadet.

er braucht immer jemand den er lieben kann, wenn die Menschen zu
schwach sind, ist es die Sache hinter ihnen.

dahinter Österreich und das Jung-sein in Österreich etwas junges
(Herzog von Reichstadt) das gleichzeitig uralt ist, pervers ehrwürdig,
wie Königinnen.

der Gefreite und der andere beim Einsteigen

die Wachtmeistersfrau.
der Fechtlehrer (der wird ihm aber widerlich)
die Cocotte
die kleinen englischen Mädeln.
der alte Jud

nach einer Periode wo er in tausend kleinen Nuancen den anderen
vaguement zuwider wird und die er Stich für Stich fühlt, einer ganz
schlechten Periode, kommt das Zurückfahren in der Eisenbahn. (das
schmerzliche sehnsüchtige Feuer der 2 untergehenden Sonnen.)

N 5

Caserne. ein Mensch wie der Heinrich Franckenstein als Zugscomm⟨an⟩d⟨an⟩t.

CHARMIDES

Ein platonischer Dialog, nacherzählt　　　　　　　5

Charmides.

das Gespräch dreht sich um die innere Wohlerzogenheit, den Zustand der Glücklichen und schönen. Sokrates merkt nur fortwährend darauf, wie Charmides die Grösse seines Geistes und die Überlegenheit seiner Einfachheit stark spürt. Momente wo sich dieser von Critias 10 abwendet, innerlich weit von diesem wegschwebt. Am Ende ist er gegen Critias gütig und anmuthig, aber seiner Herrschaft entzogen.

Charmides.
Ein platonischer Dialog, nacherzählt.

Nach der Schlacht von Potidaea wurden viele aus dem Lager der 15 Athener nach Hause geschickt und unter ihnen kam Sokrates an einem Abend in der Stadt an. Er gieng zuerst nach seiner Wohnung, nachdem er in einem der Zeughäuser am Piräus seine Waffen abgegeben hatte, die der Stadt gehörten. Es war ihm sonderbar, um soviel leichter zu gehen und fast gar keinen Lärm mit seinen Schritten zu 20 machen. Er fand seine Wohnung unversperrt, aber leer. Er hatte nur einen Sclaven und der war vermuthlich ausgegangen, um die großen Kriegsschiffe ankommen zu sehen. Er warf einen Blick auf sein Bett, dann nahm er von einem Gestell eine irdene Trinkschale und gieng zu der kleinen Cisterne im Hof. Wie ihm aus dem stillen Inneren der 25 Erde das Wasser entgegen schwebte während hinter seinem Rücken der Wind leise Bewegungen in den Ranken von Geißblatt machte, kam das Gefühl des Friedens über ihn und er wusste, was es bedeutete, an seinem eignen Brunnen zu trinken. Er gedachte in schöner Weise der Todten, der Freunde und auch der andern, die er nicht kannte, die 30 auf den Wegen und in den Feldern liegen geblieben waren. Er fühlte, dass immer einer für den anderen starb, und alle für die gemeinsame

Schönheit des atheniensischen Lebens lebten und starben. Sogleich verlangte ihn sehr danach, Menschen zu sehen, die er liebte. Er gieng aus dem Haus, schnell und muthig, wie einer dem großes Glück zutheil geworden ist und fühlte keine Müdigkeit. Als er zu der Ring-
5 schule kam, die gegenüber dem Heiligthum des Basileus ist, sah er eine Menge junger Leute, die er zum Theil kannte und zum Theil nicht. Als sie ihn sahen, der so unerwartet kam, grüßten sie ihn gleich alle von weitem. Einer aber, der Chairephon, in dem überhaupt alles was er fühlte so wenig verborgen blieb, wie Feuer in Flachs, sprang von
10 den andern weg und lief ihm zu und nahm ihn bei der Hand und rief: »Sokrates, wie bist du aus der Schlacht heil nach Haus gekommen?« Inzwischen kamen auch die andern und fragten dasselbe und wollten eine Menge Dinge wissen aus dem Lager und über die Schlacht. Sie führten den Sokrates in den kleinen Garten der dem Kritias (dem
15 Sohn des Kallaischros) gehörte, dort setzte er sich nieder und musste ihnen vielerlei erzählen. Und es kam ihm vor, als ob viel von der Schönheit des Lebens geringer wäre als die Schönheit der Spiegelung, die es in den Worten erfährt.

GESCHICHTE DER BEIDEN LIEBESPAARE

20 ich frage Anna: kann sie Felix lieben
Antwort: so viel sie eben kann!

dann giebt Theres selbst Antwort in dem sie mit Clemens sonderbar erregt zärtlich ist

hatte sich dicht neben mich gesetzt und das störte uns. Bei der näch-
25 sten Station stiegen noch andere Leute ein. Eine Frau mit 2 Kindern, ein Buckliger, ein dicker Officier. Paula saß da, die Hände zwischen den Knien vorgebeugt wie ein Bub und sah zum Fenster hinaus. Ich sah auf ihre Hände, der eine Handschuh war offen zurückgestreift und ließ ein Stück des Handgelenkes frei: meine Augen blieben auf dieser
30 Stelle, auf diesem kahlen, kinderhaft unfertigen Glied, aber eigentlich

dachte ich an die Sachen die sie geredet hatte und wie sie sie geredet
hatte. Dann wie ich aufsah, war mir wieder, als hätte ich die ganze Zeit
an die kindische Magerkeit dieses Handgelenkes gedacht und dabei
irgend etwas empfunden, oder gewusst? oder bestätigt gefunden?
Indessen hatten die anderen Leute zu reden angefangen. Die Frau mit   5
den Kindern klagte über irgend etwas. Der junge Bucklige gab ihr
Recht aber in einer zornigen, verachtungsvollen Weise. Der dicke
rotblonde Trainofficier sagte etwas gutmüthiges. Es war jetzt so
dämmerig in dem Wagen, dass ich die Gesichter nicht sehr deutlich
sah. Aber ihre Stimmen schienen mir durchtränkt von Leben. Die   10
Stimme der Frau war gesättigt mit kleinem dumpfem unterdrücktem
Schmerz und einem süßlichen selbstgefälligen Ton und doch weiner-
lich. Die Stimme des Buckligen war hart, man fühlte in ihr die zornigen Bewegungen des Kehlkopfs; sie war gar nicht einfach: und wenn
sie sich hob, drückte sie eine große innere Kraft, eine bösartige Über-   15
legenheit aus. Der große schlichtaussehende Mann der sich neben mich
gesetzt hatte hörte zu. Von Zeit zu Zeit seufzte er. Sein Seufzen war
tief und ich fühlte, dass es aus einer Brust kam, in der die unablässigen
Sorgen gruben und lagen und das Blut schwer machten.

Jetzt kommt gleich die Endstation sagte die Paula und stand auf.   20
Ich verwunderte mich über ihre Stimme, in der so gar nichts lag. Wie
nichts war sie, farblos wie Wasser, die Kopfstimme eines Schulkindes.

Wir stiegen aus und sie ließ sich begleiten. Ihre Wohnung war noch
ziemlich weit von dort. Wieder fragte ich und wieder kam Antwort
auf Antwort mit dieser sonderbaren wasserhellen unmenschlichen   25
Offenheit. Mir war, als hätte ich in diesen 2 Viertelstunden ihr junges
Leben erfahren, alles. Es war fast nichts: es war wie unfertige Gärten
mit dünnen Bäumen, wie leere Sommerwohnungen mit offenen Thüren und ungemüthlichen lichten Cretonmöbeln auf denen nie ein
Mensch gesessen zu sein scheint. »Was ist das für ein Geschöpf?«   30
dachte ich. Da wohn ich. sagte sie da oben. Sie zeigte auf ein Haus.
Es war ein hässliches ganz neues Vorstadthaus mit 5 Stockwerken.
Eine Menge Wohnungen waren noch unbewohnt. In den bewohnten
waren die meisten Fenster offen. So sagte ich. Ja, hässlich ist es schon
sagte sie und lachte ein bischen. Mein Leben ist überhaupt nicht beson-   35
ders hübsch. Ich wüsst schon etwas hübscheres. Dabei wandte sie mir
das knaben-mädchenhafte Gesicht zu, mit dem ruhigen forschenden
Blick, in dem nichts lag als Jugend. Adieu. sagte sie. Ich möchte sie
aber sehen, geht denn das nicht sagte ich. O ja das geht schon, wenn

Sie wollen sagte sie. Morgen? nein morgen nicht. übermorgen auch nicht. Aber am Donnerstag da geh ich erst um 11 ins Geschäft. Da können wir vorher im Volksgarten miteinander spazierengehn wenn sie wollen. Gut sagte ich am Donnerstag um 1/2 10. Lieber um 10 sagte sie oder gut, um 1/2 10 ich werd halt ein bissel zu spät kommen. Mir wär lieber wenn sie nicht zu spät kommen sagte ich. Sie lachte. Warum lachen sie auf ein⟨mal⟩ fragte ich. Ich weiß nicht sagte sie, wahrscheinlich weil ich schläfrig bin. Adieu. und gieng in das Haus hinein, dessen Eingang ⟨mit⟩ Sandsteinornam⟨enten⟩ von falschem Barockgeschmack überladen war und nach frischem Neubau roch.

Langsam gieng ich die lange Straße zurück die aus lauter solchen neuen Häusern bestand. Ich fand die Schönheit von dem, was ich immer als sehr hässlich empfunden hatte. Ich stellte mir diese Zimmer diese gestern gebauten Stiegen ohne Heimlichkeit bevölkert vor mit jungen Menschen, die fast gar keine Erinnerungen hatten. Als ich an dem letzten Haus vorübergieng bewegte sich in einer Parterrewohnung das Licht durch die offenen Zimmer, wie wenn ein Mensch der allein zuhause ist etwas sucht. Ich meinte Paula zu sehen wie sie mit dem Licht in der Hand durch die Zimmer gieng, vorbei an den Betten der Brüder, mit denen sie nichts gemein hatte, in ihr eignes kahles halbleeres Zimmer und sich niederlegte wie ein junges Thier, ohne auf irgend etwas um sie zu achten. Ich war sonderbar bezaubert von dem Gedanken dieser Leerheit. Eine Kinderei kam mir plötzlich ins Gedächtnis. Ich hatte mir als Kind immer gewünscht der Kronprinz zu sein, um jeden Abend in einem andern der unzähligen leeren Zimmer des Schönbrunner Schlosses schlafen gehn zu dürfen. Ich wusste dass ich mich gefürchtet hätte: aber der geheimnisvolle Reiz dieses immer neuen Schlafengehens und Aufwachens in dem reinen stillen weißen Zimmer mit den Goldlüstern war stärker. Mit neuer wunderbarer Kraft kam mir mein damaliger Zustand zurück und deutlich das Gefühl wenn die Finger meiner Mutter durch meine halblangen Haare giengen. Ich stellte mir vor Paulas Haare anzurühren und mir war, als ob in denen der ganze Reiz ihrer Jugend für mich läge und darin dass sie meinen eigenen von damals so ähnlich waren. Und diese beiden Gefühle, kindische Sehnsucht nach dem Unwiederbringlichen und Wunsch des Erwachsenen spielten sonderbar durcheinander, bis ich zuhaus war und einschlief.

Während der zwei Tage, Dienstag und Mittwoch, verliebte ich mich in die Erinnerung an das wie sie gesagt hatte »Wahrscheinlich weil ich

schläfrig bin«. Nicht das knaben-mädchenhafte Gesicht war, nicht die
unglaublich jungen unglaublich dünnen lichtbraunen Haare waren es,
mit denen die Ohren zugedeckt waren, nicht die wundervolle be-
strickende Unfertigkeit der Bewegungen, dieser Bewegungen die an
ein kindisches Reh erinnerten, sondern es war die Art dieser 5 Worte. 5
Es war in ihnen das Geheimnisvolle eines jungen Wesens, das sich
gehörte, und die geheimnisvolle Möglichkeit diesen Besitz herüberzu-
ziehen, Herr darüber zu werden. So sind diese Dinge. Es ist besser
wenn man nicht versucht, sie zu beschreiben. Und ich wusste es auch
nicht auf einmal. Den ganzen folgenden Tag und die Hälfte des näch- 10
sten dachte ich nicht sehr viel an sie. Ja ich bemerkte dass ich den
Namen des Geschäftes und den Namen der Gasse wo sie wohnte vergessen hatte und beides störte mich nicht sehr. Da gieng ich am Mittwoch nachmittag zufällig am Volksgarten vorüber. Hinter dem
schwarzen Gitter mit den vergoldeten Lanzen standen die Flieder- 15
büsche und lagen die Wiesen so grün so wirklich von innen heraus
grasgrün wie sie nur im frühen Mai sind und niemehr später. Ich
gieng hinein und setzte mich auf eine Bank. Als ich eine Weile gesessen
war und die Luft eingeathmet hatte in der nichts als Frische war,
kühle leichte nicht einmal Duft, denn hier war der Flieder noch nicht 20
aufgebrochen, kam ein kleines Mädchen auf mich zu. Sie hatte ein
weißes Kleid, schwarze Strümpfe und dunkelblonde Haare. Sie trug
eine Springschnur in der Hand, ihr kleines Gesicht war erhitzt und
ihre Augen waren dunkelblau und sehr gescheidt. Bitte sagte sie, sind
Sie nicht der Herr Doctor. Welcher Herr Doctor fragte ich. Der Herr 25
Doctor was immer mit der kleinen Maxi gegangen ist. Ich schüttelte
den Kopf. Da muss ich mich aber wirklich geirrt haben sagte die
Kleine und sah mich lange ernst und nachdenklich an. Dann lief sie
weg. Und von jenseits der Wiese sah sie noch einmal nach mir her,
mit einem wunderlichen Kopfschütteln tiefer Enttäuschung und 30
gieng dann langsam weiter. Und in diesem Augenblick wusste ich,
dass ich in Anna verliebt war. So sind diese Dinge. Und wie aus einem
Brunnen der lange verstopft war die Garben von Wasser unaufhaltsam
hervorschießen, so zwang es mich unaufhaltsam ihren Namen vor
mich hin zu sagen: Anna Anna Anna. So sind diese Dinge. 35

Am nächsten Tag war ich sonderbar verworren und empfand etwas
wie ein dumpfes Gefühl von Schuld und Beschämung. Und ich ver-

langte mir, nicht mit Anna allein zu sein. Am Nachmittag standen wir
wieder vor der Thür von Theresens Garten.

Der Diener hatte den Auftrag, zuerst Clemens zu holen. Wir blieben
an den Stufen der Verandah stehen. Clemens kam nicht aus dem
Haus, sondern vom Garten her. Er war sehr verwundert.»Der Professor war da, sagte er. Es geht Therese sehr schlecht. So schlecht dass
er es für überflüssig hält ihr noch irgend etwas zu verbieten was ihr
Vergnügen macht. Ihr dürft Euch über nichts wundern. Sie hat sich
geschminkt. Und sie nimmt sehr viel Parfüm.« Er sagte diese Sätze
sehr einfach. Nach dem letzten Wort hatte seine magere Kehle eine
Bewegung, wie bei einem Verdursteten der mit Mühe schlingt. Es
war etwas Großes an ihm, etwas sehr Einfaches und Großes. Am Weg
sagte er nur noch eines: er sagte es wie einen Befehl.»Man muss achtgeben, ihr nicht merken zu lassen, wie schlecht sie sieht. Das ist auch
seit heute Nacht. Wenn sie etwas fallen lässt muss man es unauffällig
aufheben.«

Hinter den Blutbuchen stand die Nachmittagssonne. Von der zweiten
Wiese, die frisch gemäht war, kam der laue Duft herüber. Ringsum
mischte sich der Geruch von erwärmtem Gras und fetter dunkler
Gartenerde.

Theresens Korb stand mitten in der Wiese, wie das Gehäuse einer
großen schwachen und sonnenbedürftigen Blume und wir ⟨gingen⟩
langsam auf sie zu, mit leichten lautlosen Schritten wie 2 junge Fremde, die von weitem gekommen sind, das Wunder dieses Gartens zu
sehen. Wenige Schritte vor dem Korb schwebte in der heißen Luft der
sehnsüchtige übermäßig starke Geruch von russischen Veilchen. Wir
standen ganz nah vor ihr, sie richtete die Augen auf uns mit einem
langen mühsamen Blick: endlich erkannte sie uns und lächelte schwach.
An ihre Knie gelehnt standen die beiden kleinen Kinder des Gärtners,
ein Knabe und ein Mädchen. Sie spielten mit Theresens Ringen, die
in ihrem Schoß lagen; die wachsbleichen matten Hände der Kranken
aber lagen auf den Köpfen der Kinder, eingegraben in die kurzen
Löckchen, die die Farbe von frischen Hobelspänen hatten und zwischen denen wie bei jungen Thieren, die gesunde junge röthliche Haut
durchschimmerte. In dem warmen Halbdunkel des Strandkorbes, das
der übermäßig starke sehnsüchtige Geruch von russischen Veilchen
durchsetzte, war sie anzusehen wie das geschmückte Wachsbild einer
seltsamen und entzückenden Heiligen. Ihre geschminkten Wangen

leuchteten, die mystischen veilchenfarbnen Augen waren noch größer
als sonst und die Krone von aschblondem Haar schien wie mit einem
wundervollen Zierrath mit den kleinen Ohren auszulaufen, an denen
schwere Gehänge von alten Türkisen und Diamanten schwebten. Wie
ein Gitter trennten die 5 Schnüre gelblicher Perlen, die den Hals um-
schlossen, die strahlende Schönheit des Kopfes von dem schwachen
Leib, der in Spitzen eingehüllt war wie der Leib eines Kindes oder
einer Todten, und der in die blutlosen ungeschmückten kläglichen
Hände auslief.

Sie sagte: »Ich hab mich so angezogen, wie ich will dass ihr mich
dann aufbahren lasst, wenn die Leute mich anschauen kommen.« Sie
sagte es mit einem sonderbaren Lächeln, das »dann« halb wegwerfend
wie etwas selbstverständliches, worüber man längst einig ist, und wir
fanden keiner etwas zu entgegnen. Etwas entsetzliches, gespensterhaft-
gassenbübisches war drin. Es war so ganz etwas anderes, aber es erinnerte mich wie mit einem Schlag an den Ton, wie Anna damals gesagt
hatte: »Nun wirst du mich doppelt so gern haben weil mein Haar so
riecht wie deine Sachets.«

Dann später gieng Anna hinauf sich umkleiden. Und Clemens und
ich giengen auf der Wiese auf und ab, auf der jetzt die langen hagern
Schatten der Rosensträucher lagen. Ich fühlte dass wir beide immerfort an das gleiche dachten. Endlich blieb er vor einem Rosenstrauch
stehen, dessen magere Zweige voll schwerer blassgelber Knospen
waren. »Glaubst du dass sie es weiß, wirklich weiß, fragte er? Sie hat
es freilich schon immer gewusst vor den Ärzten, aber das mein ich
nicht, ich mein das Wirkliche jetzt das Nahe das ist doch etwas ganz
anderes.« Er sah mich an. Ich antwortete augenblicklich: »Keinesfalls
weiß sie es wirklich, in den Augenblicken wo sie so davon redet. Es
ist möglich, dass sie immer schwächer wird, je näher es kommt, und
in ihren Schlaf versinkt wie in Wasser Ein schrecklicher und müh-
seliger Tod kann nicht ihr Tod sein.« Diese Worte sagte ich eigentlich
ohne sie zu denken: Die Worte fielen mir schnell ein und kamen
schnell aus meinem Mund heraus aber sie enthielten eigentlich nicht
das was ich sagen wollte. Ein großer dunkler einfacher Gedanke lag
auf dem Grund meines Bewusstseins: ich dachte sie kann nur ihren
eigenen Tod sterben und der muss eins sein mit ihrem Leben. Und die
vogelhafte Schwäche ihres Lebens muss ihren Tod schwach machen.
Aber was ich sagte, kam anders heraus: Ich hörte meiner Stimme reden
zu und verwunderte mich über den Schein von Vernünftigkeit. Meine

Stimme schien mir selbst unnatürlich hoch und dünn. Ich sah nach Therese zurück, weil ich fürchtete sie könnte uns gehört haben. Sie saß ganz ruhig, vorgeneigt die Ellbogen auf den Knien. Sie hielt einen kleinen silbernen Handspiegel, in dem sie sich ernst und regungslos betrachtete. Zu ihren Füßen spielten die plumpen kleinen Körper der Kinder, auf allen vieren halb aufgerichtet, mit den weichen ungeschickten Bewegungen kleiner Thiere. Wie eine geheimnisvolle Göttin Herrin ihres eigenen unfruchtbaren rührenden Geschickes saß sie da, gehüllt in ihre große Schönheit und Schwäche über den Spiegel gebeugt, während die Schatten des Abends den leichten Korb mit Dunkel füllten und an ihren unmütterlichen Knien die Kinder eines andern Weibes mit den großen Köpfen und den dicken kleinen Händen gegeneinander spielten. Da ich mich lange nach ihr umsah, folgte Clemens meinem Blick. Aber sogleich wandte er sich wieder um und seine Finger gruben sich in das Fleisch einer gelben Rosenknospe. »Du glaubst sie sieht ihr Gesicht an? sagte er. Sie sieht ihre Lippen an, oder ihr Zahnfleisch heute wo die Lippen geschminkt sind. Sie hat irgendwie errathen, dass das ein Zeichen ist. Und damit quält sie sich. Heut früh, wie es schon licht in userm Zimmer war, und sie geglaubt hat ich schlafe, hat sie ⟨es⟩ auch gethan. Immer hat sie den Spiegel bei sich. Und es sieht schön so aus.« Und dabei hielt er mir den blassgelben fast farblosen zerrissenen Kern der Rose hin und warf ihn dann mit einer traurigen und bitteren Geberde nach seitwärts auf den Boden. Wiederum war etwas großes an ihm etwas sehr einfaches und großes. Wir sahen Anna zwischen den Sträuchern auf uns zukommen und giengen ihr langsam entgegen.

Als wir zu dem Korb zurückkamen, waren die Kinder wach Therese eingeschlafen. Auf ihrem Schoß lag zwischen den mageren Händen der Spiegel und warf blinkend einen Schein des hellen Himmels zurück. Anna bückte sich, um die Ringe aufzuheben die verstreut im Gras lagen. »Schau!«sagte sie und hielt mir kniend die beiden flachen Hände entgegen, auf denen zwischen den Edelsteinen kleine Thautropfen bebten. »Es wird feucht, sagte ich zu Clemens, wir müssen sie hineintragen.« Aber sie schien so glücklich zu schlafen, dass wir nicht den Muth hatten, sie aufzuwecken. Ihr Mund war halboffen und zwischen den geschminkten Lippen schimmerten die kleinen Zähne feucht hervor. Auf einmal veränderte sich das Gesicht der Schlafenden. Wie im Schmerz zog sich die Oberlippe hinauf und entblößte die ganze milchweiße Reihe der oberen Zähne. Zugleich erschien ein böser und

leidender Zug zwischen den Augenbrauen. Allmählich wurde der
Ausdruck ihres Gesichtes entsetzlich. Wir standen vor ihr und beugten uns über sie und riefen leise ihren Namen um sie aufzuwecken
Ihr Gesicht drückte eine martervolle hilflose Angst aus. Clemens
rührte ihre Hand an und da wachte sie endlich auf. Sie sah uns er-   5
schreckt und unsäglich traurig an. Dann traten ihr 2 große Thränen
aus den Augen und rollten lautlos über die geschminkten Wangen.
Und lange weinte sie trostlos unaufhaltsam vor sich hin, zusammen-
schauernd in ihrem hilflosen Jammer wie ein Thier. Wir trugen sie
hinein und sie weinte immer weiter und schüttelte sich vor Leid, wie   10
ein Kind. Als wir sie in ihrem Zimmer niederstellten, hörte sie zu
weinen auf und sah lange mit einem entsetzlichen Blick vor sich hin.
Dann sagte sie: »Ihr könnt es doch nicht verstehen, wenn ich's Euch
auch erzähl. Man kann nicht erzählen was es wirklich ist.« »Du hast
dich im Traum gefürchtet« sagte Clemens und küsste ihre Stirn. »Frei- 15
lich, sagte sie, still und gut wie ein Kind, freilich. Ich hab geträumt,
ich bin dann geworden wie der Hund von dem ihr erzählt habt. Der
Hund von dem da eine Photographie ist wiederholte sie gutmüthig
der ertrunken ist   Zuerst bin ich gestorben   Ich hab gespürt wie ich
geworden bin, ganz, und nur die Zähne sind weiß und schön geblie-   20
ben.« Wir versuchten sie anzulächeln, aber keiner vermochte es. Denn
in ihrem Blick der gegen die Ecke des Zimmers gieng lag das, was sie
nicht auszusprechen vermochte. Und mit einer Geberde, die ich nicht
vergessen kann, weil sie nichts menschliches hatte, fuhr sie sich mit
dem Rücken der Hand an der Schneide der oberen Zähne entlang.   25
Das war der erste Tag.

   In den 3 Tagen die nun kamen, schien sie nichts von dem zu spüren,
was kommen musste. Die Ärzte kamen und giengen und fanden
nichts zu sagen. Clemens und ich aber erwarteten nach der verhüllten
Qual des Traumes einen zweiten unverhüllteren Anhauch des Unent-   30
rinnbaren, wie einer nach einem dumpfen Anfall körperlicher Schmerzen schmerzlos daliegt angstvoll in sich hineinspähend und einen
neuen erwartet, der aber dann ganz anders kommt, scharf und nackt
wie Messerklingen und mit noch gesteigerter Gegenwart.

   Sie schlief viele Stunden des Tages und sie ass fast nichts. Und der   35
Geruch der russischen Veilchen der wie eine unsichtbare Wolke um
ihren Korb und ihr Bett schwebte wurde fast unerträglich stark. Und
noch etwas tauchte in ihr auf, das eine sonderbare Ähnlichkeit hatte,
mit dieser kläglichen Verschwendung des Duftes der ihren geschwäch-

ten Sinnen nie genug that: sie hatte eine neue eine sonderbar gesteigerte und veränderte Zärtlichkeit für Clemens. Wie nun ihre schwachen Kinderarme wild seinen Hals umklammerten, und immer wieder ihr Mund, ihr ganzer vogelhafter Leib sich ihm entgegenbog, ihre Augen glühend seinen Schritten nachhiengen wie die Augen eines Hundes, darin gieng ihr kraftloses Wesen unheimlich über sich selbst hinaus. Es war etwas verbotenes darin, eine tiefe Verletzung der natürlichen Scham, es war demüthigend und schmerzlich anzusehen wie die Gier eines Kindes, die Wuth eines Schwachen. Sie hatte ein in sich Zusammensinken mit lüsternen feuchten Augen und eine verwandelte verliebte Stimme wie die Trunkenen. Aber wenn sie den Geliebten in ihren Armen hielt, schien sie unschuldiger, einem sonderbar verstörten Kinde gleich, das eine Puppe glühend umschlingt. Ihre Zärtlichkeit entzündete sich nicht an ihm, kam an ihm nicht zur Ruhe. Ihre Hingebung war ohne Ziel; sie schien einem inneren Zwang zu gehorchen.

Dass aber diese Veränderung die Maske der Liebe trug machte sie fürchterlicher als ihr lautloses Weinen oder ihre große Schwäche. Wenn sie einmal einschlief ließ sich Clemens auf einen Stuhl fallen, wie vor den Kopf geschlagen von dieser allzugroßen Traurigkeit und Demüthigung. Seine magere Stirn war beladen mit Schmerzen und Müdigkeit; seine langen Arme hiengen herab, die Arme die den Druck ihrer freudlosen trunkenen Zärtlichkeit halb aufgenommen halb abgewehrt hatten; sein Blick gieng unter den hochgehobenen angeschwollenen Lidern starr gegen einen Punkt, wie die Augen eines großen gefangenen Vogels. Das ist zuviel, sagte er mit einer zerbrochenen Stimme: das ist wie wenn man sehen müsste, wie ein fremder Teufel sie in seiner Gewalt hat. Sie war aber in keiner Gewalt als der ihres Wesens welches das sterbende Leben noch einmal nach allen Seiten trieb wie der Kreisel bevor er hinfällt und taumelnd noch einmal in einem krampfhaften Schwung den ganzen Schauplatz seines traumhaft-kleinen Lebens umtanzt. Wie in einer Comödie der Schauspieler, der die Bewegungen der Mitspieler im Voraus weiß und doch darauf wartet, dass sie sie wirklich machen, sah ich sie unter der Herrschaft des Todes die sonderbaren unbewussten Wege wieder gehen die sie einmal in einer anderen Trunkenheit vor mir gegangen war. Ihr kleiner Leib dem die tiefe starke Zärtlichkeit versagt war, ihre machtlosen Augen ihre schwachen Geberden tanzten den Tanz in dem sie ihre eigene Schönheit und ihre eigene Glückseligkeit fanden, jetzt da sie mit dem Schicksal anderer Menschen nichts mehr zu thun hatten. Wieder sah ich ihr zu die Julia spielen und wenn sie sich bückte um Clemens Hand zu küssen und wenn sie Wasser trank und wenn sie sich aus dem Schlaf aufrichtete, waren es scheinhafte, unbegreifliche Geberden. Sie gehörte sich selber, wie die Verzückten, ihrem schwachen leeren kleinen Selbst.

Dies dauerte 3 Tage. Dann kam ein Morgen, an dem es zum ersten mal seit langer Zeit kühl war und regnete. Als wir hinunterkamen, lag Therese auf der Chaiselongue. Ihr Gesicht war weißer als der Polster, auf dem es lag. Sie war es müde geworden sich zu schminken. Ihre Hände ruhten todmüd und geduldig auf der mattseidenen Decke. Ihre Augen giengen matt und gleichgiltig über Anna über mich, über Clemens hin. Was 3 Tage in ihr gewesen war, gleichviel was, es war erloschen. Sie schlief viele Stunden. Wenn sie wach war redete sie von ihrer Schwäche und von gleichgiltigen Dingen. Sie klagte über nichts, sie redete nicht von der Zukunft. Langsam aber unaufhaltsam schien sie zu versinken. Es regnete den nächsten Tag, und den nächsten. Die Tage vergiengen leer und lautlos wie in einer Betäubung.

Am Abend des 3ten Tages wurde es hell. Über den Blaubuchen und den Silberpappeln trieben im Weiten lichte kleine Wolken. Am Boden, zwischen den Stämmen, an den Rändern der Wipfeln schwebte etwas Goldiges. Therese wollte aufstehen: da fiel sie ohnmächtig zurück. Aber sie kam schnell wieder zu sich und hatte in den Haaren auf den Händen auf der mattseidenen Decke das blasse Gold der hinuntereilenden Sonne. Sie verlangte innig, ins freie zu kommen. Clemens und ich und der Diener trugen sie mit ihrem Ruhebett auf die Verandah. Von weitem sah sie die Gärtnerskinder über die Wiese laufen auf der das Goldige schon dunkelte und nur die Salbeiblüthen da und dort tief purpurblau aufglühten. Sie ließ die Kinder herrufen, gab ihnen Obst und ließ sie mit ihren Ringen spielen. Neben den runden Gesichtern der Kinder war ihr Gesicht entsetzlich schattenhaft; es war als hätten die allzuschweren aschblonden Haare alle Kraft des Lebens aus diesem Kopf gesogen. Die Luft war still und nur das dünne abgebrochene Plaudern der Kinder flackerte auf und verstummte wieder wie Vogelgezwitscher. Die Schatten des Abends legten sich auf uns. Clemens Stirn schien noch magerer und sorgenvoller, rührend! Anna's Gesicht nahm einen harten und leeren Ausdruck an: es schien wie das Gesicht der Jugend selbst knabenmädchenhaft, aber ohne Glanz und ohne Liebe; die dünnen braunen Haare die wie ein Schleier

ihre Ohren zudeckten schienen fest und dicht wie ein sonderbares
Tuch. Das Gesicht der Kranken hatte die Farbe erkalteter Asche. Ihre
Lippen waren zusammengepresst. Sie sah über die Kinder weg vor
sich hin. Plötzlich kam in ihr Gesicht der Ausdruck entsetzlicher
Angst. Sie richtete sich jäh auf und streifte die Ringe die auf ihrem
Schoß lagen, heftig zu Boden wie eine Last deren Druck sie marterte.
Ihre weißen Lippen bewegten sich wie um laut zu klagen dann nahm
der Mund einen tief schmerzlichen verachtungsvollen Zug ⟨an⟩ und
sie sagte nur sehr laut: Die Kinder machen mich ja doch müd und
schwindlig!
   Clemens gieng zu ihr und wollte ihre Hand nehmen aber sie entzog
sie ihm und kehrte ihren Hals nach der andern Seite wie ein gequältes
Thier. Ich nahm die beiden Kinder bei der Hand und führte sie weg.
Hinter mir hörte ich Theresens Stimme sagen: Kein Mensch hilft mir
Es war ein entsetzlicher Ton, wie aus dem schwersten Traum heraus.
Es lag keine Klage drin, kein Vorwurf sondern etwas ärgeres, das
zusammenschnürende entsetzliche Alleinsein mit dem Unabwend-
baren. Die Kinder giengen neben mir durch den stillen Garten und
redeten kein Wort, weil sie nicht verstanden, was geschehen war und
sich fürchteten. Das Gärtnerhaus lag versteckt hinter einer kleinen
Böschung am Ende des Gartens, dort wo er sich gegen die alte Landstraße senkte. Die Fenster des kleinen Hauses waren offen. Zwischen
den Spargelbeeten lag ein alter Hund und schlief. Ich trat in die Küche
und suchte jemand, dem ich die Kinder übergeben könnte. Es war
niemand da. Die niedrige Decke und die lauwarmen Wände auf denen
große Fliegen saßen schienen meinen Ruf zu verschlucken. Die warmen kl⟨einen⟩ H⟨ände⟩ der K⟨inder⟩ hiengen fest an meinen Händen. Es war als ob sie sich vor der verlassenen Wohnung fürchteten.
Ich stieß eine angelehnte Thür auf und trat in ein halbdunkles Zimmer, das feuchtkühl und mit dem unbest⟨immten⟩ Geruch der ärmli-
chen Wohnungen erfüllt war.
   Auf einem niedrigen Bett lag der Gärtner, in Unterkleidern, den
rechten Fuß mit Tüchern dick umwunden. Er wandte mir sein
schlaftrunkenes aufgedunsenes Gesicht zu. »Ich bring die Kinder
zurück« sagte ich. und dann fragte ich noch: »Was haben sie denn da
am Fuß.« »Mein Gott, gnädiger Herr, sagte er, die Harken ist mir
hineingangen.« »So« sagte ich und gieng. Als ich hinten am Glashaus
vorübergieng, kam die Gärtnersfrau heraus und unmittelbar hinter
ihr ein junger Bursche, den sie zur Aushilfe hatten. Denn der Garten

war sehr groß. Die Frau hatte ein großes farbloses Gesicht mit kleinen falschen Augen. Der Bursche hatte eine Mähne von Haar und einen Mund mit feuchten aufgeworfenen Lippen. Als ich um die Ecke bog und an ihnen vorbei kam, stieß sie mit dem Ellenbogen nach dem Burschen und blieb stehen und grüßte sehr tief. Und er nahm den Stroh-hut ab und beugte sein Gesicht auf dem ein halb verlegenes und halb freches Lachen war, hinter ihre Schulter. Ich sah das alles, wie ich sah, dass auf meinem Wege zwei frische Tannenzapfen lagen, und wie ich in der Wiese die niedergedrückte viereckige Stelle bemerkte wo immer Theresens Strandkorb gestanden war und wie ich im dämmernden Gebüsch einen großen hochbeinigen Vogel über den Boden hüpfen sah, der einen seltsamen hässlichen Ruf ausstieß. Ich sah alle diese Dinge ohne dass ich einen Augenblick aufgehört hätte, an die Ster-bende zu denken. Aber es kam plötzlich irgend etwas störendes zwi-schen mich und mein Denken, irgend ein solcher Schleier von Un-sicherheit wie bei einem, der getrunken hat. Es war als wäre das nicht mehr mein unmittelbares nächstes Geschick, dass ich nun hingehn musste und zusehn wie Therese sterben würde, oder als wäre es wohl mein Geschick, aber als wäre sein Stachel abgebrochen, die dumpfe Drohung, das unaussprechlich Schwere, das für mich dahinter zu liegen schien, gestaltlos aber doch voll erdrückender unentrinnbarer Gewalt über mein ganzes Leben. Geheimnisvoll wie die Ketten des Lebens von einem abgleiten, war mir, als hätte sich der unmittelbare Zusammenhang zwischen meinem Geschick und dem der anderen Menschen in diesem Haus gelöst. Ich gieng wie einer den im Traum die Luft des Lebens berührt und die Ahnung, dass er träumt. Aber ich kam schon auf die verlassene Verandah zurück, gieng schon durch die dunkelnden Zimmer hatte schon die Hand an der Thüre die zu Therese und den andern führte und konnte noch nicht finden was denn das unbestimmte befreiende gewesen sei, dieses rätselhafte dunkle Bewusstsein, als ob bald die Schwere von mir abfallen könnte, wie die dumpfe Täuschung eines Traums. Und wie ich die Thüre hinter mir schloss, schien das unbestimmte befreiende auch draußen zurückzubleiben.

Therese sprach. Sie sprach laut wie eine Zornige und ununterbro-chen in dem gleichen erregten Ton. Clemens gieng auf und ab, mit gleichen, hastigen Schritten und kehrte vor der andern Wand sich um wie die Thiere im Käfig. Dann schien er sich zusammenzunehmen. Blieb stehn und hielt die Hände mit krampfhaft verschlungenen Fin-

gern auf dem Rücken. Anna stand am Fenster die Stirn an die Scheiben gelehnt. In einer Ecke im Dunkel, war der Arzt. Vom blassen
Gesicht der Kranken, das wie ein unbestimmter lichter Fleck in der
Dämmerung verschwamm, kam die unermüdliche Stimme her, getragen von einem großen unstillbaren Zorn, in dem ihr kraftloses Wesen
zum letzten Mal unheimlich über sich selbst hinausgieng. Getrieben
von ihrer vergeblichen zornigen Sehnsucht, schien die kleine Seele
noch einmal die unfruchtbare Welt ihres kinderhaften leeren Daseins
hastig zu umkreisen. In ihren sonderbaren harten Klagen zog ihr ganzes Leben vorüber wie in einem entsetzlichen leeren Licht, das nicht
Tag und nicht Nacht mehr gleicht. Sie schien nicht zu wissen, dass
Clemens da war, oder es bedeutete ihr nichts mehr: Das ganze scheinhafte Spiel der Liebe war in dieser Stunde vor ihren Augen nichts, so
nichtig wie ihr ganzes Leben. Wie durch leere Luft strichen ihre Klagen über den Raum hin, wo die Erinnerungen der Liebe ihnen hätten
entgegenstehen sollen. Dann schien sie mit ihrer Mutter und ihren
Geschwistern zu sprechen: »hab ich Euchs nicht immer gesagt, sagte
sie sehr laut, ich werd einmal sterben und nicht wissen für was ich
gelebt hab.« Und entsetzlicher als dass sie dieses Letzte sagen musste,
war der Ton in dem sie es sagte: denn es lag ein grauenhafter dürrer
Stolz des Rechtbehaltens drin.

In dieser Nacht verfiel ich für einige Stunden in eine Art von Betäubung. Aber ich schlief nicht wirklich: ununterbrochen wiederholte
mein Kopf einzelne von den Sätzen die Therese geredet hatte, oder
abgerissene Worte, genau in ihrem Ton mit marternder unermüdlicher
Kraft. Dazwischen drängten sich in fast gleichmäßigen Abschnitten
die Bilder der Dinge die ich in den letzten Stunden gesehen hatte: die
Fliegen an den Wänden in der Küche des Gärtners, das schlaftrunkene
rothe Gesicht des Menschen und sein umwickelter Fuß, und das halb
freche halb verlegene Gesicht des Gehilfen, das sich hinter die Schulter der Frau beugte. Dann kamen wieder aus meinem Innern Theresens
Klagen mit entsetzlicher Deutlichkeit, wie von außen her, die zornige
Kraft ihrer Stimme, das erbarmungslose Durchwühlen ihres freudlosen kleinen Lebens diese grauenvolle Weise über sich selber zu
reden wie über eine ungeliebte Todte. Endlich hatte ich die Kraft diesen dumpfen quälenden Halbschlaf zu zerreißen. Ich schlug die Augen
auf und war mit einem Mal wach, übermäßig wach. Mit einem Schlag
war der Schlaf aus meinen Gliedern hinausgegossen wie das Wasser

aus einem umgestürzten Krug springt. Ich war wach, wie einer der nie
mehr schlafen wird. Das Zimmer war hell, aber nicht von der Sonne.
Meine kalten sonderbar lieblosen Blicke giengen durch die Scheiben:
es war der grünlich-bleiche Himmel vor Sonnenaufgang. Alles im
Zimmer war deutlich sichtbar, aber alles schien unerfreulich, seltsam
starr und nüchtern. Anna lag neben mir: sie athmete ruhig, ihr Kopf
lag auf dem zurückgeworfenen Arm. Etwas in ihrem Gesicht und
ihrem Daliegen erinnerte an einen Knaben. Ich stand leise auf und
gieng von ihr weg ins Nebenzimmer. Ich wusste dass ich nicht mehr
schlafen werde. Ich zog Schuhe und einen langen Mantel an und stellte
mich ans Fenster. Der Garten stand todtenstill, so starr wie nie bei
Tage und nie bei Nacht. Die Büsche auf denen kein Schatten und kein
Licht lag, waren geheimnislos. Die Äste der Bäume stiegen todt in die
fahle leere Luft. Die Zweige der Trauerweide hiengen, hiengen. Nichts
konnte sich in der todten Luft bewegen. Es schien nicht der Garten
selbst zu sein sondern sein Bild zurückgestrahlt von einem entsetzlichen Spiegel. Mir war, als stünde mein Herz still. Aber erbarmungslos
warf mein überwaches Denken Erinner⟨ung⟩ auf Erinnerung aus.
Jetzt waren es nicht mehr die nächsten Eindrücke, es waren frühere:
das erste Hereinfahren mit Anna, ihre dünne leere Stimme neben der
zornigen Stimme des Buckligen und der traurigen Stimme der fremden Frau. Und irgend ein Gespräch mit Anna, in meinem Zimmer.
Und ein anderes im Prater, an einem Abend wo es regnete. Und ein
anderes, wie sie vom Tod ihrer Mutter erzählte. Und der Tonfall
wenn sie etwas bitteres und trauriges sagte, der sonderbar wegwer-
fende leere Ton. Und das unsagbare, wenn sie küsste und sich küssen
ließ, die geheimnisvolle tiefe Unfähigkeit sich herzugeben   Und die
Art wie sie mich anschaute, und die anderen Men⟨schen⟩ und die
Dinge   Und das andere unaussprechliche, der Zusammenhang zwischen ihrem Schauen und ihrem Reden. Da unten lag es in diesem
Garten: so lag in ihr die Welt widergestrahlt von einem entsetzlichen
Spiegel. In diesem Augenblick bewegte sich Annas Leib leise im
Schlafe. Und in diesem Augenblick wusste ich dass ich sie nicht mehr
liebte. Wie mit einem Schlag wusste ich es dass mein Kopf und alle
meine Glieder leer waren von dieser Liebe, leer wie ein umgestürzter
Krug aus dem der letzte Mundvoll Wasser in einem Schwall gesprun-
gen ist.
   Plötzlich durchzuckte mich dieses Wissen: so blitzschnell dass es
nach einem Augenblick wieder erlosch und mir war als hätte ich ver-

gessen was ich eben wusste. Aber wie ein zweiter breiterer Blitz tauchte es von der anderen Seite in mein Denken wieder auf: denn meine Augen fielen am Ende des todten Gartens auf das öde grau-grüne Dach der Gärtnerswohnung, auf dem kein Licht und kein Schatten lag, und von dort drang eine unbestimmte Sehnsucht auf mich ein, das zusammengeschmolzene Bild dieser niedrigen dumpfen Welt, der Mann die Frau und der dritte, die Kinder, die Fliegen an der Wand, der Geruch ihrer Zimmer, ihr Lachen die Falschheit u die Lüsternheit ihrer Augen alles zusammen, die ganze dumpfe niedrige Fülle ihres Lebens, und die Vision ihrer großen schweren Leiber die so anders waren als der knaben-mädchenhafte leichte Leib, der drin sich leise im Schlafe regte, warf sich über mich wie eine Welle ange-füllt mit der unendlichen Möglichkeit des Lebens. Und ich wusste durch und durch dass ich Anna nicht mehr liebte, und dass ihr Leib und ihre Seele mir nichts mehr sein konnten, und dass mir das hässli-che schön und rührend schien nur weil es das andere war.

Ich gieng die Stiege hinunter. Ich konnte es nicht ertragen allein zu sein mit ihr, welche schlief, und alle diese Dinge zu denken. Auf dem Absatz der hölzernen Treppe blieb ich stehen. Es war nicht ruhig im Hause. Es wurden Thüren zugemacht. In den unteren Zimmern liefen Menschen hin und her. Ich gieng durchs Speisezimmer und das Boudoir. An der Thür von Theresens Schlafzimmer blieb ich stehen und wollte horchen. Da wurde sie von innen aufgerissen und Clemens stand vor mir, halb angekleidet und blässer als sein Hemd. Er sah mich mit einem blöden Blick an wie ein Trunkener und rief mir wie zornig entgegen: »So komm so komm!« Dann schien er sich zu besin-nen: »Todt« sagte er und sein Mund verzog sich zu einem wilden lauten Aufweinen. Er kniete neben der Todten nieder legte seinen Kopf auf ihre Knie und schluchzte. Der Arzt trat zurück und die Kammerjung-fer zündete 2 Kerzen an und stellte sie hinter den Kopf der Todten. In dem unsicheren Licht des Morgens und der schwachen Kerzen hatte ihr Gesicht mit den langen Wimpern von unten etwas grauenvol-les. Aber als ich mich über sie beugte sah ich ein wunderbares leises fragendes Lächeln an dem lieblichen Mund und jetzt da die Drohung des Todes erfüllt war, schien mir nichts beängstigend nichts leer an dem schönen Gesicht. Alles schien diesem geheimnisvollen fragenden und unsäglich gütigen Lächeln zu dienen, es nahm der Blässe ihr Schreckliches, und die Schönheit der jungen Haare umgab das ge-heimnisvolle Lächeln mit königlichem Triumph.

Clemens sah auf und deutete gegen die Decke des Zimmers. Ich verstand ihn nicht gleich, »Die Anna« sagte er. Er meinte, ich solle sie holen. Ich gieng und auf der Stiege traten mir die Thränen in die Augen. Aber ich wusste nicht, ob ich über das Geschick des Freundes weinte oder über meine Liebe, die gestorben war, so waren diese Dinge verflochten. Als ich an Annas Bett trat, beugte ich mich unwillkürlich über sie: aber mein Blick wurde hart, denn sie schien mir geheimnislos wie sie dalag, eingehüllt in ihr Leben, das ich nicht mehr lieben konnte. Und aus ihren dünnen jungen Haaren stieg der sehnsüchtige Duft der verveine und mit ihm schien wie über einen leeren Abgrund mein eigenes Leben herüberzuathmen und ich empfand ein starkes Heimweh, wie Kinder die sich zu lange in einem fremden Hause verweilt haben. Und ich berührte die Hand der Frau, die nicht mehr meine Geliebte war, um sie aufzuwecken und zu der Todten hinunterzuführen, die unten lag, ihr blasses Gesicht beladen mit Schönheit und Geheimnis.

GESCHICHTE DES FREUNDES

N 1

Geschichte des Freundes.

die Stimmung des Anfangs ist die von »dem Schmerz sein Recht«
dann die: du hast mich von der Qual erlöst mich selber lieben zu müssen
nach dem grossen Abend die: das Lob des Goldes gegenüber den unreineren Erden.

N 2

Geschichte des Freundes.

gegen Ende des Spazierganges setzt er sich im Esterhazypark nieder. ein wahnsinniger Ehrgeiz wieder alles unter seine Herrschaft zu bringen erfasst ihn, da geht der junge Mensch vorüber.

N 3

Geschichte des Freundes

Nebenfigur: der Bienenzüchter: rechnet Logarithmen lernt Geographie. ein alternder Mensch der etwas unangerührtes hat. er spricht
5 gern über Frauen

N 4

Geschichte des Freundes:

Während des Leichenbegängnisses: warum giebt es Menschen wie mich, den Pfarrer, etc. die Masken aufhaben und warum andere wie
10 ihn⟨,⟩ die Mutter, für mich auch die sterbende Biene, die sogleich geliebt werden.
Die sterbende Biene kümmert sich absolut nicht um ihn.

N 5

Geschichte des Freundes.

15 Eckst⟨ein⟩   seine erste Weltanschauung

das sog. Denkbare ist nur eine kleine Insel, innerster Kreis. Man muss das chaotische Meer mit ungeheuren Flügelschlägen des Denkens zurücktreiben, dann ergiebt sich Weltübersicht. Europa ein mittelgroßer Garten mit einzelnen schweifenden. weitere Kreise umlagernd.
20 exhaustless east, dann die Inseln, Japan, die südamerikanischen Staaten, wo mehrere dunkle Processe vor sich gehen.

GESCHICHTE DES CADET OFFIZIERSSTELLVERTRETERS

Geschichte des Cadet Offiziersstellv⟨ertreters⟩

vor dem Souper mit den Barrisons Souper mit Gorayski und Pereira. Gorayski leicht betrunken, entwickelt seine Weltanschauung. früher ₅ hat es etwas sicheres gegeben: man lacht, man schlägt sich, man lässt prügeln. Jetzt weiss niemand ob er fromm ist oder nicht, ob er auf etwas beleidigt sein soll oder lachen. Niemand glaubt an Muth, jeder weiss was die Nerven ausmachen

dann kommt noch ein betrunkener Regimentsarzt.   ₁₀

GESCHICHTE EINES ÖSTERREICHISCHEN OFFICIERS

N 1

Geschichte eines österr⟨eichischen⟩ Off⟨iciers⟩

der Freiherr von A.   seine Hände sind so phantastisch reich, dass er ₁₅ von ihnen aufschauend (er ist dilettantischer Zeichner) die Landschaft arm und leer findet.

dem Freiherrn gegenüber möchte er so gern mehr von seinen Schicksalen wissen, ihm etwas sein, Vorausspiegelung der Beziehung zum Kaiser.   ₂₀

der Abend mit dem Heraustrennen der Kämmererschlingen, derselbe wo er Vater ist.

der Kaiser spricht spanisch, er englisch, das der Kaiser versteht.

von Christiane sagt der Freiherr: das ist eine arme Puppe. sie sollen in den Orient. werden sie etwas wie der Castellane mein Vetter. ob- ₂₅ wohl der Freiherr Österreicher ist, sagt er s i e.

N 2

Gesch⟨ichte⟩ des Officiers die Stiftsdame in Salzburg. beim
Weggehen sieht er von der Stiege in dem kleinen Bauernspiegel die
entsetzliche Enttäuschung fast Verzweiflung ihres müden Gesichtes
sobald sie allein ist. auch durch das Tagebuch des verstorbenen Cadet-
ten kommt er sich so beladen vor, dass er dem so viel bedeutet hat.
etwas von den Schicksalen aller dieser kraftlosen Menschen in Salzburg: Fürstin Tini, Franzi, Franchetti, Hausner, Irène Mittag.

GESCHICHTE DES SCHIFFSFÄHNRICHS
UND DER KAPITÄNSFRAU

N 1

Geschichte des Schiffsfähnrichs und der Kapitänsfrau:

Haltlosigkeit, beiden verrinnt alles zwischen den Fingern: das Leben,
die Zeit, der Glaube an die eigene Empfindung. Nichts festes.

seine Beziehung zu seiner Mutter

ihr Kinn, fein wie der geschwungene Rand eines Bechers

ihre Coquetterie ist in tiefen Ernst gehüllt, ihre Schwere und Traurigkeit hat eine unsägliche Grazie.

wenn er allein ist, hält er etwas theatralische Monologue.

er umspinnt die Frau mit einem ganzen Netz von Lügen, lauter ins
Leben übertragene Möglichkeiten.

Ob sie in die Kirche geht? Sie antwortet mit einem müden Achselzucken. Sie ist, dem Götzendienst des Lebens gegenüber, eine tief
monotheistische Natur.

einmal im Casino ein Gespräch über Alter: dem hört er zu, seine Hand
auf dem Fensterkreuz in welchem die Mondnacht hängt, wie ein
Triumfator.

N 2

Geschichte des Seecadetten (Die Frau des Capitäns)

ihre Grundstimmung dem Heranwachsen des Kindes gegenüber:
düstere Verwunderung. sie vernachlässigt ihre Kleider.

Am 2ten Tag in der früh geht sie an seiner Kanzlei vorbei, mit dem
Kind. es liegt eine grosse Schwere und Müdigkeit in ihrem Gang.
Vorher geht durch die Gasse ein Pferd das fällt und geprügelt wird.
eine Cocotte. ein Beamter mit einem Buben. (im Zimmer ist ein Officier der alles commentiert.)

im ersten Capitel: giebt sie ihm einen Schlüssel für das hässlich in
einander verwickelte der vielen Schicksale enttäuschter und verbitter-
ter Menschen in diesem kleinen Ort

N 3

Kapitänsfrau

sie sagt: das ist so meine Façon auf das Wunderbare zu warten

Ausflug: Phasen: sie kommt ihm aus einer Gruppe entgegen jünger
als sonst.

sie giebt sich in einer sonst an ihr ungewohnten Weise einer kleinen
sinnlichen Freude hin: Wasser über ihre Hände rieseln zu lassen, zu
Blumen zu riechen (dieser Ton: das hab ich so gern.)

seine Liebe entzündet sich an dem Gedanken, dass es möglich wäre,
sie zu besitzen

N 4

Geschichte der Kapitänsfrau

er ist nichts wie Vordergrund

er ist verliebt in sie, aber nichts hat noch bei ihm mit dem ganzen
Leben zu thuen.

er lügt sie an: in Bezug auf seine Mutter

N 5

Kapitänsfrau

er beschäftigt sich mit allen möglichen Kindereien: Tagebuch, Ordnung machen, eine Art Habsucht.

5   ihr kommt sein Gehen schon grossartig, der Anbetung würdig vor.

DER SCHLOSSBRAND

N 1

Schlossbrand
                                I.

10 Dîner zu Ende. Er empfängt den Verwalter. Sie geht mit einem Buch
auf ihr Zimmer. Pferde werden in die Schwemme geritten. Sie entdeckt den Brand. Gleichzeitig er mit den Dienern unten. Das Heraus-
tragen der Sachen. Viele Bauern helfen mit. In der Wiese liegen die
grossen alten Spiegel, am Friedhof in der Kirchenthür stehen die alten
15 Stühle, Rüstungen, Bronzen, Schüsseln und Schalen. Im Hof des
Gasthauses vergoldete Möbel, ein altes Bett, die Pferde. Die Gräfin
hilft mit⟨,⟩ übermässig montiert dann sieht sie dem Feuer zu. Das
Schlafengehen der Eheleute in dem Zimmer des Verwalters. Der Graf
wird noch einmal aufgeweckt Dann bringen sie ihn sterbend zurück.
20 Ihr Schweigen an der Leiche diesen Tag und die nächste Nacht. Am
nächsten Morgen bringt die Erzieherin sie dazu spazierenzugehen. Ihr
hartes Urtheil über ihren Mann. abends im Bett Geständnisse. am nächsten Morgen der Verwandte. das Leichenbegängniss. Das Nachtmahl
des Verwandten.

25 *N 2*

Der Schlossbrand.
                                I

Der Schlossherr. Karl Platen, die Frau Alice Morrison es brennt den
ganzen Nachmittag, erst in der Nacht kommt er um. Ihre Gedanken
30 während des Brandes. eine entsetzliche Überwachheit. die Leute die
helfen kommen die Schätze im Gras auf dem Friedhof in den Bauern-

häusern vertheilt. Ihr Benehmen gegen die Leiche. das Componieren der Grabschrift. im Bett Vorwürfe der alten Erzieherin. Sie hat ein Grauen vor ihrer eigenen Tiefe. muss an der Oberfläche bleiben. Sie fühlt fortwährend die Verführung in sich, in einem bestimmten Moment etwas bestimmtes zu sein und unterliegt ihr. So bei dem Spaziergang über die Haide dem Sarg entgegen die Verführung Richterin über den Todten zu sein. seine Unzulänglichkeit. wenig generosität. er hat es nicht verstanden seine Diener sehr stark an sich zu binden. Wie sie das brennende Stück im Gebälke entdeckt, die Verführung sich jetzt nicht um alles das zu kümmern.

N 3

Der Schlossbrand.

es ist etwas in meiner Existenz wie ein geheimes Wissen von etwas anderem, was immer das Vorliegende verdunkelt. Dieser Wirbel hat ihr ganzes Leben verschlungen, deswegen sind ihr auch die andern Menschen so gleichgiltig, fast verächtlich wie einem Sterbenden. Jetzt wird sie vielleicht den Cousin heirathen. Ich erinnere mich als Kind hab ich gemacht als ob ich verliebt wäre. Dann während meiner Brautzeit war sein Vorübergehen genug, sein Anschauen der Fische im Teich um mir sein Leben nur wie ein schales Kinderspiel erscheinen zu machen. Dieses einmal gehörte Stöhnen in der Nacht erscheint ihr wie das allein wirkliche, nicht zu verachtende, nicht zu vergessende, alles andere so leicht zu verändern, so zufällig.
sie wirft der auf dem Tisch sitzenden und sich einfressenden Flamme einen Blick verächtlichen Einverständnisses zu wie einem lebenden Wesen, einem Dieb und geht wieder lesen.

MOTIVE

N 1

Aussee August 96.

Motive.

Motiv. einer erzählt einem andern ein Geheimnis, in dieser Situation.
sie sind am Bicycle, hinter den andern zurück geblieben und es wird
schon nacht. die Strasse führt zwischen der tiefeingeschnittenen heftig
rauschenden Traun und dem Wald mit Holzwegen, Marterln, frischen
Holzschlägen. Der eine eilt sich wegen einer Frau die er noch in dieser
Nacht zu treffen sicher ist und malt sich im voraus diese Begegnung,
der andere muss hinter ihm herjagen, erzählt unterbrochen, stossweise
keuchend, manchmal ins Leere wenn sie zu weit voneinander gekommen sind, manchmal rollen die Räder neben einander her und die
Worte klingen plötzlich so überdeutlich wie im Wetterleuchten hie
und da überdeutlich die Kapellen, Bauernhöfe und Scheunen auf der
jenseitigen Lehne, der Eisenbahndamm und ein grosses Wehr dastehen.

die Frauen (an welche der eine denkt, und die von welcher der andere
erzählt) sind Schauspielerinnen. Contrast ihrer Existenzen und der
Landschaft.

N 2

Motive.

eine Verandah an einem Gebirgsfluss. Windlichter machen sie übermässig hell. An einem ganz kleinen Tisch sitzt ein alter reicher Mann
und 2 Tänzerinnen. Er hat Krücken einen riesigen Kopf, ungeheuere
Finger. Er ist so dick wie jener Württemberg für den man beim
Wiener Congress den Tisch ausschneiden musste. Gegenüber liegt ein
kleiner Friedhof.

auf einem Bergweg einem kreisenden Adler zuschauen, dann im See
unter sich einen starken Menschen zu sehen, der unter Wasser
schwimmt.

Energie

Frau Lydia Escher die Geliebte des Malers Stauffer, ermordet sich

indem sie den Kopf in ein Schaff Wasser steckt. Sie hat ein viereckiges
männisches Kinn, eine gerade Stirn und fleischige Wangen.

Geschicklichkeit: etwas können.

nach der Heumahd wird verglichen, wer die gleichmässigsten Streifen
hinter seiner Sense gelassen hat.   5

GESCHICHTE VON 1866

N 1

Geschichte von 1866.

der Holl von Stahlberg in seine Frau verliebt   hat aber auch Geschichten mit Mädeln. der Cousin ganz anders in die selbe Frau ver-   10
liebt hat mit ähnlichen Mädeln ganz andere unbehagliche Geschichten,
in denen er die Mädeln recht quält, je mehr er sich vor der ersehnten
Frau in seinen Träumen demüthigt. der erste hat auch eine Geschichte
mit Fräulein Marie B. die jetzt kränkelt; eine Begegnung mit der und
dann ein Weiterleben à la Stella malt er sich aus.   15

N 2

Geschichte von 1866.

das grosse aufgeregte Gesicht des Hauptmanns mit dem weissen
Nackenschutztuch dahinter wie ein Schweisstuch mit dem Christus-
Kopf.   20

die fieberhaften Möglichkeiten für diese in den Betten herumkugeln-
den: z B. eine Jugendgeliebte wiederzubegegnen, ganz ein merkwürdiges Verhältnis mit ihr anfangen, neben seiner Frau sie haben, dann
seiner Frau das eingestehen und dazu weinen: alles das stellt er sich
im Bett der Bäuerin so lebhaft vor (der Lieutenant Holl von Stahlberg)   25
dass er Kehle und Augen ganz voller Thränen hat: er hat sich so gern:
wenn er an alle die Gefahren denkt, durch die er hindurchgekommen
ist.

INFANTERISTENGESCHICHTE

Infanteristengeschichte
der eine ist in die Affaire Holl Stahlberg verwickelt (selbst junger Ehemann) der andere steht derselben Gruppe nahe, jeder hat für den andern
den Duft solcher Erinnerungen an sich.

DIE SCHWARZE PERLE

N 1

Die schwarze Perle.

erst eine Fluth von Vorstellungen.

auf einmal sprang ich mit beiden Füssen aus meiner Hängematte
und wusste: dass ich jetzt alle mit Ausnahme des Malayen ermorden
und die eine Grosse für mich allein haben könnte. Wie alle ermorden?
jeden nach seiner Art.

Der Capitän: ich sie sind, Montmarin, sie sind ein Gentleman bitte
helfen Sie mir die Pistolen laden. Ihn hinters Ohr schlagen? Was ging
in dem Menschen vor? Hatte er getrunken oder hatte er Angst.

wie er von der Schwanjagd wieder aufs Schiff kommt, erkennt er dass
etwas vorgefallen ist, wie man das in einer Wohnung erkennt. der
ungewohnte Anblick des Schiffs: ein Schweigsamer trunken, 2 Ver-
feindete eifrig redend. einer geht mit sich selbst redend auf und ab. der
Kranke auch heroben. es badet niemand.

auf der Jagd war ich ein Kind. meiner Geliebten gegenüber und dem
ganzen Leben gegenüber   ich habe die Welt besessen in dieser Nacht
und bin auch zum Mörder der Welt geworden.
um 7^h früh kam der Sturm, um 7$^{h10'}$ war der Vlieland hin.

Jagd auf der Insel mit vielen Erinnerungen an zuhaus.

Tummeln sagte ich mir, die Nacht ist nur kurz, kurz wie bei einer
Geliebten und ich fühlte einen von Duft triefenden Leib neben mir
halb Herzogin, halb javanisches Sclavenmädchen

wie er aufs Schiff kommt: sagt er zu sich selbst, keinen Tropfen Wein
anrühren, überhaupt nichts trinken. selbst seine alte Cognacflasche
(seines Vaters Hände reichen sie) kommt ihm verdächtig vor. aber
daneben liegt unangerührt Geld. Aber das ist ja jetzt gleichgültig.

die 7 auf dem Schiff: 1. der Schiffsarzt, Pole.   5
                 2. der Capitän
                 3. der Kranke, Holländer.
                 4. der Deutsche Steuermann
                 5. ein Dalmatiner
                 6. ein Bretone.   10
                 7. ich
                 8. ein kleiner Bursch   ein griech. Jude

wie er an Bord kommt: was neues? der kleine Bursch: Neues, noch
was neues? so gross wie ein Taubenei   er fühlt sogleich nach dem
Anschauen Durst, aber trinkt nicht!   15

das Schiff hängt zwischen Luft und Meer. schwer die Grenzfläche zu
erkennen. ein grosser Fisch kam herauf, als ob er uns hinunterziehen
könnte. Die grünen krystallnen Wohnungen der Haie. wir hätten
keinen Anker gebraucht. das Schiff lag so ruhig. ein Samstagabend
muss es sein.   20

den letzten erschiessen wie ein Wild mit der Flinte wie ein Wild im
Wald. dem Kranken zu viel Opium. wie er hinkommt, er will einmal
den Anfang machen, hat der Kranke schon zuviel Opium. es giebt
noch einen der dasselbe vorhat. wie gespenstisch dadurch das Schiff
wird   einer athmet neben mir! ich bins selbst!   25

wo der Capitän sie hat weiss er gleich: dort wo er immer den Geld-
schrankschlüssel hatte und seine Frau ihn nahm. in einem kleinen
beschlagenen Koffer.

der Mordplan ist ein sich selber befragen: nein wie das? nein wie der?

N 2   30

schwarze Perle: das Phantasiebild erstreckt sich nie auf die Wirkung
der schwarzen Perle, sondern auf das Haben und dadurch überlegen
sein, seine eigene Begier projiciert er in die Menschen.

DAS GASSENZIMMER

Das Gassenzimmer.
sie weint, wie sie Tanzmusik hört. Geh ich muss Dir zusammenräu-
men sagt sie. in ihr ist heut das mütterliche stärker als je. er will sie
haben. er hat sehr starkes Verlangen nach ihr. beim Hergehen die
Ungeduld, ob er zurecht kommen wird. dann muss er noch 1/2 Stunde
warten. sie denkt an ganz fernliegende Sachen. »Kann man denn das
von den Sternen nicht wissen, das was ich dich gestern gefragt hab.«
»Geh warum fangst denn immer von meinem Mann an. Ich hab mir
gedacht wann ich sterben möcht und Du nicht dabei sein.« Ein tiefer
Seufzer wie sie den Kasten von der Thür wegschiebt, wie von einer
fremden. Auch ein Gesicht wie von einer fremden. in ihm so ein
sich nicht auf sich selbst besinnen können. Schluss Da geht er hinunter liest die Zeitung, hat rothe Ohren. Jetzt für einen Augenblick
sein furchtbar verzerrtes Weltbild. Du weisst nicht was ich will, ich
weiss ja selber nicht recht. Ich will Dir was sagen ich will Dir was
sagen. Dabei rinnen ihr 2 Thränen herunter. Hör auf sagt sie und fällt
dann übers Bett.

DER GOLDENE APFEL

N 1

Geschichte vom gold⟨enen⟩ Apfel
sein Zimmer: der Geruch des Apfels vermischt sich mit dem Leder-
geruch der Peitschen.

Abend der Entdeckung: wie er allein zurückbleibt, will er noch von
einer Frucht essen aber es läuft ein seltsames Thier darüber. Jetzt
bemerkt er erst, wieviel Platz zu solchen Dingen in einem Haus ist.
Zugluft bewegt die Thürvorhänge draussen neigen sich Wipfel es
ist wie leises Wehen von Kleidern, leises Treten und Athmen von
dichtgedrängten Menschen.

er sieht draussen die nackte Gestalt des Kindes mühsam den Stein
aufheben, die Monstrosität dieser Lüge berührt ihn so als ob man das
Kind zu etwas schlechtem gezwungen hätte. immer wieder geht das
dazwischen, dass er die Frucht hat nicht mehr anrühren können weil
das Thier darüber gelaufen ist. Er tritt ins Zimmer der Frau, derselbe
Zug, sich gegens Reden zu wehren, derselbe lügenhafte Zug. Obwohl
ja das Kind gar nicht gelogen hat! das fällt ihm einen Augenblick ein
nützt aber nichts.

Am nächsten Tag ist er schon durch den zufälligen Anblick von einer
Goldmünze die in einen Spalt am Boden rollt fast gerettet, da geschieht
das dass er den Apfel liegen sieht. zuerst spürt er nur den Duft und
glaubt es ist eine Hallucination.

N 3

im Zimmer des Stallmeisters: er sieht aus dem Bettvorhang (Gold mit
schwarzen Blumen) den Fuss des Negers hervorragen   da beschliesst
er gleich sie zu tödten, der Neger ist ihm gleichgiltig

er wollte eine hochmüthige Frau haben.

N 4

Geschichte vom Apfel: nach dem Mord.

er wechselt Kleider   giebt seine samt Leiche in Korb   wirft ihn in
Fluss   nimmt Kleider vorher weg   vergräbt sie extra. geht fort   lässt
Thüren offen   hat scheinbar auf alles vergessen. Nur fällt ihm die
»Versäumnis« ein, dass er den Korb nicht in den Rinnstein geworfen
hat und dadurch fängt die Sache an ihm zurückzukommen. stille Gasse.
der eitle junge Schreiber. Blumen in der Thür. Trinkkrug im Schatten.
hübsche nachdenkende Haltung. kommt der Wahnsinnige   sticht den
Schreiber nieder (ein Barbiergeselle)   ihm nach der alte Barbier, eine
Frau, ein Kind   Hunde. dem Teppichhändler graut vor der Welt. Am
Markt Gedränge, wandelnde Vasen, kleine Karren, Frauen bieten ihm
Obst an, überall bei scheint das Thier zu laufen, die erdfarbene Grille
mit blutigen Flecken. Wieder dieselben Hunde. Man kann es nicht
loswerden. so geht er ins Wasser steckt den Kopf unter ein Einlauf-
gitter, schnell schnell.

NB. er giebt einen kleinen Blutfleck von der linken Hand einem Goldfisch zu fressen. das beruhigt ihn für eine Zeit vollständig.

in der Hütte des Flussaufsehers, wie er glaubt durch physisches Wegschieben werde sich etwas erreichen lassen

N 5

Varese 3 1 VIII. ⟨1897⟩

5 Teppichhändler: er geht einstweilen in die Nähe des Flusses, ihn bei
der Hand zu haben da sieht er wie ein Fischer einem Fisch mit der
Angel das Herz und die Kiemen herausreisst. das entscheidet. schon
vorher hat er einen Hund gesehen der das gefressene ausspeit. vorher:
in der Hütte der Flusswächter: er versucht physisch einiges was ihm
10 den Weg hemmt, wegzuschieben er glaubt das wird nützen wenn er
immer das nächste beklemmende wieder wegschiebt, aber die Lehre
giebt ihm der Fisch

1 Cap. er ist durch diese Stadt schon einmal auf seiner ersten Reise
durchgekommen. er erinnert sich an eine hier erlebte Demüthigung,
15 vor Zorn dass er sie nicht wegspeien kann, fängt er an, heftig zu gehen
der böse Gedanke löst sich jetzt erst beim Denken an die Frau auf er
sieht nach dieser 2ten Reise voller, röther im Gesicht aus.

in dem Alleinbleiben nach dem Nachtmahl kommt er sich völlig be-
stohlen um alles vor, auch um die Erinnerung an die Vergangenheit.

20 *N 6*

Teppichhändler: auf dem Apfel steht eingegraben, Du hast mir
alles . . . .

N 7

Goldene Apfel.

25 die Häuser wo sie hineinkommt um den Apfel zu fragen:
    in einem Todtenklage um des Jairus Töchterlein es sind Juden
    in einem solche die einander das Leben verkümmern
    in einem herabgekommene
    in einem eine Orgie mit Musikanten. 2 Diener ein alter Mann

30 ihre Frage formuliert sie jedesmal anders weil sie das erstemal unter
den leise tretenden, den Trauergewändern so sonderbar verloschen ist.

die 2 Reisen des Teppichhändlers
erste in einige Villen im Gebirge   er erholt sich von allen Demüthigungen (durch Diener Gärtner) durch den Gedanken an die Frau
die 2te in reiche Hafenstädte, hier wird er verdorben

N 8

Apfelgeschichte

der Frau fällt ein, dass sie eigentlich in einer Fiction dahinlebt denn
sie ist gewohnt, über das Gemeine ihrer Existenz gerade immer hin-
wegzusehen

H

Gold. Apfel.

Als der Teppichhändler auf der Heimreise mit seinen fünf Kamelen,
einem Diener und einem jungen Kameltreiber in die gelbliche alte
Stadt am letzten Abhang des Gebirges – mit Namen die Stadt der
Kühlen Brunnen – einritt, überkamen ihn sogleich eine Menge Erinnerungen, deren Schauplatz diese Stadt für ihn war; denn er hatte sie
vor 7 Jahren, als gleichfalls seine Geschäfte ihn zu einer Reise nöthig-
ten, schon einmal betreten. Von hier aus gedachte er nun, da er seine
Teppiche, die Last von 40 Kamelen mit reichlichem Gewinn ver-
äussert hatte, in weniger als 20 Stunden die große Stadt, in der er lebte
und seine Frau zurückgelassen hatte, zu erreichen. Und hier überfielen
ihn stückweise jene Erinnerungen an eine vergangene Zeit seines
Lebens. Als er im Hof der Herberge stand, trug der Kameltreiber
einen grossen Eimer mit Wasser daher und die durstigen Thiere
hoben ihre greisenhaften Köpfe und sogen mit weit offenen Nüstern,
indem sie einen eigenthümlich gierigen Laut von sich gaben, den
Hauch des Wassers ein. Der Teppichhändler griff mit der Hand in den
Eimer, als der Bursch dicht an ihm vorbeikam, einen Schwimmkäfer
herauszunehmen der auf der Oberfläche dahinruderte: und indem er
seine rechte Hand, die einen schönen Ring trug, doppelt sah, denn der
dunkle feuchte Spiegel warf ihr Bild zurück, mußte er sich plötzlich
mit der äussersten Deutlichkeit dessen erinnern wie seine Hand vor
sieben Jahren ausgesehen hatte, nämlich magerer gleichsam ängstli-
cher und ohne jeden Schmuck. Und dieser geringfügigen Sache drängten sich unzählige andere Erinner⟨ungen⟩ nach und versetzten ihn in
einen seltsam unruhigen und peinlichen Zustand. Denn er hatte bei

jenem ersten Aufenthalt gerade in dieser Stadt als ein völlig junger und
unerfahrener Kaufmann, verschiedene Unannehmlichkeiten, ja Demüthigungen erlitten, deren Nachgeschmack ihm jetzt unerträglicher
schien, als damals die Wirklichkeit, vielleicht weil sich sein Leib und
seine Seele inzwischen verändert hatten und Schlimmes mit minderer
Biegsamkeit ertrugen.

Er that von der Thür der Herberge ein paar Schritte auf die Strasse
hinaus, erkannte aber sogleich in einiger Entfernung das Haus eines
vornehmen und reichen Mannes, dessen Hausverwalter ihn damals
übel behandelt hatte. Die Beschämung über diese vor vielen lachenden
Dienern erlittenen Beschimpfungen trieb ihm jetzt das Blut ins Gesicht und er blieb stehen, wie wenn er so leichter den Athem und die
Kraft finden müsste, diese Erinnerung abzuwehren. Er sah die Gesichter aller dieser rohen Menschen und seine eigene Gestalt in einer
widerwärtigen geduckten Stellung; mit heissem Kopf und schw⟨erem⟩
Athem gieng er langsam wieder in die Herberge zurück, liess eine
unbedeutende Mahlzeit von Fischen und Käse fast unberührt stehen
und begab sich auf sein Zimmer, von den Erinnerungsbildern die sein
Kopf unaufhörlich auswarf gequält wie von zudringlichen Mücken.
Es war ihm, während er die Stiege hinaufstieg fast unerträglich zu
denken, dass alle diese Dinge durch nichts auf der Welt wieder unge-
schehen zu machen waren; so unbegreiflich es ihm schien, dass ⟨sie⟩
ihm hatten widerfahren und von ihm ertragen werden können, so
quälend rätselhaft erschien ihm anderseits, dass es gar nicht möglich
sei, sie aus sich herauszuwürgen, sondern dass er mit dem Wissen dieser Dinge im Leib immerfort herumgehen müsse. Er suchte sein Denken mit aller Kraft auf etwas gegenwärtiges zu werfen, sich seine
geänderten Verhältnisse, den beträchtlichen Reichthum den er erwor-
ben hatte, sein Haus, seine Frau und seine nun bald 7jährige kleine
Tochter vorzustellen; aber die Willkür seines unbegreiflichen vielleicht durch vorhergegangene übermässige Anspannung seiner Kräfte
verursachten fieberhaften Zustandes riss jeden Gegenstand augenblicklich in den Strudel aufgeregten Denkens hinein: er vermochte das
Bild seiner Frau nicht so festzuhalten wie sie gegenwärtig war, sondern
er musste sie so denken wie sie damals gewesen war. Wie sie damals
gewesen war, im ersten Jahr ihrer Ehe schwebte sie jetzt um ihn herum und er stand vor ihr mit jener Mischung von Trunkenheit und
Befangenheit, die ihn damals erfüllt hatte. Denn sie war vornehmer als
er; er besass sie und doch war etwas in ihr, das er nicht zu nehmen

vermochte, wenn sie es auch hätte hergeben wollen. Und gerade
dieses Ungreifbare, das ihn und sie auseinanderhielt, erhöhte in ihm
den trunkenen Stolz des Besitzes. Von diesen Dingen hatte die Erinnerung an jene erste Reise ihre eigenthümliche Färbung. Damals war
ihm der Besitz dieser Frau etwas so unversichertes noch, etwas völlig   5
traumhaftes. Alles was er that, bezog sich irgendwie darauf: jeder
gute Handel und jeder Verdruss veränderten das Gefühl davon in
einer durchdringenden Weise, aber es war doch immer da, war hinter
allen Dingen wie ein starkes Licht hinter einem Schirme. Allen Demüthigungen setzte er das Bewusstsein dieses Besitzes entgegen wie   10
ein auf der Reise in Gefan⟨genschaft⟩ gefallener König das Bewusstsein seiner Hoheit: je ärgere Widerwärtigkeiten ihm tagsüber wider-
fuhren, um so herrlicher war es, abends, die Augen auf die Markt-
plätze fremder Städte oder auf ferne mit bunten Schiffen bedeckte
gleitende Flüsse geheftet, zu wissen, dass jene, die nicht da war, die   15
hier niemand kannte, ihm gehörte mit ihren Wangen, die nie eine
andere Hand gestreichelt hatte, mit ihren Lippen die nie eine von den
schlechten Speisen berührt hatten, mit ihren Händen die nie etwas
niedriges gearbeitet hatten. In Gedanken redete er stundenlang mit
der Abwesenden und erzählte ihr alles was er erlebte, aber alles in   20
einer lügenhaften Weise, ganz ohne dass er sich des unaufhörlichen
Selbstbetruges bewusst wurde, der in diesen sonderbaren inneren Gesprächen enthalten war. Denn er ging dabei über die wirklichen erleb-
ten Unannehmlichkeiten und Demüthigungen zwar nicht ganz hinweg, aber er veränderte sie immerfort, indem er bald das Schmerzliche   25
daran vertiefte und das Niedrige verwischte, bald sein eignes Verhalten in einer Lage, die Antworten die er gegeben hatte, seine Art etwas
aufzunehmen völlig umdichtete, mit einer bewusstlos aus ihm hervor-
quellenden Erfindungskraft, jener Kraft ähnlich die Eidechsen und
Würmern in unglaublich kurzer Zeit ein verstümmeltes Glied ihrer   30
Körper neu und schön wieder hervortreibt. Diese unaufhörlichen
Verfälschungen die immer dem Mitleid und der Bewunderung zu-
drängten, veränderten aber wiederum in ihm das Bild der Person auf
die zu wirken sie in Gedanken bestimmt waren; wie unaufhörlich
aufsteigen⟨der⟩ Weihrauch veränderten sie das Bild, machten es   35
gleichsam goldener und schwärzer. Eine wunderbare geheimnis⟨volle⟩
Königin hörte einem wunderbaren Abenteuer eines in Sclaverei gefal-
lenen überaus klugen Königs zu.
   In einem wunderbaren Geschenk aber einem goldenen mit Essenzen

gefüllten Apfel verdichteten sich alle diese Phantasien zu einem greif-
baren Sinnbild und dies war das Geschenk das er seiner Frau von
jener ersten Reise zurückbrachte.

Dies alles kam ihm jetzt zurück: der eigenthümliche Reiz der für ihn
gerade in dem Umstande gelegen hatte, dass das Geschenk für seine
damaligen Verhältnisse viel zu kostbar war. Dann das wunderlich
Königlich–überflüssige, dass es in seiner Kostbarkeit nichts als ein
Spielzeug war, weit überflüssiger als ein Ring oder ein Perlenband,
wie das ihn bezaubert hatte, und gleichzeitig der scharfe und sehnsüchtige Duft der Essenzen mit denen das Innere angefüllt war, ein
Duft in dem übermäßiges Entzücken und qualvolle Ungeduld durch-
einanderfloss und der hervorstieg und nicht nur das durchlöcherte
goldene Blattwerk im innern des Apfels sondern alle Wege seines
Lebens, das obere und das untere seine Tage und Nächte durch-
strömte. Dann die Inschrift, in der alles drin lag was ihn damals erfüllte: das freche Pochen auf diesen Besitz, an den er selber kaum glauben konnte und wieder das Gefühl des Abstandes, das traumhafte unendliche Erstaunen darüber, dass es wirklich so war. Lange hatte er
den Apfel schon mit sich geführt und erst in der letzten Woche der
Reise war ihm der Gedanke gekommen, rings um die Einschnürung
dort wo der Stiel saß, Worte in die goldene Schale graben zu lassen.
Und plötzlich war es ihm eingefallen dass es diese Worte sein müssten:
»Du hast mir alles hingegeben« diese triumphierenden und über soviel Glück erstaunten Worte mit denen ein Gedicht des Dschellaledin
Rumi anfängt, des großen tiefsinnigen Dichters. Er erinnerte sich wie
er als Knabe diese Worte hatte auswendig lernen müssen und wie
wenig sie ihm gesagt hatten. Nun sagten sie ihm soviel, schienen so
sehr alles herauszusagen woran sein Leben hieng, dass er mit einer
unbestimmten Scheu nicht einmal wagte sie völlig von dem Apfel
aussprechen zu lassen, sondern nur die vier ersten ließ er eingraben:
»Du hast mir alles –« und dann einen Strich, wie wenn einer im Sprechen innehält.

Diese 7 Jahre alten Erinnerungen strömten in unaufhörlichen Wellen auf den Kaufmann ein und es fruchtete ihm nichts dass er in seiner
von schwachem Sternenlicht erhellten Schlafkammer in der Herberge
sich auf seinem Bett von einer Lage in die andere warf, ja selbst die
geschlossenen Lider noch mit einem Tuch bedeckte. Je tiefer ihn
außen Dunkel und Ruhe umgab desto heftiger wurde diese unbegreifliche innere Bewegung. Es lag etwas beängstigendes in solchem plötz-

lichen Hervorbrechen einer verlebten Zeit: mit aller Gewalt wollte er
sich auf die Gegenwart besinnen, mit gewaltsam heraufgerufener Erinnerung focht er gegen jene unwillkürliche, der Boden seines Lebens
schien ihm zu schwanken. Seine Beklommenheit eine beinahe körper-
liche Beängstigung wurden so stark, dass er aufstand und im Zimmer   5
herumgieng. Genarrt vom Leben erschien er sich, dass seine Seele so
die Folge der Zeit aus sich umzuwerfen vermochte und eine unglaubliche Unsich⟨erheit⟩ und Traurigkeit befiel ihn   Allmählich hatte er
sich genug ermüdet um sich wieder auf sein Bett zu werfen das schon
im ersten Morgendämmern deutlicher dalag. Mit sanfter Entspannung   10
fühlte er wie seine Gedanken anfiengen sich zu verwirren, es schien
ihm als müsse er eine Beziehung zwischen dem Duft des Apfels und
dem Wesen seiner Frau finden, aber alles was er dachte kam ihm vor
wie schon einmal gedacht oder schon einmal geträumt und so glitt er
endlich in den Schlummer hinüber.   15
   Den Nachmittag des Tages, der auf diesen folgte, verbrachte die
Frau des Teppichhändlers der großen Hitze wegen in einem halb in
den Boden versenkten Gemach an der Gartenseite ihres Hauses. Ihr
Kind aber, ein siebenjähriges Mädchen, sonderbar klein und zart für
ihr Alter, einer Puppe ähnlich jedoch mit Augen in denen ein zuweilen   20
großer Ausdruck aufflackerte, stahl sich, leise hinter einem Vorhang
durchgleitend, von der Mutter fort und stieg in ein großes leerstehen-
des Zimmer des oberen Stockwerks. Dort suchte die Kleine einen
alten hie und da erblindeten Spiegel hervor und fieng an sich in ihm zu
betrachten. Zuerst lächelte sie ihr Bild an, dann runzelte sie die Stirn   25
und fletschte gegen den Spiegel ihre kleinen blinkenden Zähne; einen
Augenblick ließ sie ihr Gesicht wie in einer schlaffen tödtlichen Müdigkeit hängen, dann verzerrte sie die weichen Züge und starrte mit weitaufgerissenen Augen und bös zurückgenommenen Lippen sich selber
entgegen. Nach einer Weile legte sie den Spiegel weg und gieng auf   30
eines der verhangenen Fenster zu. Sie schob ihren Kopf durch die
Blende und musste sogleich die Augen schließen, denn eine schmer-
zende Gluth lag draußen. In dieser Stellung, den Leib und die Hand
im dämmernden Zimmer, den blinden Kopf in Hitze gebadet blieb
sie lange: eine Menge Gedanken stiegen in ihr auf: sie wollte sich lauter   35
schöne Sachen vorstellen, Erlebnisse mit anderen Kindern, mit Thieren und mit Erwachsenen. Aber ein dumpfes Gefühl von Unzulänglichkeit verstörte sie, irgend etwas stand zwischen ihr und diesen Dingen wie eine gläserne Scheidewand. Verdrossen und unglücklich zog

sie den Kopf wieder ins Zimmer und war einen Augenblick dem dumpfen zornigen Aufweinen nah. Da bewegte der Wind leise den Vorhang an der Thür und dem Kind war es, als ob ein leiser kaum merklicher Hauch vom Duft des goldenen Apfels hereinflöge. Es war dies ein wirklicher goldener Apfel, den vor vielen Jahren ihr Vater als ein Geschenk für ihre Mutter von einer großen fernen Reise mitgebracht hatte. Sein inneres war mit unendlich feinem verästelten goldenen Blattwerk ausgefüllt und zwischen diesem schwebte ein unbegreiflicher Duft, der an nichts auf der Welt erinnerte. Nicht oft in seinem Leben hatte das Kind den Apfel gesehen, und immer nur beim unsicheren Licht einer Kerze wenn ihn die Mutter hervornahm um ihn gleich wieder in der dunklen Truhe zu verschließen. Jedesmal aber legte sich mit einer Wolke seines unbegreiflichen Duftes, der in allen den Jahren nicht abnahm, ein ungeheurer Traum in die Seele der Kleinen: einer Art war dieser goldene Apfel mit den wunderbarsten Dingen aus dem Märchen: mit dem sprechenden Vogel dem tanzenden Wasser und dem singenden Baum war sein Leben irgendwie durch unterirdische Gänge verbunden, die hie und da in dunklen Gewölben, hie und da zwischen den schwankenden durchsichtigen Wohnungen der Meerkönige hinliefen.

In einer Verbindung mit diesen Gängen stand auch der Brunnenkopf in einer Ecke des Hofes. Es hieß er war ausgetrocknet und die Eimer stiegen nur in einem anderen größeren Brunnen mehr auf und ab; der alte war mit einem Steindeckel verschlossen, auf dem eine steinerne Gestalt hockte, einem nackten Menschen nicht unähnlich aber in der Stellung eines Thieres auf allen Füßen. Keinesfalls war es ein gewöhnlicher vertrockneter Schacht was dieses rätselhafte Wesen bewachte und gegen Abend konnte man wenn man das Ohr auf den Steindeckel lehnte unten ein plötzliches Rauschen und eine Bewegung heftiger in großer Tiefe sich hindrängender Körper vernehmen. Ein anderer Eingang in diese geheimnisvolle Welt musste sich aber vor dem Haus, auf der Straße befinden, wenn man vermöchte den großen flachen Stein zu heben in welchen ein eiserner Ring eingelassen war. Langsam gieng die Kleine die Stiege hinunter, da leuchteten ihr von seitwärts aus der Wand zwei glühende Punkte entgegen wie die Augen eines Basilisken. Es waren zwei Schrauben des metallenen Beschläges an der großen halb in die Wand eingelassenen Truhe in welcher der goldene Apfel verschlossen lag. Von hoch oben her sah durch eine eiförmige wie Bienenzellen vergitterte Öffnung in das dämmernde

Stiegenhaus nieder der weiche von Licht gesättigte hellblaue Himmel.
Durch eine einzige Stelle des Gitters aber brach ein blendender Strahl
durchschnitt die ganze bläulich bebende Luft und hatte seinen Fuß
auf dem kupfernen Beschläge und ließ aus 2 Schraubenköpfen Gluth
und Leben hervorquellen wie aus lebendigen Augen.

Das Kind wusste, dass es einen geheimen Griff gab, die Truhe von
der Seite zu öffnen, so dass man hineingreifen konnte ohne den schweren Deckel zu heben. Es versuchte, das funkelnde Beschläge zu ver-
schieben, dann das nächste, dann die andern die im Dunkel lagen.
Endlich gab eines nach und wunderbarer als die smaragdenen Thüren
einer zauberhaften Höhle schoben sich die verborgenen Seitenthüren
der Truhe auseinander. Mit dem Kopf stemmte sich das Kind den
herausquellenden goldenen und bunten Geweben entgegen, seine
Hände aber wühlten sich durch weiches aufgeschichtetes Linnen
durch, an glatten kühlen Kugeln von Bernstein, schmerzenden ge-
schnitzten und metallenen Geräthen vorbei nach der Tiefe dorthin wo
der Apfel lag und zogen ihn hervor. Ohne ein anderes Bewusstsein als
dieses Glück schob das Kind hastig die Thüren wieder zu, das Beschläge sprang ein. Lange stand die Kleine regungslos und in feierlichen Stößen wie die Athemzüge eines schlafenden Zauberers stieg aus
dem Apfel der unbegreifliche Duft empor und umwölkte den Kopf des
Kindes mit dem Bewusstsein grenzenloser Macht und Größe. Allmählich aber wurde sie es müde so zu stehen und es fiel ihr ein dass der
Sinn des Apfels nicht darin lag, dass man ihn bloß besaß sondern dass
er ein Ding war wie die Wunderlampe oder die von Feen geschenkten
Ringe, ein Ding das Kraft über andere Dinge hatte. Und sogleich erblickte sie sich deutlich wie in einem Spiegel, mit dem Apfel in der
Hand, von dem wie von einer Wunderlampe weiches honigfarbenes
Licht und unendliche Sicherheit ausströmte, die Stufen in jene geheimnisvolle Welt hinabsteigen. Schnell schlüpfte sie auf die Straße hinaus,
die in Gluth gebadet leer und schweigend dalag. Sie stand über dem
flachen Stein, beugte sich zu ihm nieder berührte den eisernen Ring
mit dem Apfel, drehte den Apfel dreimal in ihren kleinen Händen nach
links, ließ ihn über den Stein hinwegrollen: der Stein erbebte nicht,
regungslos lag der Ring in seiner Kerbe. Wie ein Alp legte sich das
Bewusstsein auf sie, dass die Macht des Apfels versagt habe. Alles
schien ihr dunkler eine Menge widerwärtiger Gedanken, Gedanken
deren Inhalt sie kaum verstand und die doch eine quälende beklemmende Kraft über sie hatten, quollen in ihr auf. Sie musste an ihre

Mutter und ihren Vater denken: es erschien ihr unbegreiflich wie solche Menschen ihr Leben ertrugen da es doch so viele viele Jahre dahingieng und nichts von allem in sich hatte was ihr den Werth des Daseins auszumachen schien. Sie begriff nicht wie es möglich wäre eine solche entsetzliche Langeweile zu ertragen. Eine Art Mitleid überkam sie, und eine große Verzagtheit. Sie sah den Apfel an und fand ihn kleiner und gewöhnlicher aussehen; sein Gewicht schien ihr das Gewicht eines Steines während es früher die geheimnisvolle Schwere eines mehr als lebendigen Wesens gewesen war. Sie beschloss hinzugehen und ihn zwei kleinen Mädchen, mit denen sie öfter spielte zu schenken: als ob es gar nichts besonderes wäre, nichts merkwürdigeres als eine Kugel von buntem Stein, wollte sie ihn vor die beiden Mädchen hinrollen lassen. Indem sie sich das vornahm, war es ihr als müsste der Apfel empfinden, was darin lag: denn er war ihr noch nicht gleichgiltig, die Geberde der Verachtung die sie sich abringen wollte hatte doch noch ein dumpfes Gemenge aus Grauen Traum und Liebe hinter sich. Schon hatte sie ihn wieder von der Erde genommen um diesen Weg anzutreten, als sie Schritte eines Menschen auf sich zukommen hörte, der schön gekleidet war und den zwei große rauhhaarige übermäßig schlanke Hunde umsprangen. Dieser junge Mann war der oberste Stallmeister des Königs. Er war der Sohn eines Negers und einer Syrerin und nur durch eine Reihe sonderbarer Glücksfälle zu seiner jetzigen hohen Stellung emporgestiegen. Mit leichten wiegenden Schritten kam er daher, so wie die Löwen und Panther gehen; er trug ein smaragdgrünes Obergewand, durch dessen mit Roth ausgenähte Schlitze das feine weiße Hemde hervorschimmerte; den schneeweißen Turban umwand eine goldene amethystenbesetzte Kette im Schuppengürtel stak ein kurzer breiter Dolch, daneben eine lederne Peitsche deren Griff in eine goldene einen großen Amethyst umringelnde Schlange auslief; unter dem Gürtel hieng ein Schurz von rothem Leder bis gegen die Knie. Lichtgelbe Stiefel mit metallgrünen Bändern beringt reichten hinauf bis nahe an die Kniekehle. Die Ärmel des Hemdes waren weit, ober den Knöcheln aber von einem goldenen mit schwarzen Blumen durchwirkten Band fest umwunden so dass die schönen großen Hände, durchschienen wie gelbliche Halbedelsteine, aus einem engen Kelch hervortraten. Der Stallmeister des Königs war fröhlich, ein andauerndes Lächeln hielt die obere seiner geschwellten starken Lippen empor und zeigte einen Schimmer der blinkenden Zähne. Seine Fröhlichkeit hatte verschiedene Ursachen: erst am Mor-

gen dieses Tages hatte ihm der König als Zeichen seiner besonderen
Gunst diese beiden schönen überaus seltenen Hunde zum Geschenk
gemacht, die der König selber nebst anderen Hunden und langhaari-
gen Ziegen von einem kurdischen Fürsten zugesandt bekommen
hatte.   5

Der Stallmeister ließ sie vor sich her springen, mit einem gellenden
kurzen Pfiff riss er sie aus pfeilschnellem Lauf zu sich zurück und ihre
Leiber, ganz Wildheit und ganz Gehorsam, erfüllten ihn mit der
Freude des neuen Besitzes. Er fühlte in diesen windschnellen feurigen
Gliedern die um ihn her tanzten etwas von der leichten und heißen   10
Kraft die er selbst im Blut trug, und als er noch unter einem halbschat-
tigen Säulengang einem missgestalten armen Zwerg begegnete, einem
kläglichen Geschöpfe dem der übergroße greisenhafte Kinderkopf tief
eingesattelt zwischen emporgekrümmten Schultern saß, da kamen ihm
die eigenen leichtgehefteten Schultern und alle Gelenke seines Leibes   15
so zum Bewusstsein als wenn er mit nacktem Leib durch ein schönes
Bad überaus leichten und doppelt tragenden Wassers dahinglitte. So
oft der heiße Wind den Vorhang an einem der selten gegen die Straße
gekehrten Fenster bewegte, meinte er schon die Hand einer Frau zu
sehen die sich aus dem geheimnisvollen Dämmer eines verhängten   20
Gemaches hervorbewegte ihm Blumen oder einen Brief zuzuwerfen.
Plötzlich sah er das kleine Mädchen vor sich das mit einer bittenden
Geberde den goldenen Apfel emporhielt und gleich darauf nach dem
flachen Stein hinunterwies, als wollte sie den Mann bewegen ihr diesen
Weg aufzuthun und ihm dafür den Apfel als Lohn versprechen. Einen   25
Augenblick schien ihm die Kleine wie eine Liebesbotin und der Stein
mit dem Ring wie eine Fallthür; auch freute ihn seine Kraft an irgend
etwas zu versuchen: so griff er mit der schönen kräftigen Hand, die
aus einem engen Kelch von gold⟨enem⟩ und schwarzem Gewebe her-
vorwuchs, in den rostigen Ring und hielt die schwere Platte, jeder   30
Muskel des kräf⟨tigen⟩ Leibes unter den schönen bunten Kleidern
gespannt wie eine Bogensehne, durch drei Augenblicke empor. Ein
tiefer Schacht angefüllt mit kalter Luft und tief unten das Rieseln von
spärlichem Wasser gähnte dem Kind entgegen. Auf den zweiten Blick
schienen an den senkrechten mit Finsternis behangenen Wänden hie   35
und da Thiere hinzuhuschen. Auf den dritten Blick that sich in be-
trächtlicher Tiefe nach der Seite hin die Öffnung eines neuen Schachtes
auf, eines waagerechten unterirdischen Ganges. Da fühlte der Stallmeister seine Kraft am Ende und ließ den schweren Stein in seine Fu-

gen zurück. Er griff mit beiden Händen nach der Kleinen, in deren
Augen ein Theil der tiefen Finsternis und des Geheimnisses hieng die
sie eingesogen hatten, und hob sie hoch in die heiße blendende Luft
empor. Als er sie wieder herunterließ fühlte er die Hand des Kindes
an seiner Brust und einen harten Gegenstand in eine Falte seines Gewandes gegen innen gleiten. Aber erst nachdem er wieder um die Ecke
gebogen hatte, griff er hin und bemerkte dass es der goldene Apfel war,
dem ein seltener starker Geruch entströmte worin übermäßige Süße
und quälende Sehnsucht vermengt waren.

Als der Stein den Weg nach jener geheimnisvollen Welt wieder ver-
schloss stand das kleine Mädchen davor wie die aus ihrer Heimath aus-
gestoßene Tochter des Meerkönigs; sie beschloss ihre Verbannung
mit Muth zu ertragen und nicht eher zu ruhen als bis sie einen Weg
gefunden hätte in ihr väterliches Reich zurückzukehren. Dass sie den
Apfel für einen Blick in die Tiefe hingegeben hatte, schien ihr nur der
Anfang einer Reihe wunderbarer Abenteuer und nicht mehr geängstigt von der Öde und Unbegreiflichkeit ihrer wirklichen Umgebung –
denn der Name Exil gab dem allen einen Sinn – gieng sie ins Haus
zurück.

Indessen war ihre Mutter mit unerquickten Augenlidern und
schmerzlich klopfenden Schläfen aus einem kurzen Halbschlummer
erwacht. Mit einem unangenehmen Nachgefühl erinnerte sie sich an
etwas, wovon sie in dieser kurzen ⟨Zeit⟩ geträumt oder woran sie in
dumpfer halb unwillkürlicher Weise gedacht haben musste, denn es
war minder ein Schlaf als eine äußerliche Betäubung gewesen, die sie
in ihrem schwülen halbdunklen Gemach überkommen hatte. Es waren
Gedanken denen nachzuhängen auch hie und da im völligen Wachen
eine Lust sie anwandelte; aber da verscheuchte sie's jedesmal mit Gewalt. Diesmal aber hatte es sie in der Wehrlosigkeit des Schlafes überfallen und sich mit Leben vollgesogen und hieng noch da, als sie auf-
wachte, stärker als je. Es war nicht so sehr eine Unzufriedenheit mit
ihrem Leben, als eine verlockende Vorstellung wie es hätte anders
werden können, ein stilles Fieber in welchem sich mit übermäßiger
Lieblichkeit ungelebte Vorgänge abrollten: die mehr als sieben Jahre
ihrer Ehe waren darin wie ausgelöscht, mit traumhafter Deutlichkeit
kam das Bewusstsein ihres Mädchenwesens zurück, der Seele und des
Leibes, und in irgend ein Schicksal verstrickt, das nicht ihr wirkliches
geworden war, tauschte sie mit unbestimmten Freunden und Feinden,
mit schattenhaften Umgebungen Reden, in die sich alles ergoss, was

unausgesprochen und unnütz in ihr lag, ein solcher unerschöpflicher
Schwall von Möglichkeiten, solche Abstufung von Stolz und Demuth,
von Tändelei und Hingebung, dass es das wirkliche mit sich fortriss
und überfluthete wie ein breiter reißender Strom eine winzige Lehm-
insel mit sich fortnimmt. Sie wusste nicht, dass es gerade die Fülle   5
dieser inneren Möglichkeiten war, die sie vor gemeinen Wünschen
bewahrte. Sie war jedesmal wenn es über sie gekommen war, verletzt
und beklommen, diesmal aber mehr als je. Mehr als je erschien ihr alles
was wirklich war, so unsäglich unsicher, so völlig das Werk des blinden Zufalls. Ihre ganze innere Welt war ihr verstört; sie konnte nicht   10
fassen worauf sich das Wort Gerechtigkeit bezog. Verzweifelt rang
sie gegen den unsichtbarsten Feind, den welchen sie im eigenen innern
fühlte und nicht einmal als Wunsch, nur als Möglichkeit alles Schlim-
men alles Frevelhaften alles Verlockenden. Mit unsicheren Augen sah
sie um sich und was sie sah und spürte, vermehrte ihre Beängstigung.   15
An dem Fenster und im Nebenzimmer rührte der Wind an den Vorhängen: ihr war, als hörte sie das leise Treten einer Menge, die sich
näherte, die den Hof und die Flure erfüllte, alles schien ihr erfüllt mit
unsichtbaren Gestalten, dem Wehen ihrer Gewänder; aus der Luft
schien etwas hervorzuwollen, das eins war mit dem Bedrohlichen in   20
ihrem Innern. Sie verlangte sich an irgend etwas festzuhalten und sah
sich nach ihrem Kind um, das Kind war nicht da. Sie erinnerte sich
eines Briefes den ihr Mann von seiner ersten Reise im ersten Jahr ihrer
Ehe ihr geschickt hatte und gieng ihn zu holen, um ihre Gedanken
und die dumpfe Sehnsucht und Zärtlichkeit in ihr irgendwie gewalt-   25
sam auf das Wirkliche zu drängen. Er lag in der Truhe zuunterst, zwischen einer geschn⟨itzten⟩ Dose aus Sandelholz und dem goldenen
Apfel. Sie schloss die Truhe auf und mit einem Schrecken, der von den
Augen den ganzen Körper durchfuhr entdeckte sie dass der Apfel
nicht da war. Das völlig Unbegreifliche völlig Unerwartete dieser   30
Entdeckung fiel mitten in ihre Unruhe hinein und nun erst schien ihr
wie durch ein drohendes Zeichen verkündet, dass sich alles jenes
Beängstigende und Bedrohliche wirklich auf ihr Leben bezog, eine
Thür schien aufgesprungen, durch welche sich die leisetretenden Unsichtbaren nun erst recht in das Innerste ihres Daseins drängen konn- 35
ten: ja schon war etwas geschehen: etwas Geschehenes nicht mehr
bloß Gedanken schien ihr nun zwischen ihr und ihrem Gatten, zwischen ihr und allem Guten und Frommen zu liegen; das fiel ihr schwer
aufs Herz. Sie stand auf, ihre beklemmende gebückte Stellung zu ver-

lassen und sich zusammennehmend wollte sie sich selber sagen, dass dies nichts als unsinniges durch Einsamkeit und Stille übermäßig erregtes Denken war.

Da stand lauernd wie eine Katze und über die feinen Züge einen eigenthümlich lügenhaften Ausdruck gebreitet drei Schritte hinter ihr im Halbdunkel das Kind. Sogleich errieth sie einen Zusammenhang und indem sie die Kleine heftig ergriff verlangte sie von ihr die Wahrheit zu erfahren. Und als das Kind hartnäckig schwieg, in seine Augen ein immer stärkerer Ausdruck von Heimlichkeit und innerer bewusster Beherrschung trat stieß sie die Kleine in eine dunkle Kammer und machte sich selbst auf, den Apfel zu suchen; denn sie war sicher, dass das Kind mit diesem kostbaren und merkwürdigen Spielzeug zu seinen Gespielen den Kindern des Nachbarn gelaufen und ihm dort auf irgend welche Weise der Apfel abgenommen worden oder sonst verlorengegangen sein werde. Als sie das zunächstgelegene Haus, das Haus eines reichen Gewürzhändlers betreten hatte, war sie zuerst verwundert im Vorhaus und auf der Treppe niemanden, nicht einmal eine Person des Gesindes zu sehen. Aus dem Hof aber wehte das gedämpfte Murmeln von vielen Menschen her. Dort richtete sie ihre Schritte hin aber erst als sie, zwischen zwei Säulen hervortretend mitten in einer ernst gekleideten feierlichen Schar von Menschen stand kam ihr ins Gedächtnis dass hier eine Leiche im Hause war, die Leiche der jüngsten kaum fünfzehnjährigen Tochter des Gewürzhändlers. Völlig unbemerkt wieder wegzuschleichen war es nun zu spät und so blieb die Frau an die Säule gedrückt stehen und sah zu.

Um die Bahre war ein stilles Zudrängen und wiederwegtreten: die Leute sprachen immer ein paar Worte miteinander dann trat jeder in sich selber zurück und nur ein unbestimmtes Athmen und das Wehen und Aneinandervorbeistreifen vieler Kleider erfüllte den kleinen Hofraum über den sich ein Gewebe spannte auf dem die schwere Sonne lag und durch das dumpfe Hitze und flüssiges Gold durchsickerte. Jetzt schob sich am Kopfende der Bahre etwas auseinander und für einen Augenblick konnte die Frau des Teppichhändlers zwischen dem lilafarbigen über die Schulter gebauschten Gewand einer alten Frau und dem Kopf eines blassen dunkeläugigen Knaben hindurch den flachen in blendendes Weiß gehüllten Leib der Todten erblicken, die eine magere Schulter und ein Stück vom dünnen Hals. Wieder schoben sich andere Schultern und Köpfe vor und die junge Frau wandte ihre Augen nach drei Frauen die ihr zunächst standen, aus der Verwandtschaft von des Gewürzhändlers Frau. Es waren zwei alte Frauen und eine junge. Von den beiden Alten aber war wiederum eine viel älter als die andere, ja mochte vielleicht ihre Mutter sein und doch war auch die jüngere eine Greisin. In dem Gesicht der Uralten lebte nichts mehr: selbst die schwimmenden Augen schienen nur willenlos das aufzufangen was vor ihnen lag, wie eine Lacke gethauten Schneewassers am Rand des Waldes. Ihre Lippen waren kaum mehr Linien; nur in dem versteinerten Kinn lebte blind und taub das Letzte eines harten Willens fort. Das Gesicht der jüngeren Greisin aber war unendlich reich: in ihren dunkel geränderten Augen flackerte Güte und ringsum hieng etwas wie der Dunst von Feuer und Blut. Ihr Mund war groß und schön: man konnte sie von Vögeln umflattert denken die kamen auf diesen Lippen ihre Nahrung zu suchen, nicht in zärtlichem Spiel wie auf den Lippen eines jungen Mädchens sondern mit tiefem dunkelm Zutrauen in schweren Zeiten. Sonderbar sah neben diesem Gesicht das Gesicht der jungen Frau aus:

DIE VERWANDTEN

H

Die Verwandten.

Auf der ebenerdigen Verandah des kleinen Landhauses halb Bauernhaus, halb Villa, sassen vier Menschen beim Nachtmahl: ein ganz junges Mädchen, eine Frau die nicht viel über dreissig schien, ein junger Mann, dem die rasierte Oberlippe etwas ernstes entfernt an einen Priester erinnerndes gab, der dichte Büschel blonden Haares über der freien Stirn aber seine ganze Jugend zurückgab, und ein vielleicht 8jähriger Knabe der feine Augenlider mit langen Wimpern unaufhörlich wie ein flatternder Vogel hob und senkte. Das Kind war der erste fertig, schob hastig seinen Sessel vom Tisch warf noch einen Blick auf die in der grossen grünen Bauernschüssel zurückgebliebenen dunkelduftenden Himbeeren, küsste seiner Mutter die Hand und lief nach der dunkelsten Ecke der Verandah. Hier bog es die Zweige des Nussbaums auseinander, die sich vom Garten hereinneigten und sah aufmerksam bis zur Strenge, in den funkelnden Mond, liess die Zweige wieder zurückschnellen, bog sie wieder auseinander. »Was machst Du Felix« sagte die Mutter und versuchte aus dem hellen Kreis des weissen Tisches und der von Kerzen beleuchteten Gesichter ins Dunkel hinauszusehen. Das Kind liess seine Zweige los, gieng zu denen am Tisch zurück und ergriff plötzlich den jungen Mann lebhaft bei beiden Händen: »Heut ist es gerad einen Monat,« sagte er ernsthaft, »dass Du das erste Mal zu uns gekommen bist, Georg.« »Woher weisst Du das, Felix,« fragte das Mädchen, stützte den Kopf auf die Hand und blies Luft über ihre frischen Lippen, weil eine Motte aus der Kerze taumelnd, ihrem Mund zu nah gekommen war. »Vom Mond« sagte das Kind, »heut ist der Mond wieder grad so wie damals, wie ich hab nicht schlafen können.« »Ja« sagte die Mutter nach einem kurzen Nachdenken »er hat recht, morgen wird es 4 Wochen, es war ein Dienstag in der Früh.« »Erinnern Sie sich noch an das erste Mal« fragte das Mädchen. »Nein« sagte sie »dass es erst vier Wochen sind, es kommt mir vor als ob es ein Jahr wäre.« »O an alles,« sagte der junge Mann, »als ob es heute wäre.« »Damals haben wir sie noch als Arzt behandelt.« »Jetzt hab ich selbst fast vergessen dass ich einer bin.« »Ich muss offen gestehen, dass mir damals das die Hauptsache war.« Bei diesen Worten schlich sich Felix fort und spr⟨ang⟩ über die 3 Holzstufen in den mondhellen Garten, in dem die Bäume beisammen standen wie grosse weidende Thiere. »Er hat doch seither nie einen ähnlichen Angstzustand gehabt« »Nein. Aber sagen sie,« sagte die Frau, »sagen sie jetzt wo sie uns alle kennen, wie kann ein Kind zu solchen Gedanken oder Träumen kommen.« »liebe gnädige Frau,« erwiderte der junge Mann, »das wissen wir Ärzte genausowenig wie andere denkende Menschen. Er ist ein besonderes Kind Und von einer gewöhnlichen Beklemmung, zu der Vorstellung dass sein Vater ein Unrecht oder eine Misshandlung erdulden muss und er ihm nicht zu hilfe kommen kann, ist doch nur ein kleiner Schritt.« »Aber dass es dreimal wiedergekommen ist und alle 3mal dasselbe Bild.« »Auch das ist eine recht gewöhnliche Erscheinung.« »Hört auf« sagte das junge Mädchen, »jetzt redet ihr wieder so ernst, wie an diesem Morgen damals. Ich weiss noch was sie zuerst gefragt haben, Georg. Nein das war nicht das erste: zuerst haben sie gefragt, ob er diese Kinderkrankheit gehabt hat, ich weiss nicht wie sie heisst, und dann wie viele Jahre der Papa schon todt ist. Und wie die Mama gesagt hat 2 Jahre haben sie nicht gewusst, was sie darauf sagen sollen.« »Man kann doch nicht auf alles etwas sagen liebes Kind,« sagte die Mutter.

»Ich möchte aber viel lieber wissen was er sich über uns gedacht hat,
das erste mal, aber die Wahrheit.« »Es ist mir gleich alles wunder-
hübsch vorgekommen,« sagte Georg. »Dass sie beide hier allein wohnen in dem kleinen Haus mit dem Kind. Nur – – «
»Man sollte sich jeden Tag aufschreiben, wenigstens die hübschen
und wenigstens mit einem Wort in seinen Kalender.« Aber die Tochter widersprach: »Es ist ohnedem so schrecklich dass alles vergeht,
wozu es sich noch genau zum Bewusstsein bringen.« »Wenn Du das
jetzt schon sagst,« sagte die Mutter, »und später geht es immer
schneller immer schneller.« »Das ist auch ein Kalender,« sagte Georg
und zeigte auf die Himbeeren, »im Anfang warens immer Erdbeeren.«
»Irgendwo müssten doch jetzt die von früher sein,« sagte Anna nachdenklich. »Die Erdbeeren, die sind gegessen.« »Nein, die Tage.
Gerad so wie Wellen, die gehen doch auch irgendwohin.« Die beiden
andern sahen sie an. »Ich mein schon etwas« sagte Anna mit einer
komischen Nach⟨drücklichkeit⟩ – »Du weisst nur nicht was,« ergänzte die Mutter. Und alle schwiegen einen Augenblick. Es war so
still, dass man das Knistern hörte wie die kleinen silbergrauen Motten
ihre Flügel verbrannten. Draussen streifte etwas durch den Wipfel
des Baumes: die Birnen waren noch lange nicht reif, vielleicht war es
ein kleiner Vogel, der aus dem Nest gefallen war. Von Fern schien das
Rauschen des gestauten Baches anzuschwellen und wieder abzuklin-
gen. Ein lauer Lufthauch strich über sie hin, wie wenn der dunkle
Berg an den sich der Garten lehnte, im Schlaf geathmet hätte, und die
2 Kerzenflammen bogen sich. Alle 3 waren sie zu verträumt und ver-
spielt, um einen Gedanken zu zwingen. Aber allen 3 schien es möglich
den vergangenen Tagen noch einmal wieder zu begegnen, wie man
im Wald auf schmalem Schleichweg zwischen Haselbüschen und
Brombeeren wieder zu der Lichtung zurückkommt von der man ausgegangen ist, oder ihnen nachzugehen und sie wieder einzuholen wie
das Holz das lautlos den langen See herabgeglitten kommt und das in
vielen Tagen und Nächten dann der Bach mit sich fortzieht, Gott
weiss wohin.
    Georg griff nach dem Märchenbuch von Musaeus, das Felix hatte
auf einem Stuhl liegen lassen. »Was wollen sie« fragte Anna. »Die
Stelle aufblättern, wo er damals gehalten hat. Ich hab ihm damals ins
Buch gesehen.« »Da weiss ich etwas besseres« rief Anna, lief weg
und brachte ihre Stickerei herbei. »Daran hab ich alle Tage gearbeitet,
wenigstens jeden Tag ein paar Stiche. Da find ich alles. Sehen sie hier,

wo sich die 2 Schlingen treffen war ich am ersten Tag.« »Das können
sie doch nicht mehr erkennen,« meinte Georg. »Mama, er glaubt dass
wir das nicht erkennen. Jede Frau erkennt das. Und wir beide – wir
erkennen doch wenn die Perlhühner sich gestritten haben.« Beide
fiengen zu lachen an. Georg sah auf. In diesem Augenblick ⟨fand er⟩,
dass sie wie Schwestern waren: Theresens Lachen lag mehr in ihren
Augen und Annas mehr in den blitzenden Zähnen und den Grübchen
in den Wangen aber es war viel mehr von Schwestern in ihnen wie von
Mutter und Tochter. »Wir bemerken wirklich die unscheinbarsten
Dinge.« »Ich bin kein Perlhuhn« sagte Georg ohne aufzusehn und
blätterte in dem Buch nach rückwärts. »Etwas hab ich doch früher
bemerkt wie Du« rief Anna ihrer Mutter zu. »An wem etwas« fragte
Therese. Anna deutete mit zusammengedrückten Augen auf Georg.
»An ihm« fragte die Mutter mit dem Blick. Anna schüttelte den Kopf
und deutete mit der Schulter nach dem Garten, in den Felix ver-
schw⟨unden⟩ war, »das« sagte Therese und fuhr sich mit dem Nagel
des rechten Zeigefingers über den Rücken der linken Hand. Anna
nickte »und das Frühere was dazugehört.« Therese wollte etwas entgegnen aber Anna winkte ihr mit Mund und Augen eindringlich zu
schweigen. »Sagen sie was ist das« rief Georg, um sich der Mühe des
absichtlichen Nichthinhörens zu entziehen, und hielt den Frauen das
Buch hin, »jeden Augenblick ist ein Wort mit dem Nagel oder dem
Messer weggekratzt. Und sonst hält er seine Bücher doch so schön.«
»Das wissen sie nicht,« sagte Anna, »Mama es giebt doch noch etwas
bei uns das er nicht weiss.« »Der Felix kann gewisse Wörter nicht
ertragen,« sagte die Mutter, »es ist ihm so verhasst, sie geschrieben
zu sehen oder aussprechen zu hören, als ihm die Dinge selbst die sie
bezeichnen, widerwärtig oder unerträglich sind.« »Was sind das für
Wörter« fragte Georg. »Ganz verschiedene, meistens wirklich hässliche, warten Sie wir werden gleich sehen, wenn wir die Sätze lesen.«
Anna kniete auf ihrem Stuhl, beugte sich über den Tisch schob das
Buch zwischen sich und Georg. »Sehen Sie hier war von wulstigen
Lippen die rede, da hat er das wulstig auszukratzen versucht, aber
man kann es noch lesen. Hier Ohrenschmaus das ist aber auch wirklich
ein abscheuliches Wort.« Sie blätterte um. »Hier, ›schmachten‹ ein
mal hat er es durchgestrichen das zweite Mal aber ganz weggeschabt.«
»Was für ein Wort kann aber hier fehlen?« fragte Georg. »Es ist von
einem Vater und einem Sohn die rede. Ich kann aber noch nicht sehen
was sie miteinander haben und hier hat er eine ganze Zeile wegge-

kratzt.« »O dann wird es etwas ähnliches sein wie mit dem Ofen.« Die
Frauen sahen einander an. »Ja bitte,« rief Georg lebhaft »was ist das
mit dem Ofen im oberen Zimmer. Soviel man oben sehen kann ist es
ein hübscher farbiger Kachelofen vielleicht aus dem 17 Jahrhundert
warum ist er verhängt?« »Es sind Platten eingelassen mit Bildern und
Sprüchen und die haben ihn so verstört dass er nicht eher wieder in
das Zimmer zu bringen war als bis wir das Ganze mit einem Tuch
verhängt haben.« »Was für Bilder?« »Die Lebensalter. Es sind Majo-
likaplatten die stufenweise nach oben gehen. Links unten ist das neu-
geborene Kind. Dann kommt der Zehnjährige mit einer kleinen Arm-
brust. Dann der Zwanzigjährige er hat gelbe Stulpstiefel und einen
Strauß Rosen in der Hand. Dann der 30jährige, mit einem geschirrten
Pferd und einem Schiff. Zuoberst steht der 40jährige und dann geht es
nach rechts wieder abwärts bis ganz rechts unten schon beim Ofenloch
der 80jährige den Kopf auf einem zugeklappten großen Buch einschläft.« »Und was hat ihn daran geängstigt?« »Der Vierzigjährige.
Es ist ein Mann mit einem Bart, ähnlich wie der Papa ihn gehabt hat.
Er hat seinen kleinen Sohn an der Hand und scheint ihm mit dem
Finger etwas zu zeigen oder zu erklären. Und darunter steht ein
Spruch – unter jedem Bild steht ein Spruch – unter diesem aber:
    Dir fliesst das Leben doppelt reich,
    Hast Kraft noch viel, den Sohn zugleich.«
Alle wurden still, dann schob Anna das Buch weg und fieng an sich
mit ihrer Stickerei zu beschäftigen.

Als sie in den stillen Garten traten, über den die Kreuze ihre Schatten
warfen, war es ihm als spränge an der jenseitigen Wand im grellen
Mondlicht eine Kindergestalt aus dem Boden und verschwände sogleich wieder im Dunkeln. »Das war ja der Felix« rief Anna und lief
hin. Georg und Therese folgten ihr langsam. »Nein! nein« rief Anna
herüber, »ich seh niemand, es war überhaupt niemand.« Dann kam sie
ihnen entgegen, aber langsam, zwischen den sargförmigen Schatten
der Särge hin und hertretend, da über eine Inschrift, dort über eine
Blume gebeugt. Therese versuchte zu lesen, was auf einem verwitter-
ten Holzkreuz stand. Grabm⟨al⟩ der ehemals Bezeichneten Theresia
Leitner, Fischereigehülfensgattin allhier, und deren 7tägige Tochter
Genoveva. »Ich war noch jung und musste scheiden« las Georg von
der andern Seite, das andere hatte die Fäulniss gefressen »Gieb acht

Du Wandrer tritt mich nicht« las Therese auf ihrer Seite des hölzernen
Sarges, dann kam eine Bresche, aus der Erde und die Ranken von
blühendem Steinbrech quollen. Therese sah zu Georg hinüber. »Sonderbar sie war genau so alt wie ich jetzt bin, 34 Jahre und 6 Monate
Nein nein nur nicht sterben,« sagte sie halblaut und schüttelte den
Kopf und wieder streifte über das Grab hin ihr Blick Georg. Nie war
sie ihm so reizend erschienen als in diesem Augenblick, nie hatte ihre
alterslose Seele sich so aus den Augen herausgelehnt, Weib Mädchen
Kind in einem. Er hätte ihren Kopf streicheln und ihre Füsse küssen
mögen. Sich in ihr Wesen zu verwühlen, zu wissen wie aus dieser dem
Kind diese die Frau geworden war und doch beide ineinandergeblie-
ben, schien ihm das grösste Glück auf der Welt. Heftig beneidete er
den todten Menschen. Er konnte ihm nicht mehr wegnehmen was er
hatte: den ungeheuren Schatz, den die Augenblicke ihm zugeworfen
hatten, die Augenblicke die er hier geherrscht hatte, er gerade er über
diesen Leib und diese Seele. Aber nun musste der drunten liegen
konnte sich nicht wie ein Maulwurf emporwühlen und mit seinem
Leib einen Wall zwischen die beiden Athmenden drängen. Er musste
still liegen und bitten Geh tritt mich nicht! in Georgs Kehle drängte
sich etwas zusammen er wusste dass es eine Frage werden würde und
eine die ihm über alles wichtig schien, in der ein ungeheures Nahe-
kommen lag, ein listiger entzückender Kunstgriff wie durch einen
Spiegel zu sehen was in einem verschlossenen Zimmer vorgeht. »Wie
waren sie zu der Zeit wo sie so alt waren, wie ihre Tochter jetzt.« Und
was sie antwortete waren nur Worte und ihm war als hätte er etwas
anderes erwartet. Die andere, die dort zwischen den Gräbern und
Blumen herumgieng und mit jungen Sinnen erst eine Welt in sich sog
und das andere Kind das geheimnisvollere mit der dunklen heftig
athmenden Seele schienen ihm so arm so leer neben der, die neben
ihm gieng und die anderen in ihrem Schoß getragen hatte und mit
einem der hier im dunklen Bette lag, Hand in Hand gegangen war und
deren Schatten, schmal wie der eines Knaben zwischen den Gräbern
hinglitt. Inzwischen war Therese mit langsamen schl*xxx* Schritten von
ihm weg auf Anna zugegangen   er gieng ihr nach und so standen sie
bald wieder alle 3 beisammen. Als er jetzt Annas Kleid mit der Hand
streifte kam das Bewusstsein irgend einer Veränderung über ihn: er
glaubte ihr näher zu sein, wie durch eine andere Luftschicht verbunden, und irgend eine trunken machende Möglichkeit leuchtete durch
ihr unbefangenes Lächeln, ihre ruhig blickenden Augen.

Er kreuzte die Landstrasse und gieng einen kleinen Weg bergauf
neben dem 2 Wasseradern herunterrauschten. Im Einschnitt zwischen
2 Bergen stand der Himmels Wagen, mit den untersten Sternen auf
dem Rand der Wälder aufruhend, wie einmal schon. Wie einmal
schon kam der leichte Nachtwind wie ein Wanderer den Weg herunter   5
gerade auf ihn zu. Er besann sich, dass dieses einmal vor den 4 Wochen gewesen sein musste. Ein tiefer Schatten lag wie ein Wall über
seinem Weg. Es war der grosse Ahornbaum. Auf dem klomm unten,
unter dem feuchten Trog eines kleinen in den Stamm eingesägten
Laufbrunnen hervor eine dünne aber starke Ranke von Epheu. In   10
Mannshöhe umschlang sie einmal den Stamm, dann breitete ⟨sie⟩
sich aus und umflocht in dickem Gewinde die ausgespreiteten Riesen-
äste umkletterte die Zweige, hieng zwischen ihnen in schattenfeuchten
Guirlanden und der Wipfel des ungeheuren Baumes war nichts als
Epheu, steigende fallende ineinander verkletterte Ranken, in denen   15
die Spitzen des Ahorns sich verloren wie ertrinkende Lanzknechte in
einem Sumpf. Georg wunderte sich, dass er das noch nie vorher
bemerkt hatte. Da rauschte ein anderer kleiner Brunnen zu seiner
Rechten er sah auf und stand vor dem Haus des Salzbergschützen bei
dem er wohnte. Fast wäre er vorbeigegangen. So sonderbar warf der   20
Mond den Schatten der Apfelbäume über die Wiese, so verändert
sprangen ihm das kleine Vordach und das Bienenhaus entgegen. Leise
machte er die Gartenthür zu, gieng über den hellen Rasen zur Thür
und nahm den Schlüssel aus der Mauerritze unter den Stufen. Er
brauchte nicht mehr hinzusehen seine Finger fanden ihn allein. Seine   25
Füsse holten von selbst zu einem starken Schritt aus, um nicht an die
6 Holzpantoffel zu stossen, des Grossvaters, der Grossmutter und der
kleinen Walpurga ihre, denn der Schütz schlief selten im Haus und
seine Frau war bei der Geburt der Kleinen gestorben. Auf den Zehen
gieng er immer bis an seine Thür: denn durch das grabdunkle Haus   30
drangen über die offene Holzstiege die ruhigen tiefen Athemzüge der
beiden alten Leute herunter und dazwischen glaubte er den leichten
Athem des kleinen Mädchens zu hören und meinte sie alle 3 liegen zu
sehen, die alten Gesichter wie aus braunem von tausendfacher Berührung glänzendem Holz und das Gesicht des Kindes wie frische Milch   35
und darüber ein Duft wie der Hauch auf rostfarbenen Trauben und
doch der Alten so geheimnisvoll ähnlich wie die kleinen Apfelbäume
dem knorrigen Grossen in dessen Schatten sie aufgewachsen waren so
tief verwandt wie die Eimer an der Wand dem Haus, und das Haus

dem Berg an dessen Abhang es lehnte. Als Georg die Thür zu seinem
grossen Zimmer leise aufgedrückt hatte, brauchte er nicht nach den
Zündhölzern zu greifen, die auf der Ofenbank lagen, denn durch die
3 kleinen mit dickem Eisenkreuz vergitterten Fenster drang der Mond
so stark, dass die *xxxxxx* dunkelrothen Nelken von draussen herein-
sahen und der Schatten von Epheublättern sich am Boden des Zimmers abzeichnete. Wie hell diese Nacht war! er gieng zu dem grossen
Schubkasten mit Messingbeschlägen, der der kleinen Walpurga gehörte jetzt aber bis auf die unterste Lade ihm eingeräumt war. Hier
lagen seine Bücher und zwischen ihnen lehnten seine Photographien.
Es war so hell, dass er alles erkennen konnte, selbst die kleinen Ama-
teurbilder auf denen er mit anderen Leuten stand mit jungen Mädchen
auf einem Tennysplatz, zu Pferde mit anderen Reitern an einer Hürde,
mit einer kleinen Schauspielerin in einer Schaukel, wieder mit derselben in einem Wagen. Dann die Schauspielerin allein. Dann sie und
ihre Schwester, beide in Costümen. Gedankenlos legte er ein Bild
nach dem andern aus der Hand mechanisch hatte er auf jedem Therese
und Anna zu finden gehofft: Er wusste doch dass er kein Bild von
ihnen hatte. Das letzte Bild, das ihm in die Hand kam war das seiner
Mutter. Es war ein altes Bild denn seine Mutter trug ein ganz altmodi-
sches Kleid und er selbst war darauf als 10jähriges Kind und seine
Mutter hatte die Hand auf seinem Haar. »Sie musste damals so alt
gewesen sein wie Therese jetzt« er sagte sich das vor und das berührte
ihn unglaublich stark. Er nahm sich vor seiner Mutter morgen zu
schreiben und anders, inniger als die letzten Briefe. Er bekam Lust,
eines von seinen medicinischen Büchern zu lesen. Wie lang hatte er
nichts Ernstes gelesen, nichts gearbeitet, nicht einmal gezeichnet. Er
schlug das oberste auf: Eine Abhandlung über die Entwicklung des
Bewusstseins bei Kindern   Er fieng an einige Sätze zu lesen aber die
Worte waren kraftlos und allgemein hinter ihnen trat Felix Gestalt
hervor sein merkwürdiger Blick, seine Fragen, seine sonderbare
sprunghafte Leidenschaftlichkeit und das merkwürdigste von allem,
dass er Annas Bruder, Theresens Kind war. Er schob das Buch weg
und griff, ein anderes zu suchen in ein Regal das an der Wand hieng.
Da stieß er mit dem Ärmel an einen Rosenkranz von Korallen ein
kleines Heiligenbild und ein wächsernes Lamm Gottes gerieth auf
seinem Moospolster ins Schwanken er musste mit beiden Händen hingreifen und als er alles vor dem Fallen bewahrt hatte, blieb ihm ein
kleines Bild in der Hand, von einem Jahrmarktphotographen auf dün-

nes Blech abgezogen. Es war ein vielleicht 11jähriges Mädchen mit
ernsten Augen, die ein übermäßig großes Gebetbuch in den Händen
hielt und sich auf einen altväterischen Sonnenschirm stützte. Auf dem
Papierrand stand mit einer steifen Schulkinderschrift meiner geliebten
Freundin Walpurga Loidl von Ihrer Freundin Romana Ammersdorfer.   5
Georg hatte ein merkwürdiges Gefühl von Gehobenheit. Etwas für
ihn günstiges war mit dem Namen dieses Kindes verbunden. Sein
Gedanke hielt sich bei dem Fenster auf hinter dem der Schatten der
Betenden sich zeigte, dann in Dunkelheit verschwand. Aber es musste
weiter zurückliegen. Es war etwas worin Anna und Therese nicht   10
einig gewesen waren. Er sah sie miteinander reden, leise, weil er am
Boden in einem Gebüsch lag und horchte. Aber das war doch nie
gewesen: Auf einmal sprang das richtige Bild ins Gedächtnis. Er saß
am Tisch und blätterte in den Märchen von Musäus. Und Anna verlangte Therese sollte über etwas nicht in seiner Gegenwart sprechen.   15
Jetzt fiel ihm ein dass es ein sonderbarer fast unheimlicher Zug von
Felix war, den ihm Therese vor einigen Tagen erzählt hatte, als er um
die Schramme fragte, die das Kind auf dem Rücken der linken Hand
trug. So wusste Anna nicht dass Therese ihm davon gesprochen hatte
und Therese hatte es auch jetzt für sich behalten. Eine so heftige   20
Freude erfüllte ihn, dass er ganz verändert athmete: aber sonderbarer-
weise, nicht auf Therese, auf Anna bezog sich diese Freude. Ihm war
als wäre das ein über alle Begriffe sicheres Zeichen dass Anna ihn
liebte, dass Therese darum wusste, und in ihrer zurückhaltenden Art
auch den Schatten eines Verdachtes, als hätte sie mit ihm Heimlich-   25
keiten vermeiden wollte. Auf einmal stand er an diesem Punkt konnte
sich nicht fragen warum seine Schlüsse ihm diesen krummen Weg mit
fortgerissen hatten. Aber er hatte im nächsten Augenblick wieder
Ruhe genug, nicht diesen Gedanken zu zergliedern oder zu verwi-
schen, aber ihn von sich zu entfernen. Trotzdem lag nun in dem Zim-   30
mer, in dem Hereinschauen der Nelken, in den kleinen Heiligenbil-
dern an der Wand eine Süßigkeit die er früher nie gefühlt hatte. Er
gieng auf eines der kleinen Fenster zu, stützte sich auf und athmete
den Duft der Nacht ein: der Wiesen, der Bäche, der Berge und des
Windes der so rein war als käme er von den Sternen. Und es war   35
gerade das Fenster, das einzige, das gegen den Moosgrund hinschaute,
wo das Haus der Frauen stand. Mit einem halb beschämten Lächeln
über die unwillkürliche Kraft seiner Wünsche schlug er die Augen
nieder. Da lief dicht vor seinen Händen auf dem kalkweißen Fenster-

sims eine winzige Motte, und da sprang aus dem Epheuschatten eine
kleine schwarze Spinne und schlug ihre Fänge in das Thier. Die furchtbare lautlose Heftigkeit des Umklammerns, dieser Tod so nahe vor
seinem freudig klopfenden Herzen verdüsterte Georg, er trat zurück
und mit etwas wie Beklommenheit, eine Beklommenheit, die mit einer
undeutlichen heimlichen Erinnerung verknüpft war, sah Georg zu
wie die Spinne ihre Beute in den Schatten des Epheu zurückschleppte,
der sich in dichten Guirlanden hier um das Haus rankte, wie dort um
den Brunnen. Georg trat vom Fenster. Das Wehr von unten schien
stärker hereinzurauschen, und nun schien etwas drohendes darin zu
liegen. Georg kam sich furchtbar allein vor, er sehnte sich nach etwas
das ihn freute. Er trat in das andere kleine Zimmer, da lag neben dem
offenen Bett, ein Buch das ihm Therese geliehen hatte. Es war die Geschichte Pierre et Jean von Maupassant ungeduldig schlug er es auf
und leise athmete ihm der Duft entgegen, den Thereses Kleider, ihr
Briefpapier und ihr Haar ausströmte. Ein schweres Parfum, in dem er
Verveinen erkannte: ein feiner verwirrender Duft in dem etwas von
süßem seligen Behagen und doch wieder von qualvoller Unruhe und
Sehnsucht lag, etwas das die Seele bat zu bleiben und etwas das sie
trieb und lockte zu suchen. Er warf sich mit beiden Armen über das
Buch als wär es ein Freund gewesen, der mit ihm leise reden sollte.
Da stieß er mit dem Arm ein anderes Buch hinunter und aus diesem
fiel ein weißer Zettel und schwebte von dem Bett vor seinen Füßen zu
Boden. Er griff danach: es war der Anfang, das Fragment eines Dia-
riums wie ers an einem Regentag angefangen hatte und bald wieder
vernachlässigt. Der Zettel war nicht alt, dass er ihn so vergessen hatte!
Die Epoche begann mit seinem ersten Besuch. Er las: Frau B. und ihre
Tochter. Die Mutter vielleicht 35 die Tochter ist 16 oder 17. Die Tochter ist viel größer und stärker als die Mutter. Die Mutter sagt manchmal: meine kleine Tochter. Das ist die einzige Affectation die ich an
ihr bemerkt habe. Die Mutter ist angenehm die Tochter nichtssagend.
Immerhin kann man von Zeit zu Zeit hingehn. Sie machen Musik. Ein
merkwürdiges Kind 8 Jahre. Eine spätere Notiz war ohne Datum
»Mit Therese und Anna am Grottensee. Anna ist kaum größer und
gewiss nicht stärker als Therese, es sieht nur so aus weil sie einen ganz
anderen Gang hat. Theresens Gang ist das leiseste was es giebt, ebenso
wie ihr Lachen mit den Lippen und Augen. Dann sind ihre Augen
sèvresblau. Anna ist manchmal komisch wie ein Clown. Was sie heute
zusammenredete wie wir von oben die großen Fische fütterten. Wenn

sie so ist, sieht Therese sie an, wie man einem jungen Hund zusieht,
Therese hat dann etwas von einer Katze. Ich finde sie unterhaltend,
namentlich wenn sie beide zusammen sind. Wenn ich mit einer allein
bin, spreche ich immer von der andern. Sie haben zueinander ein sonderbares Verhältnis ich weiß keinen Ausdruck dafür ist nicht wie das
von Mutter und Tochter.«

Georg bedauerte, dass der Zettel sonst nichts enthielt dass ein Theil
dieser Dinge vergangen war, schien ihm die Gegenwart noch reizender
zu machen, ihr eine Berechtigung zu geben, die ihr gefehlt hatte. Er
fieng an in dem französischen Buch zu lesen aber sein Bewusstsein
verdoppelte sich und die stärkere Hälfte lief unten im Dunkeln weiter
und verfolgte immerfort einen und denselben Weg. Er folgte der Erzählung aber nur wie man auf einem Weg forteilt nach einem unendlich wichtigen Ziel und rechts und links in der Landschaft eine dunkle
Beziehung zum eignen Schicksal spürt, aber sich nicht die Zeit nimmt,
zu erfassen, worin sie bestehen könnte. Und auf einmal mitten in einem
Satz die Augen verloren in dem Lesen der fremden Sprache, sein ganzes inneres von einem einzigen unendlich vielfältigen dumpfen Gefühl befangen, sprachen seine Lippen es aus: Je suis amoureux des
deux, mais je suis amoureux des deux! Wie ein Fremder hörte er den
Ton in dem Verwirrung Ungeduld, Verlangen, durcheinanderbebte,
in der stillen Luft verklingen. Er richtete sich auf, wie um sich bewusst
zu werden dass er wirklich allein war. An den nackten weißen Wänden
hieng da ein Gewehr, dort eine alte Jagdtasche. Auf dem Tisch am
Fenster standen in einem Glas ein paar Blumen, daneben lagen die
Zündhölzer und auf ihnen ein Zettel. Ein Zettel den man hingelegt
hatte, damit er ihn beim Nachhauskommen fände, damit seine Hände
zu allererst nach den Zündhölzern greifend auf ihn fielen. Ein Zettel,
den jemand von außen hereingelegt hatte, unter dem dünnen Vorhang
durch die Gitterstäbe durchgreifend. Oder man hatte ihn der kleinen
Walpurga gegeben und die ihn hingelegt. In einem Augenblick schoss
ihm wie aus dem Blut, die Vermuthung die Gewissheit zusammen: es
war ein Brief von Anna. Ihre kühle kameradschaftliche Art, ihr gleich-
müthiger Ton, ihre gleichmässige Fröhlichkeit ob er kam oder gieng,
das alles wurde dünn, durchscheinend und dahinter lag und schimmerte die unbestimmte reizende Möglichkeit, wie durch den Mullvor-
hang den ein Hauchen leise bewegte, die Mondnacht hindurchschim-
merte mit flüsternden Wipfeln, glühenden *xxxxxx* Nelken mur⟨meln-
dem⟩ Bru⟨nnen⟩ und schlafendem Wind unter grünen Lauben in

weichem Gras gebettet. Therese, das fühlte er hätte etwas in ihren
Blick, in den Ton ihrer Stimme gelegt. Aber Anna, war ein Kind und
doch kein Kind, bei aller Offenheit verschlossen, verschämt und wieder nach nichts fragend, sie spürte, sie sah er in ein paar Zeilen etwas
legen .. was? er wusste selbst nicht was er erwartete, alle Möglichkeiten schienen ihm gleich nah, wie er selbst in dieser Stunde sein vergangenes Leben lächelnd in ein dunkles reißendes Wasser hätte fallen
lassen, so stand er auch vor der Welt, jedes Geschenk aus der dunklen
gestirnten Luft erwartend.

Die Wünsche die Gedanken jagten so in ihm, dass er noch im Bette
saß und schon glaubte den Zettel gelesen zu haben, schon meinte zu
wissen er enthielte nichts als was sie ihm auch vor der Mutter sagen
könne aber doch wie unendlich verändert dadurch, dass sie diesen Weg
suchte, es ihm zu sagen, er enthielte eine Angabe wo er sie morgen
früh treffen könnte – denn sie gieng öfter in der Früh ohne die Mutter
spazieren – aber nie war es zufällig gekommen – schon meinte durch
keine Nacht mehr von ihr getrennt zu sein und in der unsichern Luft
hinter dem Vorhang den Morgen schimmern zu sehen. Er genoss einen
Ton in dem bei aller Trunkenheit nichts von Eitelkeit lag und genoss
ihn nicht ohne eine starke halbsüße halbgrausame Beziehung auf
Therese.

Wie nur um ihre Worte noch einmal zu überlesen, gieng er die
wenigen Schritte vom Bette an den Tisch. Der Zettel enthielt wenige
Zeilen in einer großen steifen Schulkinderschrift: »Zu größtem Be-
dauern müssen leider die Wohnung vom 1ten an aufsagen, weil selbe
dem Herrn Forstadjuncten eingeräumt werden muss. Melchior und
Marie Loidl«

Georgs Zorn, seine Niedergeschlagenheit waren so groß wie seine
frühere taumelnde Freude: vielmehr beide waren das Kind einer und
derselben mit süßer Einsamkeit und verführenden Möglichkeiten, mit
Wolken Blumen und Landschaften genährten auf und niederschwan-
kenden Gemüthsverfassung. Auf einmal sprang von außen etwas
tückisch über ihn und griff in seine Träume. Die Enttäuschung durch
den Brief, die Widerwärtigkeit die er ankündigte, beides zusammen
riß ihn in das grelle erbarmungslose Licht des gemeinen Daseins. Er
empfand alles als hässlich, die Anspannung die Verführung seiner
Sinne seine Träumerei, die Art wie alles dies mit der Landschaft verflochten war, die sonderbare Zweiheit seiner Empfindung, für die er
keinen Namen hatte. In entblätterter öder Landschaft schwammen in

einem öden Weiher voll welker Dinge 2 hässliche doppelte Wesen,
halb Weib halb Fisch vor seinen Augen. Er wollte fort, nicht seine
Kleider seine Bücher in ein anderes Haus schleppen und mit ihnen
alles das was in ihm webte, mit ihm schlafen gieng und mit ihm aufstand, in seinen Lidern hieng, das Bild in seinem Augenstern und den   5
Geschmack auf seiner Zunge mit geheimnisvoller Willkür regierte.
Er wollte fort und so fest war sein Wille, so bestimmt sein Blick, dass
sich unter ihm das kleine stille Zimmer zu verändern härter und enger
zu werden schien.

Ihn dürstete. Im Hemd, wie er war, gieng er durch das große Zim-   10
mer, durch das dunkle Vorhaus durch den Garten beugte sich über
den Brunnen und trank einen tiefen Zug von dem eiskalten Wasser
das die Lippen fast brannte. Kleine Tropfen sprühten ihm über das
ganze Gesicht und ihn schauderte. Wieder fühlte er sich allein wie
früher, aber diemal war es ein andres Gefühl, unerbittlicher, nächtli-   15
cher, ungeheurer. Es war das Alleinsein unter den glitzernden Sternen
die nicht sahen, neben dem rauschenden Brunnen der nicht hörte. Aus
der dunklen Röhre sprang das Wasser und fiel und fiel und fiel. Es
kam aus dem Wald, es wusste seinen Weg, es rauschte heraus und fiel
und fiel und fiel. Es schien lauter u lauter zu rauschen. Es rauschte so   20
laut, dass man nichts kommen hören konnte. Und doch würde etwas
kommen. Von rückwärts, von der Seite von unten, gleichviel es
würde kommen, aus dem Dunkel hervor, umklammernd, unerbittlich.
Über den alleinigen würde es kommen mit dunklen Mörderarmen,
rettungslos   Wann? nur wann? Einmal, einmal wenn genug Wasser   25
aus der dunklen gurgelnden Röhre in den plätschernden Trog gefallen
war. Und dann würde das Wasser weiterfallen, wie es jetzt fiel und fiel
und fiel. Georg drückte die Hände auf den Mund der Röhre, aber
zwischen seinem Fleisch rieselte das Wasser durch und fiel hinunter,
stärker wurde es *xx xxxxxx* und drängte gegen seine Hände und er   30
gab es wieder frei, dass es mit doppeltem wie triumphierenden Rauschen
niederfiel. Er ließ die Hände sinken, sinnlos erschien ihm alles Denken
an die Zukunft, sinnlos dem entgegenzugehn was mit dem rinnenden
Wasser aus dunklem Berg unaufhaltsam herniederrollte, der Augenblick der verachtete niedergeworfene Augenblick erhob sich mit neuer   35
Kraft von der Erde, schöner als zuvor wie beruhigt athmete das Thal,
geheimnisvoller lag zwischen dunklen Gängen der Nachtwind auf
beschienenen Rasen gebettet, groß und trostvoll rauschte unten der
Fluss ins Dunkle hinaus. Hier war das Leben, hier war es und jetzt.

Als er wieder ins Haus gieng, bebten wieder im Dunkel die Athemzüge der Schlafenden. So lagen die hier beisammen, Bett an Bett,
Nacht für Nacht. Die Lippen mit dem die Kleine ihre Gebete und
Fibelverse lispelte, die Hand mit der der Salzschütze sein Gewehr lud
und Merkzeichen in die Waldbäume schnitt, der welke Mund, mit dem
die alte Frau in der Morgendämmerung auf glimmende Asche blies
der knochige Fuß mit dem der Greis in der Sonne sitzend dem wedeln-
den alten Hund über den Rücken strich, dies alles war aus einerlei
Holz geschnitzt. Sie giengen die hohe Treppe hinauf und hinab, thaten
die Fensterläden auf und zu, schaufelten im Garten und löffelten aus
der Schüssel, wie Puppen, getrieben von dem Bach der hinter dem
Haus niederschäumte, sich in hölzerne Tröge zwängte und auf schau-
felnde Räder sprang, und ausgegossen weiter sprang. Die da drüben
schliefen in einem anderen Haus, die waren nicht miteinander verhaf-
tet durch unsichtbare Nächte, nicht festgewachsen zwischen den
Zäunen ihres Gartens. Die Welt gehörte ihnen. Sie lebten nebenein-
ander aber wie die Könige der Meere, die ihr grüner, durchsichtiger
schwimmender Palast begleitet, wohin sie immer sich begeben. Jede
von ihnen hatte Lippen, auf denen das Geheimnis einer eigenen Welt
zu Worten Lächeln und Küssen wurde. Ihnen zu dienen war möglich
und sie zu verführen, und das Haar der einen zu küssen und es vor der
andern zu verbergen. Es war möglich sie zu schmücken mit allen Dingen die die Erde hatte, in diese Wiese in diesen dunklen Berg unter
die Wurzeln dieser prunkenden Bäume hinabzutauchen wie in weiche
rauschende grüne Wellen und nichts als Perlen und Korallen herauf-
zutragen, greifbare Schönheit der Welt erstarrt zu blutfarbenen und
mondlichtglänzenden Gaben. Er stand wieder im Zimmer. Da lag auf
der Ofenbank das Gebetbuch der kleinen Walpurga, ihr gelbseidenes
Brusttuch, die schönen weißen Strümpfe der Gürtel mit der Schnalle
aus Filigran Silber. So war morgen Sonntag. Und den sollte er noch
sehen und dann keinen mehr? Eine Gewalt, die alle seine verlangende
Gedanken nicht, die nicht die Mondnacht und nicht das wundervolle
deutliche Bild der Schlafenden gehabt hatten, nicht Anna's im Traum
bewegte Lippen, Thereses Arm in ihr volles Haar gedrückt, die ent-
stieg dieser Vorbereitung des Kindes das sich auf den Feiertag freute.
Die ganze Verlockung des Lebens die Wonne des Blickes spielte auf
den seidenen Blumen lag auf dem schwarzen Glänzen des Kopftuchs,
flimmerte aus der silbernen Schnalle. Nun wusste Georg dass er nicht
fort konnte. Über die Berge kam schon sein Sonntag herauf, die

Sonne in einer Hand, den Mond in der anderen, den Regenbogen
über die Berge nachschleifend als den Saum seines Gewandes. Bereit
lagen die Kämme, den gezähnten Schildkrötleib vollgesogen mit Duft
honigfarbenem Licht, sich festzubeißen in Theresens Haar und es zu
halten, dass es nicht zu den schmalen Schultern hinunterglitte, einen   5
ganzen langen Tag lang, indess der Hals sich tausendmal wandte.
Bereit lag der breite Ledergürtel, die leichten lichten Kleider um Annas
knabenhaft schlanken Hüften festzuhalten, wenn sie einem verlaufenen
Tennysball nach über den Klee hinlief, dass die Hasen erschreckt auf-
sprangen, und wenn sie mit einem plötzlichen Ruck niederkniete, mit   10
einem kleinen Bauernkind zu spielen. Bereit standen die leichten
Gartensessel, beieinander standen sie der seinige zwischen denen der
beiden Frauen, dem Annas näher, aber dem Theresens zugewandt,
und nichts nichts konnte den Tag hindern heranzurinnen, unaufhaltsam kam er, kein Abgrund war dazwischen und es bedurfte keines   15
Hauses ihn zu erwarten, man konnte in die Wipfel eines Baumes steigen und er würde kommen, im Heu konnte man einschlafen, auf der
Bank vor dem Haus konnte man sitzen und würde ihn nicht verfehlen,
denn er musste kommen.

Fröhlich warf sich Georg auf sein Bette wie der Wanderer, der weiß   20
dass ers nur für eine Nacht hat und den morgens vielleicht das Schiff
tragen wird oder ein Schloss beherbergen und als der Athem des
Schlafes aus seiner Brust gieng, strich er über Lippen die wie zu leisem
Lachen leicht geöffnet waren.

Felix – denn er war es gewesen – duckte sich als die Schritte und Stim-   25
men näherkamen in den Schatten des Grabhügels vom Schwarzbach-
müller u seinen 4 Frauen sprang um die Ecke der Kirche und zwängte
sich durch einen schmalen Spalt den die Friedhofsmauer liess – zwischen der Ecke des Beinhauses und einem grossen grünen Regen-
wasserbottich hindurch ins Freie. Mörtel bröckelte hinter ihm ab,   30
Asseln flüchteten die taghelle Mauer hinab, eine Feldmaus huschte in
ihr Loch zurück und er stand am Rand der grossen Wiese die im Mond
ihre Tausende von weissen Blüthenköpfen nickend bewegte. Ferne
auf einem Hügel stand ein grosses schlafendes Haus, der Mond leuchtete immer stärker, sein silbernes Glühen und Schwälen schien heraus-   35
zutreten aus dem dunklen Gewölbe, drüben flimmerte der See alles
schlug zugleich an sein klopfendes Herz. Er lief zwischen den Wiesen

hin: zur linken lag ein Glühwurm in den Halmen und hatte einen
Kern von grünlichem Licht in sich, zur rechten sprang die Unke in
einem Tümpel den die Gräser versteckten. Er musste an der Kapelle
am Kreuzweg vorbei: sie schimmerte wie Schnee, etwas dunkeles
duckte sich vor ihr nieder. Da kam er an die Biegung, das Licht fiel
darauf es war der Betschemel; zugleich kam ein Luftzug herüber und
liess den Honigduft von Geissblatt und Nelken aus dem Garten des
Schullehrers fallen, ein Mundvoll über den Weg hin. Felix wandte die
Augen um das Bild nicht zu sehen das aussen an der Wand der Capelle
hieng: aber er war selbst solch ein unschuldiges Kind von Bethlehem
dessen Seele lautlos aus Henkersfäusten in die duftenden Arme der
Engel emporfuhr. Jetzt stand er an einem Zaun. Der Bach murmelte,
jenseits auf einer Erhöhung stand der blutende Baum und sah herüber.
Aber da lag auch schon die Strasse und da das Schulhaus, weisser wie
am Tag. Die Ranken von Geissblatt, die unter dem Fenster herabquoll-
len, hatten tiefen Schatten um sich wie Bauschen von schwarzem
Sammt. Der Stamm mit den herzförmigen Blüthen warf hundert
schwarze Herzen auf den glatten Rasen und der Cactus wie ein zu-
sammengerolltes Thier bewachte seine flammend rothe athmende
Blüthe.
Romana sprach er vor sich hin, Romana, Romana, Romana. Sie
kam ihm wieder entgegen zwischen den Georginen trat sie hervor,
ihre graublauen ernsten Augen drangen auf ihn wie Sterne sie nahm
ihn bei der Hand und führte ihn zu den Stachelbeeren. Romana sagte
er, Romana, Romana. Dann kroch er zwischen den Sträuchern durch
in den rückw⟨ärtigen⟩ Garten. Hier fiengen sie miteinander Schmetterlinge. Zwischen dem blauen Eisenhut und den Malven trieben die
Kohlweisslinge sich herum und dann kam auf einmal der Segelfalter
der grosse Segelfalter, dem sie am Rand des Steinbruchs nachgelaufen
waren als er an allen Schafgarben hieng und wieder aufschwebte und
wieder hieng und sich endlich über dem Abgrund hinunterliess, wie
ein böser und stolzer Vogelkönig und über den dunklen Seen hin-
kreiste. Hier kam er wieder, über den Wald von Eisenhut kam er
dahergesegelt und setzte sich auf die rothe lauernde Blüthe des Hah-
nenkamm. Und wieder fiengen sie ihn nicht   Da wurden sie ernst und
setzten sich auf den Rand des Schöpfbrunnens und Romana erzählte,
aber unterm Erzählen zerpflückte sie eine kleine Monatrose und warf
ein Blatt nach dem andern in einen vollen dunklen Wassereimer. Hier
war der Eimer und sie war nicht da. Die blauen Helme des Eisenhut,

die Stange des Schöpfbrunnens der leere liegende Eimer sagte nichts
als Romana Romana. Und dann waren sie aufgestanden und in der
Ecke des Gartens gestanden wo eine volle dunkelrothe Rose duftete.
Darüber kamen Abendwolken am Himmel her und das Läuten drang
in die dunkelnde Luft. Da hatte er sie gefragt, glaubst Du dass ich   5
Dich gern hab. Sie lehnte den Kopf zurück ihre Augen schienen gold-
farben wie die schlanken Körper der Bienen in den Georginenblüthen,
ihre Lippen waren halboffen, und sie lachte. Gut sagte er zornig ich
werd Dirs beweisen. Vor ihm lag der Scherben von einem irdenen
Gartentopf, er hob ihn auf und schnitt sich mit aller Kraft über den   10
Rücken der linken Hand hin, dass das dicke rothe Blut emporquoll
wie aus dem Spalt eines Mundes. Hier war es: diese Malven diese
blauen Schwertlilien hatten ihn rufen gehört. Das thu ich mir wegen
Dir.
      Etwas in der Luft sagte Romana, deutlicher als zuvor.   15
      Wann war das? wann war das? Es kam ihm vor als wäre das nie
gewesen, da jetzt der Eimer leer da lag und sie nicht vor ihm stand
nicht erschrak, nicht mit ihren Händen nach seiner verwundeten
griff. Er hob die Hand aber da war die Narbe schöner als der purpur-
farbne Kamm der zauberhaften Blüthe glühte sie im Mondlicht.   20
Irgend ein Mund hatte sich aufgethan. Es waren die Fenster des Schul-
zimmers die weit offen standen. Er hob sich an der Mauer empor um
hineinzusehn. Im taghellen Licht standen die 6 weissgehobelten
Bänke. An der getünchten Wand hiengen die Welttheile und die Bilder
des Zebras, der Giraffe und der Löwen. Mit der süssesten Sehnsucht   25
athmete er diesen Raum voll Luft, in dem sie sich bewegte. Er
wünschte sich in diesen Bänken zu sitzen ja er sah sich drin sitzen
unter den andern aber nicht in seiner wirklichen Gestalt nicht fast so
alt wie sie selber war sondern als ein viel kleineres Kind, das sie bei
der Hand führte und dem sie alles zeigte, alles lehrte. Er ließ sich wie- 30
der herunter und schlich aus dem Garten satt getränkt mit Sehnsucht,
die kein anderes Ziel hatte als sich selbst. Nun musste er, um nach
Haus zu kommen, über einen Zaun, auf dessen Übersteig an warmen
Nachmittagen die Alte saß die mit dem Kopf wackelte. Aber sie war
nicht da, nur die Salbeiblüthen machten den Schatten und dann kam   35
das offene Feld aus dessen Mitte einmal der Regenbogen herausgewachsen war. Dann kamen fröhliche kleine Bäume von seltsam dro-
henden Gestalten, wie Narren über die Wiese gestreut, dann aber der
Heuschober in dessen Bodenluke der Casper wohnte. Eine Egge hieng

an der Wand und eine Sense, in tiefen riesengroßen Schatten gewickelt,
aber oben wohnt der krumme Casper, er hat einen ganzen Haufen
getrockneter Arnika in der Ecke liegen, darin hat er sein großes
Waldhorn vergraben, auf dem er manchmal abends zum Fenster hinaus spielt wenn es ihm zu dunkel wird, die aus Zeitungen ausgeschnit-
tenen Bilder anzuschauen mit denen er seine Wände vollgeklebt hat:
Oberon und Hüon, der Zug von Auswanderern aus Californien und
die erste Begegnung Napoleons mit Eugenie Montijo im Wald von
Fontainebleau. Jetzt bei einem großen Vogelkirschbaum durch
dessen dichte Wipfel nur blinkende Tropfen des Mondlichts herunter-
sprangen theilte sich der Weg: ein kleiner Fußweg führte einen zur
Rückseite des Gartens, ein breiter Weg von eingetretenen Steinen an
den Fluß hinab. Felix sprang diesen hinunter, rannte über die Brücke,
unter der weiß schimmernd wie zerbröckeltes Eis der Fluss über das
Wehr hinrauschte und stand athemlos jenseits, außerhalb des furchtbaren Rauschens an einer kleinen Bucht wo der See hier noch See,
bald schon Fluss mit starkem aber lautlosem Zug den Boden aus-
wühlte und die Wurzeln der Uferbüsche lockernd, eine dunkle elende
an einen fruchttr⟨agenden⟩ Nussbaum gelehnte Behausung spiegelte.
Hier wohnte der alte Schuster, der Stiefgroßvater vom Fischer-
Heinrich, ein boshafter und grauenvoller Alter mit bleckenden Zähnen. Ihn hinter sich herschlürfen zu hören, war fürchterlich. Aber
doch lief vor seiner Hütte der einzige Balken weit in die Bucht hinaus,
auf welchem liegend man die Wohnung des großen Fisches sehen
konnte und ihn selber, den großen uralten mit fleischfarbenen Bartfäden, immer in der Tiefe schwimmend in stillem grünlichen Wasser
sein Schatten unter ihm, und nie anders als dass zwei vor ihm schwammen, auch groß wenn sie allein gewesen wären, aber neben ihm freilich klein. Jetzt aber gieng Felix nicht auf den Balken hinaus: er
schlich um das Haus des Schusters herum und kam, eine Brennessel-
staude umgehend, an einer kleinen Palisade vorbei zu seiner Hütte.
Der Fischerheinrich und er hatten sie gebaut. Es war ein wirkliches
Blockhaus mit einer Thür die von außen und innen zu verriegeln war
und mit Schubfenster. Er kroch hinein, schob ein Fenster auf. Nun
erfüllte das Mondlicht seine Hütte mit Licht und die Nachtluft zog
durch den modrigen Duft von feuchtem Holz. Nun schob er auch das
andere Fenster auf, setzte sich auf die kleine Bank und heftete die Augen auf die kleine Photographie seines Vaters die mit 4 Nägeln an der
Wand befestigt war. Papa sagte er Papa werd ich nie mehr mit dir

sprechen können. Seine Lippen verzogen sich gewaltsam und die
Thränen liefen ihm hinunter. Er trank aus Holunderrohr. Dann lief
er nach Haus schlich in sein Zimmer und legte sich zu Bett.

DAS FRÄULEIN UND DER BERÜHMTE

N 1   5

Das Fräulein und der berühmte

Morgen. sich genesen fühlen. den Geliebten überwunden. Die Ferne,
Vögel, Hund, Spiritusflamme. Sonne als Besitz. Die Stimme in sich
fühlen wie ein werdendes Geschöpf, ohne einen Laut zu singen. Die
gute Kammerfrau. Entschluss auszufahren: Blumenmarkt, begegnet   10
Hetzmeister. geht ins Concert. Cardinal Trautsohn. Die Fürstin Porgia.
sieht den alten erst, beim Warten auf den Wagen. in einem Gang.
schmierige Perrücke, er begrüsst. Zwei Weibsbilder bei ihm, Mutter
und Tochter; Mutter: Geh Pepi halt ihm den Mund zu, die Leut
sehen sich um.   15

se sentant mère d'une chose immortelle, elle comprend elle envie le
sort de cet homme qui a été plus que mère   dieu procréant   de mille
choses immortelles.

Begegnung   der Auerstier, viele Hunde und der Hund, der ihn solo
fangen wird, der berühmte Hund, der durch die Bewunderung der   20
Menge hervorgehoben und isoliert wird

N 2

Der Berühmte.

Die Genesene hat den so wunderbar vertieften gestärkten Blick, dass
sie das Elend dieses Greises beneidet   25

N 3

Frl u d Berühmte

er war nicht im Theater, steht draussen auf dem Naschmarkt, die   2
Weiber kaufen, er läuft ängstlich u ungeschickt wie ein junges Huhn

vor einem piaffierenden einspännigen Pferd, immer vor dem Pferd her,
vom Trottoir, wo er sicher gestanden war.

N 4

das Fräulein und der berühmte.

5 das Ungeheuere Aufthauen in der Früh: das liebende Anblicken der
Flamme und des von ihr geliebten Wassers

die Liebe zu der Fensterscheibe um ihrer Durchsichtigkeit willen.

N 5

das Fräulein und der berühmte

10 das grenzenlose Versprechen von Glück das in solchen Versen liegt,
in ihrer Leichtigkeit;

gerade die Leichtigkeit rührt sie unendlich, während sie früher
gewohnt war, nächtelang deutsche Bücher zu lesen, in ihren Wunden
zu wühlen: jetzt kommt ihr die Welt wie aus Edelstein vor

15 Aber hinter jenem Abgrund, aus dem das Lied an Gott gesungen,
liegen also noch unerhörtere Abgründe. nach diesem Lied wird die
Büste bekränzt

N 6

Das Mädchen und der Berühmte

20 Die Reihe der Offenbarungen fängt damit an, dass sie im Bett eine
ungewohnte Stellung annimmt, auf die Hände gestützt und auf einmal
ein durchdringendes Gefühl ihres Selbst gewinnt.

nachher im Garten, noch vor Sonnenaufgang, hat sie eine unglaublich präcise Vision der Existenz ihres Liebhabers, sieht ihn mit einer
25 Frau (er kehrt ihr halb den Rücken) diese Vision geht unter Zucken
ihres Auges in einen durchsichtigen Trichter auf   ähnliche Visionen
hat sie noch an verschiedenen Stellen des Gartens   so sieht sie ihren
Vater, ein fremdes Mädchen fast anbetend   wie es heller wird vergehen die Visionen

30 Dann der Aufgang der lebendigen Sonne, so ergreifend, dass sie
laut zu beten anfängt (den Blick emporgedreht auf die Heerde vor der
Sonne hergewehter kleiner Wolken die zwischen Welt und Himmel

dahineilen, dahinter ein blassrother Strahlenkegel, wie unter dem
Tempelvorhang hervor)

Wie sie den Kopf aus der Sphäre des entrückten Gebetes herab-
senkt, ist die Sonne schon blendend über dem Horizont: den Augenblick, das Unnennbare, Eigentliche, hat sie versäumt und doch erlebt   5

DIE HOCHZEITSNACHT

N 1

Hochzeitsnacht.

die Hochzeit in einer kleinen Kirche in Bologna. Dann Eisenbahnfahrt
wobei ein kleines Mädchen sich an die junge Frau anschliesst. Diese   10
ist sehr schön. Sie sind verwandte, seit der Kinderzeit miteinander
vertraut. Egoistischer Gedanke Heinrich's: in den ersten Tagen dem
alten Freund auf dem Landhaus auszuweichen. Seine Gedanken während der Eisenbahnfahrt (sie schläft beim offenen Fenster, draussen
wechselnd leiser Juniregen und Abendsonne): nie ist man ganz wach;   15
immer werden die Gedanken weggezerrt von etwas anderm aufge-
sogen; denkt an alte Diener, an Verwandte; nie wird man einer Sache
gerecht, nicht dem Feuer damals, nicht jenem Morgen mit Bubi, nicht
jenem Aufenthalt in Florenz bei Geyger; nicht einmal jenem Feind
Geyger: wann kommen sie alle das schuldige fordern???   20

Im Hof des Landhauses wie er nach dem Gepäck sehen geht, sie schon
oben ist: dass er sie wirklich besitzen wird. Dieses »wirklich« so
stark, dass ihn schwindelt und er sich einen Augenblick anhalten muss.
1/2 9 abends ist das, im Juni.

der Kranke, anscheinend sterbende wird seinem Leben gerecht: er   25
klammert sich an Heinrich, sagt: O jene Frau wiedersehen, ihr abbit-
ten, ihr genugthuen; der Kranke stirbt nicht: der schwere Krampf
löst sich, er wird zum Greis.

erst Hälfte der Eisenbahnfahrt, bis diese Gedankenreihe plötzlich
abbricht: die egoistisch fordernde Conception die er sich von der   30
Hochzeitsnacht macht, von jeder Bewegung Christianes, von ihrem

Tausendfachen Sich-hingeben, von dem Mitspielen der ganzen Natur
zur Verschönerung dieses Festes

das ganz andere was das Leben draus macht: wie es ein wirklich
grosses Fest der Seele draus macht. Er besitzt sie den nächsten Morgen
im Freien

N 2

Hochzeitsnacht

Das Schloss ist nahe Salzburg. die Hochzeit in Mondsee, Wrede. der
auf dem Schloss zurückgezogen lebende ist ein besitzloser naher
Freund des verstorbenen Vaters; er ist mit den Schicksalen des Vaters
viel verknüpft; egoistischer Gedanke: er wird uns stören. Sich ein-
drängender störender Gedanke: eigentlich bin ich, wie den meisten
Dingen, auch dieser Gestalt niemals gerecht geworden. Wieviel ver-
danke ich ihm eigentlich in der Zeit zwischen 15tem und 17tem Jahr.
Wenn er gerade heute Nacht käme, das ihm gebührende an Dank und
Theilnahme einzufordern. Sonderbarer Gedanke, schwer zu ver-
scheuchen. im Eisenbahnwagon.

Abendspaziergang im Park. Gedanke zu bauen, zu verändern. Aus-
sicht auf erleuchtete Bauernhäuser. Überquellende Dankbarkeit gegen
die Bildner seiner Jugend die ihn in Stand gesetzt haben, so alle Formen der Natur zu geniessen: erhabenen Gebirgsrand Weiher mit
Wasserkäfern Grillenlaut, Bauernfenster – und diese Frau. Lebhaft
anticipierte Stunde des ersten Besitzes der Inhalt seines fortwährenden
Denkens (und dies: was geht in ihr vor, da sie sich so ruhig an mich
lehnt, ruhig auf den Stufen sitzt, sich um eine einzelne Rose beküm-
mert?) während ein künstliches, schauspielerisches Oberbewusstsein
mit um so feinerer, weil künstlicher Erregtheit das mondbeglänzte
Thal seines Lebens übersieht

N 3

Gedanken zu der Novelle »die Hochzeitsnacht«

Landbesitz, Gehöft und Acker, Weide, Wald; oder ein podere, Herren-
haus, Nutzgarten, Weingarten: das bildet eine schöne lebendige Einheit, wo eins das andre nährt, eins dem andern nützt wie im Gewebe
eines Organismus. Der Thurm überschaut, die Uhr regelt, der Bach
spült bewässert, belebt;

Man muss solchen Anlagen gerecht werden: von der Eisenbahn übersieht man so viele; ererbte Stücke, mit Gewölben, Schneckenstiegen,
unterhöhlten Mauern; festere Jagdhäuser; Phantasien eines großen
Herrn wie das Monatschlössel; Sägemühlen; Mautwirtshäuser; Klö-
ster, mit Prätension der Wirkung ins große; ganz kleine Häuser von   5
Hegern und kl⟨einen⟩ Bauern: Küche, Schlafraum, Stube der Alten,

in ihrer unmittelbaren Nähe erstickt ein Schamgefühl die Phantasien
des Verlangens: da sieht er sie als Mutter, mit ihrem Sohn einem Bettler begegnend; als Hausfrau ganz fremde Ankömmlinge bewirthend,
eine Frucht anbietend; er denkt: Gästen muss man vor dem Schlafen-   10
gehen ein gutes Buch mitgeben: so bin ich im Haus ihrer Eltern mit
einem schönen Buch zu Bett gegangen, zu einem heiteren Tag, zu
Spiel, Bad, Früchten, süßem Wein, Geselligkeit, Vertraulichkeit,
Sommerabend und Sternenanblick erwacht.

Wie gehetzt war alles bisher im Leben! wie formlos! wie schön wäre   15
es, eine neue merkwürdige Erscheinung in seinem Hause, als Gast, in
ruhigen Sommertagen kennen zu lernen.

N 4

»reif sein ist alles«

zu Bedenken für die Hochzeitsnacht   20

dass die Auflösung jedes Menschen individuell ist wie sein leben: dem
Sterbenden einen schönen, muthigen, beinahe trockenen Tod geben.

DIE FREUNDIN DER LIEBE

N 1

die Freundinnen. spanische Anecdote aus Stendhal, von dem unter   25
dem Bett der todtkranken Freundin versteckten Liebhaber der andern. Die Psychologie der Kranken: sie hat das tückische Scheitern
der Hoffnungen gesehen, das empörende Nicht-zustande-kommen.
Sie sieht mit fieberhafter Lucidität in den beiden Liebenden die Reali-
sation alles dessen was sie versäumt hat. »Eines Tages besprach Frau 30
Iñes mit ihrer Freundin, wie sie ihr behilflich sein wollte. Das Ge-

spräch regte sie auf, sie befeuerte selbst die Verträumte, der resigna-
tion geneigte Liebende und setzte ihr – sie die nie zu etwas gekommen
war – die Vorzüge des wirklichen Erlebnisses auseinander. Sie zitterte
beim Nachhausegehen und schob dies dem erregten Gespräch zu. Am
andern Morgen konnte sie nicht mehr aufstehn und liess den jungen
Mann an ihr Bett rufen . . .«   nach der Nacht wo der Gatte
mitkommt (heldenmüthige Details im Benehmen der Kranken)
wird in der Früh die Liebende ohnmächtig. Die Kranke ist eine Frau
die gar nichts auf der Welt hat und eine der Liebe sehr fähige Seele.

N 2

Die Freundinnen.

Die »Heilige« ist an der magischen Grenze, wo man ahnt dass die Gedanken in Wirklichkeit überspringen können. Sie wünscht einen
Feuerschein um den Eifersüchtigen nach seiner Villa zu locken und
sieht schon Schein auf den Gläsern, hört schon Glocken

bei einem Krankenbesuch sagt die Liebende: ich kann keinen Para-
vent ansehen, ohne zu denken: hier könnte ich ihn mir verbergen

N 3

die Freundinnen. (Legende.)
zum Schluss in der heiligen Kupplerin geradezu ein Mirakel

DER VERFÜHRER

N 1

der Verführer

er steht zu dem Bruder der Verführten so wie ich zu Bubi. ist ein
Abbé. ein Morgen wie der schöne Nebelmorgen in Aussee, wo er aus
dem Schlafzimmer der Schwester kommt (in einem Lambergischen
Schloss in Steiermark) und dann mit dem Bruder spazierengeht.
Abende und Nächte in Venedig. Er bringt die Schwester in einem
Kloster unter, sucht dem jungen Menschen eine Courtisane, die seine
Aufmerksamkeit ganz fesseln muss.

er (der Abbé) kommt von diesen beiden nicht los. Jahrelang, es
interessiert ihn niemand anderer

ringsherum (die Verwandten, Bekannten) eine Atmosphäre wie in den
liaisons dangereuses, für ihn reizlos.

der Abbé: er hat die Fähigkeit unglaublicher Combination, Zähigkeit,   5
Energie um z. B. die Schlafzimmer von Bruder und Schwester in Venedig zu trennen und die Schwester, mit Connivenz einer Oberin, in
dem Laientract eines Klosters unterzubringen

N 2

der Verführer II.   10

nach einiger Zeit, die Schwester dem Verführer ganz hingegeben, lebt
mit ihm. Der Abbé erkaltet. Der Bruder wird geholt – war entfremdet,
begreift eigentlich, zwingt sich in seinen Briefen, bei Geldsendungen,
zu einer gewissen Härte, kommt. findet die Schwester entstellt – in
Wien bei einer blödsinnigen, weltlichen Tante –. Diese bittet ihn nur   15
um eines. Mit ihr den Abbé aufsuchen. Dieser cynisch.

III.

Bruder und Schwester gehen in Paris dem Abbé nach. Einmal begegnen sie ihm mit einem jungen Mädchen

N 3   20

der Verführer.

Georg 20
Marie Thérèse 17

Morgen in Venedig. er geht herum in der Todesangst dass Georg mit
einem gewissen kalten Blitz der blauen Augen ihn untern Arm neh-   25
men und so anfangen wird: mein lieber Abbé, ich habe Dinge bemerkt über die ich nicht sprechen will die aber ihr Ende finden müssen – – der triumphierende Augenblick wo er sich klar wird, dass eine
solche Haltung eine solche Sprache Georgs gegen ihn nicht mehr
möglich ist, einfach ins Gebiet der Träumerei gehört; weil Georg   30
zusehr in ihn verfangen ist, ihm zu nah ist, zu viel Ehrfurcht vor ihm
hat. Es bildet – unbewusst – einen Theil von Georgs Bewunderung,
dass er ihn Frauen so überlegen so auf sie eingehend und dabei ihrer

so unbedürftig sieht. Er wagt einmal zu sagen: »hätte ich Maitressen, so wäre eine solche und solche« und beschreibt genau Marie Theresens Wesen (die ihm zugekehrte leidenschaftliche Seite davon) dem Bruder: sich von diesem dabei zart beneidet zu fühlen, ist vielleicht sein schönster Moment.

N 4

der Verführer

die 2te junge Geliebte des Abbés wird am Wagenschlag einen Augenblick bemerkt, wie sie streng und hochmüthig gegen einen Lakaien, dann aufgelöst in Demuth gegen den hinzutretenden Abbé ist.

N 5

der Verführer

Brand bei der Courtisane   eine Violine schwimmt, duftendes Öl fängt Feuer. brennende Kleider, Blumen, Silbergeschirr wird vom Balcon geworfen.

N 6

der Verführer III.

Details.

der Nebelmorgen in Steiermark: der Abbé gleichzeitig aufrichtig von den interessantesten Dingen sprechend (der junge Graf hat im Anfang doch die Art, ihn nur als die beste Zerstreuung gelten zu lassen; ein Wort dieser Art verletzt die Schwester gleich sehr) und gleichzeitig auf dem Gesicht des andern die Spur suchend, ob er ihn gehört hat. Seine Intriguen, um ein ihm verdächtiges Dienstmädchen wegzubringen.

N 7

der Verführer: sein Hochmuth geht auf den Besitz einer ganzen geistigen Herrschaft und Landschaft aus.

seine zweite Etappe ist eine rein geistige (die Zeit in Wien wo er Marie-Therese verlässt) ein Fieber der Arbeit und des Erkennens.

EIN FRÜHLING IN VENEDIG

N 1

Fortsetzung des Gartens der Erkenntniss. ein Frühling in Venedig.
Genesung in Venedig, sinnliche Schärfe der Eindrücke: Geruch der
Luft, Geruch der Entfernung. grosse Apotheose. der Dichter. der
Arzt. Atmosphäre jedes Menschen. Auf einmal in der Nacht: erschrockenes Erkennen, dass er dem Leben verfalle verfangen (nach
dem Anblick einiger Kranker) geht in der Nacht durchs Hôtel: Begegnungen auf der Treppe. Kehrt vor dem Zimmer seiner Mutter um.
Auseinandersetzungen mit der Mutter. hart. fordernd. verzweifelt.
versinken in schwarze eisige Abgründe: unheimliche Wertbestimmun-
gen. die andern reisen ab. er bleibt. die neuen Gäste. Fechtlehrer.

Erwachen. Parfum und Schritt seiner Mutter im Nebenzimmer. ein
Fenster gegenüber: tief ins Dunkle Zimmer sich aufthuend: Mrs. Kittinger dort mit einem Hund, zwischen Blumen.

mit jedem Abreisenden eine Verabredung, die ihm jetzt sehr wertlos
vorkommt. (woran aber eine weitere Fortsetzung zu knüpfen)

N 2

Fortsetzung des Gartens der Erkenntnis. = ein Frühling in Venedig

Überschriften: 1.) Mensch werde wesentlich
                2.) Cherub und hoher Herr
                3.) = die Treue ist alles. = nicht verlieren von Bezie-
hungen zu Menschen und Dingen, erkannte Beziehung, geliebte Landschaft, geliebtes Spiel immer wieder angehen.

in Venedig: ein verfallender Baudelaire. Aber der hat wenigstens
gelebt!

ein Zustand des Erwin der Welt gegenüber: Epoche monumentalen
Spleens und Baudelaire cloche fêlée hier eine Bemerkung zu
machen dass das Grundprincip des Lebens in ihm das
Künstlerische ist; die Fähigkeit Schönheit und Leben
zu erkennen.
    Désormais tu n'es plus o matière vivante
    qu'un granit entouré d'une vague épouvante

N 3

ein Frühling in Venedig.

eine Nacht: wo Erwin mit furchtbarem Grauen und Staunen sich in
die Höhe reckt: was bin ich?

5 Adelina und ihre Mutter. Man erfährt dass sie Jüdinnen sind. Adelina
fast ohne Bewegungen zu charakterisieren. Erwin sieht einmal wie
Philipp seine Hand auf die Hand Adelinas legt.

Die Mutter früher Tänzerin. sie will hier ein Haus kaufen. ist auch zu
Philipp nicht ohne Beziehung.

10 Der Schweizer, seine Frau Elisabeth (Lili)

Erwin hört ein Gespräch zwischen Elisabeth und Philipp auf einem
Balcon (in der Nacht auf dem Weg zum Zimmer seiner Mutter)

sie ist in dem Gespräch voll Reife und Einsicht über die Unabänderlich-
keit des individuellen Schicksals. Philipp versteht sie kaum. (Sie ist
15 eine Gestalt die in reifere Sphären, in den nächsten Theil dieser Ent-
wicklungsgeschichte hinüberweist)

Erwin und Philipp: Erwin wusste manchmal, dass er log und doch
hatte es nichts gemeines, es war etwas dahinter verborgen, was wieder
Wahrheit war

20 Schnitzler 42 Jahre alt

N 4

ein Frühling in Venedig.

die Tage vor dem Abschied.
wie Philipp sich seinen Abschied macht: mit Adelinas Mutter Verab-
25 redung noch zu bleiben   mit den Freunden: Resumé. das ganze
als flüchtig-bleibend zugleich anzusehen, nicht als definitiv, doch als
unverlierbar   mit Lili (eigentlich falsch, indem er sein Hierbleiben
verschweigt)

Erwin bleibt allein: eine Nacht wo er zur Contessa geht, sich ein roth-
30 haarig Mädchen verschaffen zu lassen. Auf dem Weg hin kommt er
drauf dass es nur eine Art Versuch war, sich in Georg⟨s⟩ Wesen ein-
zuwühlen. Er fährt, das Mädchen auf seinem Schoos, einen Sänger

und Spielleute mit, durch die finstersten Canäle und lockt Gestalten
hervor. Ihm graut vor sich selber. eine Impotenz, die sich auf sein
Ganzes bezieht.

Nachtfest im Juni: bald darauf der Selbstmord des Menschen, der
seine Papiere gestohlen hat.   5

Adelina: so wenig bewegt zu charakt⟨erisieren⟩ wie Mad de Rênal:
Die Krankheit bei der sie dem Arzt ihre Brust nicht zeigen will.

Erwin findet in Philipps Zimmer einen langen Brief von Lili

in der Nacht: Edgar sich zu Adelinas Mutter schleichend. Philipp auf
dem Balcon bei Lili. Georg mit der Amerikanerin nachhauskommend.   10
Clemens Heinrich eifersüchtig.

N 5

Frühling in Venedig stellt dar, wie Erwin, sobald der Begriff der sogenannten Wirklichkeit sich erschreckend neben sein Bett gestellt hat
mit aufgesperrten Augen (es sind die offenen Fenster des Vis à Vis   15
Hauses), diesem Begriff und seinen wüthenden Forderungen nicht
mehr entgehen kann, für sich keine physische Existenzmöglichkeit
mehr erkennt und zu Grund geht, weil er nichts »einstweilen« sondern alles erst auf Grund des Fundamentes thuen will.

N 6   20

Erwins Grundstimmung: Misstraun gegen die Sinnlichkeit, wahn-
sinniges Bestreben zuerst alles zum Cortège seiner Person zu machen,
was eine Anticipation des Thuens ist: und zwar der Apotheose des
Gethan-habens; am unscheinbaren Anfang des Thuens geht er vorbei
in andern Stunden, alles begrifflich zu beherrschen   25

N 7

Frühling in Venedig.

ein immer heftigeres Bestreben, das seinige zu retten, zu fördern /
in den andern nur belehrende Spiegelbilder zu sehen / »was sind sie
mir weiter« / immer starres Sich-anschauen   30

ringsum giebt es Seelen die ausgehen wie Talglichter

Si autem quaesiveris te ipsum / invenies te ipsum / sed ad perniciem
tuam. –

DAS MÄRCHEN VON DER
VERSCHLEIERTEN FRAU

N 1

Märchen.

verlässt seine Frau. diese sieht sein Fortgehen. Thut darum die Augen
auf, sieht gleichen Mond, sieht dass es wirklich war.

sein zurückkommen: durch den Brunnen, in sein Schlafzimmer: mit
verwandelten Augen: bei erster Hahnenkrat, vor Sonnenaufgang
Blumen in der Morgenluft sich wiegend. in der letzten Zeit hat er
gefühlt ganz nahe der verschleierten Königin zu sein, die in ihrem
Leib das Leben trägt. Die Frühluft, trächtige Sterne

N 4

Geheimnis, ahnt er ist Element des Daseins. Geheimnisvolle Vorzeichen, Ahnungen waren es!

Stunden verrinnen so: da kommen Schritte. Hyacinth sagt einer mir
scheint der schläft, oder er redet mit einem Venediger.

bei di⟨esem⟩ g⟨eheimnisvollen⟩ Nam⟨en⟩ war dem Bergmann als
entzündete sich eine Lampe

Der letzte Nachmittag: riesiges Plateau.

im Brunnenschacht langes Hinabklettern, dann plötzlich sich umdrehen müssen: dann hinauf

N 5

die Wanderung. (er konnte nie erfahren wie lang er ausgewesen war).
sobald er bemerkt hat, dass es keine Erinnerungen sondern Vorausspiegelungen sind, sagt er sich: es muss Zusammenhang drin sein. Es
ist ein tiefes Müssen, das mich die verschleierte Frau suchen heisst. Ich

muss jetzt auf alle Zeichen recht achten. Der jetzt hungert und schlecht
liegt, der ist's ja gar nicht. (= der bin nicht ich.) Ich bin ja der, der
hinüber gehört. Einmal, einen Fluss übersetzend, spürt er deutlich:
nun trägt's mich ihr entgegen und ist wieder sehr froh. Er wird gekreuzigt (etwas ähnliches) und fühlt: das ist nur hinübergehoben wer-   5
den. Noch auf dem Galgen, fängt er schon an, jenseits zu leben. Er
kommt zum Dorf der Zwerge: sagt sich: jetzt muss ich zu denen in
die richtige Lage kommen, die mich »hinein« bringt (wie: jetzt muss
ich nur den Griff finden, der die Thür auf macht) und kommt gleich
in die Lage, einem mit Stein erschlagenen beizuspringen und dafür als   10
Mörder erwischt zu werden; gelangt dadurch in halbverfallene Kirche,
wo ein Mosaik ihn sehr tröstet und ihm zeigt, dass er auf rechtem
Weg ist. In einem Korb ertränkt, macht ihn ein im Schilf spielendes
Kindlein los. (sein eigenes, das er nachher geboren, auf seiner Frau
Brust schlafen findet)   15

N 6

Thiere besuchen ihn im Gefängniss (Unke, kl⟨eine⟩ Eule, Spinne):
da er sie sehr liebgewinnt, zweifelt er nicht, dass sie von der Königin
gesandt sind. ihre Augen erscheinen ihm mitwissend. für die Spinne
singt er   Liebe ist (so ahnt er unbewusst) das Medium, in welchem   20
die verschleierte Frau und die ihr gehören, schwimmt. eine Spinnerin
auf dem Weg erscheint ihm sehr begehrenswerth; ihr zuzusehen sehr
wünschenswerth; ihm ist als spänne sie ihre Fäden aus seinem Leib,
mit unbeschreiblichem Entzücken sieht er dem Faden zu. Nachher ist
sie hässlich, schwere Züge, Raben und Kröten dienen ihr.   25

N 7

Anfang: er hat am Besitz gehangen: Ohrringe der Frau, Korallen,
Muschel. schöne Wachslichter. (alles wirft keinen Schatten, kein Licht)

ein idyllisches Stadium: Kohlhäupter   ein klagender Vogel bei dem
Bauern für den die Zwerge arbeiten und immer Säcke bringen   30

»das Weib gieng mit langsamem Schritt, denn der Korb drückte sie
aufs Haupt«

Begegnung: ein schöner Fremdling mit einem Hund, geht über eine
Brücke.

auf einem See, den er mit schweigsamem Fährmann gegen Abend
übersetzt, der gebundene Bacchos

hier zergehen die Planken seines Bootes und der See wird Smaragd

Übergang: sucht hier zu helfen, vielleicht kann euch auch mitgeholfen
werden.

tritt in ein Zimmer wo eine Familie düstere Reisevorbereitungen trifft
Haus der Abschiede

N 8

ein Springbrunnen und endlich sich noch höher schwingen⟨d⟩ ein
Vogel fangen den letzten Schein der untergegangenen Sonne auf

zur Spinnerin: Gott tröste Euch

Anfang: die Wangen der Frau geheimnisslos
Schluss: auf ihren Wangen weicht der Schleier des Schlafes dem
Schreck, der Schreck dem Glanz

der Park: in welchem die Schwestern, die Brüder das redende Wasser
und der singende Baum sind; bereiten sich auch zur Pilgerfahrt vor

Rückkunft: in einem Spiegel sieht er die im Bett liegende Frau, im
ersten Sonnenstrahl, erkennt sie aber nicht. auf ihrer Brust bewegt
sich lebendiges Geschmeide

ich wusste es: sagte die Frau: die Nelken flammten, und noch 2
Zeichen die Grosse las es in den Sternen (sah den Schwan)
in seinem Munde bildet sich das Wort: Du

N 9

eine Lehre: alles kann zu allem werden: die einzelnen Perlen der
Schnur. Die Schlechten zerfallen, die Guten verwandeln sich.

eine Lehre: Liebe überwindet die Zeit

eine Lehre Die Ökonomie des ganzen: Feuer das irgendwo consu-
miert wird muss sich von anderswo ersetzen. Alle haben mancherlei;
was sie haben scheint dem Wanderer eine Zauberharmonie: was ihnen
fehlt, erwähnen sie und es scheint ihm nur eine weitere Zierde ihres
Mundes, dass sie diese Sehnsucht äussern

aus seinen Perlen, die er neben dem Spiegel gefunden hat, wird immer, was die eben durchwanderte Atmosphäre verlangt

die Zwerge haben das Feuer: in Thieren, in Stämmen, in Säcken verborgen

auf dem letzten Gefilde: der Einsiedler. seither viele Stimmen in der 5
Luft. diese bleiben auch in der Rückkunft hängend alle nach einem Wort verlangend: er wirft die Perlen in die Luft, da kommt ihm das Wort in die Kehle

N 10

Rückkunft: vor dem Emporsteigen, ausruhen in einer dämmernden 10
Grotte: dann steige noch ein paar Stufen: sieh in Spiegel

der Spiegel hat zwei Flügel von Purpurfinsterniss

hier ein unendliches Behagen: Vorgenuss, er ist einen Augenblick lang ein kleines Kind, pflückt Frucht, hebt sich damit aufwärts. Diese Frucht hat er noch in der Hand wie er nachhaus kommt, die Grössere 15
nimmt sie ihm   es sind Trauben.

N 11

b.) Die Insel der Wiedergeburt. sie entsteht durch Erweiterung des
   Baumes an dessen Wipfeln er mit einigen Thieren haftet. sie erweitert sich schnell   treibt wie ein Schiff, bevölkert sich, blüht und 20
   grünt. Ist voll Laubengängen, Liebesglück, seligem Himmel. Er
   schweift in ihr herum wie in einem Brautgemach, ist sicher sie hier
   zu finden, dringt endlich bei Mondaufgang in die duftende (nach
   Leben duftende) Grotte ein und steigt tiefer und tiefer hinab. nach
   dem Umdrehen (das er einem Schwindel zuschreibt) wobei er mit 25
   den Händen hingreifen muss wo früher Füsse waren, glaubt er
   wieder zur Insel zurückzukommen

a. der Sturm entsteht durch Liebesvision des Eremiten. er entfesselt
   Ströme, Erdgewalten und Luftreiche.
   Weissagung   Du musst den redenden Baum finden, ehe die 30
   Sonne verschwindet. er spricht während des Sturmes mit dem
   Baum voll unendlichen Vertrauens.

N 12

2. Müllers Tochter und der Vogel mit klagenden Augen. Der alte Müller sie haben jemanden erschlagen. ein Fussknöchel liegt im Mühlbach sie hat schon Geliebten als Freund (der Todte und der Vogel) Die Zwerge.   zuerst an den Palast Der Palast. Die beiden gelähmten. unten Stein. Die Tänzerin, die als Flamme hinsinkt. Andeutung wie die beiden gelähmt worden sind: Die haben auch schon ihr geschlossenes Schicksal

1. Nachdem ihn das Kind aus der Truhe befreit hat (das Kind ist gleich in der Höhle verschwunden) Gewimmel von freundlichen Thieren, dann die Spinnerin, dann der Eremit

1. u 2. sind 2 Gruppen die Liebe Leid Verschuldung Schicksal in sich tragen. Müllers Tochter sagt: er hat so gierige Augen schick ihn doch zu den Zwergen. Die haben das Feuer das alles aufschmelzen könnte. nach der Rettung Wanderung: einsame Spinnerin, zu deren Füßen auf der riesigen Halde er sich hinlegen möchte: er findet nach niedrigem und verlangendem Anschauen fremder Schicksale, nachdem man auch das reine schlackenlose Feuer nicht erlangen kann, einen mystischen Gewinn, einem Schicksal nachzuschauen: ein-Wesen ist's woran wir uns erfreuen einzeln-existenz ist alles. Er weiß nicht wieviel Zeit da vergeht. Endlich sagt er: helf Euch Gott. Da wird sie ein Schwan. er schreitet weiter findet Eremiten

N 13

Architecturgedanke der Wanderung.

es wird erst gegen Ende ein Aufbau ahnungsweise erkennbar: dass jenes nicht hätte eintreten können, ohne auf jenes frühere gebaut zu sein. Grundvesten werden im letzten Augenblick im nachhinein erkannt

der Wirbelsturm treibt den Baum in dem er hängt an den verschiedenen früher berührten Behausungen vorbei.

H

Das Märchen von der verschleierten Frau.

Die junge Frau des Bergmannes trat ans Fenster der hinteren Stube,
um zu sehen ob die Sonne bald an den Rand des Berges sinken werde.
Die Sonne stand aber noch hoch, die Nelken auf dem Fensterbrett   5
warfen ganz kurze Schatten und von unten rauschte der Bach eine
merkliche Kühle herauf. Obwohl die Frau wusste, dass ihr Mann noch
lange nicht von der Schicht heim kommen konnte, blieb sie doch am
Fenster stehen und spähte durch die dämmernden Laubkronen hinüber
auf ein paar gelbrothe Flecke zwischen dem Grün: das war der Wald-   10
weg. Plötzlich aber musste sie zurücktreten und sich mit beiden Händen an der Tischkante festhalten: der kleine wohlbekannte Abgrund
vor dem Fenster, in dessen Tiefstem der kleine Sturzbach hintoste und
über dessen ganzen grünen Abhang der verkrümmte Zweig eines
Apfelbaums hinabgriff, verursachte ihr Schwindel. Sie heftete ihre   15
ängstlichen Augen auf ihr dreijähriges Mädchen, das auf dem Fuß-
boden spielte. Das Kind sah lächelnd zu ihr auf, zugleich fühlte die
Mutter, wie das warme Blut ihrem Herzen wieder zuströmte. Sogleich
nahm das Gesicht der jungen Frau einen hellen verklärten Ausdruck
an: denn sie wusste dass sie ein zweites Kind unter dem Herzen trug   20
und da sie dieses neue Leben nur erst ahnte und seine Regungen noch
nicht fühlen konnte, so nahm sie diese ängstlichen Bewegungen ihres
Blutes für eine Bürgschaft seines bewusstlosen Werdens. Sie nahm das
Kind, das sie für sich schon »die Große« nannte, bei der Hand und
gieng aus der Stube. Als sie aber die Thür hinter sich zuschloss und   25
nun auf der dämmrigen Dachtreppe stand, befiel sie ein neues Gefühl
von noch viel heftigerer Bangigkeit: ihr war als hätte sie, da sie die
Thür zudrückte, den Deckel über einem Sarge zugedrückt; als wäre
mit dem hellen Zimmer das ganze Glück ihres Lebens für immer hinter
ihr versunken. Ihre Füße waren wie mit Blei gefüllt und als sie hin-   30
unterkam, musste sie sich auf den Steinrand des Brunnens setzen und
ihre Schläfen pochten. Das Kind ließ sich gleich an der Mauer des
Hauses nieder und fieng an, mit einem alten verbogenen Zinnlöffel
ein Mausloch aufzugraben. Es fragte was; die Mutter gab ihm aber
keine Antwort: sie hatte den Kopf gewandt und ihr Blick hatte sich   35
in die dunkle Tiefe des Brunnenschachtes verfangen. Sie sah den
finstern Abgrund und sah etwas Lebendes, ihr unendlich Theueres
hinabstürzen; sie konnte sich nicht regen, nicht schreien und musste

mit gelähmten Knien, mit starrem Aug geschehen lassen, was geschah. Auf einmal gab eine schnell um sich greifende innere Deutlichkeit ihr zu erkennen, dass es nicht ein gegenwärtiges sondern ein zukünftiges Leid war, dessen Schatten über sie sank wie ein Schleier von Blei. Ihre linke Hand presste sich gegen ihren Leib: denn ihr war, als fühlte sie dem Leben, das da innen keimte, ein fürchterliches unnennbares Schicksal zubereitet. Allmählich hob sich der Knoten der Angst aus ihr, schien sich zu lösen und sich ringsum, ringsum zu vertheilen. Licht und Dunkel, Berg und Bach und Luft schien eine einzige lauernde Gefahr, aber nicht für sie, sondern für das Wesen, das aus ihr geboren werden sollte. In ihrer beklommenen Finsternis glühte das neue Muttergefühl stärker und stärker durch, allmählich wich der Krampf, in einem röthlichen Dunst stand das Kind vor ihr und zupfte sie am Kleid. Die Sonne war längst hinab, alles stand in kühler Dämmerung, das Kind weinte stark und zog an der Hand, die sie noch immer an den Leib gepresst hielt. Sie war vier Stunden so gesessen. Sie stand auf und schüttelte das Ängstliche aus den schlaftrunknen Gliedern. Eine feuerfarbene gefüllte Nelke bog sich aus der dunkelnden Schlafstube ihr entgegen, wie ein Lebendiges. Die junge Frau sagte in sich: »Ich darf nicht traurig sein, solang ich es in mir trage, das ist ihm schlecht,« und sie hob die Arme über sich und langte nach der Nelke, sog ihren farbigen Glanz und ihren Duft in sich und sang etwas halblaut, das ihr aus einem alten Gesangbuch geblieben war:

> Ihr Nägelein, so zeigt Euch an!
> Ihr blüht und glüht, doch ist's ein Kleid:
> ist um die Zeit, kommt Ewigkeit,
> wird alle Creatur befreit,
> zeigt Euch mir an, was wär't Ihr dann?

Sie sang nur um zu singen und ihr Herz achtete nicht auf den Sinn sondern dachte, dem Mann entgegenzugehn ihn zu küssen und ihm die geheimen Ängstigungen völlig zu verschweigen und zu verbergen. Indem sah sie jenseits des Baches einen zwischen den Büschen hervortreten und den Abhang herunterklimmen, wie einer der den Übergang sucht. Er war gekleidet wie ein Bergknappe aber fremdartig und ganz in einem gleichförmigen dunklen Stoff. Unter der Mütze fiel links und rechts schlichtes braunes Haar in Strähnen herab und umrahmte das blasse junge Gesicht. Mit der linken hielt er sich an einem Zweig und sah herüber auf die junge Frau. Seine Lippen, konnte sie erkennen,

waren dünn wie einander berührende Messerrücken. Es schien, als
brächte er eine Botschaft und keine gute. Er schwang sich an dem
Zweig nach rechts hinüber; die Frau gieng vor, um die Ecke des
Hauses; als sie aber an den Zaun trat und sich vorbeugte, war der
Fremde verschwunden und den Bach hinauf und hinab rührte sich   5
kein Zweig, als die ins Wasser hiengen und vom Wirbel ruckweise hin
und her gerissen wurden. Es ängstete sie, in der Dämmerung mit den
tosenden schreienden Wasserstimmen allein zu sein; sie nahm das
Kind, gieng in die Küche, zündete ein Licht an und setzte es auf den
Herd, noch ein zweites und setzte es in das kleine vergitterte Fenster;   10
dann fieng sie an, Kartoffel zu schälen und das Kind freute sich, wie
davon ein Schatten an der Mauer herunterlief wie ein gewundenes
Band.

Indessen gieng ihr Mann die Straße herunter, die von der Tagesöff-
nung des Bergwerks zum Dorf hinabführte. Er gieng bald auf der   15
rechten, bald auf der linken Seite der Straße, wie einer der in tiefes
Denken verloren ist. Auf der alten Steinbrücke über dem dunklen
Wassersturz blieb er stehen und strich mit einem erwartungsvollen
Blick die Felswand empor bis in die mächtigen drängenden Wolken
die droben noch im Lichte giengen; und blickte dann mit noch erreg-   20
terer Erwartung in den feuchten rauschenden Abgrund hinab als
müsste sich da, und müsste sich im Augenblick in lautlosen Angeln
eine geheime Thür ihm aufthun ins Innere. Denn er wusste: nun war
die Zeit da. Es waren Zeichen über Zeichen gewesen, vorher, die
hatten bedeutet: nun kommt die Zeit heran. Diese Zeichen hatte er   25
lange nicht verstanden; ihn dünkten sie unscheinbar, obwohl sie
wundervoll waren; und obwohl sie Vorzeichen waren, nahm er sie für
Erinnerungen. Er nahm sie zu allermeist für vereinzelte grundlose und
süße Erinnerungen aus unbestimmten früheren Zeiten seines Lebens.
Es geschah ihm, dass er ein unbeschreibliches Wohlgefühl davon hatte,   30
sich mit der linken Hand an die Bergwand zu stützen; oder dass er,
wenn die feuchte Kühle des finstern Geklüfts ihn umschlug, die Augen
schloss, und sich ganz in sich selber einwühlend für einen Augenblick
in der vollkommenen süßen Unschuld der Kinderzeit zu athmen glaubte. Manchmal kam es ihn so stark an, dass er eine zeitlang jeden Ham-   35
merschlag, den er im Gestein, und dann wieder jeden Schritt, den er
im Freien that traumweis im Reich der Erinnerung zu thun vermeinte.
Und als er eines Tages in solcher Verfassung pochte, stand hinter ihm
im Schein der Grubenlampe ein junger fremder Bergmann mit lang-

strähnigem braunem Haar, der ihm lange zusah dann mit dünnen
Lippen zu reden anfieng und ohne den Gruß »Glück auf« ihn vielerlei
fragte. »Wer seid denn ihr?« fragte er selber den Fremden. »Das kann
euch gleich sein,« antwortete der Fremde schnell, »ich bin einmal da
und will euch zu eurem Glück verhelfen.« »Ich will aber wohl erst
wissen, wer und woher ihr seid« sagte er noch einmal. Der Fremde
zuckte ungeduldig, trat ganz nahe heran und beugte sich über den
der im Gestein saß. »Ich will mich ausweisen,« sagte er, »dass wir
recht wohlbekannt sind. Hast du dich heute bei der stillen Arbeit
wieder stark erinnern müssen?« »Ja« sagte der andere halb unwillkürlich. »Und hast dich leicht gefragt: Wo thu ich diesen Hammer-
schlag? thu ich ihn hier oder thu ich ihn tausend Meilen von hier?
wie?« Der andere bejahte mit den Augen. »Und wenn du zuhaus bist
und gehst aus einem Zimmer ins andere und schlägst eine Thür hinter
dir zu und öffnest eine andere, ist dir da nicht als wären es gar nicht
deines Hauses Stuben in denen du umhergehst, sondern als thätest du
Thüren auf und zu, ganz ganz wo anders, tausendmal wo anders?« Dem
Bergmann war, als schöbe sich in ihm etwas auseinander, sich so
durchschaut zu fühlen. »Und lebst so dahin,« redete der Fremde weiter, »und redest nichts und deutest nichts und willst nicht wissen,
worauf das alles hinaus soll?« »Ja, soll's denn aus mir hinaus?« fragte
der Andere und bei dem bloßen Gedanken überfiel ihn ein grenzenloses Gefühl von Oede und Verzweiflung. Der Fremde lachte lautlos:
»Nichts soll heraus, sondern du sollst hinein. Hineinstoßen muss man
so einen in seine eigene Glückseligkeit. So nimmst du denn wirklich
das alles für Erinnerungen? Hast du denn je in früheren Zeiten ein solches Glücksgefühl verspürt? Ahnst du denn nicht, dass es lauter Vorzeichen sind, luftige Vorausspiegelungen, nichts als Vorgefühle des
namenlosen Glücks das auf dich wartet? Muss dir die verschleierte Frau
noch viele Boten schicken, bis du dich aufmachst zu ihr zu kommen?«
Bei diesem geheimnisvollen Namen war dem Bergmann als entzündete sich über seinem Kopf eine Lampe und durchdränge mit der Gewalt
des Lichtes die Dumpfheit des finstern Gesteins rechts und links und
oberhalb, ja auch seinen ganzen Leib und was unter ihm war, so dass
er selber durchleuchtet inmitten durchschienener Gewölbe über durch-
funkeltem Abgrund fest dastand. Und aus dem Innersten her durchsetzte ihn ein unnennbares völlig neues und doch überaus bestimmtes
Gefühl seiner selbst in dem alle die früheren ahnungsweisen Glücks-
gefühle enthalten waren, aber nur wie kleine Bläschen, die sich augen-

blicklich in der crystallenen fluthenden leuchtenden Klarheit des Ganzen auflösten. Er sah die Gestalt des Fremden kleiner und undeutlicher
vor sich, als stünde jener weit unten und jenseits bergestiefer Schluchten. Es drängte ihn, dem Fremden etwas zuzurufen. »Ich gehe meine
Herrin aufzusuchen« diese Worte kamen aus seinem Mund, ihn selber   5
überraschend und verschwebten klanglos in einem so ungeheueren
Raum, dass ihn schwindelte. In diesem Augenblick hörte er schwere
schlürfende Schritte sich nähern und hörte sich beim Namen rufen:
»Hyacinth« und nochmals »Hyacinth«. »Siehst du ihn?« sagte eine
andere Stimme. »Mir scheint er schläft,« antwortete die andere, »oder   10
er redet mit einem Venediger.« Der Schein einer Grubenlampe
schwankte heran und in dem finstern Gange standen vor Hyacinth
zwei Bergleute, die im Nachbarstollen arbeiteten. Der Fremde war
verschwunden. »Ist dir deine Lampe ausgegangen?« fragte der eine.
Hyacinth gab keine Antwort. Schweigend raffte er sein Zeug zusam-   15
men und gieng hinter den andern her bis an den Förderschacht und
fuhr zu Tage. Seine Füße trugen ihn aus Gewohnheit den Weg nach
Hause; er gieng bald auf der rechten bald auf der linken Seite der
Straße und wusste kaum, wo er gieng; er fühlte nur das tiefe Müssen,
das ihn zu der verschleierten Frau hintrieb, deren fernes verborgenes   20
Dasein ihn überwältigte, dass er sie stärker leben fühlte als sich selber.
Jenseits der gewölbten Brücke that er einen unsicheren Schritt und
stieß mit dem Knöchel hart gegen einen Stein. Als er den Schmerz
fühlte, dachte es in ihm: »Der da hingeht, und mit dem Fuß an die
Steine stößt, der bin ich ja gar nicht. Ich bin ja der, der hinüber gehört« 25
und da er in diesem Augenblick den Kopf emporwarf und über sich
im letzten schon erkaltenden Himmelslicht einen Sperber kreisen sah,
dessen heftiges Schreien herniederdrang, so überkam es ihn einen
Augenblick, dass er nicht wusste, ob er die Creatur war, die drunten
an der dunkelnden Bergwand vor sich schritt oder die andere, die mit   30
ausgebreiteten Flügeln droben hinglitt. Nun wusste er aber, dass dieses
alles nur Vorausspiegelungen dessen waren, was ihn erwartete. Als er
vor seinem Haus stand und den Lichtschein sah, der aus dem kleinen
vergitterten Küchenfenster fiel, warf er über das alles einen sonderbaren Blick: es war ihm zumuthe, als hätte er das alles seit Jahren nicht   35
gesehen und sähe es auch jetzt nicht wirklich, sondern als käme er nur
in einem beklommenen Traum daran vorüber. Er trat an das erleuchtete Fenster, um hineinzusehen: da bemerkte er, dass wohl die Gitterstäbe auf die getünchte Mauer seitlich einen schwarzen scharfen Schat-

ten warfen, sein Kopf aber nicht. Er hob die Hand zwischen das Licht und die Mauer und auch die Hand warf keinen Schatten. Er trat ins Haus, hieng seine Kappe an einen Nagel und öffnete die Küchenthür. Seine Frau fuhr vor Schrecken, als er hereintrat, von dem niedrigen Holzschemel auf und das Messer mit dem sie geschält hatte, fiel klirrend zu Boden. »Du bist es, du, du!« brachte sie mühsam hervor, und ihr erschrockenes Gesicht lächelte gleich und sie hieng sich an ihn, indess die Kleine, den Kopf an der Mutter Knie gedrückt, angstvoll weinte. »Dass ich sitze und horche« sagte die Frau, »und jede Maus höre, jeden Käfer draußen, und hör' dich nicht, nicht gehen im Garten, nicht die Thür aufthun, nicht in den Flur treten und nicht hereinkommen! Davon sind wir beide so erschrocken. Es war wie wenn die leere Luft auf einmal eine menschliche Gestalt bekommen hätte, so warst du auf einmal da.« Sie giengen in die andere Stube, das Nachtmahl war schnell aufgetragen und das Kind beruhigte sich bald bei seiner Milch. Jedesmal, wenn die Frau mit einer Schüssel oder einem reinen Löffel zum Tisch und in den Schein des Talglichtes trat, schien ihr junges argloses Gesicht dem Hyacinth verändert. Er hatte das Licht gleich so gestellt, dass auf ihn kein rechter Schein fiel. Das Kind saß ganz im Licht und wie sich die Frau zuletzt niederbeugte, um dem Kind den Mund abzuwischen, glaubte er eine zahnlose Greisin zu sehen die mit ihren welken Wangen und eingefallnen Schläfen wie gierig nach lebendiger Wärme an dem weichen blonden leuchtenden Kinderkopf langsam hinstrich.

Er stand auf und sagte: »Ich bin recht müde und will mich gleich niederlegen.« Dabei nahm er das Licht in die Hand und hatte acht, sich schnell durch die Thür zu drücken. Die Frau entzündete noch einen Spahn, gab ihn dem Kind zu halten und räumte schnell den Tisch ab. Als Hyacinth die Thür hinter sich zugedrückt hatte, zuckte das Licht in seiner Hand und wo es seinen unsteten blassgelben Schein hinwarf, da schien dem Mann im Gehen sein ganzes Haus verändert, die Mauern alt und mit unheimlichen Rissen wie das Gemäuer eines alten Kirchhofs, die Dielen sogar seltsam und traurig verändert, die Klinken an den Thüren verwahrlost und wie wenn seit vielen vielen Jahren keine Hand sie berührt hätte. Er zog sich aus und legte seine Kleider auf einen Stuhl neben dem Bett; das Licht hatte er auf ein Gesims an der Wand gestellt und von dort beschien es die Kleider und sie sahen traurig aus wie das Bündel Kleider des unbekannten Verstorbenen, das manchmal im Amt auf einem Tisch neben dem zugedeck-

ten Leichnam ausgestellt ist. Indem kratzten die Frau und das Kind
an der Thür; ihr Spahn war ihnen ausgegangen und sie fanden lange
die Klinke nicht. Wie sie hereintraten hatte Hyacinth Mühe sich zu
besinnen, wer diese Frau und dieses Kind denn wären und wie es
käme, dass sie mit ihm in einer Kammer schliefen. Die da ihr Kind   5
zu Bett legte und zudeckte, die in Strümpfen lautlos umhergieng und
ihr Haar aufflocht, erschien ihm wie eine Todte die in ihrem weißen
Linnen aus dem Grab hervorgestiegen war, ein sonderbares wort-
loses Spiel zu treiben. Als sie ihr Gesicht ihm zukehrte, zu sehen
ob er schlafe, und dabei den Athem aus ihrem jungen Mund über   10
die halboffenen Lippen blies, sah er unter ihrer Haut den beinernen
lippenlosen Schädel und schlug unter innerem Stöhnen, das eine tiefe
Erstarrung aber nicht zum Laut werden ließ, mit der Hand das
Licht aus.

Nun stand die gewohnte liebe Gestalt im Dunkel; über dem weißen   15
Hemd floss das dunkle Haar von den Schultern zur Brust; mit eingehaltenem Athem sah sie auf ihn hin und da sie ihn eingeschlafen
glaubte, so nickte sie mütterlich zufrieden. Dieses Nicken kam noch
zu ihm; schon in die grundlose Tiefe eines auflösenden Schlafes ver-
sinkend hieng sich sein Bewusstsein noch einen Augenblick daran wie   20
an einen süßduftenden Zweig. Er fühlte sich noch lächeln, fühlte das
andere Bette sich leicht bewegen und war eingeschlafen. Er erwachte
und wusste, dass eine Stimme seinen Namen gerufen hatte; er richtete
sich im Bette auf und wusste sogleich, dass nun der Anfang gekommen
war. Er konnte aufstehen und das Bett ächzte nicht; er trat auf die   25
Dielen, er kam in seine Kleider und es gab keinen Laut. Er hörte den
ruhigen Athem der Frau, den schnellern des Kindes und draußen den
nächtlich rauschenden Bach: da rief es nochmals. Er schwang sich
durchs Fenster hinaus ins Freie und lief durch das thauige Unkraut
hinab an die Straße. Die Straße lag leer da im Mond und stieg hinauf   30
in den Wald und lief hinab ins dämmernde große Thal. Er stand nicht
lange, da kam von droben her ein Lärm, halb Rauschen halb Dröhnen,
anders als das Brausen der Wasserstürze und das Abrollen der Fels-
blöcke. Es kam näher und sogleich brach es zwischen den mächtig
riesenhaften Tannen mit schallendem Hufschlag, wildem Schnauben   35
und schwerem Rollen hervor, dröhnte heran und war eine Kutsche,
größer als die des Fürstbischofs von Brixen und als sie vor Hyacinth
ankam, riss der Kutscher, ein großer mit finsterem rothfunkelndem
Gesicht, die vier schweren schnaufenden Gäule zusammen und der

Wagenschlag sprang auf, nach der Seite wo Hyacinth stand, und er hinein und fiel mit dem Rücken in die Polster, so rissen die Vier den Wagen dröhnend weiter.

DIE JUNGE FRAU
UND DIE NIXE IM BAUM

N 1

Märchen: die junge Frau und die Baumnymphe
junge Frau wartet auf ihren Liebsten. geht ihm entgegen. September-
abend mit Mond. Im Wald fürchtet sie sich nicht, so voll Liebe ist ihr
Herz. Klaubt Katzengold auf für ihr Schlafzimmer: vor einem Hund
oder einer Lampe würde sie sich schämen, aber so etwas dämmernd-
schimmerndes im Zimmer das lebt doch (der Bürgermeister hat einen
Goldfisch) und vermehrt so die Lust und das Glück. Aus der Wald-
blösse tritt die Baumnymphe. Sie hat ihr langes braunes Haar um sich
wie ein Zelt. die junge Frau möchte sie nachhaus locken, ihren kleinen
Garten zu beseelen, ihrem Glück zu dienen. die Nixe fragt: wie redet
er zu Dir, wenn ihr bei einander liegt. Frau: das sag ich nicht, kaum zu
denken trau ich mirs, mir kommt das schon schamlos vor; doch denkt
sie es in sich. Im Augenblick ruft die Nixe: das hab ich auch!, und wie
ein Echo schallt aus dem Gebüsch der klagende verlangende Schrei
eines Waldvogels.

schliesslich sagt sie der Nixe Sachen, die die Nixe nicht hat, da stösst
sich die den Kopf an den Baum und fällt todt ins Moos.

N 2

Die junge Frau und die Nixe im Baum.
Junge Frau: heraus Du aus dem Baum, ich fass Dich am Haare ich
reiss Dich hervor, wie die Goldfische wie die tickende Uhr wie der
zahme Vogel unsere Freude vermehren – den liess ich aus, nun kommt
er ans Fenster in Apfelbaum – so sollst Du im Brunnen leben, an der
Grundmauer unter unserm Schlafzimmer
Nixe: ich kann Dir widerstehen, ich sterbe nur vor Neugierde, denn
ich kenne nicht sich paaren, ich kenne nur Selbstgenuss

junge Frau: so thut mein Mann zu mir: er beisst mich, er fängt mich
in den Armen
Nixe: mich fängt der Bach, mich beisst der Dorn, davon hab ich
wundervolles Spüren meiner Selbst
junge Frau: er schreit bei mir   5
Nixe: so schreit für mich der Waldvogel
junge Frau: weh Teufel
Nixe: was weisst Du über mich?
Nixe: ich lach über Dich ha ha ha
junge Frau: läutet   10

N 3

in der jungen Frau (Märchen v. d Baumnixe) zeigt sich das Dämonische eines naiven Wesens: sie will dieses Geschöpf sich unterwerfen
oder vernichten,

sie ist übermüthig   15

N 4

3 VII. ⟨1912⟩
junge Frau und Nixe
sie sehen auf einander hin, wie G. auf ihr Spiegelbild   Die Nixe fragt
trotzig weisst Du meinen Namen. Den weiss die Frau nicht. Aber sie   20
will sie so überwinden, indem sie ihr beweist, dass sie die reichere ist.
die Augen sie anzuschauen, deren sie sich rühmt, hat der Baum noch
viel mehr
die weichen Hände zu schmeicheln hat der Bach noch viel mehr
die süsse verlangende Stimme hat der Waldvogel noch viel stärker.   25
(denn wertlos ist jede einzelne Äusserung, die kann man geradeso-
gut von seelenlosen Wesen acceptieren, das Unbeschreibliche muss
gethan sein, darauf kommt es allein an. Die Nixe kann gar nicht einsehen, warum man Ein-wesen zum Liebhaber haben muss)

während des gefährlichen Streites hört die junge Frau drunten die   30
Thurmuhr schlagen. sie denkt sich: vor einer Viertelstunde wenn mich
nicht der weisse flimmernde Hase verführt hätte und das Grillenpaar
so wäre ich nie in diese Gefahr gekommen.

N 5

27 VII. ⟨1912⟩

Die junge Frau und die Nixe im Baum.

Die Frau war ängstlich weil der Mann immer länger ausblieb. Rechnete
sie nach so fehlt immer Zeit; sein Mund riecht nicht nach Bier oder
Branntwein   Sie geht die Nixe umlauern, dann sie abfangen. Wie sie
die Nixe hat, weiss sie sie nicht zu fassen. Die Nixe bietet ihr Freundschaft an. Der Mann von einem Baum getroffen (der gleiche worin die
Nixe wohnt)   Rückkehr aus der Ohnmacht wie von weither: am Ausgang die Frau, erkannt wie sonst niemals. (Den Mann treibt was die
Nixe zu e r k e n n e n.)

Das Umsinken des Mannes: Momente aus der Kinderzeit: Gedanke
jetzt hab ich alles beisammen.

Das Zurückkehren des Mannes: ein langer Weg: er sei aufgebrochen
einem Sperber nach, bergein . . schliesslich zur Frau zurück.

Zwei Träume von der Burg Hanzenberg

Das süsse des Verleugnens: dies fühlt der Träumende: es steckt in
Petrus

N 6

30. VII. ⟨1912⟩

Die junge Frau u die Nixe im Baum.

In dem Gespräch der Frau mit der Nixe ergibt sich, dass diese zwischendurch als Wasserschlange lebe. Mischt auch Anknüpfungen aus
dieser Existenz, gewohnheitsmässig, ins Gespräch. Ebenso das ent-
liehene Gewand feucht. Als Schlange sehr alt und klugerfahren.

Frau findet einmal ihres Mannes Kleider in der Holzhütte liegen

Wasserschlange? was fühlst eigentlich?
individuum est ineffabile

eigenes Kind denken: Häutlein unter Häutlein bis es schwindelt . . .
gut dagegen A r b e i t.

N 7

14 XI 1913.

Die junge Frau und die Nixe im Baum.

Der Mann auf Arbeit: in der Schottergrube – beim Holzfällen

Die Frau zuhaus: eine Uhr – tönernes Geschirr – ein Fisch in einem   5
Glas. Steine Federn

Ihr Blick in die Natur vertraulich: sie sieht ein Dienen, eine Geselligkeit in der Natur die sonst verborgen ist: ihre Vermutungen über das
Weben der Naturwesen.

Des Mannes Gedankenanstoss ist: seine Frau könne unmöglich die   10
Richtige Art über die Dinge zu denken haben; auf dem Wege seiner
Frau komme man den Dingen nicht bei. Man müsse ihnen ganz anders
zu leibe.

Die Frau fühlt den Zwiespalt: aber fast auch wie etwas Heiliges.
Sie weiss wohl: je näher man zueinander rückt desto grösser wird die   15
Welt.

N 8

1918.

Nixe im Baum.

Ihr Bedürfniss, dass immer etwas getan werde. Es entstehen durch   20
ihre Forderung, lauter symbolische schöne kleine Handlungen. Im
Gegensatz, die Frau, lehnt das Einzelne ab, sagt: Er hat mich doch
lieb, wenn er auch das oder jenes Einzelne tut.

DIE WANDERER UND DER BERG

Litteraturmärchen

die 5 ankommenden Wanderer: wir haben noch einige hinter uns gelassen. »Wie aber seid ihr an diesem Irrgarten, an jenem Hinderniss
vorübergekommen?« »Wir giengen jeder für sich, und jeden leiteten
Zeichen.«

Sie gehen dann in dem schönen Haus zu Tisch, wobei die früheren
Bewohner bedienen, freundlich gesprächig umhergehen, sich aber
niemals setzen wollen: auch von den Speisen können sie nicht kosten,
erweisen aber den Dienst eines geistigen Vorkostens, indem sie überaus tiefsinnig die sinnliche Herkunft jeder Speise beleuchten. Sie
werden immer durchsichtiger, lösen sich endlich ganz auf, nur ihre
Stimmen tönen noch aus der Luft, dann nur mehr ein Schwirren. Doch
lassen sie im Entschweben einen Silberblick auf der Landschaft. Den
später schlaflos auf die Terrasse mit den Urnen hinaustretenden erscheint der Berg verändert.

Die ersten Bewohner sprachen viel von dem Berg und der Gewalt
seines Schattens. Den neuen scheint er etwas anders: er scheint übri-
gens noch zu wachsen

DER JÜNGLING UND DIE SPINNE

N 1

Die Spinne erzählt als selbsterlebt das Märchen von der falschen Braut.
seine falsche Braut ist die Fliege Nun müssen sie zur Strafe alle
Sommer (weil die falsche Brautschaft einen Sommer währte) jede
Nacht dieses Spiel aufführen: er muss sie umgarnen, sie muss in
Todesangst erstarren. Dann verfällt auch er in bleiernen Schlaf. Er
war der Sohn eines Bürgermeisters.

N 2

Jüngling u die Spinne
Mondnacht Goethes oberhalb Sachsenhausen.
die falsche Braut

N 3

Jüngling und Spinne

eine Verpflichtung von früher stellt sich auf   im Wasserfall kommt ein
klagendes Haupt heruntergefahren, im Baum schlagen sich ernste
Augen auf: ein Wagen mit Schellen holt die nicht bestimmte Braut ab.
Die rechte Braut steht seitwärts hält die Kerze, bis ihr die Hand ver-
brennt

N 4

Jüngling und die Spinne

unter den Weisheiten u Geständnissen der Spinne dieses: eine wahre
Braut ist zu erkennen daran, dass es nicht ihre Stimme, nicht ihr
Lächeln, nicht ihre Küsse sind was das Höchste ist, sondern die von
ihr ausgehende essentia, die dich in Zeiten grosser Abwesenheit badet,
so dass Du in der Braut ihrer Welt traumweis lebst

DAS KIND UND DER TOD

N 1

das Kind und der Tod. (es geht den Tod suchen, der seinen Vater
getödtet hat: zu dieser persönlichen Auffassung ist es gekommen, wie
es den Fremden mit der Mutter u der Schwester reden hörte)

N 2

Das Kind und der Tod

plötzliche Angst und Ehrfurcht des Schuster Heinrich und Fleischhauer Franz vor dem nackten leuchtenden Leib des Ertrunkenen

DER KNABE VON MORIN

Der Knabe von Morin.
im Hof der Karthause, wohin die Zellen der Irren münden. Ein Knabe
im Gärtchen. Vom Bergsturz des ganzen Ortes hiehergerettet.

5 Seine Erzählung fließend, entmischten Tones, so dass alle Gegenstände
die er erwähnt, auch gereinigt erscheinen: der sanfte Baum, die kühlen
reinen Gipfelhügel des großen Berges.

Er war ein angstvolles Kind. Erwartete immer das Ereignis, Strafe für
die Sünden. Sah und hörte als zartes Kind zuviel. Mutter abermals
10 vermählt. Alter Hirte erzählte ihm, was der Stadt bevorstünde. Er
versinnlichte es. Die Katastrophe.

Da er im Zurückwachsen siebenjährig geworden war, hätten sie ihn
zur Seite geschleppt, so dass er plötzlich stehen geblieben. Er hofft
innig, noch zurückzuwachsen: empfindet sich an der Schwelle des
15 ewigen Lebens.

Während der Erzählung soll wenig angedeutet werden, was eigentlich vorgegangen ist.

Ein Mönch wirft einmal hin: es war ein Bergsturz.

Der gegenwärtige Zustand: er erwartet sich manchmal etwas unge-
20 heures davon, dass er eine Schafgarbe mit dem Messerchen durchhaut
und sie hinsinkt.

Die Katastrophe: meine Mutter sah ich jung und jünger aus sich
selber hervortreten

HEBBELS EILAND

25 *N 1*

Hebbels Eiland (a)
bei Goethe Briefw II an Lavater   Individuum est ineffabile

Das Gespräch in der vorhergehenden Nacht. Es ist sehr hoher See-
gang, dazu starker Mond über Wolken die wie Korallenriffe geformt
sind. Wir stehen lange und starren in die Wellen, die alle wie Wellen
eines Stromes aus einer Richtung rollen, nicht breiter als eine Seemeile.
Unter den driftenden Gegenständen scheint etwas die in einen Mantel   5
gehüllte Leiche eines Greises zu sein. Ich sage: scheint nicht jeder
Anblick der Natur, jede Stimmung der Nacht wie ein menschlicher
Traum. Ist einem nicht, als könnte es eine unendliche Bedeutung
haben, dass man so steht, an einer Klippe, vor schäumenden Wellen?
ist nicht jedes Entgegengehn einem starken Wind wie traumhafte   10
Möglichkeit eines tragischen Erlebnisses — Darauf er: es giebt keine
blossen Träume. Man muss nur stark genug sein, zu bannen, dann
wird jede Landschaft (im weitesten Sinn) Realität, Drama. Träume
und Leben sind aus ein und demselben Material. – of this infinitude of
matter, the sole purpose is to afford infinite springs at which the soul   15
may allay the thirst to know (E A. Poe) (zu erkennen, d. i. sich
selbst zu erkennen, sich auseinander zu legen wie einen ungeheuern
Mantel, das in ihren Falten verborgene an den Tag zu bringen.)

N 2

Hebbels Eiland. (b)   20

Der Gefährte: ich habe ihn einmal in einem Hotel in Rio Clavier spielen gehört. Aristokratische Haltung besonders mit Untergebenen.
Wenn ich in seine Nähe komme, rollt er den Plaid zusammen und
geht weg. Er trägt ein Halstuch aus dunkelblauer Seide, immer. Seine
blauen Augen manchmal glanzlos, manchmal wie Himmel und Blitze 25
zugleich. Wundervolle Hände. Alles in die Länge gezogen. Der Bart
wie eines byz⟨antinischen⟩ Kaisers, nur wild gespalten und beider-
seitig. Sein ungeheuer leises Sprechen. Seine Arbeiten: über die
Accommodation des Fischauges. Er heißt Dr Moreau ist von New
Orleans, die Mutter eine Deutsche. Curländerin Siegelring mit Wap- 30
pen. Ich bemerke eine besondere Nervosität an ihm, unter der Decke
seiner guten Manieren. Wir gehen bei ruhiger See schlafen: er weckt
mich. Es ist sehr starke See und wunderbare Gegenstände treiben vorbei. Er sagt: Hebbel! – wir dürfen auch etwas besonderes erwarten,
zwischen seinem dreißigsten Sterbetag und seinem neunzigsten Ge- 35
burtstag. Das ist eine Constellation die nicht wiederkommt.

Moreau. Er verstärkt immer alles was in mir vorgeht in einer wunderbaren Weise: wie eine Felswand einem ihre Kühle giebt, als das fühlbare von etwas ungeheuerem, unfassbarem, so ist mir wenn ich neben ihm stehe.

5 Es wird uns – bei dem wunderbaren Moloch-Hain – bestätigt: gestern wurde hier der »Moloch« gespielt. Haben die Herren den Sturm erlebt? der ist von hier ausgegangen. Gespielt haben natürlich die »Gestalten« selber.

N 3

10 bei Hebbel

es ist eine Art Schönheit, an der die Reinheit oft fegender furchtbarer Stürme großen Antheil hat. Die Burg ist niedrig, geschützt gegen Sturm, eingesenkt. Weiche Matten, leierförmig geöffnete Thäler dürfte das Eiland nicht haben: aber wohl smaragdgrünen Spalt zwi-
15 schen Schlünden, wo ein Quell wohnt . . .

N 4

bei Hebbel

Die Inselburg die er bewohnt in ihrem Material wunderbarer Festigkeit spiegelnde Wände, krystallklare ungeheuere Tiefen Wolken wie
20 aus Metall, Blumen als hätte ein erzener Boden sie genährt – alles merkwürdig ähnlich seinem Geist. Unser Führer belehrt uns daß wirklich jeder Geist sich seinen Aufenthalt erschafft.

um die Insel, Wirbel, Trichter wie aus Ebenholz; Ankunft abends das Meer wie ein Schlachtfeld, wir sahen ein riesiges Schiff scheitern.

25 Wir werden nicht vorgelassen, sehen ihn nur vorbeigehn. Hören dann den Chor, dürfen uns mit einem treuen, eingeweihten Diener unterlassen. Er zeigt uns Hebbels Thiere eine Katze, ein Eichhörnchen ein Reh.

Der Diener sagt: er wollte irgendwo wohnen, wo er nur Blumen
30 nicht darunter die Todten sähe, darum sei er von den Menschen weggezogen.

N 5

bei Hebbel.

schon den Abend vor dem Ankommen nehmen die Wolken die Wellen eine so wundervolle heroische Form an, es driften so merkwürdige Trümmer vorbei auf denen prachtvolle Vögel sitzen, dass sich die 5 beiden unwillkürlich sagen: Hebbel! – sie hören den Chor singen, werden dann hinabgeleitet durch einen besonders schönen Wald mit einzeln stehenden rothen Blumen – Hebbel! – zu einem sehr einfachen hellen sehr luftigen kleinen Haus am Strand, enthaltend Hängematten; werden bedient von vermenschlichten Thieren   10

Der Diener sagt: er hat die Kraft mit dem Blick aus Thier etwas Menschenähnliches zu machen.

DER PARK

N 1

5 VIII. 1903.   15
Der Park.

Der Park angelegt von seinem Vater Liebhaber einzelner großer Bäume: des Ahorns, der Linde der Eiche. (manche Bank rund anschmiegend manche abstehend zur Betrachtung.) Der Dichter der zweifelt, ob er das Ganze gegeben hat. Er geht in den Park. Er setzt 20 sich so, dass ihm der enorm dicke Stamm der Eiche eine kleine Bucht des künstlichen Teiches abschneidet. Er meint, er wollte nur den Schatten aufsuchen, um zu lesen. Es zwingt ihn aber, um den Stamm herumzuschaun. Der Himmel ist klar wie geschmolzenes Gold. Die Sonne steht hinter den Kronen der Nadelbäume. Diese sind schwarz; 25 es geht ein metallischer lauterer starker Wind und treibt kleine Wellen immerfort weg vom Rand, weg vom Schwarzen ins Goldene. Das Ganze sieht aus wie eine Ecke tiefster Einsamkeit. Wie wenn hinter dem Dunkel ein Abhang, eine Bergeseinsamkeit begänne.

Es verbreitet ein Glücksgefühl, das übergeht ins Beklemmende. 30 Zuerst ist es die Beklommenheit: es soll nur so bleiben, nur niemand dazwischentreten, nur nicht zu schnell dunkel werden. Er kann nicht

ganz davor treten, muss immer nur um den Stamm herumblicken.
Dann bemerkte er, dass das eigenthümlich Zitternde des Genießens
von der furchtbaren Irrealität dieses Bildes ausgeht. Und er ist der
Dämon dieses Ortes: er kann sich, diesen Augenblick, diesen Ort,
5 diese Seligkeit unsterblich machen – wenn er die Kraft dazu hat. Das
alles kommt ihm in Halbgedanken, deren vordere Hälfte manchmal
schon wieder untertaucht, sich in Gold und Dunst auflöst während
⟨er⟩ sich äußerst bemüht, die rückwärtige Hälfte festzuhalten. Dann
kommt wieder ein neuer Gedanke, der antwortet einem schon vor-
10 übergeglittenen Es kommen Metaphern d. h. sie kommen nicht
sondern nur wie wenn dort drüben im Zenith wo der Wind über
goldene Gefilde weht, ein Stern sich aufgelöst hätte und die verklin-
genden Kreise seines Vergehens hier her kämen durchs Herz des
Dichters durch, dass das Herz einen Augenblick von Ihm gehoben
15 wird wie ein Ball von Wellenkreisen. Das Gleichnis von der Welle
deren Form besteht nicht aber die Sache, schwebt vorbei Die Beklommenheit wird stärker: Alles was er je erlebt hat, wenn er als Kind
in den Ofen starrte, und vor dem Einschlafen alle Momente der Seligkeit sind eine Kette, es sind Feenreiche, aber bleiben in ihnen kann
20 nur wer eins einmal erobert hat: der Dämon dieses Ortes bleiben zu
dürfen, wäre volle Seligkeit, volles Genügen ... Was kommt aber
jetzt als stärkere Angst? Das Wissen, so nahe ist die Straße, sind die
Mauern des Parks, dahinter führt es ja gar nirgends hin, gleich wird
die Sonne sinken, dann muss man nachhaus, muss die Thür die braune
25 mit dem Vexierschloss öffnen, die verfallenen Stufen hinauf, der Brun-
nenschwengel ist schmutzig. an der Wand sind Flecken, die Dachrinne ist schief, die Reben sind halbabgestorben, ein Zimmer, welches
Grab! Er zündet die Kerze an, ihr Licht scheint ihm traurig. Alles
traurig, am meisten sein Rasierspiegel. Er kommt ans offene Bett:
30 der Polster, was für ein weisses Reich der wachen Träume das war. Er
legt sich nieder: zweideutig ob das entsetzlicher dass er auf diesem
Polster sterben wird oder dass er noch Jahre leben wird. Furchtbar
traurig, viele Jahreszeiten zu überleben.

NB. Während er in den Dämon des Ortes metamorphosiert war:
35 begriff er unbegrenzt das Geheimnis der Jahreszeiten: dieses: Stirb
und werde, und die Mythen an denen ihn früher bedrückt hatte, dass
sie das kreisförmige als einmaliges behandeln, gleiten auch auf der
schiefen Ebene des goldnen Windes gelöst unausgesetzt hernieder,

über ihn hin: freilich ist der Kreislauf des Tages, des Jahres alles, darin, dass ein Tag dem andern den Rücken kehrt, ein Jahr vom andern nichts weiß, liegt das unsterblich-selig-gedächtnislose:

N 2

»Der Park«.

ins Haus zurück: Hier hat er aufgehoben, das Kissen auf dem seine Mutter starb. Auch das sieht er jetzt anders: Gefühl: hinter einen Schleier zu sehen.

N 3
»Der Park.«
Der Hofrath.

Er erblickt sein 56jähriges Gesicht im Rasierspiegel. Es kommt ihm einer der trivialsten Gedanken: nämlich dass die Bonne vis à vis jetzt sagen wird (zu dem Kind) jetzt geht der Hofrath aus. Der Gedanke rührt ihn unermesslich. Er überblickt das Vorzimmer den Briefkasten den Zeitungsständer mit Rührung und Hass. Er sperrt zu. Er wünscht ein Bad zu nehmen und unterlässt es aus Schamgefühl. Er fährt nach Laxenburg. Die Masse des Gelernten Unfruchtbaren bedrückt ihn im Hinausfahren. Er schämt sich, den Leuten in seinem Waggon so gar nichts geben zu können. Er fühlt mit Beschämung: er kann nur »verbinden«. Wenn sie wüssten, dass er ein Hofrath ist. Zwei streiten und das quält ihn sehr. Er erinnert sich, lange lange die Natur nicht genossen zu haben. Er denkt sich in die römische Kaiserzeit hinein, und dass er über die Sclaven so reden oder schreiben würde: . . . .

N 4

Der Park.

Ein neues Dienstmädchen bettet verfrüht auf. Er sieht sein Sterbebett.

Schluss: er hüpft auf allen vieren wie ein Hund um den Baum da kommt ein Wächter.

Namenlose Wonne: dass die Vergangenheit hereinfliesst: da ist

beim Hinfahren:
Sehnsucht und Unruhe, Liebesvorgefühl, eine seltsame Fülle des Herzens, wachsend.

im Park: es ist ihm als wäre der Hofrath P. schon einmal so gegangen,
an solchen Sträuchern vorbei. er sagt sich: ein ausnehmend schöner
Tag. Dann will er sich diesen Gedanken verderben (wie üblich) durch
das Denken: was soll's? es führt zu nichts. es ist ja nichts – aber dieser
Gegengedanke hat wenig Macht mehr: Er scheint den elenden hypo-
chondrischen Hofrath P. hinter sich zurückzulassen

Er spürt, nachdem die Sonne unter dass seine Seligkeit an rhythmi-
sches Auf u Abgehen gebunden: dies zu steigern lässt er sich endlich
auf alle 4, schlägt mit dem Kopf in feuchte Zweige

Schluss: Ungefähr 6 Wochen nach diesem Vorfall starb der Hofr⟨ath⟩
P an einer Lungenentzündung.

N 5

Der Park

Das pathogen gesteigerte Gefühl dass uns Menschen fortwährend
umgeben zu nahe treten – das Feige unserer Existenz.

Dies ist während des Weges hinaus: es steigert sich zu einer unerträg-
lichen Angstempfindung. Alle Menschen in der Tramway in der Eisenbahn scheinen kleine Zeichen zu machen, die sich auf ihn beziehen.
Alle seine Lebensalter sind zugleich da es ist nichts vergangen: alles
muss sozusagen noch einmal durchgemacht werden. Erbarmungslose
Rolle welche die menschlichen Gesichter und Geberden um ihn spielen: sie reden alle auf ihn ein; ein trauriges Achselzucken, ein alterndes Mädchen ein scheinbar jovialer Mann (aber in Wirklichkeit
ist er verzweifelt)

N 6

Der Park.

in der Eisenbahn auf einmal geht die starre Umgrenzung des Ichge-
fühls verloren: er kann sich verlieren: zuerst ein Kopftuch an seine
Mutter erinnernd, dann verschiedenste Altersstufen, mit jeder läuft
ein Theil von ihm weg, dieser ameisenartig kribbelnde Zustand ist
seltsam aber lieblich, dort ein Bub der Indianerbücher studiert, ein
Wartender beim Brunnen, ein aufundabgehender vor einem Leih-
geschäft, endlich eintretend die Uhr versetzen; sie laufen auseinander,

in den Raum, nein in die Zeit: sie sind gleichsam da und sind schon
Versunkene in einer andren Welt. Die Kategorie der Zeit beherrscht
ihn mit ihrer paradoxen Gewalt aufs äußerste – bis ein erhabener
Moment auch sie ihm auflöst und er alles als Symbol eines ewiggleich-
bleibenden Zustands erkennt.   5

N 7

Die zwei glücklichen Stunden des Hofraths v. A.
Der Park.

Schema

Der bängliche Traum bei kurzem Halbschlaf.   10

Anblick des offenen Bettes unerträglich, desgleichen die Zimmer
gegenüber, die herüberschauende Kinderfrau.

Entschluss einer Landpartie. Erinnert sich heute das Abendblatt
vergessen zu haben worin sonst die Vergleichung des Alters der Gestorbenen s⟨eine⟩ lieb⟨ste⟩ Beschäftigung   15

Erinnerung jener baumreichen Gegend, jener Kindertage. Vision
eines Ausfluges dorthin aufgedrungen, wirkt peinlich beängstigend

einzig möglicher Ausflug: nach jenem geschlossenen Park. fährt
IIIᵗᵉ Classe. Die Mitfahrenden. alles Leben drohend, pressend nahezu genötigt, die Mitfahrenden um Mitleid, Hilfe Duldung anzuflehen. 20
eine Gattin, ein Kind in ihm verschwunden, wie in Kluft. Wo ist mein
Leben: bei dem Hinsterben der Frau, dem Tod des Kindes war ich
wie erstarrt

im Park: Sitz auf einer Bank, abermaliges Aufstehen.

endlich die Bucht völliges Alleinsein. Bezogenheit: des Lichtes 25
des Dunkels, des Windes. Die Gestalt löst sich, die Stimme ist weicher,
die Finger werden länger. Die Luft spricht es aus: dies ist ein Mensch.
Ein Punkt im Dasein, der ihn grenzenlos beglückt: der Punkt ist oben
im Zenith, scheint von dort Wellen auszusenden, sinkt selbst herab,
ihm ins Herz.   30

N 8

Der Hofrath: plötzlich geht ihm die Möglichkeit auf, von seinem Geld
ungeheuern Gebrauch zu machen: ein Strom rauscht dahinter. Die
starrende Landschaft des lebenslangen Sparens erhellt sich.

N 9

Der Park.

»In truth the man who would behold aright the glory of god upon
earth must in solitude behold that glory.« (E A. Poe   The island of
the fay)

N 10

Der Park.

vergl. jenen Traum von de Quinzey: eine ungeheuere Entscheidung
irgendwo die irgendwie von ihm abhängig ist. (Mit Triumphen, Ab-
schieden etc)   Aber – dass er dabei Stellungen annimmt und wechselt, ganz unbewusst demüthige Stellungen – schliesslich eine
hündische Stellung auf allen vieren – das thut er wie wenn es das
unwichtigste wäre – wie wenn er sich auch schämen müsste das zu
thuen – und doch hängt gerade davon alles ab.

N 11

Der Park. Irgendwo lebt auch jetzt meine Großmutter – könnt ich
hinter einem dicken Baum herum würde ich sie finden. Auch meine
Kinderzeit ist bei ihr.

für das Leben und für den Tod kann man sich die Lenden gürten.
Aber das ist das unfassbare dass sie beide zugleich da sind.

N 12

Lueg 17 IX. 05

Der Park

Er (der Dichter) hat die compliciertesten und phantastischsten Gedanken und Gedankengefühle, gesteigert bis zur inneren Wollust-
empfindung. Begebenheiten legendärer Figuren (der Knabe der bei
der Tochter des Meergottes lebte, out of the east, dream of a summer
day) die Erlebnisse solcher Figuren interessieren ihn, als müssten sie

in ihm aufleben. ferner der complicierte Weltzustand (ibidem S. 242)
der Gedanke dass unsere Racen nicht widerstehen können gegen
östliche Rassen, die compliciertheit unserer socialen Maschine alles
erfüllt ihn mit Lustgefühlen: diese complicierten Dinge culminieren
und gleiten hinüber in das Erlebnis mit dem Baum.   5

Er ist nicht reicher an Erfahrung als ein andrer: auch den stumpfen
Philister wird es nicht wie etwas niegeahntes überfallen, dass
Asien größer ist als Europa

EINES ALTEN MALERS SCHLAFLOSE NACHT

N 1   10

R⟨embrandt⟩ v⟨an⟩ R⟨hyn⟩'s schlaflose Nacht.

die Technik dieses Monologes.

bald halbwache Gedankenflucht – Halbtraum – wirklicher Traum. (im
Traum Ich-ton: ich starre sie an, wie wenn ich ein Thier wäre. Ich bin
ein Thier. Meine haarigen Rippen zittern . . .).   15

Der Schlaf das Nichtbewusstsein (= dem Schwarzen, dem Nicht-licht)
das tiefste Element, in das er hinabzusinken hofft. Im Schlaf fände er
alles, das weiss er: dort ist alles aufgelöst, wohllüstig geht dort eins
ins andere hinüber. (Chiliasmus des Novalis.)

N 2   20

Rembrandts schlaflose Nacht.

Dumpfe Schläge gegen eine Zimmerthür. furchtbares dringt ein.
Drinnen viele die sich fürchten. Nein: eine Person. Ein Kind. Nein
eine Mutter, eine alte schwerleibige Frau. Dumpfe Schläge. Ich! ich
liege im Bett und die Schläge dröhnen gegen die Thür: Ich nicht das   25
geängstigte Kind, nicht die gemarterte verwelkte Frau. Ich. Hier
liege ich. Nichts schlägt an die Thür. Was schlägt ist mein eigenes
Herz. Ich bin alt und werde bald sterben.

Anfang. Schläge an eine Thür. Grässlich für den drinnen. Wer ist drinnen ein Kind? eine Frau? ein alter Mann? Immer diese Schläge. Wer   30

ist drinnen? wer liegt im Bette? ich selbst bin im Bette! Keine Schläge
von draußen – nur mein Herz.

N 3

Rembrandt

Hell – dunkel, das heißt auch Edelstein – zerfetztes Stück Stoff,
Agraffe – verwilderter Bart, Lust am Leben – Lust am Tode, Haben –
Verloren haben, dabei-sein – fern sein.

Abgrund in einem Blumengeruch. Er glaubt Veilchen zu riechen und
denkt sich: »es wird wohl der Tod sein.«

il n'y a rien de matériel dans l'espace

N 4

Saskias Blick, bevor sie sich gab. Wohin blickte er? wie in einen
Trichter. Hendrikje's Blick wie der des Lammes unterm Messer.
Etwas

N 5

8 V – 04. im Garten
Rembrandt's schlaflose Nacht.
Die Ausschweifung seiner Gedanken, die er nicht halten kann, so
sehr dass er darüber ein paarmal die Erinnerung an sein Ich verliert,
hintreibend, steuerlos, sich nur dumpf fragt: wer ist denn »Ich«? wer
denkt denn das jetzt? Ach ja: es giebt einen Ausgangspunkt dieser
Gedanken! der ist »Ich«.

Inhalt dieser Ausschweifungen: einmal eine Prunkvision in welcher
die innerste Seele, der tiefste Sinn des Prunkes sich seinem traumver-
lorenen Sinn aufschließt: z.B. warum ein Bett auf vergoldeten Löwentatzen steht . . . vergoldete Löwentatzen . . am Rand eines Weihers,
der mit Achat eingefasst ist . . . darin solche und solche Bäume spie-
gelnd . .

andere Vision: von der Herrlichkeit der Armuth ausgehend: vom
Bettuch und dem braunen Luftabgrund neben dem Bettuch – führend

zur Figur des Erlösers. Wohin aber führt die große Perle: Balcon ins Elysium?

Dritte Gedankenflucht: Besitz, ein behagliches eingefriedetes Haus: der Mann dem das gehört (haltlos identificiert er sich mit dem Mann dem das gehört): jetzt kauft er noch kupfernes Küchengeschirr. Jetzt   5 lässt er Kacheln einlegen, jetzt pflanzt er das im Garten . . . aber was weiter? wohin will er d u r c h die Kacheln hindurch, durch sein glänzendes Bettzeug hindurch, durch seine zerfransten Tulpen hindurch gelangen? das sind doch lauter Gleichnisse . . aber freilich

Schlussgleichnis: zwischen ihm selbst, dem Gekreuzigten und dem   10 ausgeschlachteten Ochsen. Ihm verwebt sich das.

N 6

Rembrandt

Er versucht, sich ans Reale anzuklammern: an das Bett, die weißen Laken, auf dem Hendrikjes Leib sich ihm hingab; an die Formen ihres   15 Leibes; an die Formen des ausgeweideten Ochsen der beim Fleischer hängt – dieser Gedanke erfüllt ihn mit dumpfer Freude – aber das Reale, das Allerstofflichste wird ihm zum Wirbel, der in die tiefste Tiefe des Traumes hineinführt. Das Fleisch eines wirklichen Leibes, welches die Kraft hat, seinen Leib und die Seele die in ihm drin sitzt,   20 – an sich zu ziehn, leben zu machen, trunken zu machen: welche Phantasmagorie! und die allertraumhaftesten Dinge: dass der Erlöser lebt, dass Titus zugleich sein Sohn und seiner Seele Bruder – alles das erscheint ihm als die einzigen Realitäten

Fleisch – das gleiche Wort für Hendrikjes kleine Brüste für ihre star-   25 ken Hüften ihre festen Schenkel – und für das blutige riesige vierfüßige Kopfabwärts hängende dort beim Metzger

N 7

R⟨embrandt⟩'s schlaflose Nacht.

Gefühl: heute muss alles erledigt werden.   30

Aber: das Fleisch, das will das Chaos aus ihm machen. Das Fleisch setzt sich allem entgegen. Mit der Z e i t muss er fertig werden. Die Zeit steckt nur im Fleisch. Dann kann die Hoffnung wieder leben.

Er meint zuerst die Bängniss komme daher, weil der Fleischhauer morgen den ausgeweideten Ochsen vom Nagel nehmen und ausarbeiten werde. Aber er sieht, die Bängniss geht tiefer   Schließlich erlöst ihn von der Bängniss sein eigen Fleisch und Blut, der verstorbene Sohn, der ihm mit dem Erlöser der Welt zusammengeht

Einen langen Gang des Denkens braucht es bis er sich selbst wieder entsinnt warum er auf die Geberde verzichtet habe und nur mehr das Fleisch im Auge habe, da ja doch die Geberden der ersten und zweiten Frau so lieblich waren

N 8

Rembrandt

Wie der Gott sagt (Bhagavadgita) dass er der Würfel des Falschspielers ist, insofern der Würfel ja das Einzige, der Schlüssel des Daseins, der Quell der Entzückungen, der Weg, der ewige Weg ist, so war Rembrandts Gott das schöne Bette auf dem Hendrikje lag und ihm die Arme öffnete – und doch vielmehr nicht das Liegen bei ihr, nicht die Nähe, sondern das Zurücktreten, die freiwillige Entfernung das Hinrichten der Seele auf sie wie der Bogenschütze den Pfeil richtet, das Sehen des Weges in ihr . . .

Durch Licht wird alles schön: auch der Düngerhaufen, auf dem Hiob liegt. Nicht aber durch das Licht der Sonne, sondern durch das Licht, das aus Gott hervorbricht

Rembrandts »Licht« das gleiche was im Mund des Dichters das Wort. Die »Worte« des Dichters sind was im Leben die Materie des Lebens ist. Wie die lebende Materie die Wesen abgrenzt und doch nirgends Grenze ist, so das Wort

Rembrandt vermag in seiner Erinnerung Saskia Hendrikje und die dritte nicht ganz auseinanderzuhalten, nicht wirklich auseinander

N 9

Rembrandt.

ein Moment des Traumes, wo durch den unbewussten Willen des Schlafenden (der fühlt wie nahe er dem Erwachen ist) sowohl sein Schlaf als das Leben seines Sohnes Titus (sofern er als Traumgestalt lebt) verlängert wird.

N 10

1 VIII. ⟨1912⟩

eines alten Malers schlaflose Nacht.

bei Cézanne: die mystische Reinheit des Motivs. ein Ding ein
Mensch – ein Leib.

arbeitet jetzt an einem ausgearbeiteten Ochsen: gleichgiltig dass die
Niederländer häufig dieses Motiv gemacht. Gespräche: gute mit
Johann Stroschinska nennt sich jetzt Hans Canon.

Der Leib: die erste und die zweite Frau: jede im gleichen Bette nackt
liegend.

Die erste Frau verloren. Dann nur mehr wohllüstige Gedanken an Sie
anstatt Luxusgedanken.

Mit dem Sohn nicht gut stehend wegen der zweiten Ehe   ein Achselzucken des Sohnes – bis zum Tod, dann der Sohn verklärt.

Geräth er auf eine gewisse geheimnisvolle Ebene so verwechselt er die
zweite Frau mit der ersten, diese mit der eignen Mutter, seinen Sohn
mit Jesus Christus, das Tier mit seinem Sohn. in diesen erhöhten Zustand kann er gelangen durch das Herumgehen um einen dicken Baum
(Motiv aus dem Entwurf: der Park)

N 11

Der alte Maler

Die menschliche Figur seltener und seltener. In der glücklichen Periode
malte er Danaen – und brachte den nackten Leib in seiner Grübelei
in ein Verhältnis zu den verhüllten Leibern des Pfauen der Früchte
der Blumen. Er malte grosse schwelgerische Arrangements. Nach dem
Verlust seiner Lieben malte er nicht mehr gern das menschliche Gesicht das ihm zweifelhaft geworden war – sondern nur mehr Schatten
von Kerzen Blendlaternen und dergleichen. Allmählich malt er immer
weniger. Das innere einer Fleischerbude beschäftigt ihn zuletzt.

Früher war er gesund gewesen und hatte zu jeder Zeit schlafen können
wie die Hunde

N 12

Geschichte des alten Malers.

(R⟨embrandt⟩ v⟨an⟩ Rh⟨yn⟩'s schlaflose Nacht)

er heirathet 4 Jahre nach dem Tod seiner geliebten Frau, das Dienstmädchen, das dieser unendlich anhänglich war und mit der er um die
Verstorbene zu weinen gewohnt war.

KNABENGESCHICHTE

N 1

Traum des Knaben. (Dämmerung u. nächtliches Gewitter (?))

Er badet in niedrigem leise fließenden Wasser, taucht, vermält sich
dem Boden, wird selbst zu verschiedenen Erden, die sich sondern in
schwere dunkle moorige und funkelnde goldige, aus diesen hebt sich
eine ganz goldene kleine Gestalt, es ist sein Vater, steigt aber gleich
wieder in die Erde hinab. (Er ist ein uneheliches Kind und kennt
seinen Vater nicht.)

N 2

Euseb. ungeheurer wollüstiger Nachgenuss der Ermordung des
Sperbers. Dumpf herabgestimmt durch das hängende todte Kalb.

Es giebt Momente der absoluten Verklärung.

Mägde sagen: er hat der Hebamme hundert Gulden versprochen,
wenns eine männliche Geburt ist.

für den Priester große Stunde der Anfechtung.

Euseb u der sterbende Sperber bei Sonnenaufgang. Euseb geht in den
Wald baden: fühlt seinen Leib ganz einen Tempel Gottes.

N 3

Dämmerung u. nächtl. Gewitter.

Cooperator spürt in seinen Lungen das sich Auflösende, wie wenn die oberste Spitze des Höllentrichters hier wäre.

Arthur der Arzt. findet alles so wahnsinnig sinnlos. stürmt im Lärm des Gewitters an die Villa, schlägt an die Fensterläden.

Gott wirft das Leben in Eusebs Brust, wirft die Blitze, wirft die Schatten der Hölle, wirft die Krankheiten. Das Leben aus einer Creatur in die andere gezerrt »wie der Speck aus der Mausfalle«.

Arthur meint im Moment, wie die Landschaft im Blitz, alles ethisch aufgelöst durchschauen zu können

alte Frau: tastet sich an ihre Luke. Die Leiter ist weggezogen: fühlt im Näherkommen: ist es der Cooperator? ist es der Tod?

alte Frau hat ihr Haus gegen lebenslängliche Verpflegung übergeben.

Dumpfe Stube bei dem Postmeister: Hebamme und Magd essen und beten. enorm was die Hebamme isst. Der Frau sind schon 5 Kinder gestorben. Fliegen.

Euseb: werde morgen lügen, dass ich einen Räuber zu Pferd gesehen habe (Gedanke kommt weil ein Pferd des Postmeisters sich im Stall losgemacht hat) o eine Heilige! eine Märtyrerin! wie sie sich auf den Knien windet! ich hab abzubitten! einem anderen Buben der todt ist! den ich ertrunken liegen   ich muss mich reinigen, muss baden! im Wasser wo er war   hinab ans gestaute Wasser. dort sieht er die Magd weghuschen. (was thu ich denn? fragt sie sich selbst)   alle diese Stauungen der Traumkraft in ihm

Euseb hatte das Richterwort ausgesprochen: der Vogel muss sterben. nun scheint auch der Tod des Kalbes auf ihm zu lasten

N 4

Dämmerung und nächtliches Gewitter.

— —

Der Knabe wurde in dieser Nacht weit über sich selber emporgerissen — — sein Vater kommt ihm nahe als Räuber Landstreicher der ein Pferd losmachen will — Heiliges tritt ihm bis zum Berühren nahe —

in allem berührte ihn sein Schicksal, reizte ihn zur Grausamkeit und regte etwas weit tieferes in ihm auf.

auf dem See, in Gefahr der Kellner und ein Mädchen —

N 5

Idee

Wem gehört das Leben? Gott wirft es hin und her in die Geschöpfe
(denkt der Cooperator) plötzlich flammt es als Sinnenlust auf in
einem Bauernleib, dann als Völlerei, jetzt ist es für mich als feindselige
Kraft concentriert im Blick des jungen Arztes.

ein anderer (der Arzt) denkt: Mäuse, fahle Mäuse zerren es hin und
her wie ein Stück Speck. Für mich ist es im Leib der wahnsinnig geliebten und jetzt liegt der Mann auf ihr, er hats, er deckts zu, er trinkts
von den Lippen weg, er wischts von der feuchten Haut mit seinem
Leib weg.

N 6

Dämmerung und nächtl. Gewitter

zur Idee des Ganzen:

Râmakrishna in seinem Verhältnis zu der Göttin Kâli: ein Wirbelsturm durchwühlt seine Seele jahrelang. Er ist in sich nicht mehr.
Manchmal scheint es, als wäre er nirgends mehr: aber da blitzt es auf:
in der Göttin ist er noch. Was die Göttin hier: ist in der Novelle das
Leben. Das Leben, das in den Individuen aufzüngelt, wie die Flamme
in einem wirren Haufen feuchter Hölzer. Dem Priester, dem Arzt
schwindet es vor den grausenden Augen: mit tiefster Herzensangst
sehen sie es auf einer Nadelspitze Raum zusammenschrumpfen;
ebenso die Alte Frau, der es sich zusammenzieht zu der Thürspalte des
Himmels. Ganz verthiert empfangen es die im Dunkel essenden:
welche denken: noch eine Wehe, noch eine Schüssel. Vor Euseb
glänzt es in starken Wellen, wie der Rücken dunklen starken Wassers,
darin einer schwimmt.

N 7

Frühlingserwachen

so zu dem Kalb hinab   Euseb und der Vogel: alle seine Gier nach
Eindrücken zuerst um das Erlebniss mit dem Vogel zu ersticken.
(Plötzlicher Schreck wie er erkennt dass die Gemeinschaft der anderen
ihm dabei nichts hilft, die andern hängen nur so danebenen herum wie
aufgeblasene Därme die der Wind bewegt   neben dem Kalb) er sucht

sich zu betäuben, wirft sich auf seine Pferdedecke, auf den Bauch die Arme vor der Brust (wie ein Horchender an einer Thür) da ist auf einmal unter ihm der Vogel in undeutlicher Menschengestalt. Es muss heraus: er muss es durchdenken. Diese Erkenntniss dieser Entschluss ist knabenhaft muthig: nun wird er zu einem fabelhaften Antagonismus – er und der Vogel als märchenhafte Gegner – – dieses Märchen zerrinnt, er kann einschlummern.

N 8

Dämmerung u. nächtliches Gewitter

Er selbst die arme Creatur: so das enthäutete Kalb (das was verscharrt wird vom Kalb.)

die Blindschleiche die sich entzweischneidet, weiterzuckt.

Der Vater . . .

vielleicht einer der dem Teufel vom Schubkarren gefallen ist

die Hand Gottes des Vaters

Hebamme aus dem Fenster: er solle der Magd sagen, sie komme gleich zu ihr

Die Magd klopft an der Zwischenwand: hol mir die Gebetsreiterin meine Stund is kommen! der Bub läuft (So schreit ihn die Gebetsreiterin an: ihre Stund ist noch nicht kommen!) bringt die Antwort: deine Stund is noch nicht kommen.

sieht hinein: der aufgerissene Leib – eine Kerze – das Blutende wie beim Thier . . . das Thor

Wie sich diese angstvolle flehende Stimme (der Magd) in die Tiefe seines Traumes hineinwindet.

auf jede Weise den Vater suchen

N 9

Dämmerung und nächtliches Gewitter.

Die Verwandten des Kaufmannes, die gern erben möchten, umtrippeln das Haus. Die Frau ist drin mit den andern Frauen, der Mann kommt mit seinen Töchtern, um Nachricht zu bekommen. Er sitzt

mit den Töchtern draußen am Brunnenhäuschen, das ans Haus ange-
baut ist, mit der Wand gegen Westen. Er stiert auf den Brunnenstrahl
hin – die Frau bringt ihm Geselchtes und Mehlspeise heraus – und in
ihm steigt etwas von dem stolzen Gefühl des ersten Besitzers auf, der
sich das so anlegte: den Wasserstrahl da herauf zwang in das hölzerne
Gehäuse und aus der Küche ein Fenster ausbrach, dass man das Wasser
hineinreichen konnte – fast wie beim Praelaten wo der große steinerne
Wassertrog in der Küche ist – und das Rinnen scheint ihm bald ja
bald nein zu sagen.

N 10

Aufeinanderfolge
Bube verlässt Sperber, schleicht Fleischhauerstochter. dort Bediente.
einer mit der schwangeren Magd aus dem Hirschen. diese fleht. indess
gehen Arzt vorüber und Cooperator. Bedienter stösst die Magd weg,
geht in die Laube. Cooperator zu der Kronenwirthin: sie beichtet. der
Mann im Nebenzimmer. Cooperator fort. will zur alten Frau in der
Dachkammer. Gewitter bricht los. begegnet abermals Arzt. tauschen
einen Blick. Verzweiflung des Cooperators. Der Kaufmann allein.
Den Buben schickt die Magd um die Hebamme. Monolog der Magd.
unter dem gleichen Blitz Monolog der alten Frau. Der Bube an dem
Fenster des Kaufmanns. Drinnen der Kaufmann und die Hebamme.
Er sagt ihr wie er die Verwandten hasst. bietet ihr die hundert Gulden.
verspricht innerlich das Kind Gott aufzuopfern.

N 11

Dämmerung und nächtl. Gewitter.
Sperber an die Scheune genagelt flügelschlagend. Seine Gattin in den
blitzschwangeren Lüften kreisend, ihn mit blitzenden Augen suchend.
Der Bube der es gethan von lockendem Grauen zum Kirchhof getrie-
ben. Dort die Fleischhauerstochter, den Bedienten erwartend. Die in
Wehen liegende Dienstmagd. Der Arzt horchend ob der Mann der
Frau abgereist ist. Der Cooperator fühlend was diese Stadtleute be-
deuten die in den Bauernbetten in Wollust und Schlaflosigkeit liegen.
Todesvorgefühl des Cooperators am brausenden Bach: Höllenahnung.
In einer Dachkammer die Alte die vor Verdammnis zittert in triefen-
den Regen hinunterlauscht. Die Hebamme von einer zur andern
springend. Der Kaufmann will seinen Sohn Gott aufopfern, für

das Sündenleben das er geführt, so oft Samen zu Grunde gehen las-
send. Der Bediente spielt im Wirtshaus und verliert. Der Cooperator
ringt mit seiner Todesangst, der junge Arzt mit Qualgefühl der Nichtigkeit seiner grossen Leidenschaft; er schreit seinen Cynismus in die
Blitze hinein. Die Blitze leuchten in die Augäpfel der Alten, leuchten
der Entbundenen zum Bett hinab, beleuchten gleichzeitig das gleiss-
nerische Gesicht der Hebamme Das todte Kind hält er im Morgen-
grauen gegen den fahlen Himmel. Sperber haucht sein Leben aus.
Knabe hilft läuten.

N 12

Dämmerung und nächtliches Gewitter

Euseb kann durch zu starke Aufregungen nicht schlafen. Es ist ihm
als hätte er durch den Mord des Sperbers (dabei fühlte er sich von
Dämonie erfüllt, während er nach ihm schoss, Schwinge lähmte, und
annageln leitete: von Dämonie als bezögen sich die Weltvorgänge
auf ihn, auch als gälten ihm die kreischenden Flüche des Weibchen)
ein Sesam öffne dich gerufen: die Vorgänge dieser Nacht müssen
sich aufeinander - thürmen darum läuft er zum Fenster der
Fleischhauers-tochter hat Hallucination sie drücke ihn an ihre nackte
Brust, taumelt dann der Schwangeren nach – alles wie ein heisser
Hund der suchend, schnuppernd, zick zack läuft. Er kriecht einmal
ins Bett, hälts wieder nicht aus und geht sich baden. Dabei sieht er die
Kindesmörderin. (er glaubt sie gehe gleichfalls, aus Wollust, baden.
Wie sie ihn sieht, lässt sie schreiend etwas ins Wasser fallen, stürzt
fort.)

Wie alles aneinander Lust findet, sich alle Lüste verketten: die essenden und weintrinkenden Weiber, denen jede vergebliche Wehe der
Frau neue Schüsseln hinschleudert

N 13

Der Cooperator erfüllt von der Angst, verdammt zu sein. sonst
könnte ihn die leibliche Zerstörung nicht so beängstigen: er taumelt
in seinem zerstörten Leibe, in den der Krater der tiefsten bleibenden
Hölle mündet, herum wie in einem oberen Kreis des Inferno. »Wäre
ich nicht verdammt«, so gehen seine Gedanken, »so müssten aus den
physischen Qualen gerade die Lilien und Rosen hervorspriessen mein

Herz müsste aufgehen, so aber – . . . Meinen mystischen Träumen
haftet an, dass ich sie als Träume fühle, wer weiss was sie hinter meinem Rücken thuen; wenn ich sie einen Augenblick nicht im Auge
habe, so geben sie sich der Welt preis, allen Buhlschaften der Welt –
so sind es nur Dämonen die mit mir hausen.« Er beneidet mit wüten-
der Gier den Ungläubigen den Atheisten, den Sinnenmenschen: den
Arzt. (das Wartzimmer mit der starren Klinke dem Parfüm das Rauschen eines Abgehenden, die Brieffetzen, ein Taschentuch)

N 14

Dämmerung u. nächtl. Gewitter.

Den Cooperator erfüllt – so wie ihn einmal das Wissen: G o t t   i s t
erfüllt hat – jetzt die Verzweiflung: das Wissen: die Hölle hat mich.
Jeder Stein, jedes Brett ist die Schwelle der Hölle: jeder Luftzug (wie
wenn einen schaukelnd die Luft den Leib durchfährt) ist der Anhauch
ihres Rachens, überall ist ein markerstarrendes: H i e r

für den Knaben Euseb ist es die Gottesnacht:

N 15

Dämmerung und nächtl. Gewitter.

Fledermaus u Ziegenmelker begegnen sich. Fichten, wie händerin-
gend. Endlos Mauer, fahl aufleuchtend ein Blitz. Mädchen im Bette,
fürchtend Mutter zu werden. Jedes Wasser zum Selbstmord lockend.

N 16

Magd fährt mit der Hand zum Mund

Euseb ihr nach treibt sie her wie der Kobold das Opfer wie der Metzger das Kalb, Blitze dienen ihm nur

er ist statt des Geschreckten das Schreckende Raschelnde

ein Blitz und starker Guss den alle fühlen: auch die alte im Bette   die
mit dem todten Kind an ihrer Brust   auch der Sperber davon neu
belebt hört sein Weib in den wüthenden Lüften, ist selber schon halb
im jenseits, meint er sei ein viel grösserer Vogel, zu grösserem Horst,
zu grösserer Wollust geboren.

in diesem Moment alle Personen concentrieren

N 17

Dämmerung u nächtliches Gewitter.

Dem jungen Arzt kommt dies in den Mund: und bei der Leiche
schimmern Kerzen später fällt ihm das ganze Gedicht ein.

Euseb. ein Onkel ist Kellner. Er sollte schon Kellner werden ihm   5
ekelt davor. Er möchte auch nicht Feldarbeiter werden. Auch nicht
Töpfer oder Schuster. Was bin ich jetzt, ein Mörder! Das Wort hat
Kraft überall Entsetzen aus allen Höhlen hervorzurufen sagt er sich,
ihm wird heiß er will hinaus sich waschen. Im Halbtraum ahnt ihm,
er wird ein Heiliger.   10

Euseb hört die Magd mit der Gebethsreiterin sprechen: sie sagt: es
fängt schon an.

Die Magd ekelt vor dem Schmutz um sie: sie will nun hinaus das
Kind waschen. immer wäscht sie und reinigt unablässig maniakalisch.

Euseb: wie er im Wasser steht, trägt das Wasser ihm den ganzen Wald   15
zu: fühlt Waldmäuse laufen, hört Tauben, spürt die ganze Welt, sein
ertrunkener Freund ist ihm nahe, auch der Sperber lebendig: auf
einmal erkaltet das alles erstarrt der ertrunkene liegt neben ihm, der
Sperber hängt dort und dies alles wird nie enden (Vorgefühl der
ehernen Hölle von der der Cooperator gesprochen)   20

Der Vetter, Anwärter, freut sich so über alles wie der Besitzer sich
immer gefreut hat: da huscht die Gebetsreiterin an ihm vorüber.

H

Dämmerung und nächtliches Gewitter. (Das unsch⟨uldige⟩ Kind
Laurentia)   25

Furchtbar krümmte sich der Sperber, den die Buben an das Scheunen-
thor genagelt hatten, der hereinbrechenden Nacht entgegen. Euseb,
der älteste von denen die es getan hatten, stand in der Dämmerung
und starrte auf den Vogel, aus dessen leuchtenden Augen die Raserei
hervorschoss, indess er sich an den eisernen Nägeln, die seine Flügel   30
durchdrangen, zu Tode zuckte. Da stiess aus der dunkelnden Luft das
Weibchen herab, mit gellendem Schrei flog es wie sinnlos schwin-
delnde kleine Kreise, hieng dann mit ausgespannten Flügeln und
glimmenden Augen starr da und warf sich jäh aufwärts, rückwärts,

gegen die Bergwand hin, in wahnsinnig wilden Flügen verschwindend, wiederkehrend. Ihr Schreien sollte das nachtschwarze Gewitter, das da lag und mit seinem zurückgehaltenen Blitz den eigenen Leib durchflammte, heranlocken und mit Zauberkreisen auf das Dorf niederziehen. Der Knabe Euseb hielt sich kaum auf den Beinen und das Grausen fasste ihn im Genick, dass er nicht den Augapfel zu drehen wagte. Dennoch ergriff er nochmals den Hammer, um seinen Vater zu finden Als aber nun, unter einem lautlosen Blitz, die ganze Scheune fahl aufzuckte, und nun, von einem Windstoss aufgestört, zu seiner rechten der bärtige Ziegenmelker aus einem Mauerspalt hervorschoss, einen Käfer zu spiessen, zu seiner linken die Fledermaus hintaumelte, so riss es ihn herum und trieb ihn mit knirschenden Zähnen ins Dorf hinab. Da zeigte ein neuer Blitz dicht vor ihm die Kirchhofsmauer mit allen ihren Fugen, in denen Asseln wohnten; die Kreuze schienen sich unter der jähen Helle zu recken und auf dem einen vorjährigen Kindergrab schüttelte sich der Strauch dessen Blüthen rothe Herzen waren, die an Fäden hiengen. Aber wie der Blitz verzuckte und die Dunkelheit schwer wie ein Bettuch hereinfiel, glitt aus dem rückwärtigen Fenster eines kleinen Hauses schräghin auf die Kirchhofsmauer ein Lichtschein. In dieser Kammer schlief die Tochter des Fleischhauers, das schönste Mädchen des Dorfes; und es hatte einer der älteren Knaben, das wussten alle, hier einmal, da sie sich entkleidete, den Schatten ihrer Brüste auf den Vorhängen immerfort sehen können, bis sie das Licht ausblies. So drückte sich Euseb unter ein Vordach wo Schindeln hoch aufgeschichtet lagen; und sein Herz klopfte anders als früher. Ihm gegenüber hieng, den Kopf abwärts, das Kalb, das er am Nachmittage hatte führen sehen; noch schien aus dem weichen Maul der warme Hauch zu dringen. Hier vergieng dem Knaben Euseb die Zeit die er lauerte, wie nichts; er hörte nicht die Viertelstunden fast über seinem Kopfe schlagen und in der beklommnen Luft dröhnen. Er achtete des Blitzes nicht, der grell die Glocken in ihrem Gestühl entblösste; er fühlte nur das Kalb ihn erfüllte nur dass das Mädchen da drinnen war und dann in ihrer Kammer sich zu Bett legen würde. Jetzt gieng sie in der Gaststube umher, es sassen da zwei oder drei, denn der Fleischhauer schenkte einen einjährigen Wein aus. Nun kamen zwei dunkle Gestalten draussen auf das Haus zu; es waren Bediente der Stadtleute, die ihre Landhäuser rings um das Dorf und an den Hängen der Berge hatten; der eine war in Livree mit Kniestrümpfen, der andere war als Jäger gekleidet. Nun blieb der eine

zurück und der andere gieng voraus und trat in die Gaststube. Da trat
auf den, der zurückgeblieben war, aus dem finstersten Winkel hart
neben einem rauschenden Laufbrunnen eine Frauensperson, hob die
Hände gegen den Menschen auf und suchte seinen Arm zu fassen.
Die untere Hälfte ihrer Gestalt war unförmlich breit; und Euseb   5
wußte sogleich dass es die Magd des Kronenwirthes war, eine junge
Ortsfremde, zu der er und die andern Knaben verstohlen hinsahen,
wenn sie mit schwerem Leib am gestauten Mühlbach niederkniete, die
Wäsche zu schwemmen; weil sie alle wussten, dass die eine Schwan-
gere war. Nun schüttelte der Bediente die Flehende, dass sie mit der   10
einen Hand am Brunnenrand sich stützte, mit der andern krampfhaft
sich zum Leibe fuhr; ihr Weinen übertönte das Rauschen des Brunnens; da trat der andere Bediente mit der schönen Fleischhauerstochter
auf die Schwelle und der Livrierte gab jetzt seiner Rede, indem er
gegen die im Finstern stehende Magd sich halb umwandte, einen   15
lauten und fremd vornehmen Ton. Das war voriges Jahr, rief er
zurück und jetzt schreiben wir ein neues Jahr. Und damit sela. Und
da sie mit einem aus angstvoll aufgerissenem Mund hervorbrechenden
Joseph Joseph nochmals auf ihn zu wollte, so warf er ihr mit messerscharfen Worten die wirklich die Kraft hatten sie starr stehen zu ma-   20
chen, vor, dass eine Person in ihrem Zustande sich schämen sollte auf
der Gasse und vor den Wirtshäusern herumzuziehen, dass ihn die Zeit
die er im vorigen Jahr mit ihr verthan habe gereue und ihn auch jetzt
jede weitere Minute gereuen würde, da er besseres vor hätte als sich
mit ihr herzustellen. Den Knaben Euseb in seinem Versteck durch-   25
drangen diese messerscharfen Worte mit einer Art grausamer Wollust;
bei der Gewandtheit mit der der Bediente seine Worte vorbrachte und
dann drei Tacte pfeifend und ohne sich umzuwenden in dem Gasthaus
verschwand wurde es ihm ähnlich zu Muth wie öfter wenn die Kleider
der Frauen und Mädchen aus der Stadt ihn streiften: aus diesen   30
hauchte ein feiner betäubender Duft, der ihn mit einem zwiespältigen
Gefühl erfüllte, in dem er ihn einziehend weich und demüthig dahin-
zusinken meinte und zugleich etwas in ihm sich dabei gewaltthätig
aufbäumte. Dieses doppelte ergriff ihn jetzt wieder, es war als gienge
wie eine Thür im Dunkeln die geheime Herrlichkeit des Lebens der   35
Stadtleute und ihrer Diener für ihn auf, und es trieb ihn, der Magd
die vor sich hinstöhnend die eine Hand im Mund verzerrten Gesichtes fortwankte, nachzuschleichen, immer unbemerkt hinter ihr drein
zu sein, mit der Ahnungslosen ein grausames Spiel zu treiben. Sie

gieng in dumpfer Verzweiflung mitten in der Straße hin; er schlupfte
seitwärts zwischen den Hecken die sich im Sturme bogen, unter den
Bäumen die der Sturm schüttelte, längs der Scheunen die in ihrem
Gebälke ächzten. Der nächtliche Sturm trieb ihm Staub und Spreu in
5 die weitaufgerissenen Augen; er achtete es nicht: er hatte das Bewusstsein seiner Gestalt verloren, minutenlang war er klein wie die Wiesel,
wie die Kröten wie alles was da an der zitternden Erde raschelte und
lauerte; im andern Augenblick war er riesengroß, er reckte sich zwischen den Bäumen empor und er war's, der in ihre Wipfel griff und sie
10 ächzend niederbog; er war der Schreckliche, der im Dunkel lauert
und am Kreuzweg hervorspringt und zugleich fühlte er alle Schauder,
die von ihm ausgiengen, an seinem eigenen Rücken herunterrieseln.
Diese, die vor ihm hintaumelte war ihm ganz verfallen; er war ein
Stadtherr und hatte mehrere dergleichen; zwei Frauen hatte er in sein
15 Haus eingesperrt, und diese trieb er jetzt dazu; er war der Metzger der
ein ihm entlaufenes Thier beschlich um es zu Tode zu führen, das
Thier aber war ein behextes Thier, es war dieses Weib da vor ihm. Er
duckte sich wenn der Wind innehielt und sprang wieder vor, wenn er
daherstob; es war eine innige Übereinstimmung zwischen den Athem-
20 zügen des Windes und seiner wilden geheimen Jagd; der Wind war
mit ihm im Bunde und die großen Blitze erleuchteten den Weg mit
seinen Wagengeleisen, warfen ihren Schein an den Kalkmauern der
Häuser hin und zwischen die Hecken, leuchteten in den Wald hinein
und zeigten die Wurzeln der Bäume, alles um ihm seine Beute immer
25 zu zeigen, wenn sie ihm im Dunkel entschlüpfen wollte.

N 18

Dämmerung u. nächtliches Gewitter
Der Morgen. Aveläuten. Vorbereitung zum Ministrieren. Die stille
Messe.
30 Die Schwangerschaft als Object der Lüsternheit.
Dann ein ganz anderer Aspect: er sieht das von einer unfassbaren
Gewalt aus dem Mutterleib herausgeworfene (Association der aus
dem Sperbernest geworfenen Jungen) – das töricht ins Sein herausge-
laufene – nun angewiesen, sich des Daseins zu erwehren.
35 im sinnlichen Verhältniss zu der Magd: berührt es ihn stark wenn der
Kerzenschein die Dächer hebt – es ist als entblösse sich da etwas an ihr

N 19

1912.

Dämmerung u nächtliches Gewitter

die schlimmste Anfechtung für den Knaben wie ihn der Zweifel an-
fällt ob denn an dem Ganzen etwas dran sei – wie er die Kraft der
Landschaft und der Mannheit die aus ihr emporwächst bezweifelt –
und dann mit einem Ruck dies alles auf sich zu nehmen bereit ist und
alles, was daraus entstehen möge, Böses, Gemischtes, Drohendes: auf
sich zu nehmen und durchzustehen also zu leben.

Er war am Rand einer solchen Verwirrung gewesen dass ihm geschie-
nen war, es greife eine Mutterhand-Mörderhand nach ihm die doch
nach einem Wesen neben ihm griff – und er vermöchte es nicht zu
sondern – –

Hebbels Gemütsverfassung in der schlimmsten Zeit seines Lebens.

Zustand des Knaben Euseb: an das Gute der Welt nicht heran – zu
ihm nicht hinüberkommen zu können – will sich hinüberschwingen –
sich hinübertasten – auch der Mord an dem Sperber ist so eine fol-
ternde Ungeduld, hinüberzukommen ins andere. Das Rätsel wie alles
von aussen anders aussieht: bei einem Fenster hineinschauen – ein
Feuer von weitem sehen. Ihm ist, er wirft sich immer durch die Dinge
hindurch.

N 20

Er suchte den Vater – auch in Hammerschlägen auf die Nägel die den
Leib des Sperbers am Holz kreuzigten, suchte er den Vater – – – und
fand sich.

So gekreuzigt war auch er durch den Vater, den Verächter seines
Lebens.

Predigt des Katecheten: der Vater habe die Verachtung kundgegeben
für das von ihm hinterlassene Geschöpf

N 21

Dämmerung u nächtliches Gewitter

in dem Knaben ein grandioses Einteilen des Chaos, manchmal: dies
unten, dies oben, dies rechts dies links: damit wird er Herr über das

Chaos. Dies unterstützt er durch Stellungen im Liegen; Aufstehen,
steif knien. Nimmt er absurde Stellungen an im Bett so wird er
schnell zur Chimäre, endet im Schlangenschweif u.s.f. dies in diesem
Ton: ich darf nicht so liegen, sagte sich Euseb: sonst werde ich zur
5 Schlange

N 22

Knabengeschichte.

Der Umschwung zum Glücksbewusstsein, Gleichgewicht, Identität
an etwas ganz kleinem. In einem Gefühl von oben und unten, wie er
10 halbschief auf dem Bett aufsteht – in einem Gefühl wie er einen locker
sitzenden Nagel aus der Wand zieht, zugleich zieht er die Nägel aus
dem Sperber – er lässt den Sperber oder begräbt ihn auf dem Müll-
haufen es ist beides gleich – er verfolgt das Weibchen in seiner Brust
oder in der Luft es ist beides gleich unendlich – er geht und wird
15 Christus in der Kirche finden, findet ihn aber genau so gut, ihn und
seine umgebenden Zöllner, Idioten, triefäugige Alte – unter den
Brennesseln bei dem Katzenskelett – er kann jetzt da oder dorthin
gehen oder in die Fabrik eintreten

Seltenheit eines reinen Aufschauens in den Himmel. Plötzlich fällt
20 auch der früher abgewiesene Gedanke von der Grösse der Welt auf
sein Herz

Güsse von geistigem Licht

Er weiss sich als den einzigen Tätigen dieser Nacht, im Dienst der
Gebetsreiterin und des Wirthes. Der Wirt der den Ochsen schlug an
25 seinem Hochzeitstag

N 23

einer wird Karthäuser weil die Magd bei ihm der Blitz getroffen: dies
in die Geschichte: Dämmerung und nächtliches Gewitter

N 24

30 München 5 X. 1912.
Dämmerung und nächtliches Gewitter

er hat seinen Vater gemacht aus sich selber und hat sein Geschick an andern noch gewaltsamer wirken gesehn – so hat er eine höhere Stufe erreicht.

N 25

München October 1912
Dämmerung u nächtl Gewitter.

Der Traum von der Erde. Er wühlt in goldiger u schwarzbrauner Wassererde – lässts durch die Finger laufen, da laufen die Finger mit, die Füsse – er zerläuft ganz: aus der goldigen Materie hebt sich der Vater auf – er hat den Vater aus sich hervorgebracht: so löst sich das eine Schreckniss   das andere: Willkür der Lebensstellung durch das Dahinterkommen hinter die Kindervertauschung: so muss er fast lachen über die Welt.

der Katechet

der Lehrer

der Kaufmann im Wirtshaus das Resultat abwartend

Das Wasser führt an der Kammer der Magd vorbei. Diese ist die Nichte der Geburtshelferin Gebetsreiterin.

N 26

Knabengeschichte
veränderte Gemütsstimmung von einem gewissen Punkt ab

N 27

Dämmerung und nächtliches Gewitter
Das Auf-sich-nehmen des Lebens
Von Euseb mit dem Blick des Sterbenden die Stadt erfasst, alle in der Tramway gesehenen die geahnten Ringenden, Krüppel, Mörder, Arbeiterinnen, Ärzte, Notare, Diurnisten, Cooperatoren, Benedictiner, Armenhäusler, Friseurgehilfen, Selbstmörderinnen, Lehrerinnen, Marktfrauen, Markthelfer, Wallfahrer, Vorbeter, Todtengräber, Schinder, Kesselreiniger, Geschäftsreisende, Hehler, alte Herren, Soldaten, Böhmen, Croaten, Kutscher, Kleine Grooms Nachtportiers, Grooms an Nachtcafé und Bars, abgerichtete Bettelkinder Blumen-

verkäufer, Kirchendiener, Kerzelweiber, Zuhälter, vacierende Kellner, Dienstvermittler, Bureauschreiber, Flösser, Holzhauer, Stein-
brucharbeiter, Näherinnen, alte Dienstmänner, Bordellwirte, Kaiser-
liche Vertraute, Maurer, mittagessend. Tapezierer, Briefträger, Con-
ducteure, Obercontrollore, Steuerbeamte, Violinspieler Commis
voyageurs, Monteure und die Gespräche von allen diesen und die
Tätigkeiten von allen diesen, die vertrauliche Wirklichkeit davon, ihr
Hemdausziehen, ihre Witze, ihre Angst vor Krankheiten, ihr Leicht-
sinn, ihre Vergnügungslust, ihre Todesstunde – alle auf einer Wiese
wo viel Blech liegt, und die unbeirrbare, durch nichts zu beschmut-
zende Wahrheit aller dieser Existenzen und Dinge; Geruch aller dieser: Seife Tramwaygeruch, Kalkgeruch, armer Leute Essgeruch; alle
diese Dinge stürzen wie ein Wasserfall über ihn wie ein trinkbares,
essbares   alle ihre Hände

Gleichzeitigkeit

Eusebs Ringen in dieser Nacht mit der Eichelwirtin um das Geheimniss ihres Vorrechtes, ihres Besitzes, ihres Ich – aus allem Dunklen
das Lichte herausringen müssen, aus allem grässlichen Verschlossenen
Stockenden das Süsse brüderliche – mit der jungen Magd darum, dass
sie ihn nicht zu liess

N 28

Februar 1913.

Das Leben ist nie ein Etwas, es ist nur die Gelegenheit zu einem
Etwas. Hebbel

Dämmerung u n⟨ächtliches⟩ Gew⟨itter⟩

Das grässliche des Ideen-losen – alles lebt dahin, paart sich, frisst,
brüllt, stinkt, übervorteilt, unterdrückt, höhnt, belauert, beargwöhnt
einander – greift an einander herum . . . . .

Die greifende Hand – nach einem Kind . . . ihm scheints die Hand
des unbarmherzigen Vaters. Diese Hand die sich auf seine Brust legt,
als etwas millionenfach schweres: er findet an der Stelle dann immer
die eigene, todtenhafte Hand. »Meinem Vater seine Hand« sprach er,
ohne die Zunge zu bewegen.

Grässlich angeblickt werden als ob man ein Gräuel wäre

Gequälte Thiere – Pferde auf Bauplätzen; Vögel mit ausgestochenen
Augen hinten in der Schusterwerkstatt

unter dem Traum von der Welt: Er hatte von dem Mörder gehört
der ein Pfarrer war, 2 Frauen ermordete und in der Kirche die Ge-   5
meinde aufforderte für die Besserung eines verstockten Sünders zu
beten.

N 29

Knabengeschichte

G⟨ebetsreiterin⟩ auch Krankenpflegerin Leichenwäscherin früher   10
Oberschwester

ihr Schild, die Mutter mit dem vaterlosen Gotteskind

Morgens: die kleine Brücke

Halbtraum   die Wallfahrer werfen ihre Kleider ab, sind so nackt wie
bei ihrer Geburt   15

der alte Mann einmal nach einem Anfall nachhaus getragen, unaufhörlich redend, jetzt fällt er oben aus dem Bett

Einfall dass die Magd mit einem zusammen gewesen sein muss – das
Hinters Haus gehen des Wirts – die Begegnungen mit dem Wirt nahe
der Fabrik – die Alte seine Kupplerin – bei den Weiden   20

Die Stellen und Plätze vor denen ihm graut: was ist da drunter verborgen? Die Stelle mit Wegwurf wo alte Weiber suchen – Schmutz hinterm Altar der Gnadenmutter – Die schönsten Schmetterlinge nah
dem Aas   Hinterm Altar die Gebetsreiterin gesehen wie sie etwas
richtet, indess die Magd drauß die Hände ringt.   25

N 30

Dämmerung und nächtliches Gewitter
Die todten Menschen und Thiere in der Erde; das Verscharrte von
Thieren – Die Kranken die nächstens in der Erde sein werden. »Da-
mit hat es noch Zeit« sagte er sich.   30

Sein unbarmherziger Vater der sich vor ihm verborgen hat im Nicht-
da-sein – vielleicht steht er hinterm Gebüsch – als der klumpfüssige
Hehler – als der vornehme Fremde

das unsagbar unsichere seiner Stellung im Dasein: so unsicher ist niemand auf der Welt: unsicher dem ausgearbeiteten Ochsen gegenüber –
vielleicht gehörts ihm, vielleicht gehörts ihm nicht

der barmherzige Vater der ihm statt dessen zugewiesen ist, der Vater
aller Creaturen – alles wird zu allem   Grausen – das einzige Element
das möglich ist, ist das Wasser: baden. I will not touch my flesh to the
earth, as to other flesh. To renew me.

N 31

Knabengeschichte
Man entfernt sich von Gott (scheinbar auf immer, wie durch den
Mord an dem Sperber) und kehrt gerade auf diesem Weg zu ihm
zurück.

Euseb:
Ich tu – aber: ich bin ja auch was ich tu

N 32

Knabengeschichte.
»Ich will zu dir dürfen«   wen meint er? den himmlischen oder den
irdischen Vater?

Die Vermessenheit des Wirts. Er streitet mit dem Gendarmen und
dem Verwandten (Gemischtwarenhändler) über alles. heut werd ich
Vater.

Ein Vater von seinem Sohn im Stich gelassen. lasst's es ist nur der Alte.
Der Bub der unten Geschirr spült hörts. Später fallen ihm alle die
Krankheiten ein.

die Magd, mit unendlicher Angst der Seele: sie tritt mit dem Bewegen
der Kerze in die Handlung ein.

N 33

Knabengeschichte.

Die Gebetsreiterin ist Zubringerin, hat auch Euseb in die Stelle ge-
schoben, desgleichen ihre bucklige Verwandte. Sie ist unübertrefflich
in der Fixigkeit, Raschheit, im Ausfindigmachen –   5

der Alte oben (Vater des Wirts) stöhnend   schimpfend – bis der ein-
schlagende Blitz ihm die Zunge lähmt. (vorher die Gebetsreiterin
hinauf ihn ruhig machen)

Die Gebetsreiterin in Eusebs Halbträumen als Zusammenbringerin der
Wallfahrt er sieht sie in die Fabriksmädeln hineinhauen; unter ihrer   10
Hand gedeiht Vieh – die Sau wird trächtig, die Kuh gibt gute Milch

Betrunkener: Sie sind nit hochmütig – wenn sie glei an schön Über-
ziecher anglegt haben – na sagens sinds hochmütig – ne, redens nix
i kenn ihner an wie's sind.

Der Taglöhner früher Hausbesitzer   15

N 34

Knabengeschichte.

Er sucht den Vater des von der Magd erwarteten Kindes – bis er in
dem Wirt ihn unbezweifelbar findet.

Die Verschiedenheit der beiden Entbindungen für sein Gefühl: die   20
Zurichtung bei der Wirtin – hier, ein Herausfallen eines nackten aus
einer Tür – das wars schon!

Grässlich für ihn alle Associationen mit hinausgeworfen werden aus
der Tür: die Mutter klagte der Liebhaber habe sie bei der Tür hinausgeworfen. So flüchtet er einmal zur Sacristeitür hinaus. Aber die Welt   25
hat keine Tür dass man hinausflüchten könnte.

Bigotte die Aufsicht über ihn haben: die Woltäter

wie weit die Herzen auseinander: des Fleischers und des Tiers, des
Alten und des Jungen, des Cantineurs und der Arbeiter

Die G⟨ebetsreiterin⟩ benützt ihn als Botenläufer, Spion, Aushorcher.   30

unter dem Einfluss der Hand träumt er (auch halbwach) allgemein
Apathie: versteinern seiner Woltäter u Feinde

Traum: eine plötzliche unaussprechliche Gleichheit der hässlichen und grässlichen Tiere mit den Menschen (diesen Traum hofft er wegzu-wälzen; in ihm sind die Thiere vergrössert, besonders die Würmer u Asseln)

5   3ter Traum: es ist kein Gott

N 35

Knabengeschichte.
Die Woltäter: Ja was wär denn das neues!
Ja wenn man dumm is –
10 ihr Inhalt: Ansehen, Ordnung, Schmutz, Praecedens

der Wirt: schläft mit dem Gewehr. Glaubt nicht an guten Willen

Fludern: Mühlwassergänge

Der alte Mann (Wirtsvater) wirklich todt – wie der Knabe hinein-schaut. Er lässt ihn, lässt es ungewiss ob er todt ist, ob er morgen in
15 dem Sarg liegen wird der dort steht – so wie es bei dem Sperber zwei-felhaft ist ob er lebt oder todt ist. Das 5te Gebot

Korbflechterin – Sesseleinflechterin – Sammlerin von Abfällen – Eisenteilen Blumenzwiebeln   triefäugig,   Scherenschleifer – Bosnia-ker – Gottscheer –

20 Wie Euseb zum alten Mann hineingeht hebt dieser die Hand gegen ihn: da erlebt der Knabe sich als den Mörder der eindringt beim Alten Müller, der vorher den Hund kalt gemacht hat, auf den der alte Mann sogleich schiesst aber trifft ihn nicht, wird dann mit einer Draht-schlinge erwürgt an der noch Haare des Hundes kleben – – –

25 *N 36*

Knabengeschichte
von dem andern Knaben den die Mutter auch schlägt wenn sie nicht erreichen kann dass der Vater aufhört ihn zu schlagen – derselbe der beim Viehschlachten pompöse Reden hält

30 beim Schlächter war dieser Gesell (der spätere Mörder) arbeitssu-chend mit den in sich blickenden kleinen Augen, den ganz tief ange-wachsenen Ohren

Begegnung dieses Gesellen mit dem jungen Capuciner

Eusebs Visionen zunächst ausserhalb seiner: wenn sie verschwinden
gehen sie in ihn hinein.

Eine Verfassung in der er zu allem Mut hätte: jetzt dem Mörder ent-
gegenzugehen, ihn anzurühren, Brust an Brust mit ihm zu liegen –   5
dazu das Unterbewusstsein: es ist ja nicht möglich, dies ist ja nichts . . .

N 37

Knabengeschichte

Die Gebetsreiterin ist ihm in dieser Nacht ganz wechselnd: urmütter-
lich, urvertraut – mörderische Hexe: Das Gewaltige der Frauen in   10
ihr verkörpert. Ihre Trunkenheit, ihre Einfälle, Tanzen, Liebäugeln
mit dem Gendarmen. Ein Weib!

Faistauer: festliches Essen. Wallfahrt. Beicht.

N 38

Knabengeschichte   15
Arbeit

ein gichtkranker Flösser; zerschmetterte Beine vom Springen; desgleichen ein Blinder; Kesselreiniger;

Steinbruch Ziegelei Dampfmühle

Erdarbeiter: der Partieführer, zugleich Cantineur; seine Frau weint   20
bei der Auszahlung weil ihr um das Geld leid ist. der Schachtmeister

Kinder: tragen die Lehmhacke zum Schärfen, holen Wagenschmier,
Klaubholz bringen   dürre Äste brechen mittelst des Hakens einer
Stange

Knabe: Kinder warten, Lutschl zurecht machen, Aufwaschen   25

Strasseneinräumer

Landstreicher: Kartenschläger Bettelmusikanten Lackierer

N 39

Knabengeschichte: ein Arbeiter besitzt Blechrohre (alte Dachrinne)

N 40

Knabengeschichte.

5 Sich selbst entfliehen wollen und nicht können – der Gedanke, durch Untertauchen in dem Mühlwasser sich aus dem Leben zu bringen

ein kleines Gebüsch wo er sich wie zu Hause fand, wird durch die Arbeiter entseelt

Selbstverachtung und Angst in Worten zu denken

10 er ist ein Gottesleugner

ein kleiner aufgelassener Friedhof mit Capelle, Gräber voller Brenn-nesseln

ein Arbeiter besitzt eine Ofenröhre

Bude der Arbeiter aus Erde und alten Brettern, die aus seinem Ge-
15 büsch genommen sind, worunter er Regenwürmer pflegte zu suchen
Desgleichen das Wasser verunreinigt

Unglücksfall durch eine Sandader im Lehm beim Eintreiben der Keile
(Lebenser⟨innerungen⟩ e⟨ines⟩ d⟨eutschen⟩ Arb⟨eiters⟩ S 146.)

Krankenschein

20 Der eine sehr arme barfüssige Arbeiter dem sein Rock gestohlen wird
er hat Hose Weste Rock aber weder Hemd noch Schuh noch Pan-
toffel noch Strümpfe; kahlen Kopf

N 41

Knabengeschichte.

25 Erwerbträume des Knaben. eingegrabenes aufzugraben. Den Abfall-
haufen zu durchstieren, nahe der Fabrik

seine Grossmutter hatte ein Clavier besessen.

N 42

Knabengeschichte

Die wirr durcheinanderlaufenden Sorgen, Ängste Beschwerden und
Interessen der Mutter in ihrer Todesstunde im Spital

ihr Leben hatte da gar kein Ende   5

N 43

Knabengeschichte. In der Gruppierung de Coster zu nützen.

DER MANN VON 50 JAHREN

N 1

in die Novelle einzustreuen die Jugendstreiche des Prinzen. Wie er 10
den Bauern verprügelt, der im Kornfeld indiscret war. Die Badege-
schichte: Prügeln des Soldaten. Wiedersehen mit einer bäuerlichen
Geliebten von ihm vermieden durch Bergablaufen bevor er das Haus
erreicht.

2 größere Gespräche zwischen Schwiegervater u. Schwiegertochter: 15
das eine wo sie sich ihm zu entziehen weiß – das andre wo er die
Hecke durchbricht. sie ihm gesteht: ihm gegenüber habe sie zu ahnen
geglaubt was Liebe sei.

Der Prinz lädt mehrfach Leute ein, das Schloss zu beleben. Zufällig
sind es Männer u Frauen, die zu ihm in Beziehungen gestanden.   20

Er hält den Sohn, der schon angekommen, in einem Jägerhaus verborgen; endlich lässt er ihn ankommen, gegen Abend. Sorgt für die
Erleuchtung der Stiege, des Corridors. Zieht sich dann zurück.

N 2

Aussee. 28 VIII. ⟨1910⟩
                                                                     25
Mann von 50 Jahren, als Novelle.

In dieser Epoche seines Lebens lernt der Prinz sich selbst kennen. Er
wundert sich, dass er so habe leben können. es ist ihm, als kehre ihm
das Gefühl der Werte langsam zurück.

N 3

Mann von 50 Jahren.

der Prinz indirect charakterisiert durch das Tagebuch der Stiftsdame.

»Mittlere Wahrheiten wünscht man ausgesprochen zu hören . . .

(à la Stendhal) und hört sie so selten in Deutschland«

»Manieren. Wer in den Grenzen der Manieren bleibt . . .«

die Anecdote über ihn: wie er ins Schlafzimmer einer Frau tritt die
auf seinem Schloss zu Gast ist, zugleich mit ihm der Gatte dieser Frau,
unerwartet ihr einen nächtlichen Besuch zu machen. Wie er ihm zu-
ruft: Wecken Sie sie nicht auf es ist nichts ich habe nachgesehen, es
ist ein blinder Lärm, der Brandgeruch war von einem rauchenden
Kamin hat sich durchs Haus gezogen. lassen sie sie ruhig schlafen,
und wir selbst können auch schlafen gehen.

N 4

Neubeuern. October 1911.

Der Mann von 50 Jahren.

Für die Stiftsdame dieser rührende kleine Zug von D B: Ich muss
achtgeben, ich bin sehr leicht desequilibriert.

DIE HEILUNG

N 1

Neubeuern. 6 X. ⟨1910⟩

Die Heilung. Novelle.

ein ländliches Sanatorium. Der Patient, ein Hypochonder. Das junge
Mädchen, dem das Wertgefühl abhanden gekommen ist.

N 2

Semmering. 16 XII 1910.

Das kranke Mädchen.

(Das schwermütige Mädchen. Jener Fall bei Janet. Die Heilung.)

Der Landarzt bei dem sie untergebracht ist. Er kennt die moderne
Wissenschaft über dergleichen Phänomene. Was er dagegen vorzu-
bringen hat. Seine Gedanken über krank und gesund.

Sie verschleiert allen gegenüber ihren inneren Zustand. Sie lächelt.
Sobald sie allein ist, ist das Lächeln weg, wie wenn man einen Schleier   5
wegzöge, ihr Gesicht nackt und starr, fast wie von einer Todten. Dem
Arzt zeigt sie dieses Gesicht und sagt ihm alles.

Manchmal sagt sie unbewusst alles was ihr durch den Kopf geht:
Dinge die sich auf den verlorenen Geliebten beziehen, Wünsche, sinn-
liche Gedanken, die ihr mit Bewusstsein niemals auf die Lippen kämen.   10
Wär er todt auf dem Bette. Hätt ich ihn nackt und todt.

Alles was schön ist, hat sie in schnell durchziehenden Visionen, blitz-
artigen Tagträumen. Hier durchzucken sie, durchschneiden sie die
Schicksale frommer Seelen, die unsäglich beglückt sind.

Der Arzt ist kein Arzt für geistig oder an der Seele Kranke, aber er hat   15
Kraft über Menschen: etwas strömt von ihm aus.

N 3

Die Heilung (Novelle)

Basis der Seelenerkrankung des Mädchens die Möglichkeit aller
Dinge in einer Seele: das Betragen des verheiratheten Mannes gegen   20
sie. Die Exposition durch den Arzt herausgefragt.

mit dem Hauptmotiv zu combiniren das Motiv von jener Frau an der
Aar (Gedicht von Lenz); auf diese Frau drückt so furchtbar die Wirklichkeit des Geschehenen, das Unaufhebliche.

Das Mädchen: grübelnd sucht sie was denn eigentlich an ihrem   25
Herzen sei: welches Schwunges es fähig sei, welcher Hingebung
fähig, welcher Last gewachsen.

N 4

Der Mann ohne Seele (nach I zu formuliren)

in dem Buch von James die Erfahrung mit dem Bösen das neben dem   30
Bett steht, unsichtbar

(als eine Phase der Auffassung des Mannes in der Novelle Heilung)

N 5

Aussee 27 VIII. 1911.

Die Heilung.

Während sie sich nicht zu leben, sondern nur zu vegetieren scheint –
geniessen die andern an ihr doch das Unzerstörbare ihrer Natur.

Das Gewöhnliche an ihr – was aber doch der Untergrund ihrer gesunden, wahren Natur. Sie findet nicht eben viel an sich. Findet sich zuweilen gemein.

Unfähigkeit, anzuempfinden. Unbestechlich dem eigenen Gefühl
gegenüber. Küsse, – »aber sie lösen mich nicht auf«. (Alle diese Hemmungen geben die Ahnung des überschwänglich reinen und ganzen,
wenn sie liebte.)

eingeklemmt sein – Auch in einem zerspaltenen Baumstamm.

N 6

Aussee. 5. IX. 1911.

zu der Novelle: die Heilung.

Das Bild des Mannes ohne Seele, wie es sich in des Mädchens
Einbildungskraft herausbildet: (hiezu Baruzi: Volonté de métamorphose, cap. I. das Absterben der Seele)

ferner: in dem Buch von James The variety of religious experience
die Erfahrung mit dem Bösen, der neben dem Bett steht, unsichtbar.

N 7

Das Böse.

aus James die Erfahrung mit dem Mann der neben dem Bett steht.

N 8

Heilung.

Sie lernt die Welt frisch kennen als Hölle – das Unwahre rings um sie,
überall, im Mund der Leute – in den Gebärden – in den Bräuchen –
nun wird die Welt um sie eine complete lückenlose Hölle – sie hat
nicht, wie die Ratte – wo sie hinausschlüpfen könne –

was sie von der Welt kennt – ihre Bildung durch den Liebhaber – ihr
zartes naives Ahnen des Höheren (Napoleon)

nur ein irgendwie ist gegeben das Leben zu ergreifen
Sie: ich könnte todt sein und dürftest alles tun aber ich könnte todt
oder lebend sein und du dürftest nichts tun –

N 9

Aussee, Anfang August 1912.
Überraschend in diesen Stoff hineinspielend die Anekdote welche
Fürst Metternich Balzac erzählte und die von diesem in einem Drama
verwertet wurde (Feuilleton der N. Fr. Presse von Bettelheim)

Mit Wassermann den Stoff durchgesprochen.

N 10

Gandegg 23 IX. ⟨1912⟩
Heilung.

Der unwürdige Geliebte beim Wiederkommen auch wirklich verändert: Spuren von Brandwunden, die eine Augenbraue, auch der
Bart abgenommen, den er früher als kurzen Spitzbart trug

N 11

Heilung. – etwa von dem Mann aus erzählt. Sie leben schon zusammen. Haben schon ein Kind.

Der Mann, früh angegraut, ein Weiser geworden. Die furchtbare
Gewalt der Lüge, die sein ganzes Leben gestaltet hat. Das furchtbare
war, dass er ein wahrhaftiges Geschöpf mit der ganzen Gewalt der
Lüge treffen musste.

Der Mann von vierzig Jahren: der in seinem Leben keinem gelebten
Augenblick entrinnen kann. Sein angstvolles Verhalten zu dem Kind.

SIEBENBRÜDER

N 1

14 VII. ⟨1912⟩

ad Siebenbrüder.

der eine und seine Frau: sie kommen nie ganz genau zusammen, so
schnell hab ichs noch nicht gewusst, dass du mir gut bist – das nächste
Mal werd ichs besser machen . . .

Schicksal des zweiten: es kommt gerade immer etwas dazwischen, um
das Erreichte zu verderben.

der dritte: ein mystischer Einsiedler.

N 2

18 VII ⟨1912⟩

Siebenbrüder: einer der beständig herum rechnet – sich bald reich bald
arm vorkommt – immer die Klärung dieser Dinge auf das Zusammen-
sein mit den Brüdern aufschiebt

N 3

27 VII. ⟨1912⟩

Siebenbrüder Bei der Überschwemmung kommen sie zusammen,
nachts in einem Kahn; der Kahn schlägt um: im Umschlagen sehen
sie deutlich einen prächtigen Saal unten: so wie der Vater sie alle gesehen hat kopfüber in einen prächtigen Saal eingehen. Sie hausen auf
verschiedenen Höfen; in ganz verschiedener Weise. Der eine mit vielerlei Frauenzimmer, grosssprahlerisch, der andere in Geiz   der dritte
dicke haust mit einer schlechten Frau; der vierte ist unstät; der fünfte
ein Grübler; der sechste ein polit. Kopf; der siebente hat ein blindes
Kind ist tiefsinnig: aber es ist jedem als wäre sein Tun nicht endgiltig
und auch nicht gottsträflich (sondern widerruflich) weil es ohne die
Brüder geschehen war: der Vater aber gesagt hatte: nur was ihr zusammen tut, ist giltig

N 4

27 VII 12

Siebenbrüder

Die Erinnerung an die Brüder sitzt in allen Unter- und Zwischenge-
danken: kleinere Verdüsterungen – oder plötzlich im Wald beim   5
Durchforsten nicht recht bei der Sache sein – oder beim Niedersetzen
eines Bechers: als wäre es ein fremder Arm. Aber andererseits: wenn
einer einsam gieng – oder bei einem Hausbrand: das Gefühl: die
Brüder sind auch auf der Welt

Der eine im Rausch: wie er die Frau einem andern auf den Knien   10
sieht – selber vom Rausch gebunden: kein scharfes Gefühl von
Schmach sondern so als unterredete er sich mit den Brüdern.

(Er wirft dann die Frau hinaus, die Frau kommt aber wieder, beim
Fenster herein, durch den Keller, liegt auf der Streu, ist stärker als er)

(8 VIII ⟨1912⟩)   15

Vater aus dem Thal, die Mutter eine fremde, Zigeunerahnen.

Wie sich die Brüder plötzlich einer den andern wiedererkennen: jeder
das Tiefste des andern erkennen, an dem letzten Abend, wo einer den
andern abholen kommt: an der Geberde wie einer den Weidenring
einlegt fürs Ruder, an einem Aufleuchten des Gesichtes; an dem »So«   20
wie einer die Hausthür von innen versperrt.

Zwischendurch haben sie sich einer des andern nur in den Zwi-
schengedanken erinnert, die man nicht beachtet z B. beim Bücken;
aber das Nicht-dasein der Brüder gibt jenes Rätselhafte incomplete,
das das ganze Dasein durchwaltet; jenes fast; durch jenes Fast sind   25
sie besondere Leute im Thal, Schiedsrichter, Friedensstifter, bekommen Briefe von auswärts; sind unterrichtet über Kriegszüge und aus-
wärtiges; sind aber leicht übervorteilt beim engeren Handel; keine
sonderlichen Hauswirthe.

Siebenbrüder: ihre letzte Fahrt im Holzschiff. Die vielen Gesichter im   30
Wasser.

Schicksale: Philemon u Baucis. Die Frau in der Aar.

Der strenge Mönch am Sterbebett der Mutter: sie will immer wieder
auf die Söhne kommen (innen Licht vor dem Fenster auch Licht.
Leute mit Lichtern kommen). Abschied von der Mutter: Mein Willi-
bald mein Achaz mein Euseb! vergesst mich nicht. Vergesst mich
nur nicht ganz. Vater (im Lehnstuhl): Ihr werdet meiner vergessen,
das ist der Lauf der Welt. Aber merkt ihr gehört zueinander. Wenn ihr
wieder zueinander müsst so werdet ihrs an Zeichen erkennen: die
kann ich euch nicht mehr sagen (starr in die Ecke, dann Augen zu,
dann wieder auf)

N ʃ

Siebenbrüder

Aurea catena.

allomatische Wesen.

The whole man must move at once!

Siebenbrüder: ein Arzt darunter dem Staroperationen gelingen –
gelegentlich einer der Gegenwart des andern versichert durch eine
Erscheinung
ein Dastehen neben seinem Bette
ein Kind das Wasser durchstreichend in die Hände (ein dunkler
Mann neben dem Kranken im Bett)
eine Stimme

dies Merkmal dass es von den Brüdern herrühre ist das was dies Zeichen zum Kostbarsten des Lebens und das Leben um ihrer willen
lebenswert macht: alles andere ist, daran gemessen, trivial und kraftlos. So ist der Mensch mit sich selber entzweit und vereinigt. (So bei
mir das Merkmal eigentlich köstlicher Momente Empfindungen.)

Der jüngste: Arzt, Prediger (von diesem aus alles gesehen)

jeder weiss dass sich sein eigentlichstes, sein Werk, auf seine Brüder
bezieht   so denkt der eine beim Herausnehmen der Starlinse an die
Brüder der andere beim Schuss   auch dass ihm nichts geschehn kann,
da das ihn gegenwärtig bedrohende Übel

bei der grossen Wassernot fährt dann ihre Plätte auf der sie im Gespräch sitzen, Fackelerleuchtet, mitten durch die Verwüstung und
Zerstörung bis es plötzlich umschlägt

DAS PAAR IM BERG

N 1

17 VII 1912.

Steyrer Legende.

Das Paar im Berg.

Gedanken nicht die richtige Erhebung beim Zusammengeben gehabt
zu haben. Anwandlung trauriger Gedanken, er werde bald sterben.
Die Frau neben ihm: nicht sinnliches Begehren, sondern Traurigkeit.
Grübeln über Besitz Zahl der Kinder. Ein Häusler von unterhalb des
Ufers heraufgekommen. Er denkt sich in den armen Alten hinein. Ein
grosser Nussbaum; jenseits der Strasse gestürzt. Indem bewegt sich
der Berg schiebt sich zwischen ihn und die Musikanten: ihm kommen
7 Augenblicke aus der Kindheit zurück. Indem spürt er dass es nicht
sein Tod war sondern eine Entrückung, er ist in einem Gang worin ein
mässiges Licht: seine Frau kommt von seitwärts hervor: sie gehen zusammen weiter   kommen auf einen Anger vor einem Garten: ein
grosses Stift: hören Gottesdienst, ein Mönch kommt weist ihnen ein
Ess- und Schlafgemach an. Zu ebener Erde: draussen gehen viele
Leute vorüber. Die grossen Herren von den Grabsteinen. Franz H.
fühlt eine grosse Hingezogenheit. Die Frau geht mit dem geliehenen
sorgsam um, desgleichen mit dem Bettzeug schamhaft. Nachher ist
ihm bewusst, dass er die Frau nicht erkannt habe. Sie treten ins freie.
ein Mönch im Gemüsegarten beschäftigt öffnet ihnen eine kleine Tür,
sie gehen weit, glauben die Gegend zu erkennen: ihrer Erkenntniss
ist eine feierliche Erregung beigemischt. (Die Fragen, die er an die
stellt in dem Gemach: jetzt verlangst dich zurück in die Kinderschul?
Ist dir leid um deinen todten Bruder? Er hat Angst, das Sinnliche allein
zu wollen bei der dreimaligen Umarmung.)

N 2

25 VIII ⟨1912⟩

Das Paar im Berg

Anfang. Junger Ehmann Überhebung läuft vor und zurück. Zu den
Musikern, zum Kammerwagen. Übertritt immerfort die Sitte. (Er ist
ein Ortsfremder) Spürt Voreltern in sich, seiner Mutter Blut; will
Besitzthum mehr.

Holt sich die Frau beiseite. Ruft Nothelfer zu hilfe, auch heidnische.
Hat heidnische Todesangst, kanns nicht erwarten. Nimmt die Frau
unterm grossen Nussbaum. Entrückung.

Letztes Kapitel: Begegnung mit 2 Kindern. tiefsinnige Furcht der
Kinder vor den 2 alten Leuten.

N 3

Das Paar im Berg.

Der Mann: sorgt sich voraus über die Verheiratung seiner Tochter
(Bauern in Jacques le fataliste   Mann u Weib redend)

Die Unmöglichkeit, das richtige Haus zu finden, wenn man bauen
könnte. Die Großmutter im Haus. Kanarienvogel haben! Man müsste
einen Garten mit einer Mauer haben wie die Leute im Stift, was freilich bei Bauern nicht üblich. Die Aussichten aus den Fenstern sind mir
nicht recht: Schweine zu nah, Apfelbaum zu alt.

N 4

Das Paar im Berg.

einer der Todten redet den Mann mit Namen an: Christoph

der Mann sinnt darüber nach dass die Todten hier Zeit hätten, zu
leben. Der Mönch mahnt ihn, er solle seine Zeit mit der Frau nicht
verlieren.

der Mann sinnt dass es eitel sei Kinder in die Welt zu setzen weil
hier eine Gräfin kommt mit 6 Söhnen die jung gefallen sind

N 5

Salzburger Märchen

Der Bräutigam: mich sorgt's, ob bei Schmaus genug sein wird, ob die
Verwandtschaft sich nicht streiten wird, die Hochmüthigen niemand
verletzen werden; o weh bald wird mein alter Hund sterben. So sorgenvoll war mein Großvater und Vater. Großvater hatte vor Feuer
und Wasser gleich Angst; Vater vor bösem Blick (cf. Baumann: La
fosse aux lions)

Die Braut sorgts, dass die Liebe nicht dabei in Brunnen fallen möge,
unter diesem Wust von Sorgen. Es drängt sie, zu zeigen, zu zeigen bis
zur äußersten Hingabe: die ist aber doch unchristlich. Über Zurückhaltung, Scham

Wie sie drinnen die Zeit verbringen: über ein Wasser im Refectorium   5
zu schauen dass sie darüber fast Essen und Trinken vergessen dazu
die übermäßige Freundlichkeit und Güte der Zuschauenden.

Vor ihrem Fenster Blumengarten: wozu eins abreißen was thäts uns
nützen. er will ins Bett sie sagt das Gedicht auf. Sie schlägt noch den
Leinenvorhang weg will ihm draußen die Leute zeigen die spazieren-   10
gehn: sagt er was nützen oder schaden uns andre Leut! indem aber
klopfts

Es klopft leise: man führt sie einen Weg zurück, sie wollen Blumenpflücken da fällt ihnen ein, es sei gegen abend und das Blumenpflücken
habe keinen großen Sinn mehr. Hiebei wieder er mild sorgenvoll.   15

Bräutigam sieht Wolke aufsteigen denkt das wird dem Futter schaden.
wirft Stein aus Weg; weil hier die Fuhr mit dem Hochzeitsgut vorbei-
kommen muss. Sorgt um einen Fleck in ihrem Kleid.

Braut ahnt dass Scham auch welkt: nämlich man wird eine Greisin,
hält Scham fest wie ein altes verfärbtes Seidentüchlein und es ist doch 20
nicht mehr das gleiche wie die ahnungsschwangere Scham der jungen
war: alles Schöne sind Constellationen, die der einzelne nicht zu genießen bestimmt ist, da er zu ihnen beizutragen hat.

N 6

7 VIII 19.   25
Das Paar im Berg.

(NB. Drei Ehemärchen: Das Paar im Berg, Die junge Frau u. die
Nixe im Baum; »Hyacinth u Rosenblüth«)

Kleine Capitel: Vormittag – Mittag – Nachmittag – Vesperzeit –
Dämmerung.   30

Begegnung in jedem Capitel eine: mit einer Mutter und ihren Kindern
(Verstorbenen)

mit einem weisen jungen Priester.

mit einem Geizigen, dem beständig die Zeit entschwindet, der Raum zu enge wird: er fragt sie restlos aus, es ist ihm als ob ihm von ihnen was entgienge – er weiss nicht wo sie hinthun, bringt sie nicht
5 unter in Raum u. Zeit.

PRINZESSIN AUF DEM VERZAUBERTEN BERG

22 VIII ⟨1912⟩

Prinzessin auf dem verzauberten Berg.

Zum Schluss ist sie sehr müd und verliebt sich in einen Lümmel.
10 Ereigniss (τύχη) glorificiert. Wie sie aus dem nichtigen Menschen alle Glorie des Lebens herausfühlt. Dieses: »ich scheine mir verlebt und doch so neu«.

ganz zum Schluss kommt sie in einen Gemüsegarten. sie meint aber grosse Gräber und merkwürdige Thürme stünden hier herum. Dies
15 ist der Garten des Todes. Sie will dem Tod alles Erlebte hinwerfen, damit er ihr nur das nackte Leben zum weitersuchen lässt.

DER MANN DES ABENDS

N 2

30 Mai. 17.
20 Der Mann des Abends.

Träumendes Dasitzen, unwillig. Einschlafen. Versperrtes Clavier. Uneröffnete Briefe im Briefkasten. Sprechen zu sich selber. Lieblos. Gelbes Blatt. Raupe. Schlamperei in der Lade. Geld. Brot. Photos.

Hinweg. Versuch ein Buch zu nehmen. Er lässt es sein. Die Musik
hat ihn verlassen. Er geht schneller wo er singen hört.

Auf der Trambahn. Liebespaar. unangenehm berührt von seinen
Augen. (Es giebt einen Blick, der liebevoller, zugleich scheuer u auf-
merksamer ist, als der Blick der meisten Menschen, aber das Letzte   5
fehlt ihm, so erschreckt er.)

Er will abseits gehen   folgt dann doch dem Strom der Spaziergänger. Abseits Gebüsch. Wieder ein Paar. Ein Hund. Erschrecken. Wie
ganz war er im Erschrecken, u. im Ausweichen. (Einem Mann der ihn
fixiert hat.) – Am Wasser. Er wirft einen Stein gegen Fische. Er be-   10
rührt etliche Aubäume. Die grosse Eiche. Ost und Westen ringen miteinander. Östlich ein Vogelnest im düstern Gezweig. Die Vögel aus-
fliegend gegen den westlichen Teil, wo Mücken schwärmen. Dort eine
Avenue, wo glorreiches Abendlicht herniederströmt. Er schreitet um
den Baum, mit halbgeschlossenen Augen. Veränderungen an seiner   15
Gestalt: die Finger länger, die Glieder elastischer. Warum habe ich nie
den Osten so erkennen können, murmeln seine Lippen.

Alles dieses sind aber nur Vorzeichen: das Wahre ist die Entfaltung
der Gegenwart

N 4   20

25 VII 17.

Der Mann des Abends.

Keine Reisen, kein Verkehr, keine Angst, kein Arzt.

Zuweilen aber verlasse ich abends die kleine Wohnung eines pensio-
nierten Beamten. Ich bekümmere mich nicht um die Menschen, ich   25
lese nicht die Todesfälle aber ich habe mich dem Verkehr entzogen.
Mein altes Clavier bleibt unberührt. Ich lebe so für mich hin. Ich er-
warte die Anzeige. Sie erfolgt durch ein Aufleuchten des braunen
Clavierdeckels, durch eine besondere Geberde des Hundes der Hausfrau: durch den Wasserkrug.   30

Ich gleiche in nichts dem Spaziergänger der sucht: denn ich weiss.
Ich empfange u. erschaffe: jemand, der nicht ich ist, erwirbt die Ruhe
eines Bergtales. (Auch der Schauende fällt ab von mir, in immer wieder neuer Form.)

Indem ich dies in mich aufnehme, sage ich über die Musik dies: sie
ist ärmlich im Vergleich, denn sie wird durch Willkür hervorgerufen:
das Kupfer geschlagen, das Pfeifenrohr angeblasen, die Saite gezupft,
dieses aber ist. (Actives Schauen die Grundlage seiner Meditation.)

5 Die Leute im Garten: sie haben Augen für alles, nicht für die Sonne.

Schluss   Ich trenne, zu meiner Rechten u. meiner Linken, denen man,
nach den Worten des Klugen Gewitzten, nicht in die Augen sehen
kann: die Sonne u den Tod.

Ich bin, wo ich bin. Die Idee der Poussinschen Landschaften in den
10 Wolken, schneller wechselnd als dass die Reflexion sie verderben kann.

N 6

Der Mann des Abends.

Die Hand. Jene Hallucination bei Taine I. 379

Langsames Kreisen

15 Er kreist schneller u. schneller: er will etwas einholen – es gelingt ihm:
triumphierendes Stadium: kein Gross u Klein.

Äussere Zeichen: Die Lippen schmal, in den Mund zurücktretend, mit
dem charakteristischen Einziehen des Atems wie beim Ehrgeizigen
der von grossen Plänen bedrängt ist

20 un sentiment de paternité ardente et dévouée

Der Westen feierlich, rätselhaft u. prunkvoll. Alle Lebensalter in
einem Werden u Gewesen-sein. Der Osten momentan – greifbar u.
unwirklich: Gegenwart.

N 8

25 Der Mann des Abends. Die Veränderungen seines Gesichtes von Ost
zu West. Im Westen der heranströmende Lichtstrom. / Enthusiast
gewisser Musikstücke, Feind anderer. Sonderbares Betragen im
B⟨ösendorfer⟩schen Conzertsaal, nach dem Ende. (Virtuose der
Feindschaft, böser Mensch?)

DER ZEICHENDEUTER

N 1

3 VI ⟨1917⟩

Der Zeichendeuter.

liess es mich im Stich so war ich unglücklich – ich war als wie eine   5
Katze der man die Bartfäden abgeschnitten hat

Ich war damals in der Lehre bei einem Huterer – in der Vorstadt

meine Sonntagnachmittage

oder beim Austragen der Hüte

ob ich gewusst habe, dass andere Leute nicht so beschäftigt waren?   10

Es wurde durch die Liebe abgelöst

Angst vor dem gestern gegangenen Weg

N 2

Zeichendeuter: Bilder waren mir gleichgiltig

N 3   15
10 VI 17.

Anbetung des Leeren

(vielleicht als Fortsetzung einer Art von introspectiver Biographie,
zu jenem Fragment: der Zeichendeuter. So überleitend: Befragt was
jetzt die Höhe seines Lebens ausmache, gab er zur Antwort: die Ge-   20
wissheit des Gleichgewichtes. Z. B. die Wahrheit der Farben: dass
Braun die Farbe des Leibes der Erde. Schärfer befragt, was ihm der
Gegenstand der Anbetung sei, erwiderte er.)

Jenes Wort aus dem Tao-te-king: Erweisen wir Verehrung der
Leere, denn sie gewährt die Nützlichkeit des Rades und die Harmonie   25
der Laute.

Jenes occulte Verhältnis in mir zu einem Unerreichlichen, Non-
existenz einer Landschaft, Non-existenz eines Mythos, Non-existenz
einer Atmosphäre, vermöge welcher ich zu einem infiniten Etwas in
einer infiniten Haltung stehe: diese Leere ist der Gegenstand meines   30

unberührbarsten integersten Glaubens und die anderswo beleidigte Sehnsucht kehrt immer wieder zu einem Flug über diese dunklen Receptakel des ewigen Lebens zurück. Es sind nicht Teiche, es sind nicht Höhlen: sie gleichen dem Tal wenn man es als ein Gefäß auffasst. Sie sind die untere Stufe, wenn man in einem Stufenlande auf der oberen Stufe wäre. Berge v o r dem Meer, wie auf der Poussinlandschaft. Polyphem Sie sind beschattetes ohne Wände. Das hinter dem Kletternden. Sie sind im dämmernden Haus das nächste Zimmer oder wieder das zurückliegende Zimmer: ebenso gemahnt die fremde Wohnung an sie, in die man hineinsieht; aber fasst man ins Auge: eigene oder fremde Wohnung, frühere Zeit oder Kinderzeit. ich erinner mich oder wo bin ich? so ist Ablenkung. oder auch ein frisches Grab. Desgleichen die Fremdheit des Wanderers in dem Thal. Die Nicht-gemeinsamkeit seines Daseins. Aber fasst man seine Trauer, oder Heimweh oder Müdigkeit ins Auge, so ist Ablenkung. Alles in der Welt ist nur Ablenkung, sogar die Sonne. Aber mit der Erde hat es zu tun. Es möchte sich von ihr nicht lösen. Aber über alles geht ihre Wirklichkeit. Diese ist so, dass man das Buch wegschieben muss, worin man liest, oder einen Zweig abbrechen. Ich spüre dass ich darauf lossteuere wo nicht hinzukommen ist – oder dazugebe: wo nichts dazuzugeben ist. Mein Glaube daran ist wie ein Hinblick auf Juwelen aus Jade auf in Sattel-steigen u Herrschen, ich lasse es nur wie in zeitweiliger Verträumtheit los. Es ist keine Initiation notwendig; es gehört kein Opfer dazu, eher eine Umdrehung.

Indem ich gehe u. stehe, verübe ich nicht beständig die Ceremonie der Anbetung des Leeren: indem ich meine Aufmerksamkeit von der Welt des Trachtens ablöse – von der Ablenkung ablenke. Die Bedeutung der Ceremonie: sie ist eine Geberde, in der das Individuum für seine Vorgänger u. Nachfolger sich geberdet –

Die Ceremonie geziemt niemals dem Persönlichen – diesem würde Directheit ziemen. In der Ceremonie ist der an den sie sich richtet, mit dem, vor dem sie geübt wird, in eins zusammengenommen: der die Ceremonie ausübende ist der Mensch für die Menschheit, er ist immer allein: die Ceremonie gilt immer dem Leeren, denn sie gilt der Höhe, vermöge eines Umfassens und bei Seite-bringens der Höhe: das Angeredete tritt ab, in den hintern Abgrund.

die Ceremonie ist das geistige Werk des Körpers: sie liegt im Anblicken der Sonne, im Niederlegen auf die Erde

L'Empereur: Renversant le visage, j'adore la hauteur; étendant les
deux bras, j'embrasse l'étendue – je conjoins la profondeur: Tu es
partout et cependant tu n'as ni haut ni bas / ni mesure ni étendue ni
apparence. Je suis présent devant le Vide.

Ahnung der Wage u des Gleichgewichtes in alledem.   5

N 4

24 V 19
Der Zeichendeuter

er vermag nicht zu sondern – dem Laternenpfahl nicht das Leben u
Leiden abzusprechen, das dem Hund eignet, dem Hund nicht, was   10
dem Menschen eignet . . .

so schon dem Kind ist alles Schein u. darum alles wahr
u. es versucht sich fromm hinein zu fügen –
mit einer übermächtig blöden stummen
geheimen u. mit Angst vermischten Liebe   15

N 5

Zeichendeuter

Die Zeichen: ähnlich wie beim Verfolgungswahn. Die Stellung der
Häuser auf einem Berghang. Gaslaterne an einer Mauer. Das unfassliche der Mehrzahl. Drei Stöckchen Basilikum. Das Unfassliche des   20
Geruches. Canalgitter. Fenster mit roten Vorhängen. Begegnung mit
dem Dieb.

N 6

XII 22.

Der Zeichendeuter oder der kosmische Eros   25
Das Ungeheure Erlebnis der wechselnden Mondfarbe vom gelben
schweren unter kahlen Zweigen bis zur starken blinkenden des hohen
Mondes

Das Unfassliche des Kommens von einer Sache zur anderen.

N 7

15 XI 26.

Der Zeichendeuter.

Er vermag Auskunft über alles Complicierte zu geben, z.B. über das
Verhältnis des Schauspielers zum Wort – nämlich dass der Schauspie-
ler die Ausdruckschönheit nicht braucht –
(Besuch eines Schauspielers bei ihm in der Anstalt)

N 8

Vom Ausdruck (ohne die Hilfsconstruction des »Schauspielers«.)
Wie die Menschen reden sei hässlich – wie die Tiere reden sei schön.
Unflätig reden sei nicht hässlicher als geziert reden. Es sei an sich
hässlich – außer bei Sterbenden u. so. (Er hat im Kriegslazaret viele
Sterbende gesehen)
Es sei wie wenn sie Zettel aufs Maul geklebt hätten

N 9

16 XI 26

Zeichendeuter:

Wie dieses zu jenem steht – das Einzelnste, im Augenblick sich voll-
ziehende – nur daran kann man weiden. Dem gegenüber das Globale
(Summierung, willkürliche Ballung): der Charakter, die Situation –
nur ein Augentrug.

N 10

Der Zeichendeuter:

befragt warum er immer wieder wandere? . .
Weil keine Landschaft ihm genügt.
Was das heißt »genügen«.
Weil keine sei wie er möchte, nämlich ihrer Structur nach, keine sei
vollkommen.
Liste der Stationen: Thüringen – Kurland – Schweiz.
Was das heiße, nicht vollkommen?
Ja, den Maßen nach zur Erde u. zum Meer.
Wo er hin möchte u. das zu finden hoffen könnte?

In China vielleicht, oder an einem Fluss: aber nicht Donau, Rhein.
Aber verstehe, dass Leute in steinernen Häusern wohnen und ganz
zufrieden seien.

N 11

Der Zeichendeuter: 5

Der Knabe gefragt .. erwiderte: Die Häuser wären gut beisammen
gestanden. (Er konnte es nicht näher erklären)
Der Flussabhang dort gehört Gewissen Geistern . . .
ferner: er habe etwas Gutes erkannt an seinem roten Futter der
Ärmel an der Weste. Ein andermal an anderem. Es sei nicht das   10
Gleiche beständig sprechend.
Die beständig drohende Gewalt des Feindseligen – dem er als
Alleiniger gegenübersteht. Er sei allein aber nicht geringer als das
Ganze.
Manchmal sehe er Dinge die in hohem Range stehen ganz leuchtend   15
u. durchsichtig. Manchmal sehe er in der Luft etwas Festes so wie
jene Mauer.
Er wundert sich dass andere Leute nicht die ganze Welt so auffas-
sen. Was haben sie denn davon dass die Tannzapfen in besonderer
Art auf der Erde liegen oder die Pfähle eines Zauns so und so her-   20
schauen . . .
Große Furcht vor Alt-werden weil da die Zeichen aufhören u man
sie ganz verloren. Apokalyptische Vorstellung von dieser Verlorenheit = dem Reich des Verstandes. Solches macht ihm Krämpfe in
Amtstuben u.s.f. wie er dergleichen beim Militär gesehen wenn er in   25
der Kanzlei verwendet worden.

Er weiß immer voraus wann sie angreifen werden, wann nicht: auch
von einzelnen weiß er viel voraus, gute u. schlechte Taten – Dieberei
u.s.f.

DER MANN OHNE ZUTRITT

N 1

Der Mann ohne Seele.

nach volonté de metamorphose cap I.

jenes Erlebniss mit dem Bösen bei James.

N 2

3 VII. ⟨1917⟩

Der Mann ohne Zutritt. ein grandioser Charlatan. Er lebt ganz pausenlos: augenlos nach innen. Seine Charlatanerie auch auf das Seelische bezogen. Seine Idee ist, man darf nicht zur Ruhe kommen lassen. Stufe auf Stufe, Vorbereitung auf Vorbereitung. Eine gewisse Theosophie. – Seine Tochter die Schönheit der Meduse: angeblich seine Tochter, vielleicht seine Geliebte. – Jede Logik prallt ab, wenn man sie auf ihn anwenden will. curat similia similibus: er ist selber so überzeugt, dass die Dinge kein Wesen u. kein Ziel haben. Er vermittelt Heirathen, übernimmt Knaben zur Erziehung.

N 3

Der Mann ohne Zutritt   Der Feldherr. (jene Marlborough-figur bei Thackeray.)

N 4

Der Mann ohne Zutritt: bei der Sterbenden. Diener nimmt Honorar entgegen.

Marlborough

NOVELLE

Novelle. (nach jener Anecdote Elmire bei Labruyère Les Femmes)
G. D. in der schon cynischen Phase, wo sie Journalisten, Psychiater,
Maler, u. dergl. um sich versammelt, alles problematische der Epoche
aufrührt, die Menschen durcheinander wirft   5

Phasen, wo sie sich ausserhalb von allem, im Kosmischen, fühlt, andere, wo sie sich ganz als Kind der Zeit fühlt. Proteisch=magische Gewalt im jungfräulichen Bewusstsein.

Reihenfolge: der alte Religionsforscher, der reiche Graf N., die drei
jungen unglücklichen Liebhaber Selbstmord – Abreise in Krieg –   10
Kloster, der Verführer (Marlborough), der junge V.

Phase der Freundschaft. Sternennähe.

Letzte Phase: bei einer Wahrsagerin wohnend; mit einer Vertrauten

Handlungsmomente: der Besuch, den sie bei den Jungvermälten
macht: (Flectere si nequeo superos Acheronta movebo) ihr Wegstür-   15
zen, bevor die Freundin ins Zimmer tritt. die Abschiedsstunde mit
W., von dem sie weiss er wird sich umbringen.

Hineinverweben: das Problem des Schöpferischen. Kunst des Denkens. Orgie des Denkens. Mit 19 sucht sie sich eine gleichaltrige
Schülerin.   20

G. D. ohne jede Sentimentalität, antik; die Freundin sentimental. Ihr
Zeichnen, streng, nicht schöpferisch; ihr Singen ohne Timbre

LEBENSNOVELLE

30 VII 18.

Lebensnovelle. im Kreis alles zusammenhängend: wie von Freunden die mannigfach verkettet waren, im vorletzten Moment der eine
dem andern die Spiegelung des eigenen Daseins geben kann (so ich
für Poldy wenn alles fehlschlägt) im allerletzten ein anderer, der
Mönch geworden, den geistlichen Trost.

DER KAISER UND DIE HEXE

N 1

confer Kierkegaard
Kaiser u. Hexe   Anfang.
Sie essen miteinander. Erinnerst du dich des ersten Males, fragt sie ihn.
Unseres ersten Abends. Nichts haben wir zusammen erlebt. Andere
haben viel mit mir erlebt: ich war für sie ein Netz womit sie alles
gefangen haben; nichts von der Ware ist ihnen unverkauft liegen
geblieben.

N 2

X 18.
Der Kaiser u. die Hexe (Novelle)
Das ganze gipfelnd in einem Aufstand u. einer Palastrevolution:
worin alle die mit ihr verknüpften Personen beteiligt.

Ihre Erscheinung fast kindhaft. Sie weint leicht. – Sie ist gut zu
Frauen. Ein triumphierendes Lächeln ihrer strahlenden Augen wenn
sie siegt.

Sie ist zugleich das Zusammenhaltende dieser ganzen Verschwörung
hat sich benützen lassen, durch ihre Schönheit sind die Entscheidenden gewonnen worden – sie ist des Kaisers Schicksal: er packt sie:
was bist du mir? Ihn durchzuckt es: was kann ich vor ihr retten.

Die Details einer Entthronung wissen. Gibbon. Diehl etc.

N 3

Die Figur des Gegenkaisers: ein Macedonier bäurisch – eigentlich
ganz unbegreiflich – ihn begünstigt die Hexe – an ihm scheint sie zu
hängen. Gerade dies scheint dem Kaiser so unbegreiflich. Sie erzählt
Züge aus des Prätendenten Vergangenheit. Absichtlich spielt sie mit   5
der Eifersucht des Kaisers. Dabei gibt sie sich preis – der Andere
mache sich nicht viel aus ihr, bediene sich ihrer nur als eines guten
Werkzeugs – allmählich erräth der Kaiser, dass der Andere ganz in der
Nähe versteckt, dass schon die Eisen vorbereitet, um ihn zu blenden.

N 4   10

Der Gegenkaiser.

Er hat ganz ähnliches hinter sich wie Napoleon in Aegypten: eine
Armee (gegen die Perser) in Stich gelassen – sich durchgeschlichen –
dann heimlich mit dem Feind einen Vertrag abgeschlossen

Situation: Am Ende eines langen nicht glücklichen Krieges – der nur   15
scheinbar noch zu gewinnen ist.

N 5

Der Kaiser und die Hexe (Novelle)

Sie erzählt ihm Geschichten mit ihren Liebhabern – ihm ist unbegreiflich ihr Sich=zurück=behalten im entscheidenden Moment – ihr   20
nicht los=können von der Materie (auch der Materie des Geistes): so
bist Du ja genau so sagt sie erinnere dich deines Verhaltens gegen
den, gegen jenen – auch morgen wirst du dich wieder so verhalten
gegen X. u Y. – dann bist Du ja mein zu mir gehöriger Liebhaber.

Der Charakter der Chimäre wie ihn Kassner entwickelt.   25

Ihre Verschuldungen alle im Nicht=tun; im Vernachlässigen, Vermischen – im Anti=heroischen. – In einem Fall ein Ausharren trotz
allem bei einem Alten, Stolzen, Bösen. Alle ihre Erlebnisse furchtbare
Ebauchen von Erlebnissen.

N 6

11 X. 18

Der Kaiser und die Hexe   Novelle

Der Zwiespalt in ihm: dass er, Liebe findend, ganz kalt bleibt, ihm
5 das Wesen das sich ihm gibt, fern bleibt, er sich fragt: wer ist diese
eigentlich? er Teile von sich ausserhalb halten kann – und nun ein
solches Wesen: dem so behandelt zu werden Element ist, u. genau zu
ihr gehörig wie die Hand zum Handschuh. Worin besteht aber ihre
Hexenhaftigkeit nach der anderen Seite zu? In ihrem genau solchen
10 Verhalten zu wirklichen Menschen, denen sie Phantom und Geliebte
ist.

Die Hexe enthüllt alle diese Dinge dem Kaiser in einem langen Gespräch, worin sie Bekenntnisse einflicht.

vergl. Das byzantinische Ceremonialbuch.

15 Anfang: Die Schöne empfing den Kaiser indem sie ihm mit einem
Lächeln, das golden u. unerschöpflich war, entgegenging.

N 7

Der Kaiser u. die Hexe.

Es ist Gerichtstag über ihn.

20 Die Verfehlungen: von zwei Brüdern den Unrichtigen vorgezogen,
und nicht einmal es nicht wissend, sondern es wissend.

Einen unschuldig hinrichten lassen   Dessen furchtbarer Blick auf ihn,
wie wenn die Augen zersprängen.

Er ist der Dichter, sie ist die Muse, die Inspiration.

25 Verfehlung als Oberhaupt eines Concils gegen einen Überzeugten

N 8

Kaiser u Hexe

Dem Kaiser erscheinen die gegen ihn Verschworenen jetzt wie lauter
Helden. Jeden hat er in einem entscheidenden Augenblick missver-
30 standen und gekränkt – so hat auch sie gegen die Gleichen gehandelt –
dabei hat sich keiner ganz losmachen können. – Ein starkes Herz hat

sie gesucht. – (Das Wort fällt ihm auf die Seele.) Ihr Verbrechen u ihr
Unglück war, dass sie geblendet war von dem »Kaiser« – dafür opferte
sie alle, verrieth alle verkaufte ihr Glück – so will sie den Kaiser nun
entkaisern – sie ist wahrhaft sein Schicksal. Die Frage ist: was bleibt
von ihm übrig. (Der entkaiserte Kaiser ist der Dichter, dem man die   5
Dichtkunst genommen hätte, seine Notwendigkeit u Rechtfertigung.)

N 9

15 X ⟨1918⟩

In der Verschwörung: durch das doppelte Element des politischen
und kirchlichen Machtinteresses, die in allen Punkten und in allen   10
Individuen kreuzweise gehen, einerseits ins niedrig=geistige u.
materielle, anderseits ins hohe geistige – hiedurch das Unentwirrbare
spiegeln das die heutigen Weltconflicte haben. Der Kaiser die diesen
Weltconflicten u. Antinomieen nicht gewachsene Seele.

N 10   15

3 IV 19

Der Kaiser u. die Hexe
Erzählung.

Der Kaiser im Kerker. Das Zu=sich kommen. Ahnung wie das Freie
und das Unfreie, das Willkürliche und das Notwendige, das Tun und   20
das Leiden zusammenhängt

Den armenischen Culturkreis einbeziehen (Strzygowski)

Das ganze wie ein Gerichtsprocess. Die Hexe in alles verflochten.
Trägerin aller seiner L ü g e n, die doch keine ganzen Lügen sind.

NOVELLE

21 III. ⟨1928⟩

Novelle.

Einleitend Gespräch zweier Männer über moderne Charactere. Die
junge Frau wäre ein ganz unmoderner Character gewesen. Die andere
(diese Witwe aus Bremen) hätte eine Stärke gehabt: eine ungeheure
schneidende Menschenverachtung. Sie hätte jede Fuge in unserer
Rüstung durchschaut. Ihr kalter, manchmal fast schamloser Blick.

CASSILDA

N 1

Cassilda.

Alles von ihr aus. Alles gleichwertig – unter Umständen gleich mächtig: was immer andringt kann das Gewollte sein.

Das Ohnmächtige im Verhalten des Gouverneurs zu ihr: durch die
doppelte Function ihrer Unanfechtbarkeit u. ihrer Undurchdringlich-
keit sowie ihres scharfen Verstandes. Die Kräfte des Gouverneurs
intermittierend: schwere Verfinsterungen. In diesen weittragende
schreckliche Visionen – alle auf die Details seiner Amtsführung auf-
gebaut.

Unmittelbar aus dem Kloster in die Ehe.

N 2

17 VII 28.

Cassilda.

Wo das Eigentliche ist – das was die Seele sucht – das verlorene Hei-
matliche. Sie ahnt es in der Hingabe gerade an diesen.

Der Edelmann: die Freude der Augen allein ihm geblieben – auch
diese bedroht. Eine Burg, eine Stadt sieht er wie schon zurückgenom-
men in den Berg.

Cassilda: ihr völliges Sehen von allem was geschieht – allem was in
den Gesichtern der Menschen vorgeht (dies ihr Anspruch zu richten)
– dies convergiert zuerst in Gott dann in dem Geliebten.

N 3

Cassilda.

Et nunc reges intellegite – erudimini qui judicatis terram

ZWANZIG JAHRE

N 1

19 XI 28.

Novelle. Zwanzig Jahre.

Die Geschichte des fünffachen Mörders de Silvestro u. seines zweiten
Lebens. Das Mädchen hat es, mit Hilfe von Onkel u. Tante, mit
einem reichen jungen Mann gehalten. Ein Tanzabend mit diesem.
Onkel u. Tante haben ihn belogen, ihm eine Puppe im Bett gezeigt.

Im ersten Leben. Der Tod des von ihm in den Leib geschossenen
Bauern: er stirbt auf freiem Feld im Schoß seiner Frau. Die Kinder im
Haus ängstigen sich.

Im zweiten Leben. Der kleine Grundbesitzer. Die Ehe. Der Krieg.
Der musterhafte Unterofficier. Sein Verhalten bei Sturmangriffen.
Das Vermeiden des Waffengebrauches. Das Verhalten gegen verwun-
dete Cameraden. Verschlossenheit. Correspondenz mit der Heimat.
Ordnung. Übersicht über die Situation. Urlaube. Zwei Söhne vor dem
Krieg geboren, eine Tochter nachher. Die Jahre 1920–22. Sein wach-
sender Wohlstand. Die letzten Jahre. Der Hausstand vergrößert. Die
Gevatterin Lucia. Antipathie der kleinen Tochter gegen sie; glühen-
der Wunsch sie entfernt zu sehen. Tausendmal fragt sie danach. Das
Verhalten des Kindes: »Es hätte nichts genützt wenn ich es gesagt
hätte«. Die beiden Söhne. Der Vater wie verändert. Fascismus. Bessere
Polizei. Die Haltung des de Silvestro unabhängig. Keine Chance,
Bürgermeister zu werden; aber allgemeine Achtung. Zwei Söhne
zwei Parteien. Sobres Verhalten nach außen. Wachsende Frömmigkeit

der Frau. Übermässig afficierbar von dem Unrecht u. der Dummheit die in der Welt geschieht, von den fortwährenden Vergewaltigungen u ein veränderter Gemütszustand bei ihm: seine Gedanken entziehen sich der Botmäßigkeit. Hervortreten des Gewissens. Sie werden extravagant. Gespräche mit dem jüngeren: er ist dem Knaben gegenüber fast religiös-devot. (Mit beiden über religiöse Gegenstände: ob das Gewissen existiere) Hoffnung der Frau, er werde kirchengläubig werden.

Neue Gerichtsbeamte im Städtchen. De Silvestro sitzt öfter dort wo der sterbende Bauer lag. Mehrere Krankheitsfälle im Haus. Das Kind in einer Klosterschule; viele Schwestern sterben: freudig. De Silvestro bettlägerig, die Magd auch, ein Sohn auch. Die Gevatterin Lucia bietet sich als Pflegerin an. Das Kind überwindet den Widerstand in sich und lächelt sie an. De Silvestro deliriert: zuerst lauter Calculationen – dann in der Nacht singt er das gleiche Lied wie in der Mordnacht. Die Gevatterin hört zu. Sie verschwindet und sucht den jungen Gerichtsbeamten auf. Andere Verdachtsgründe hinzutretend – aber Sträuben des Beamten dieser Spur zu folgen. – Indessen Genesung des S. Letzte Wochen. Der eine Sohn meldet, dass eine Streifung unternommen werde gegen jenen Mörder bevor der Mord verjähre: heute Nacht. Bei dieser Nachricht klammert sich das Mädchen an den Vater. Mutter will sie in ihr Zimmer schicken. Vater verwehrt es. Der Vater offenbart sich den Seinen. Flucht. Tod des Sohnes. S. streckt seine Hände den Gendarmen hin.

N 2

Novelle.

Die Frau, aus der Tremezzina. Wahrhaft fromm, still, sanft. Ein unzerstörbarer Kern. Furchtlos, wo es um ihr Teuerstes geht. Sehr schamhaft. Ihre niedergeschlagenen Augen.

Die Mordnacht. Wie das Mädchen endlich nachhause kommt, sieht sie ihn von einem Baum aus ins Feuer schauen. Sie löscht sofort das Licht aus, läuft hinunter u. begehrt, dass die Alten sie zwischen sich schlafen lassen. Dann erschießt er durchs Fenster alle drei, mit einem alten Militärgewehr.

Der Sohn zum Vater: »Du brauchst kein Gesetz. Du handelst immer recht aus dir heraus.«

N 3

Novelle.

Der geheime Untergrund des Verhältnisses zu den Söhnen: dass jenen nie vergessenen Verbrechen das Gleichgewicht geboten werden muss.

Das Verhältnis zu der Frau in diesen letzten Monaten besonders innig, in eine süße Reife tretend. Seit er sich so verändert, ist er ihr weniger furchteinflößend, irgendwie unterirdisch mit ihr verbunden.

Sein genaues Zeitgefühl: das Herannahen des Verjährungstages, die Rundung des Besitzes, die Consolidierung des kleinen Vermögens. Das Notizbuch worin Angaben über seinen Effectenbesitz, Hypotheken Beteiligungen u.s.f. Die Erbschaft (aus Sicilien) heimlich angetreten? (Durch einen Strohmann in der Schweiz.)

Schon als Junge ist er von Sicilien so verschwunden hat seine Spuren völlig verwischt. Das erfährt man aus seinem Brief an den sicilischen Onkel.

FRAGMENTE MIT UNGESICHERTEN ENTSTEHUNGSDATEN

1

Novelle.

Aus dem fingierten Todten (Testamentsexecutoren d Beer Hofmann) eine Art typischer contemplativer Figur machen mit vielen wiener Begegnungen (Villers), man leiht ihm Anekdoten Aphorismen, Gespräche in der Art der Stendhalschen Physiologie

2

Novelle

etwa:

Einer von denen . . .

Auch er war einer von denen, die einmal ausgehen ihres Vaters Eselinnen oder dergleichen Dinge von unbestreitbarer Nützlichkeit zu suchen und nichts finden als ein Königreich und das verlieren sie leicht wieder und ihre Herrlichkeit hat nicht mehr Bestand als das Spiegelbild von Bergen und Wolken am Abend dann u wann über einer feuchten Wiese schwebt.

Er kam, mit einem zweiten, viel jüngeren Herren aus einer völlig finsteren engen Seitengasse, und redend, mehr aus gesellschaftlicher Gewohnheit als aus Interesse, so halblaut redend mit Pausen zwischen den Sätzen, giengen sie die todtenstille Herrengasse entlang, lautlos auf dem nassen Asphalt, auf dem unruhige Reflexe von gelbem Licht glänzten. Denn der Nachtwind des Frühlings beunruhigte die Gasflammen; auch einzelne Regentropfen warf er durch das Dunkel. Als sie an der Michaelerkirche vorbeigiengen, war es 3/4 2. Aus einem Café fiel ein Streif milchweissen Lichts weit hinaus über den todtenstillen Platz, der vor Nässe glänzte. Dort verabschiedete sich der junge Herr und er gieng weiter, zufrieden allein zu sein, denn das Reden hatte ihn enerviert und er hatte nie den präcisen Ausdruck gefunden für das, was er sagen wollte und überhaupt mit einer peinlichen künstlichen Gesinnung von Dingen gesprochen, die ihm selber nichts sag-

ten, gar nichts. Das hatte seinen Verstand in jenen widerwärtigen Zustand dürrer Überwachheit versetzt, wo sich das Denken unaufhaltsam in leere nichtige concrete Dinge einbohrt und die nicht loslässt, bis eine innere tödtliche Leere und Kopfschmerzen da sind. Das sah er jetzt kommen und vermehrte das Unbehagen durch vergebliche An- 5
strengung, es zu verjagen.

3

Novelle, ein bohême
die Atmosphäre der kleinen Theater und Nachtcafés: Steinles

Novelle   ein bohême 10

Der Vater ein Jude, Güteragent, sehr geschwätzig leicht gerührt.

Die Mutter eine Deutschböhmin, eine sehr musikalische Person, hysterisch, mit einer sehr starken Phantasie. Dem kleinen Buben erzählt sie ihre Träume: wie der Vater sie im Traum erwürgt etc. eine Art Wollust, das Kind zittern zu machen. So erzählt er alles später, 15
was in ihm incommensurabel und grandios ist, seinem kleinen Neffen, dem Violinspieler Siegfried Popper, der abstehende Ohren hat, sehr rührende Augen, und leicht aufgeregt mit der Zunge anstößt.

Mit dem Verstand stilisiert er sein Leben in der journalistischen Manier, auf Contraste, Paradoxen. Die vagen Äusserungen seiner 20
Seele verachtet er. Als ganz junger Bursch hat er das aufgeregte Erzählen von Unglücksfällen und andern Sensationsnachrichten.

Mit 20 Jahren sucht er im Café aus einer Gruppe von Commis, seinen Collegen, in eine andere Clique von Journalisten und Advocaten zu kommen, deren Jargon er annimmt. Dabei unterliegt er aber 25
unbewußt der grossen Fascination dieser Nächte, wo die jungen Männer einander bald mit einem boshaften Hass, bald mit unsäglichem gerührtem Mitleid bald mit einer triumfierenden Herablassung ansehen, wo die nervösen Reden fortwährend Ideen von Macht, geheimnissvoller Beherrschung der Natur- und Seelenkräfte, wunderbarer 30
Stilisierung des Daseins auftauchen lassen und den Einfluss der unbekannten Mächte die uns führen dann wieder hyperbolisch anschwellen lassen, dass man sich unsäglich wundervoll lebend empfindet.

Seine Art sich an Menschen zu schmiegen, sich selbst dabei zu effacieren: der Zuhörer par excellence   sein äusseres sinnliches Leben geht ganz diesen Weg des »sich gehen lassens« der Generation. schliesslich heirathet er eine Hebamme, eine Gräfin du Vesnois. Auch darin sieht er mit dem Verstand nur den pikanten Contrast (dessen Pikanterie er, wenn er auf der Gasse einen Journalisten auffängt, sehr schamlos breittritt)   mit der Seele ahnt er aber doch etwas davon, dass der Welt Lauf sehr grandios ist.

4

Novelle.
Die Frau im Einspänner. nicht mehr jung. ein volles derbes Gesicht.
Eifersucht} das Leben einer fremden Seele fühlen.

5

N 1

Der Vormund.
in ihm sind 2 Tendenzen: die eine den Prinzen wirklich zu erziehen, die andere ihn aus dem Leben wegzudrängen.

die Atmosphäre die den Erben fürs Leben interessieren soll

der Zwiespalt: den Erben in schönem Sinn bis an die Grenzen des tragischen Daseins zu führen oder ihn früher zu erniedrigen gestcht er in einem Brief an eine Frau, der er viel böses angethan hat, die aber nicht ohne Grösse ihn wiederum für ein fürchterliches und schönes Schauspiel nimmt.

N 2

Geschichte des Vormundes.
eine Frau bevor und nachdem sie einem Mann gehört hat sieht für diesen so verschieden aus wie ein Berg von verschiedenen Seiten.

6

Einleitung zu der Novelle »ein Ende«.

I. wie verschieden Erinnerungen sind manche stark, manche so diaphane

II. es giebt Menschen mit nicht sehr viel fonds und Epochen wo wir das fast nicht ertragen, ebbende Zeiten: ein Stocken: die Krankheit nichts an den Menschen finden zu können

III. Frauen: nur solche suchen die sich hergeben können.

IV. es war geradezu das Unheimliche der Jugend: ich begreife kaum dass man das Leben je so starrkrampfhaft sehen konnte

er: Baron des Trosses, hat auf merkwürdige Weise sein Geld für einen jungen Menschen einmal verschleudert er ist ein s t a r k e r jouisseur: some tragic dividing of forces in a friend, Frauen die im Kindbett oder an einer unterdrückten Kränkung gestorben sind.
In seinem ganzen Weltbild ist etwas frevelhaft berauschendes dadurch, dass er die Hemmungen zum Theil wegescamotiert, erst später komm ich darauf, dass er auch in facts lügt.
er ist eine Verführernatur: wenig daran gelegen, ob er reizt ob er rührt

7

Novelle

die Geliebte und der Freund eines Verstorbenen treffen sich in einem Hôtel in Tanger. vorbereitend. Gespräch mit einigen Männern im Lesezimmer. Newyork Herald. Nähe der Wüste, des Meeres. eine politische Nachricht. unten irgend ein Auflauf. sie sprechen auf dem Balcon miteinander. sie scheint völlig unnahbar. (Vorher im Lesezimmer hatte ein Minenbesitzer einen Schlaganfall) etwas sehr starkes muss in ihr völlig begraben sein. das Gespräch auf das sie kommen ist wie wenig Menschen einem etwas sind. in der Nacht wird ihr Kind krank sie läutet bei ihm und sieht irgendwie die Photographie. sie versuchen über den Freund zu reden, einander Briefe zu zeigen. das Gefühl einer inhaltslosen Zusammengehörigkeit bindet sie aneinander schliesslich werden sie zornig und furchtbar müd und verbittert.

8

Die beiden Kinder.

Nur um etwas zu reden fragt er die Amme ob sie nicht jetzt zu der Magd gehen will. Sie antwortet: das wird nicht heut sein. Das erbittert ihn schon weils die Unsicherheit dieser Dinge bezeichnet, und mit einem Fusstritt jagt er seinen Hund weg und lässt anspannen. Gut dass ich den Hund nicht mithab, so kann ich hier fahren wo der Wald ist. Dort findet er den Handlungsreisenden. erste Herbsttage leichter Schnee.

seine Überhebung.

Gegenbilder seines Reichthums: der junge Erpresser und der Bettler

9

Die Gestalt der Marie G. und ihrer nervösen Taubheit verschmelzen mit der Geschichte der Marie B. bei Grillparzer.

10

N 1

Geschichte: die reiche Freundin

er: fühlt seinen Pfad von sanfter Magie umgeben

er: peu à peu je commence à être quelque chose

N 2

Die reiche Freundin

a woman of fortune being used to the handling of money, spends it judiciously; but a woman who gets the command of money for the first time upon her marriage, has such a gust in spending it, that she throws it away with great profession.

θεοὶ ῥεῖα ζώοντες

Cicero:
Aristoteles ait ingeniosos melancholicos esse

Koheleth:
Weisheit ist gut mit einem Erbgut, und hilft, dass einer sich der
Sonne freuen kann

11

eine Novelle.

Nietzsche und seine Krankheit.   Das Lieb-gewinnen der Krankheit.
Das Erobern derselben.   Das Reich-werden durch die Krankheit.

12

Novelle: die Herzogin

die Leute wie die Herzogin oder die englischen Aestheten wollen
überkommene Kunst realisieren, – die anderen die auf dem rechten
Weg sind, wollen aus dem amorphen Leben das herausreissen was für
Nachfolgende wieder Kunst wird.

13

Märchen von der Einzigkeit.
Die Frau absolut fügsam. Jene grosse Dame mit dem brutalen Liebhaber aus dem St. Simon.

Sie plaudert aus, wiederholt.
Der Liebhaber ganz unfassbar – ihr, und sich selber.
Sie kritisiert ihn nicht, fasst gar nicht dass man ihn kritisieren könne.
Sie ist unendlich höflich, kann nicht nein sagen.

Er lässt ihr Leben scheinbar ganz intact. Geht durch alles durch wie
ein Geist. Geräth mit nichts u niemand in Conflict.

Er ist auch mit allen in eigenem Verhältniss – so mit dem Mann, über
den er immer mehr Gewalt gewinnt.

Sein Ziel ist unmitteilbar, auch ihm selbst eigentlich verhüllt. Nur, dass
es mit dieser Frau erreichbar.

Er weiss dass sie in einem früheren Einverständnis sich versagte. Er
nimmt das für selbstverständlich.

14

Novelle (zum Teil in Briefen)

deren Gegenstand: Die Geheimnisse (zwischen innen u. aussen), die seltsamen Inconsequenzen, die uneingestehbaren Momente, die eigentlich monströsen Verstrickungen.

Anfang. Einer, an eine Geliebte: Ich bin sehr schwer zu kennen, auch für mich selber. Im Laufe dieser Briefe macht er die Andeutung dass er seine Gattin einem Freund überlassen, halb aus Prüfung für sich selber.

Clandestine war, durch einen Zufall, nicht meine Geliebte.

»Undurchdringlicher Stoff ist die Seele. du könntest noch leichter Marmor schmelzen u. Holz durchfahren als mit einer Liebe alle sieben Schichten der Seele reihweis erlösen.
Sie die geflügelte fliegt dir davon und lässt sich zurücke aber du weisst nicht, ist ihr die Fläche das, ists ihr die Tiefe was du umarmst. sie ist immer vielfalt niemals beisammen ausser im Rausch der sie trägt und irgendwohin beiseit lockt. Rasch erschütterst du sie die Seele niemals ergreifst du Ihre Seele. die ist das trägste Tier und vorsichtig Sonderlich gegen das Licht, und was das Feuer ersehnet ist ihm selten gewährt.«

PROSAGEDICHTE

1

Die Rose und der Schreibtisch.

Ich weiß, dass Blumen nie von selbst aus offnen Fenstern fallen.
Namentlich nicht bei Nacht. Aber darum handelt es sich nicht. Kurz,
5 die rothe Rose lag plötzlich vor meinen schwarzen Lackschuhen auf
dem weissen Schnee der Strasse. Sie war sehr dunkel, wie Sammt, noch
schlank, nicht aufgeblättert, und vor Kälte ganz ohne Duft. Ich nahm
sie mit, stellte sie in eine ganz kleine japanische Vase auf meinem
Schreibtisch und legte mich schlafen.
10 Nach kurzer Zeit muss ich aufgewacht sein. Im Zimmer lag dämmernde Helle, nicht vom Mond aber vom Sternlicht. Ich fühlte beim
Athmen den Duft der erwärmten Rose herschweben und hörte leises
Reden. Es war die Porzellanrose des alt-wiener Tintenzeuges, die über
irgend etwas Bemerkungen machte. »Er hat absolut kein Stylgefühl
15 mehr,« sagte sie, »keine Spur von Geschmack.« Damit meinte sie mich.
»Sonst hätte er unmöglich so etwas neben mich stellen können.«
Damit meinte sie die lebendige Rose.

2

Prosagedicht

20 ein Mensch, der sehr lebhaft träumt. Er wohnt auf dem Land; mein
Zimmerchen in Lélex; Dubray nach dem Krieg in Délincourt; wie er
sich bei Tag langweilt, draussen kalter Regen. Wie er schon voll be-
gierde, den Vorhang aufgehen zu sehen, die Kerze auslöscht.

Einer seiner Träume: Suppe zu Essen, mit solcher Lebhaftigkeit der
25 Perception, dass er das Wachsen und frühere Leben aller Ingredienzien (Rüben, Pilze, Gewürze, Fasanenkopf) deutlich zurückspürt

3

Alice Morrison als Gespenst einer Prinzessin in einem Schloss; ihre
schlanke Hoheit, ihr Nicken, ihr Zuhören, ihr Niederknieen, mit dem
Hund zu spielen. Erinnerungen an † Mr. Acton-Gabling; Verhältniss
zum Mann   Sie umgeben mit einem ganzen Gastmahl von Gespen-   5
stern, die eine geheimnisvolle orientalische Sprache sprechen, aber
europäische Kleidung

4

Traumtod.

23 November ⟨1892⟩ 1/2 12 Uhr nachts.   10

Kerze ausgeblasen; Zimmer sinkt in Nacht. Draussen blinkt weisses
beschneites Gartenhausdach, auf dem sich Fensterkreuz abzeichnet.
Traum: Augen aufschlagen; liege auf dem selben Bett. Fenster erinnern an Schiffsluken. Draussen Bäume scheinen zu versinken. Zimmer
steigt lautlos langsam auf, auf. Traumfähigkeit, gleichzeitig im Zim-   15
mer zu sein und durch den Fussboden durchzuschauen. Unten schlafende Stadt. Unendlich bedeutungsvolle Punkte, ganz anders wie die
Wirklichkeit; Gegenden die ich nie gesehen habe, von denen ich aber
weiss, sie sind dies und das. Park auf Terrasse. (Modenapark), kleine
Vorstadtgasse – Vaterhaus;   20

laufen ans Fenster, sehnsüchtig: Überbeugen, Sturz,

5

26 Mai 1893
                              Gerechtigkeit.

Ich sass mitten im Garten. Vor mir lief der Kiesweg zwischen zwei   25
blassgrünen Wiesen aufwärts, bis wo der Hügel abbrach und sich der
dunkelgrüngestrichene Lattenzaun scharf in den hellen Frühlings-
himmel hineinzeichnete. Wo der Weg aufhörte hatte der Zaun eine
kleine Thür. In der dünnen durchsichtigen Luft schwebten Bienen
zwischen den rosenrothen über und über blühenden Pfirsichbäumen   30
hin und her. Da knarrte oben das Lattenthürchen und zuerst sprang
ein Hund in den Garten   ein grosses, hochbeiniges zierliches Wind-
spiel. Hinter dem Hund trat, das Thürchen hinter sich zudrückend ein
Engel ein, ein junger blonder schlanker Engel, einer von den schlanken Pagen Gottes. Er trug Schnabelschuhe, an der Seite hieng ihm ein   35

langer Stossdegen und im Gürtel ein Dolch. Brust und Schultern deckte ein feiner stahlblauer Panzer, auf dem spielte die Sonne, und weisse Blüthen fielen auf sein dichtes langes goldblondes Haar. So gieng er den Kiesweg herunter, die feine schmächtige Gestalt im eng-
anschliessenden smaragdgrünen Wams, die Ärmel von der Schulter bis zum Ellbogen gepufft, von da an eng bis über die Knöchel der hübschen Hände. Er gieng langsam, zierlich, die linke Hand spielte mit dem Griff des Dolches; der Hund sprang neben des Herren Weg im Grase her, von Zeit zu Zeit mit Liebe zu ihm aufschauend. Jetzt
war er kaum mehr so weit, wie ein fünfjähriges Kind den Ball wirft.

»Wird er mich ansprechen, wenn er herkommt?«

In der Wiese spielte das kleine Kind des Gärtners mit abgefallenen Blüthen. Es wackelte jetzt auf den Engel zu und schaute ihm auf die Füsse. »Schöne Schuh hast Du, sehr schöne!« sagte es. »Ja,« sagte der
Engel, »freilich, die sind vom Mantel der Mutter Gottes.«

Jetzt sah ich: die Schuhe waren aus Goldstoff und irgendwelche rothe Blumen oder Früchte eingewebt. »Der heilige Apostel Petrus lief einmal der Mutter Gottes nach,« sagte der Engel zu dem Kind, »weil er ihr etwas zu sagen hatte und sie hörte ihn nicht rufen und
blieb nicht stehen. Und da lief er ihr nach und trat ihr in seiner Hast ein Stück vom nachschleppenden Mantel ab. Da wurde der Mantel weggelegt und für uns auf Schuh verschnitten.« »Sehr schön sind die Schuh!« sagte das Kind noch einmal. Dann gieng der Engel weiter, den Kiesweg weiter, der ihn an meiner Bank vorbeiführen musste.
Eine unsägliche Gehobenheit kam über mich bei dem Gedanken, dass er auch zu mir reden würde. Denn auf den einfachen Worten, die über seine Lippen sprangen, lag ein Glanz, als dächte er dabei an ganz etwas anderes, dächte verschwiegen mit unterdrücktem Jubel an paradiesi-sche Glückseligkeiten. Da stand er vor mir. Ich nahm grüssend den
Hut ab und erhob mich. Als ich aufsah, erschrak ich über den Aus-druck seines Gesichts. Es war von wundervoller Feinheit und Schön-heit der Züge, aber die dunkelblauen Augen blickten finster, fast drohend, und das goldene Haar hatte nichts lebendiges, sondern gab ein unheimliches metallisches Blinken. Neben ihm stand der Hund,
ein Vorderbein zierlich gehoben und schaute mich auch mit aufmerk-samen Augen an.

»Bist Du ein Gerechter?« fragte der Engel streng. Der Ton war hochmüthig, fast verächtlich. Ich versuchte zu lächeln: »Ich bin nicht schlimm. Ich habe viele Menschen gern. Es giebt so viel hübsche

Dinge.« »Bist Du gerecht?« fragte der Engel wieder. Es war, als hätte
er meine Rede vollkommen überhört; in seinen Worten war ein Schatten von der herrischen Ungeduld, wie wenn man einem Diener einen
Befehl wiederholt, weil er nicht gleich verstanden hat. Mit der rechten
Hand zog er den Dolch ein klein wenig aus der Scheide. Ich wurde   5
ängstlich; ich versuchte ihn zu begreifen, aber es gelang mir nicht;
mein Denken erlosch, unfähig den lebendigen Sinn des Wortes zu
erfassen; vor meinem inneren Aug stand eine leere Wand; qualvoll
vergeblich suchte ich mich zu besinnen. »Ich habe so wenig vom Leben ergriffen;« brachte ich endlich hervor, »aber manchmal durch-   10
weht mich eine starke Liebe und da ist mir nichts fremd. Und sicherlich bin ich dann gerecht: denn mir ist dann, als könnte ich alles begreifen, wie die Erde rauschende Bäume herauftreibt und wie die
Sterne im Raum hängen und kreisen, von allem das tiefste Wesen, und
alle Regungen der Menschen ... «   15
   Ich stockte unter seinem verächtlichen Blick; ein vernichtendes Bewusstsein meiner Unzulänglichkeit überkam mich, dass ich fühlte, wie
ich vor Scham erröthete. Der Blick sagte deutlich: »Was für ein widerwärtiger hohler Schwätzer!« Nicht eine Spur von Entgegenkommen
oder Mitleid lag darin.   20
   Ein hochmüthiges Lächeln verzog seine schmalen Lippen. Er
wandte sich zum Gehen. »Gerechtigkeit ist alles,« sagte er; »Gerechtigkeit ist das Erste, Gerechtigkeit das Letzte. Wer das nicht begreift,
wird sterben.« Damit kehrte er mir den Rücken und gieng mit elasti-
schen Schritten den Weg nach abwärts; wurde unsichtbar hinter der   25
Geissblattlaube, tauchte dann wieder auf und stieg endlich die Stein-
treppe hinunter, ruckweise verschwindend, erst die schlanken Beine
bis zum Knie, dann die Hüften, endlich die dunkelgepanzerten Schultern, das goldene Haar und das smaragdgrüne Barett. Hinter ihm lief
der Hund, zeichnete sich am obersten Stiegenabsatz in zierlich-scharfen 30
Contouren ab und sprang dann mit einem Satz in's Unsichtbare.

6

Prosagedicht.
Liebende, die einander nicht angehören, verbindet ein metaphysisches
Band. Sie sind Vater u Mutter eines ungebornen Kindes.   35

7

Flucht mit der Geliebten

auf einem Floss stromabwärts, abends im Wind, ein reissender schwarzer Strom; er hält das Ruder sie kauert in der Mitte, hält die Laterne.
5 in was für kleinen Häusern sie wohnen

8

Wien: als grosses verfallenes Felsennest paradiesische Ruinenstadt
mit wenigen Wachen

9

10 ein mondainer Mensch findet irgendwo auf einem Schloss an der
Riviera seine eigene Visitkarte unter hundert fremden, eigenthümlich unheimliche Empfindung.

10

ein Commis in einem Galanteriewarengeschäft, der den Stil dieser
15 süsslichen Rococodinge entsetzlich findet und gern die Mischung von
canaille und Botticelli à la Yvette Guilbert finden möchte.

11

N 1

Gedanken des Antäus, während ihn Herakles langsam in der Luft
20 erdrückt.

N 2

Herakles u. Antäos : phantastische Riesenvögel herum.
eine Klinger'sche Landschaft.

Gehirn wirft stossweise Bilder aus, ohne sein Zuthun Schmerz wie
25 etwas, von dem er weiss sonst nichts, sich sagen Herakles der Götter-
sohn würgt mich. Weit von der Erde auf Zaubermantel schwebend
Fliegen können Heimweh nach bestimmten sinnlichen Dingen

N 3

Gedanken des Antäus. in der Luft schwebend, Vogelperspective.
Kohlenoxydvergiftung: ist das alles real? oder hat es mir jemand
erzählt?

die Zeitdauer durch einen gleichzeitigen Klang fixiert.   5

1 2

N 1

Prosagedicht   das heimliche der Stadt in lauen Frühlingsnächten

N 2

Die eigenthümlichen Geräusche in der Stadt in Sommernächten   10
das verhallende gellende Kirren wie von einer über die leeren Plätze
hinjagenden Reiterschar, nackten Wilden, die sich kirrend im Sattel
zurückwerfen. Plötzlich jagt ein Wagen donnernd durch eine Strasse.
Wie ein ferner Ruf 2 die sich nachlaufen ein Schuss??
Bartholomäusnachtstimmung   15

1 3

ein Prosagedicht

Dichter sitzt im Garten (lebend oder ehern, Beethoven)   Kinder spielen, Spatzen fliegen um ihn, Blumen fallen auf ihn.

1 4   20

I.

Monographie einer Hand

in Biscuit unsterblich: ihre Analyse; was hat sie gethan? in Träumen
eines Malers gewesen; Schwinds Federzeichnungen

Schawl um sie geschlungen, Mad. de Stael; welch anderer Stil der   25
Conversation während diese Hand stickend zuhörte, als unsere conversation saccadée, aux poings crispés, mit zuckenden, unruhigen,
malenden Fingern

15

II.

Salzburgerstrasse

16

III

Intimität: zusammen eine tiefe Musik erlebt haben, dabei ahnt man
einen sinnlich naiven Zustand (Böcklin röm. Schenke, sieh es lacht
die Au, Veilchenwiese der Gosau, Stuck Abendweiher), einen Para-
diesgarten, in dessen heisser melodischer Abendluft sich die Menschen
unendlich nahe stünden und mit leisen Worten die tönenden Platten
der Seele erzittern machten

17

N 1

Prosagedicht

Die Leute in der verlassenen Wohnung des Dichters werden vorübergehend emotiv

N 2

November 93.

Prosagedicht

Die verlassene Wohnung des Dichters. andere Leute ziehen ein. Unheimlich wie betrunkenes Keimen der Gedanken. Präsentiert sich den
Erstaunten als unklares Erinnern; »so etwas ähnliches muss ich einmal erlebt haben«; leere Hülsen von Seelenzuständen; Aufschwung,
schwerloses Schweben;

18

Idee davon: einer ertrinkt wo anders blinkt lebendiges Licht

auszuführen: ein Traum vom Ertrinken.

später ringsum belebt, Sct. Wolfgang Lichter Menschen
zuerst allein weit die ungeheuer   5

19

N 1

Stunden

Stunden des tiefen Mitfühlens

Für mich das Leben ein Wunder; dessen Formen noch ohne Rücksicht 10
auf Inhalt lauter Venerabilia; diesem Zustand entspringen solche
Darstellungen des reinen Sinnenlebens, der Seelenverfassungen wie
meine Prosagedichte.
Gerechtigkeit? ein Sinn? nicht blosses Bestaunen dessen das da ist;
vor und nachher treten die Stunden heran   15
es giebt Stunden wo man unsäglich zusammenwächst
So: Pantomime, wie der Zauberwind weht und die 3. sich die Hand
reichen.

der für jetzt verbotene Park am Weg beim Auszug
Erwägung: das muss doch etwas anderes sein, wenn man erst erfahren 20
ist und auf was zurückschauen kann
Gegenstück. der heimkehrende Lanzknecht des Böcklin

N 2

Naturzustand.

Mythische Lebendigkeit, wo für uns starre Allegorien. Metaphern 25
lebendige Ausgeburten der musikalischen Phantasie:
Frevel, Unnatur, Zerreissen der heiligen Nabelschnur dort empfunden,
wo für uns Selbstverständlichkeit, Naivetät.
Flammendiebstahl, Flamme vor Regendämonen schützen
verschiedene Baumindividualitäten: 30

alles das erzählen in der allegorischen Stundengeschichte die M ö b e l
dem Menschen; die bauchige Glasflasche, der hochbeinige Tisch, aus
dem Herzen der Esche geschnitten

der tragische Grundmythos: die in Individuen zerstückelte Welt sehnt sich nach Einheit, Dionysos Zagreus will wiedergeboren werden.

H
Die Stunden

Sie kommen nicht zu uns, sie stehen und warten und wir gehen an ihnen vorüber. Den Weg, den Lebensweg. Manche hängen, wie gekreuzigte Sclaven an den Stamm einer Pappel gebunden und ihre Leiber leuchten durch den Dunst des Abends. Wenn wir sie an der Biegung des Weges sehen, haben wir Angst, unsere Knie werden steif, wir hoffen mit jagenden Gedanken, es wird anders kommen nicht was vorbei aber wir müssen hin ganz nahe, an ihre aufgerissenen Augen, an ihr feuchtes strähniges Haar an ihre bösen blinkenden Zähne und müssen sie anrühren, die grauenhaften. Da fallen sie mit einem dumpfen Schlag wie überreife schwere Früchte todt hin ins Gras und Ameisen kommen und wohnen in der Höhle ihres Mundes.

Andere sitzen am Weg auf alten heidnischen Grabsteinen, die Thymian überwachsenen, und spielen die Syrinx. Sie kümmern sich gar nicht um uns. Abendfalter irrfliegende, zickzack und kopfübersegelnd, kommen zwischen den Ulmen hervor und grosse Hirschkäfer gleiten im Halbdunkel der Allee. Und der Ton der Syrinx folgt uns über den Hügel, über die Steinstufen stillen Weinbergs noch fliegt er uns nach und macht verträumt.

Andere liegen neben dem Weg im Riedgras lautlos mit boshaften Augen wie die Affen. Lautlos, von weit weit, vielleicht nur mehr eine Täuschung des Ohrs, noch eine Syrinx. Da prasseln nur Steine, schlagen auf, an den Bäumen, in einen braunen Wassertümpel, einer trifft tückisch schmerzend die Kniekehle den Hinterkopf über dem Ohr

Dann giebt es welche, schlanke, schöne, wie Boten des Dionysos, die sind auf dem Geländer einer kleinen Brücke aus morschem Holz gesessen, um auf uns zu warten. Wie wir kommen, da stehen sie auf und grüssen uns und schreiten vor uns her mit ausgereckten Armen, weisse Stäbe in den schmalen Fingern, uns königlich zu verkünden. Da rauscht wie trunken der Weidenbach es dehnen sich die Bäume ihre schwarzen Kronen in die Mondnacht hinauf Und unser Gehen wird wie ein langsames gebändigtes Fahren auf der triumfierenden Quadriga.

Welche liegen am Weg und winden ⟨sich⟩ und sterben und schreien herzzerreissend Hilf mir, hilf mir.

Welche stehen an den Thoren fremder Gärten, wie Thiere im Käfig gefangen, Sclavinnen, orientalische Frauen, phönikische Sclaven, die lebendigen Stirnen an das *xxxxxx* Eisengitter gedrückt frech, feind- lich und verlockend.

Welche sind doppelt Riesenfrauen, manche Melusinen, ganz fremd
Trunk. welche stehen auf der Hütte, heisser schwerer Wein der
Erde in den

20

Prosagedicht.

Allein in einer leeren grossen fremden Stadt
(Westminsterbrücke London, Märchen, morgens)

21

Intermezzo.

Karlskirche bei Nacht von der Schwarzenbergbrücke. Wie sie in prunkvoller Ruhe die blaugrüne Schlucht der Wien beherrscht und den schwarzen Garten der die Schlucht herniederschwankt, diese Schlucht, den Weg des Wassers, das weite Wege geht nach irgend ei- nem schwarzen euxinischen Strand, einem traumfernen barbarischen, wo Vergangenheit in schlafwandelnder Luft lebt. Und an dem Leib der Kirche emporschwebend die dichten Wipfel und das Buschwerk angefüllt mit Verlangen, Lachen und Leid der Liebe: wie greift da mit Ästen und Armen, mit Rauschen und Rinnen Vergangenheit und Gegenwart, Heroisch-weites und demüthig-nahes ineinander, wie ist da alles lebendig, alles wahr, alles eins, durch Medium des Empfindens in eins gebunden.

eine blauschwarze Pappel hält den Mond an ihrer Spitze gebannt. der hat etwas fremdes, griechisches. das sagt: Alkiphron, Alkinoos, Alki- biades. Warum gerade 3? 3 über barbarische Berge reitend, fern der Heimath, aber kühn, fahrtfroh, an Trunk und Ruhm denkend, einen gewissen Trunk und einen feinen geistreichen Ruhm . . .

die weisse orientalische Innenseite der Häuser, Höfe neuer Häuser im Mondlicht; wo ein Bauplatz noch leer, sieht man hinein.

22

N 1

König Cophetua: aus der lässigen Hand fällt ihm die Krone; das ist:
seine schöne Stadt Arles mit hohen Mauern und Teichen und viereckigen gepflasterten Dämmen, mit der grossen römischen Arena und
sehr vielen schwarzen Stieren, und der Kirche von Saint Trophime
und den Alyscamps und die kleinen gelben Häuser in der Nacht mit
wachsbleichen Buhlerinnen hinter kleinen Fenstern in sehr engen
Gassen, und die Gassenecken und Flussufer an denen die Ahnungen
seiner Kindheit hängen, und die lieben Krankheiten: Fieber und
Schüttelfrost und die lieben Flüsse in der Ferne zwischen Steinbergen
unter schwarz und gelbem Abendhimmel und alle ohne Grund geliebten Statuen und Fernsichten vom Thurm der Arena und Ahnungen
fremder Leiden, alles das fällt von ihm und lässt ihn ganz einsam.

N 2

3 Februar 1895.
König Cophetua: In seiner Stadt kunstreiche Gärten wie auf
Louis XIV- Gobelins.

23

3 Februar 1895.
Triumpf einiger Künstler unserer Zeit.

Die auf dem Wagen: 3 knien mit nackten weissen bebenden Armen
und gesenkten Köpfen um ein mystisches Becken   in dem mystischen
Becken sind die einander durchwogenden und einander hervorrufen-
den Ideen der Dinge. Ihre Gesichter sind einwärts gewendet denn sie
haben das Medusenhafte, dass man am Leben stirbt; der Wahnsinn
der unbegreiflichen Fülle und Hilflosigkeit des Daseins   und beten
das Leben an, andere liegen lässig und werfen einander »unsägliche
Worte« zu wie abgerissene Hyacinthenblüthen

24

N 1

Kaiser Maximilian. der thätige Kaiser hat eine Vision des unthätigen.
(Otto III)

N 2

Kaiser Maximilian und das fahrende Fräulein. Er zählt seine Jagden
auf; das Reden mit 7 Hauptleuten in ihren Sprachen; das Schwert der
Gerechtigkeit, Kriegskunst. Sie liegt in ihrem blonden Haar und gibt
nicht recht acht. Sie hat sich den Kaiser gedacht als einen der immer
betet mit rubinenen Kreuzen auf den goldenen Handschuhen. Bibel

N 3

G⟨öding⟩ 30 V 95.
Kaiser Maximilian reitet:
es ist gut so. Birken am Abendhimmel, Thürme der rebellischen Stadt.
In der weiten dunkelnden Ferne, unsichtbar, mein Innsbruck, mein
Wien, meine Türkenkriege, meine Papstkrone. Heute ein gutes
Tagwerk. gut die Reiter aus den Hohlwegen alle gleichzeitig heraus-
geschwenkt, gut 3 Geschütze, selbstgegossene, gestellt und gerichtet;
mit 7 Hauptleuten meines Heeres in ihren 7 Sprachen gesprochen und
immer die Art des Volkes, meiner Völker, durchgefühlt; 3 neue Blätter vom Triumpfzug gesehen und ein wichtiges daran gebessert und
dabei die Grösse dieser späten Zeiten gespürt und mich hinter so vielen sacratissimi antecessores . . . und dann taucht auf das Bild jenes so
ganz anderen Kaisers, des Kaisers der wie ein glühender Rubin war,
der Kern des Reichs, heilig und schweigend mit priesterlichem Mantel
und goldenen Handschuhen und betete, aus einer feuchten Insel bei
Ravenna betete für alle und allen mehr sein wollte, als ein Haupt-
mann des Heeres, oder Geschützmeister, oder Wissender der Vergangenheit, hochmüthiger und heiliger. im Nachmittag seltsam glückliche Jagd, ganz allein;

25

G⟨öding⟩ 11 VI 95.

Bild von Giorgione: die 3 Geometer. Welche Legende? Geometer,
Astronom seiner eigenen geistig-sinnlichen Welt. Ihre Winde und
Wolken kennen, ihr tiefes Wasser, ihre Erde, ihre Bäume. Schiffsbau-
kunst, die dem Begreifen der Vögel nahe bringt.

26

Die Frauen des Königs suchen den Tod

alle untereinander näher dumpfer verwandt als sonst Blutsverwandte;
sonst sind einzelne in der Nacht, im Garten im Strom versunken, jetzt
alle, deshalb auch die Thiere und Kinder mit. Sie haben einen ununterbrochenen Zusammenhang mit einem Geschlecht, dem kretischen
ähnlich
(NB. Augen unter dem Schleier)
manche weiss fast nichts vom Leben, manche nur Schwester, nur
Sclavin, alle zusammen repräsentieren sie ein ungeheueres Gedächtnis
von Liebkosungen, Blumen, Schlummer, Scheu und kindlicher Grausamkeit. Sie sind wie die Ambrawolken die den Wagen des Glückes
tragen, ja wie die Spiegel

27

contrées factices.

Motive der menschlichen Überlegenheit. die Wasserbauten: Wehr,
Holzfloss Damm. Der weisse Terrier, der um Armbänder taucht. ein
junger Mensch, der in Tenniesschuhn auf einer schmalen Holzriese
über einen großen Abgrund geht. Die jungen Mädchen die radfahren.

Motive der menschlichen Hinfälligkeit. der Witzmacher, der über
einen sonnigen steinigen Weg nicht mitkann. Die wahnsinnige Frau,
die in der Nacht mit ihrem Arzt ausfährt.

28

Geschöpf der Fluth

Gedicht der Muscheln

wir sind allein im Dunklen, ihr habt oben Lippen, gerollte Blätter
verschlungene Hände mit rosigem Blut und bläulichen Adern wir
sind allein und können uns nicht berühren wir leben uns aus unser
Schicksal ist den Wogen zu widerstehen so werden wir und Triumpf
und Qual färbt uns wie der Reflex des Herbstes und der Sonne die
obern Wellen

Geschöpfe der Flamme   alle sind Ausgeburten der Flamme
der Schmetterling: in mir wird die Intensität des kurzen Lebens und
der Gebrechlichkeit zu Farbe   Schatten ist gleich mein Tod, mein
Leben zittern im Licht, hinzucken; ich bin dem Tod so nah dass dies
mich stolz grausam und dämonisch macht
ungerührt flattere ich von den Lippen der Helena auf die Wunde des
Adonis. ich liebe meinen Tod die Flamme über alles.

29

Betrachtung.

Da ich so unsicher bin und die Vergleichung mit der Vergangenheit
gleich die Gegenwart durchsichtig macht, da ich beim alleinsein mich
von den Strahlen der Sterne getroffen fühle und mich im Dunklen
von Muscheln verliere, und unter vielen fürchte verschlungen zu
werden weil es einen nach dem andern gelüstet, da ein Wort mich ver-
düstert wie Rauch aus Zauberkräutern meine Gedichte aber unheimlicher sind als der Wald offener als ein Schiff, so denk ich Dein und
Deiner Küsse wie ein Hauchgewordener, Baumgewordener des Au-
genblicks wo er in den Armen eines Mädchens lag Wenn ich Dich
küsse zieht mein schwankend selbst, ganz Auge, sich in einen Edelstein
zusammen.

30

19 IX 16

Begegnungen.

Wo ist das Entzücken des Ruderers auf dem dunklen See? In ihm oder
in dem Beschauer – dem Wanderer der die Gewitterwolke sieht und
den Gischt aufbrausen hört oder in dem Falken der nichtachtend
dahinstümt? In dem Fischer der seine Netze hereinnimmt und sein
Herdfeuer sieht zwischen den Netzstangen? In dem Knaben der eine
ins Schilf gelegte Tonne zunagelt und durch Gitter hineinspäht?

31

19. IX. ⟨1916⟩

Das Geheimniss des Feuermachens:

Eine grosse Flamme entzünden ist schwer denn sie will kommen u. sie
fürchtet sich zu kommen.

Zuerst muss der Zweig Feuer fangen und er muss sein Feuer behalten
und darf nicht zu jäh verzehrt werden und darf nicht erlöschen vor
den Spahn muss der eine Scheit der auserwählt ist, aber das Feuer des
Spahns darf nicht ungeduldig sein in den Scheit zu huschen, und die
Luft darf nicht zu viel daran kommen u. nicht zu wenig.

So ist es mit dem Ergreifen des Herzens.

ÜBERSETZUNGEN

D'ANNUNZIO L'INNOCENTE

Wir sahen uns an. Ich sehe noch den ängstlichen Ausdruck dieses Gesichts, über das ein unsicheres Lächeln irrte.

Sie sagte mit ihrer schwachen, verschleierten Stimme, mit diesem
eigenthümlich zögernden Ton, der gleichsam bereit war, jedes Wort
zurückzunehmen und ein anderes dafür zu wählen: sie sagte: »Gehen
wir ein bischen in den Garten, bevor wir das Haus aufsperren. Es ist
so lang, dass ich ihn nicht so in der Blüthe gesehen habe. Das letzte
Mal wars vor 3 Jahren, dass wir da waren, weißt du? auch im April,
zu Ostern.« . . . Sie wollte vielleicht ihre Erregtheit beherrschen; aber
sie konnte es nicht; sie wollte vielleicht die ausbrechende Zärtlichkeit
hemmen, aber sie konnte es nicht. Sie selbst, mit den ersten Worten,
die sie an diesem Ort aussprach, hatte begonnen, die Erinnerungen
wachzurufen. Nach ein paar Schritten hielt sie inne und wir sahen uns
an. Eine unbeschreibliche Verstörtheit, wie die Gewalt erstickter
Schmerzen, gieng in ihren dunklen Augen vorüber.

»Giuliana!« schrie ich auf, nicht länger Herr, fühlend, wie mir aus
dem tiefsten Herzen eine Fluth leidenschaftlicher und zärtlicher Worte
emporquoll. Sie winkte mir, zu schweigen, mit einer demüthig flehen-
den Geberde. Und sie gieng den Kiesweg weiter, mit schnelleren
Schritten. Sie trug ein hellgraues Kleid. Ich sehe noch ihre elegante
Gestalt in dieser zarten kühlen Farbe sich zwischen den blüthengebeug-
ten Fliederbäumen hinbewegen, zwischen den bläulichen und den
lilafarbenen. Es war ein allzuheißer Morgen, mit blauem Himmel, auf
dem einige weiche weiße Wölkchen hiengen. Die Fliedersträucher
machten aus dem ganzen Garten ein einziges dichtes bosquett, nur hie
und da mit fahlgelben Rosen und starren Schwertlilien durchsetzt.
Der Duft der dreierlei Blüthen hatte sich in meinem Gedächtnis erhal-

ten wie ein bestimmter musikalischer Dreiklang. Das schwüle Schweigen brachen nur zahllose zirpende Spatzen. Nach einer Zeit verlang-
samte Giuliana ihren Schritt. Ich gieng ihr zur Seite, so nah, dass sich
hie und da unsere Ellbogen berührten. Sie sah um sich mit beweglichen
und aufmerksamen Augen, als fürchtete sie irgendetwas zu übersehen. 5
Zwei oder 3 Mal sah ich auf ihren Lippen die Absicht, zu sprechen:
Der Anfang eines Wortes zeichnete sich ab, ohne Laut. Ich fragte sie,
leise, schüchtern, wie ein Verliebter: »Woran denkst du?«
    »Ich denke dass wir nie hätten von hier fortgehen sollen.«
    »Du hast Recht, Giuliana.« Spatzen streiften uns, hastig auffliegend. 10
    »Wie ich diesen Tag hergesehnt habe, Giuliana. Ah, das wirst du
nie wissen, wie ich ihn hergesehnt habe.« Meine Erregung war so stark,
dass meine Stimme vollkommen fremd klang. »Keine Erwartung,
schau, keine im Leben war so martervoll wie die seit vorgestern, seit
du gesagt hast, dass du hier herkommen willst.« 15
    Ich war trunken und trotzdem seltsam hellsichtig. Ich hörte das
Geschrei der Spatzen und das Plätschern des niederfallenden kleinen
Springbrunnens. Ich fühlte das Leben gleiten, die Zeit fließen. Und
diese Sonne und diese Blumen und diese Geräusche und dieser ganze
Frühling gaben mir ein unerklärliches Gefühl von Beängstigung. Die 20
blitzenden Reflexe des Wassers in der Sonne, durch die langen Zweige
mit ihren diaphanen Blättern schimmernd gaben dem Schatten eine
verwirrende Unruhe.

ANEKDOTE

»Es kam ein Telegramm aus Fukuoka, welches anzeigte, dass ein dort 25
angehaltener schwerer Verbrecher heute, mit dem Mittagszug, zum
Verhör in Kumamoto eintreffen würde.
    Es war vor vier Jahren ein Einbrecher in ein Haus in der Straße der
Ringer eingedrungen, hatte die geängstigten Bewohner gebunden und
eine Menge Wertsachen fortgeschleppt. Man fieng ihn innerhalb 30
24 Stunden; aber da man ihn zur Polizeistube bringen wollte, sprengte
er seine Handfesseln, entriss dem Polizisten sein Schwert, hieb ihn
nieder und war entsprungen. Er blieb es, bis ein Zufall und seine dem
Gedächtnis eines Geheimpolizisten eingeprägten Gesichtszüge bewirk-
ten, dass er, unter verändertem Namen, eines andern Vergehens 35

wegen, im Gefängnis von Fukuoka schwere Arbeit leistend, für jenen Mörder erkannt wurde.

Ich gieng mit einer großen Schar anderer Leute an die Bahn, ihn ankommen zu sehen. Ich erwartete Ausbrüche des Zornes; ja ich befürchtete Gewaltthat. Jener Ermordete war beliebt gewesen; seine Angehörigen durfte man unter denen vermuthen, welche sich hier zusammenfanden. Ich erwartete auch ein starkes Aufgebot von Polizei. Meine Annahme war irrig. Der Zug kam unter Getös und es war das Gedränge der Aussteigenden wie immer. Fast fünf Minuten hatten wir außerhalb des Schranken's zu warten. Dann schob ein Polizei-sergeant den Gefangenen durch's Tourniquet, einen großen wildblickenden Menschen, dessen Kopf geduckt war und dem die Arme auf den Rücken geschnürt waren. Dann blieben der Gefangene und der Wächter vor dem Schranken stehen und die Leute drängten sich vorwärts, aber in tiefer Stille. Dann rief der Polizist aus: »Sugihara San! Sugihara O-Kibi! ist sie gegenwärtig?«

Eine schmächtige kleine Frau, dicht neben mir, die ein Kind auf dem Rücken trug, antwortete »Hai!« und schob sich durch, nach vorne. Dies war die Witwe des ermordeten Mannes; das Kind, das sie trug, war sein Sohn. Der Polizist winkte mit der Hand, die Menge trat hinter sich und es wurde ein freier Raum um den Gefangenen her. In diesem Raum stand die Frau mit dem Kind und blickte auf den Mörder. Es war todtenstill. Keineswegs zu der Frau, sondern einzig und allein zu dem Kinde sprach dann der Polizei-sergeant. Er sprach leise, aber so deutlich, dass mich jede Silbe traf: – »Kleiner, dies ist der Mensch, der vor vier Jahren deinen Vater erschlug. Damals warst du nicht geboren; damals lagst du im Leib deiner Mutter. Dass du keinen Vater hast, dich lieb zu haben, das hat dieser Mensch gethan. Sieh ihn an – (hier fasste der Mann das Kinn des Gefangenen und zwang ihn, seinen Blick auf das Kind zu heben) – sieh ihn gut an, Kind! fürchte dich nicht. Es thut weh; aber es ist deine Pflicht. Sieh ihn an!« Über die Schulter der Mutter starrte das Kind mit weit aufgerissenen Augen, wie in großer Furcht; dann begann er erstickt zu athmen; dann kamen Thränen; aber beharrlich und gehorsam sah er und sah und sah in jenes Gesicht, das sich verzerrte.

Ich sah, wie das Gesicht des Gefangenen sich verzerrte; ich sah ihn, seinen Fesseln zum Trotz, sich auf die Knie nieder schleudern und sein Gesicht in den Staub hinschlagen, und seine heisere Stimme schrie mit einem Ton, der unsere Herzen zittern machte: »Gnade! Gnade!

Gnade, du Kind! Ich habe es gethan! Nicht aus Hass ists geschehen
sondern aus dem Wahnsinn der Furcht, da ich fliehen wollte und er
mich hielt. Ein Elender war ich! schwerer als Worte sagen können
habe ich mich an dir vergangen! Jetzt aber gehe ich, für meine Sünde
zu sterben. Ich will sterben! Ich bin froh zu sterben! Darum, du Kind,   5
hab Erbarmen mit mir! vergieb mir!«

    Das Kind weinte vor sich hin. Der Polizist zog den zitternden Men-
schen in die Höhe; und die Menge theilte sich, sie durchzulassen; und
plötzlich schluchzten alle diese Menschen, dieser Pöbel von Kumamoto, vielleicht der gefährlichste, der gefürchtetste Pöbel des Kaiser-   10
thums. Und als der wie aus Bronze gegossene Wächter mit seiner
Beute an mir vorbeikam, sah ich in seinem Gesicht das was ich nie
vorher gesehen hatte, – was wenige Menschen jemals sehen werden, –
was ich wohl nicht mehr wieder sehen werde, – die Thränen eines
japanischen Polizisten.«   15
. . .

Ich übersetze diese Anekdote aus dem unendlich liebenswürdigen,
inhaltsreichen und klugen Buch: Kokoro, hints and echoes of japanese
inner life, von Lafcadio Hearn, erschienen in New York, 1900. Wenn
unter den Deutschen der Sinn für das Ernsthafte ohne Pedanterie,   20
für das mit Zurückhaltung vorgebrachte Tiefe, für das mit wahrhaftem
Lebenssinn aufgeschlossene Lebendige noch vorhanden ist, so wird
dieses Buch früher oder später durch die Hände Vieler gehen und nicht
bloß auf einen einzelnen Tag wirken. Möge sein Übersetzer weder ein
dumpfer Zeilenschreiber, noch ein nach Stil haschender Litterat, noch   25
ein gemütsloser Allesversteher sein. Wäre es eine junge edle Natur, die
heute noch vom Schicksal im Dunklen gehalten, um des Broterwerbes
willen darauf verfiele und des eigenen Reichthums unbewusst, beschei-
den und beglückt in dieser Arbeit sich verlöre. Es ist für die Deutschen
aus dem Ton dieses Buches viel zu lernen. Ein Ton aber lässt sich nicht   30
vor Gericht stellen, und wer vermöchte ihn fest zu halten, als ein Mann
von Gemüth und tiefem Ernst, deren es doch so überaus wenige giebt.
                                                            Hofmannsthal.

VARIANTEN UND ERLÄUTERUNGEN

Obwohl Hofmannsthal sich sein Leben lang mit Plänen zu Erzählungen trug, die zum Teil auch sehr weit gediehen, hat er nur neun veröffentlicht. Zeugnisse, die zu den dramatischen Werken, auch zu vielen unvollendeten, in großer Zahl vorhanden sind, werden für die Erzählungen, und das gilt auch für die fertig gestellten, mit Ausnahme der Frau ohne Schatten *und des Romanfragmentes* Andreas, *zur Rarität und hören seit Herbst 1896 so gut wie ganz auf.*

Während Hofmannsthal eine große Anzahl essayistischer Prosa mühelos schrieb, fiel es ihm nicht leicht, Geschichten zu erzählen. Es gelang einigermaßen, wenn er sich an ein Vorbild anlehnen konnte, wie an Andrians ›Garten der Erkenntnis‹ *für das* Märchen der 672. Nacht *oder an Goethes Erzählung für das* Erlebnis des Marschalls von Bassompierre. *Schon die* Reitergeschichte *war ihm nicht leicht gefallen, wie die Briefe an die Eltern aus Lugano erkennen lassen, und die Fertigstellung der* Frau ohne Schatten, *einer Arbeit, die sich sechs Jahre hinzog, fiel ihm unendlich schwer. Doch immer wieder versuchte er sich an der Erzählform, da, wie er 1898 schreibt, man jede Kunstform brauche,* weil jede manches auszudrücken erlaubt, was alle anderen verwehren *(SW XXVIII 220).*

Die ersten überlieferten Erzählversuche datieren in das Jahr 1889; Hofmannsthal war 15 Jahre alt. Der erste, Der Geiger vom Traunsee, *ist ein Versuch, mehr feuilletonistischer Art, eigene literarische Erlebnisse mit persönlicher Naturerfahrung zu kombinieren. Die Handlung des zweiten Planes aus demselben Jahr,* Am Rand der Hauptstadt . . . , *trägt noch colportageartige Züge.*

In den Jahren 1889 bis 1891 sind die Pläne zu Erzählungen nur kurzlebig. Sie beschränken sich oft auf den Titel. Eine Liste von Novellen-Vorhaben vom 17. Juni 1891 enthält sechs Titel. Davon ließ sich nur zu dem vierten eine kurze Notiz finden. Der Grund dafür ist sicherlich nicht in einer Überlieferungslücke zu suchen. Hofmannsthal hatte viele Pläne, aber nicht die Neigung, sie weiter zu verfolgen. Außerdem stand zu dieser Zeit die Lyrik für ihn weit im Vordergrund.

Die erwähnte Titelliste (H VII 17) mit knappen Stichworten zur Charakterisierung der einzelnen Novellen, alle auf persönliche Erlebnisse anspielend, lautet:

17./VI. ⟨1891⟩

Novellen. 1.) Vater und Mutter. (eigene Jugend: Lügen, Schauspielerei Dolch, Flehen, Mädchen, Heftigkeit, Alpdruck grosser wachsender Zahlen)
2.) Hunger als Einleitung der[1] Surrogatstimmungen.
3.) Declassiert. (Fusch, Tante Elise endlich Heirath)
4.) St. Aloysius. (Tante Marie, Blumen, Lungensucht, der wachsgelbe Ministrant, Pichler)
5.) Renaissance[2]
6.) Hass. (fixe Idee Toni)

Gegen Ende des Jahres 1891 führt Hofmannsthal den ersten Erzählungsplan aus. Es ist die Studie Age of Innocence, *die jedoch, als er sie im März 1892 an die Redaktion der ›Freien Bühne für modernes Leben‹ einschickt, abgelehnt wird. Während der hier beginnenden Periode seines Erzählschaffens, die 1896 endet, steht Hofmannsthal in engem Kontakt mit den Dichtern des sogenannten Jungen Wien: Arthur Schnitzler, Richard Beer-Hofmann, Leopold von Andrian und Felix Salten. Sie teilen sich untereinander ihre Pläne mit und lesen sich die fertigen Partien gegenseitig vor. Sie üben Kritik und übernehmen auch manchmal etwas voneinander, wovon das auffallendste Beispiel die stilistische Parallele zwischen Andrians ›Garten der Erkenntnis‹ und Hofmannsthals* Märchen der 672. Nacht *ist. Der Eindruck, den diese Erzählung Andrians auf Hofmannsthals eigene Produktion machte, läßt sich bis 1900 verfolgen, als er mit* Ein Frühling in Venedig *die Fortsetzung des ›Garten der Erkenntnis‹ schreiben wollte.*

In den Jahren 1895 und 1896 häufen sich die Erzählungspläne. Anfang Mai 1895 beendet er das Märchen der 672. Nacht, *und noch während er die letzten Korrekturen daran vornimmt, plant er eine neue Erzählung:* eine Geschichte des Actäon *(BW Schnitzler 53). Gemeint ist damit wohl die Geschichte des mythischen Actäon. Gleichzeitig mit Notizen dazu, nämlich am 4. Mai 1895, entstanden auch Aufzeichnungen zu einer Erzählung* Der neue Actäon, *die sich um die Person Hermann Bahrs drehen sollte. Ein erhaltener Konvolutumschlag (HVA 143.1) führt die beiden Titel, zusammen mit anderen, auf:*

Anfang Mai 1895.

De duabus vitai clavis. $\left\{ \begin{array}{l} \text{Actäon} \\ \text{eine Heilige} \end{array} \right.$

---

[1] als Einleitung der *Stenographie.*
[2] *Die folgende Notiz könnte vielleicht mit diesem Titel in Zusammenhang gebracht werden. Sie befindet sich mit anderen auf einem Blatt mit der Gesamtüberschrift* Renaissance *und lautet:* Dilettant der Renaissance, aemulus philosophiae, aus der er geheime Kräfte zu saugen strebt, seine subtilen Studien gehen auf die Seele von Städten aus dem Begreifen von Dialect und Architectur und daraus Ziehen grössten Genusses durch Wahl von Freunden, Dienern und Geliebten. Unter alledem aber ahnt er tieferes *(HVB 10.3)*

Detail zum Sectionsrath.
Tragödie der 4 Edelknaben.
ein neuer Actäon.
Tage in der Brühl, geahnte Theodicee des Lebens.

5   anderes

   Der Plan zu einer Erzählung Caserne *ist das erste unter mehreren Vorhaben, Ge-*
   schichten zu schreiben, die im Zusammenhang mit seinen Erfahrungen während der
   Militärzeit in Brünn und Göding und der Waffenübung im Mai 1896 in Tlumacz
   stehen. Schnitzler nennt sie einmal »Soldatengeschichten« (BW 68), ein Ausdruck,
10   *der sicherlich von Hofmannsthal stammt, der 1895 diesen Titel für eine Erzählung*
   wählt. Die Erzählungspläne dieser Art enden 1898 mit der Reitergeschichte, *der*
   einzigen davon, die Hofmannsthal publizierte. 1896 war schon die Soldatengeschichte *so gut wie fertig. Doch Hofmannsthal hat sie nie zur Veröffentlichung*
   gegeben.

15   *Im Juli 1896, während seines Aufenthaltes in Bad Fusch, begibt sich Hofmanns-*
   thal mit großem Enthusiasmus an die Ausführung seiner Novellenpläne, die er alle
   zu Ende zu bringen hofft. Es wäre so hübsch, wenn wir uns im Herbst gegenseitig Geschichten vorlesen könnten, wie zwei italienische Novellisten, *
   schreibt er an Beer-Hofmann (BW 61). Die Form der Novelle zu begreifen, ihr*
20   *Kunstgesetz zu erkennen, darauf kommt es ihm im wesentlichen an.* Ich möchte das
   Unberührbare der schönen Menschen ausdrücken, daß man nicht in sie
   hineinkann, daß nichts hinter ihnen sein braucht, weil eben alles Form
   geworden ist. *(BW Andrian 71). Er möchte möglichst viele seiner Pläne ausführen.*
   Ich habe das Gefühl, daß die Sachen, die man redet, viel besser herauskom-
25   men, wie aus einer schallverstärkenden Maske, wenn man ziemlich viel
   gemacht hat, *schreibt er an Hermann Bahr (B I 206) und fährt selbstbewußt fort:*
   Ich glaube, daß ich jetzt, wie durch einen Schleier, das aufs Wesen gehende
   Kunstgesetz für die Novelle (oder für eine bestimmte Art von Novelle)
   ahne, das Kunstgesetz, dessen voller Besitz einem möglich machen muß,
30   eine ganze Prosadichtung durch und durch als Form zu erkennen wie das
   lyrische Gedicht und das von Otto Ludwig durchschaute Shakespearesche
   Drama. Davon läßt sich mehreres reden. Aber Sie können denken, daß ich
   ziemlich zufrieden bin, weil man da schon fast auf den Inseln der Seligen in
   sehr kleiner Gesellschaft mit seiner Wahrheit sicher spazierengeht. *(ebenda).*
35   *Hofmannsthal stellt die* Geschichte der beiden Liebespaare *fertig, will gleich*
   darauf mit einer neuen anfangen und macht sich zwischendurch Notizen zu sechs
   weiteren Novellen (s. S. 310, 9). Der Versuch einer Nacherzählung des plato-
   nischen Dialoges ›Charmides‹, der ebenfalls in das Jahr 1896 zu datieren ist, zu dem
   aber keine Zeugnisse vorhanden sind, fällt wohl eher in den Beginn des Jahres.
40   *Die überschwengliche Produktivität Hofmannsthals, soweit sie sein Novellen-*
   schaffen betrifft, findet Ende Juli 1896 ein jähes Ende. Der Grund dafür läßt sich nur
   vermuten. Hofmannsthal trifft sich in Salzburg mit Beer-Hofmann und liest ihm die

Geschichte der beiden Liebespaare *vor. Beer-Hofmann findet die Novelle schattenhaft und wertlos, wie Hofmannsthal in einer Tagebuchnotiz (S. 311, 18f.) formuliert. An den Vater schreibt er darüber am 22. Juli:* Meine Novelle ist nämlich schlecht, absolut schlecht, d. h. die dargestellten Sachen sind nicht herausgebracht, sind in einer Sphäre gehalten, wo sie für das Publicum weder Wahrheit, noch Schönheit noch überhaupt Sichtbarkeit haben. *(s. S. 311, 22–25). Er nimmt die Kritik des Freundes sehr ernst (s. S. 311, 21–312, 33). Er stellt seine Arbeit an den begonnenen Novellen ein und bemüht sich hinzuzulernen.* Ich unterhalte mich mit möglichst vielen Menschen und suche den einen wesentlichen Fehler meiner Novelle zu corrigieren, das heißt im Beobachten besonders darauf zu achten, durch welche Äußerlichkeiten Bewegungen, Redensarten etc. die innere Besonderheit der einzelnen Menschen an den Tag kommt. *schreibt er am 7. August 1896 an den Vater (S. 312, 20–24). Neben dem hier angesprochenen Punkt von Beer-Hofmanns Kritik erscheint in einem Brief an Schnitzler aus demselben Monat ein zweiter:* Freilich haben meine Sachen wieder das Häßliche, daß alles allzudeutlich gesagt ist. *(S. 312, 32f.).*

Schon 1889 hatte Hofmannsthal sein Scheitern an seiner ersten Erzählung, Der Geiger vom Traunsee, *mit der* leidigen Gewohnheit des Ausmalens u. erschöpfenwollens *(s. S. 264, 9f.) begründet. In einer späten Aufzeichnung gelegentlich der Princesse de Babylon von Voltaire bemerkt er ausdrücklich:* Erzählen heisst fortlassen *(H V A 146.4). Er hatte also schon selbst und sehr früh seine Schwächen erkannt. Die Kritik des Freundes, die nicht scharf gewesen sein kann, denn Beer-Hofmann rät ihm trotz allem zur Publikation, machte sie ihm wieder bewußt. Nur darum konnte das Gespräch in Salzburg eine solche Wirkung haben.*

In der Folgezeit versucht sich Hofmannsthal immer wieder an Erzählungen, nicht immer erfolglos. Aber mit Ausnahme der Frau ohne Schatten *teilt er die Pläne nicht mehr seinen Freunden mit.[1] Er überrascht mit dem Fertigen. Zu den späteren Erzählungen gibt es kaum mehr Briefzeugnisse.*

1897, während seiner produktivsten Phase in Varese, als der größte Teil der Kleinen Dramen entstand, fand Hofmannsthal noch Zeit, die Erzählung Der goldene Apfel *zu entwerfen, die er dann im Oktober in der Brühl ausarbeiten wollte (vgl. S. 321, 10–29). Der Stoff, eine Geschichte aus 1001 Nacht, ist wohl im Zusammenhang mit dem gleichzeitig konzipierten Drama* Die Hochzeit der Sobeide *zu sehen, dessen Stoff ebenfalls auf orientalischen Vorlagen beruht.*

Als Hofmannsthal im Sommer 1898 eine Reise in den Süden unternahm, hoffte er vielleicht, die Produktivität des Vorjahres wieder erreichen zu können. In Lugano

---

[1] *Dagegen spricht auch nicht, daß er den* Mann von 50 Jahren *mit Schröder und* Die Heilung *mit Wassermann besprochen hat. Ersteres war ein Dramenplan, und erst Schröder überzeugte Hofmannsthal, daß der Stoff sich besser für eine Erzählung eigne. Den Stoff der* Heilung *hat er, wie eine Bemerkung in N 9 besagt (S. 192, 11), in Aussee mit Wassermann durchgesprochen. Das ist die einzige Abweichung von der Regel.*

quartierte er sich für ein paar Wochen ein, um Prosa *zu schreiben,*[1] *vor allem, die für den ›Pan‹ versprochene* Reitergeschichte *fertigzustellen. Doch seine Stimmung war in diesem Jahr auf einem Tiefpunkt.* ich bin merkwürdig deprimiert, fast unfähig zu denken und völlig unfähig zu arbeiten, *schreibt er am 23. August an*
5 *Andrian (BW 114). Fünf Tage später geht es ihm ein wenig besser, denn seinen Eltern berichtet er am 28. August:* Überhaupt fass ich alles milder auf, weil ich 3 kleine Erzählungen zu schreiben angefangen hab und fortwährend notiere, sogar bei Tisch, in die kleinen englischen Bücheln. *(FDH/Dauerleihgabe Stiftung Volkswagenwerk) Leider ist von diesen* kleinen englischen Bücheln *keins*
10 *erhalten, so daß nur vermutet werden kann, um welche drei Erzählungen es sich handelt. Zwei davon könnten die* Reitergeschichte *und die fragmentarische Erzählung* Die Verwandten *sein. Von der dritten gibt es nicht einmal einen Hinweis auf den Titel oder den Stoff. Über mehr als Notizen scheint Hofmannsthal zunächst nicht hinausgekommen zu sein, denn am 8. September schreibt er aus Bologna resigniert an die Eltern:*
15 Was ich gearbeitet hab, gehört der Katz, ist auch sehr wenig, aber ich mach mir wirklich gar nichts daraus, es wird schon auf einmal wieder kommen und mit der Zeit werd ich schon ein besseres Training bekommen. *(FDH/Dauerleihgabe Stiftung Volkswagenwerk) Nicht nur fiel ihm das Prosaschreiben noch immer schwer, auch mit der Wahl der Stoffe scheint Hofmannsthal nicht glücklich*
20 *gewesen zu sein, wie eine Stelle aus einem Brief, ebenfalls an die Eltern, vom 15. September aus Florenz erkennen läßt:* allein hier zu bleiben kann ich mich trotz der wundervollen Lieblichkeit und Schönheit der Umgebung nicht entschließen, weil mir kein einziger meiner Stoffe irgendwie naheliegt und ich fürchte, durch das bestimmte Hersetzen zum Arbeiten wieder jene innere Erstarrung
25 hervorzurufen wie in Lugano. *Doch er nimmt sich vor, als die Arbeit an dem Lustspiel* Der Abenteurer und die Sängerin *so gut vonstatten geht, sich im November in Wien mit der* Ausarbeitung der Novellenstoffe aus Lugano *zu befassen.*[2] *Diesen Vorsatz führt er aus und vollendet wenigstens die* Reitergeschichte.[3]
     Während seines Aufenthaltes in Paris, im März und April 1900, entwickelt
30 *Hofmannsthal wieder neue Pläne zu Erzählungen. Am 15. März schreibt er an Schnitzler:* Es fällt mir manchmal mehr ein als ich aufschreiben kann: kleinere und größere Stücke, Erzählungen und anderes Phantastisches. Ich hoffe, daß ich wohl halbwegs Abgeschlossenes fertig bringe *(BW 134; s. auch SW XXVIII 222, 11–19).*
35   *Die Fülle der auf ihn einstürmenden Einfälle machen die beiden erhaltenen Titellisten von Erzählungsplänen deutlich. Die erste, vom März, enthält* Novellen, *die zweite, vom April, die* Märchen *und die* Halbmärchen. *Sie lauten:*

---

[1] *SW XXVIII 220.*
[2] *30. September 1898 aus Venedig an die Eltern (B I 272); vgl. SW XXVIII 220, 12–16.*
[3] *S. SW XXVIII 220, 17f.*

Novellen.

März 1900.

Der Verführer.

4. die Freundin der Liebe   They that love best their loves shall not enjoy

3. die Hochzeitnacht. die Nacht auf dem Jagdschloss.

1. der Berühmte.

(der Tod eines Kindes.)

Fortsetzung des Gartens der Erkenntniss. = ein Frühling in Venedig

2. Erlebniss des Herrn von Bassompierre. *(VIII 13.21)*

Der folgende Konvolutumschlag (E IV A 54.1) enthielt die Niederschrift (H) des
Märchen von der verschleierten Frau. Seine Aufschrift lautet:

Das Märchen v. d. verschleierten Frau.

Paris 13 IV 1900
(Ausführung begonnen Ostersonntag, 15. IV.)

und andere Märchen.
Die junge Frau und die Nixe im Baum.
Die Wanderer und der Berg
Märchen oder Ballett: Narciss.

die beiden Halbmärchen $\left\{\begin{array}{l}\text{der Jüngling und die Spinne. (Lili in Warh. u}\\\text{Dichtung   Minnie in Aussee)}\\\text{das Kind und der Tod. (es geht den Tod su-}\end{array}\right.$

chen, der seinen Vater getödtet hat: zu dieser
persönlichen Auffassung ist es gekommen, wie
es den Fremden mit der Mutter und der Schwester reden hörte)

Hofmannsthal gedachte, zumindest die Novellen fertigzustellen. Im Nachlaß fand
sich eine Liste (H V B 18.7), die vier der Novellentitel enthält und daneben jeweils
den Namen dessen, dem er sie widmen wollte. Sie lautet:
Bassomp⟨ierre⟩ – Kessler
Nacht im Schloss[1] – Georg Fr⟨anckenstein⟩
Frl. u ⟨der⟩ Ber⟨ühmte⟩ – R⟨ichard⟩ B⟨eer⟩ H⟨ofmann⟩
Die Fr⟨eundin⟩ d⟨er⟩ L⟨iebe⟩ – M⟨aurice⟩ Maet⟨erlinck⟩

Am 26. April 1900, als das Erlebnis des Marschalls von Bassompierre
gerade fertiggestellt ist, bittet Hofmannsthal Harry Kessler in einem Brief um die
Erlaubnis, ihm eine Novelle widmen zu dürfen. Diese Briefstelle zeigt ebenfalls, daß
Hofmannsthal einen ganzen Band mit Novellen plante: Darf ich in einem Band
mit Novellen über eine kleine Geschichte ihren Namen setzen? *(BW 25).*
Leider kam der Band, auf dessen inhaltliche Abfolge sich die Nummern in der Titel-

---

[1] Die Hochzeitsnacht.

liste auf S. 256, 1–9 beziehen, nicht zustande. Hofmannsthal scheint nach seiner
Rückkehr aus Paris die Arbeit daran nicht wieder aufgenommen zu haben. Die
einzige fertiggestellte Novelle, Erlebnis des Marschalls von Bassompierre, *er-*
schien, ohne die vorgesehene Widmung, am 24. November und 1. Dezember 1900
in der ›Zeit‹.

Die Erzählpläne Hofmannsthals, die aus der Zeit nach 1900 erhalten sind, unter-
scheiden sich in einigen Punkten von denen aus den früheren Jahren. Ganz äußerlich
läßt sich zunächst feststellen, daß die Zahl der Titel aus der späteren Zeit geringer ist,
während der Umfang der erhaltenen Notizen und Entwürfe nicht viel kleiner wird.
Hofmannsthal arbeitet jetzt auch über einen längeren Zeitraum an ein und demselben
Projekt, eine Feststellung, die besonders die vollendete Erzählung Die Frau ohne
Schatten *betrifft. Ferner greift Hofmannsthal eine neue Form der Erzählung auf,*
die er zwar schon 1889 in seinem ersten Erzählversuch, dem Geiger vom Traunsee,
angewandt hatte, dann aber bis 1903 nicht mehr benutzte, eine Art feuilletonistischer
Erzählung, manchmal dicht an der Grenze zum Essay. Als Beispiel hierfür sind
zunächst Hebbels Eiland *von 1903 und* Eines alten Malers schlaflose Nacht, *im*
selben Jahr begonnen, zu nennen. Ebenfalls im Jahr 1903 begann Hofmannsthal die
Arbeit an einer Erzählung mit dem Titel Der Park. *Diese Pläne stehen in engem*
Zusammenhang mit solchen zu erfundenen Gesprächen und Briefen, mit denen sie auch
auf Titellisten zusammen vorkommen. Gemeinsam ist ihnen eine eher reflektierende
Prosa, beeinflußt in erster Linie von Kaßner, E. A. Poe und, ab 1917, Claudel.

Mit dem Park *beschäftigte sich Hofmannsthal von 1903 bis 1904. 1917 nahm er*
dasselbe Thema unter dem Titel Der Mann des Abends *wieder auf. In engem the-*
matischem Zusammenhang damit stehen auch die ebenfalls 1917 begonnenen Aufzeich-
nungen zu Der Zeichendeuter, *ein Plan, den Hofmannsthal bis ins Jahr 1926*
verfolgte.

Hofmannsthal versuchte immer wieder, die verschiedenen Pläne unter einem ge-
meinsamen Titel zu einem Band zusammenzustellen. Die folgenden Listen hierzu sind
erhalten:

Gewisse Entwürfe in Prosa
(»Die abgewandten Gesichter«)
enthaltend: Das Tagebuch von Lord W. Russells Diener.
     Der Brief der Lespinasse an den todten Mora.
     Ein Unbekannter. (Der Park)
     R⟨embrandt⟩ v⟨an⟩ Rhijns schlaflose Nacht. *(H IV B 132.13)*[1]

---

[1] *Die beiden ersten Titel gehören zu der Gattung ›Erfundene Gespräche und Briefe‹, der*
letzte ist identisch mit Eines alten Malers schlaflose Nacht.

Das Buch der transparenten Schatten.

1.) Der Kaufmannssohn.
        Über das Unentfliehbare
2.) Der Park.
        Die ewigen Augenblicke.   5
3.) Rembrandts schlaflose Nacht.
        Reflexion über das Helldunkel
4.) Die Briefe F. Chandos.
     1.) Die Worte
     2.)   *(H IV B 114.8)*   10

Vermutlich Ende 1906 plante Hofmannsthal in derselben Weise Band IV der
Prosaischen Schriften:
Die philos⟨ophischen⟩ Novellen: Kaufmannssohn. Brief des Lord Chandos.
Der Park. R⟨embrandt⟩ v⟨an⟩ Rhyns schlafl⟨ose⟩ Nacht *(H VB 26.13).*
Aus dem Juni 1917 *stammt die Titelliste* Figuren u. Reflexionen. (eventuell   15
als Band IV der Prosaschriften) *mit den folgenden Titeln:*[1]

Ein Brief des Poussin.
Der Brief der Frau von Guignan. (Das Gespräch mit dem Chinesen:
über die Höflichkeit)
Über die Schönheit des menschlichen Körpers.   20
Die Aufmerksamkeit.
Porträts. Belphegor, der Magier. (H. K⟨essler⟩) / Damon (Rathenau)
— Der Mann ohne Zutritt
Der Feldherr. (Marlborough.)   Daneben: Erzherzog Karl.
Über die Eitelkeit.   25
— Eine nie gesehene Landschaft. (Sie wird halluciniert, aber nicht mit dem
   Gesichtssinn, sondern einem andern Sinn. sie gibt völlige Befriedigung:
   am Ziel zu sein.)
   (hierher auch: Lucidor)
— Der Zeichendeuter.   30
Sophia.
Der Wasserfall von T.
Der Vater an seinen Sohn.
— Der Heros.
Der Bildnismaler.   35
— Die Leere.
— Der Mann des Abends. *(H VA 115.12)*

----

[1] *Die mit Sicherheit als Erzählung zu identifizierenden Titel wurden vom Herausgeber*
mit — gekennzeichnet.

Eine weitere Gruppe bilden die Märchen oder, wie Hofmannsthal einige davon einmal bezeichnet, die ländlichen Erzählungen[1] *der Jahre 1912 und 1919: das 1900 begonnene und 1912 wieder aufgenommene Märchen* Die junge Frau und die Nixe im Baum, Siebenbrüder, Das Paar im Berg, Märchen von der Einzigkeit, Prinzessin auf dem verzauberten Berg. *Die drei zuerst genannten werden einmal auf einem Konvolutumschlag (H IV A 52.1) zusammen erwähnt:*

Märchen.

darunter: Das Paar im Berg
          Siebenbrüder
          Die junge Frau u. d. Nixe im Baum

Vom Februar 1913 stammt eine Notiz (H IV A 51), überschrieben Märchen, *die sich keinem der überlieferten Pläne zuordnen ließ. Wahrscheinlich enthält sie nur Motive, die sich Hofmannsthal notiert, um sie in einem seiner Märchen einmal zu verwenden:*

Fortspringen über eine Mauer – wieder dort sein, wo man fortwollte.

Lustsitz auf einer Felsenbrücke. Im Hintergrund eine Steinsäule bis in die Wolken ragend.

Am 7. August 1919 plant er Drei Ehemärchen: Das Paar im Berg; Die junge Frau u. die Nixe im Baum; »Hyacinth u Rosenblüth« *(S. 198, 27f.). Zu letzterem, sicherlich einer Neuerzählung des gleichnamigen Märchens von Novalis aus den ›Jünglingen zu Saïs‹, ist nichts als der Titel und eine Annotation in dem für die Erzählung* Die Frau ohne Schatten *wichtigen Buch von Herbert Silberer: ›Probleme der Mystik und ihrer Symbolik‹, Wien 1914, erhalten. Dort schrieb Hofmannsthal:* Hyacinth   Rosenblüt *an den Rand des folgenden Satzes, den Silberer aus einem Werk des Alchimisten Alipili zitiert: »Wenn du die Vortrefflichkeit deines eigenen Hauses nicht kennst, was streichst und suchest du nach der Vortrefflichkeit fremder Dinge?« Nur durch die Tatsache, daß Hofmannsthal plante, denselben Stoff zu bearbeiten, wissen wir, daß diese Annotation sich nicht auf des Novalis Märchen, sondern auf eine eigene Erzählung bezieht. Der Plan, gerade zu diesem Zeitpunkt drei Ehemärchen zu schreiben, hängt sicher mit der Beendigung der Erzählung* Die Frau ohne Schatten *zusammen, deren Problematik Hofmannsthal noch weiter beschäftigte. In diesem Zusammenhang ist auch 1918 die Wiederaufnahme des Stoffes von* Der Kaiser und die Hexe *für eine Erzählung zu sehen.*

---

[1] Mir vorgesetzt, zu arbeiten:
. . .
Gruppe kleiner ländlicher Erzählungen (zum Teil ältere Einfälle, neubelebt)
Die junge Frau u. die Nixe im Baum
Siebenbrüder
Das Paar im Berg   *(Juli 1912, H VII 10)*

Im Oktober 1912 beabsichtigte Hofmannsthal, einen Novellenzyklus mit dem Titel Die Lebenspyramide *zu verfassen (s. S. 359, 2–8). Die hierauf bezügliche Notiz findet sich in der* Knabengeschichte, *der am weitest gediehenen Erzählung, die Hofmannsthal in der späteren Zeit zu schreiben begann. Die Änderung des früheren Titels der Erzählung* Dämmerung und nächtliches Gewitter *in* Kna-   5
bengeschichte mag wohl mit dem Plan der Lebenspyramide zusammenhängen, da die zweite der hierzu geplanten Erzählungen, zu der jedoch keine weiteren Notizen oder Zeugnisse vorhanden sind, als Jünglingsgeschichte *bezeichnet ist. Als dritte der vier Erzählungen dieses Zyklus wird* Die Heilung *genannt. Die Tatsache, daß diese Erzählung hier erwähnt wird, erklärt die Veränderung, die Ende 1912 in*   10
deren Notizen vorgeht. Die Frau, die vorher die Hauptfigur war, tritt gegenüber dem Mann in den Hintergrund. Dieser Mann wird dann später, 1917, zur Titelfigur des Erzählungsplanes Der Mann ohne Zutritt, *während Hofmannsthal die Arbeit an der* Heilung *nach 1912 nicht wieder aufnimmt. Im Juli 1912 hatte Hofmannsthal Notizen und Entwürfe zu einer lyrischen Dichtung* Lebenspyramide *verfaßt. Viel-*   15
leicht sollte der Erzählungszyklus dieses Vorhaben ablösen.

Die letzten der überlieferten Erzählungspläne stammen aus dem Jahr 1928. Es sind jeweils nur kurze Notizen, und nichts deutet darauf hin, daß Hofmannsthal sie irgendwann zur Ausführung gebracht hätte.

Nie habe ich so tief wie jetzt den Zusammenhang in allem was ich lese ge-   20
fühlt und verstanden, dass wir alles vergangene auf gegenwärtiges, fremdes auf verwandtes ja verwandtes auf persönliches auslaufen lassen können und müssen; ich glaube, Farben sind verschieden gebrochenes Licht so wären auch alle Verschiedenheiten der Erscheinungswelt nur verschieden klar erkannte Seiten einer Wahrheit *(H VII 17).*   25

Diese Tagebucheintragung Hofmannsthals stammt vom 30. Januar 1891, wenige Tage vor seinem siebzehnten Geburtstag, und doch hat sie ihre Gültigkeit für sein gesamtes Werk. Eine fundamentale Verkettung mit der literarischen Tradition, das Gefühl ihrer Omnipräsenz, bestimmen die Atmosphäre, in der Hofmannsthal dichtete. Ihr Einfluß wird gerade in den Erzählungen, einer Form, die ihm viel Mühe   30
bereitete, besonders deutlich. Die literarischen Quellen werden am entsprechenden Ort jeweils angegeben. Hier sollen nur die am häufigsten vorkommenden und über einen längeren Zeitraum bedeutungsvollen genannt werden.

Einen Monat vor der zitierten Tagebucheintragung, an Weihnachten 1890, hatte Hofmannsthal in dasselbe Tagebuch notiert: Heute Hebbels Tagebücher   35
begonnen, nachdem ich seinen Briefwechsel vorige Woche gelesen: der hauptsächlichste Nutzen solcher Bücher vielleicht der, dass wir auf den Werth dessen aufmerksam werden, was in uns dämmert. Wir gehen auf staubverhüllten Perlen *(H VII 17). Zur gleichen Zeit las er auch die Biographie* Hebbels *von Emil Kuh.*   40

Gerade die Briefe und Tagebücher Hebbels, die auf mehrere der Erzählungsent-
würfe aus dem Nachlaß Hofmannsthals einen nachhaltigen Einfluß ausübten, sind ein
gutes Beispiel für den Übergang von Rezeption in Produktion bei Hofmannsthal.
Gewiß ist Hebbel ein sehr großer, tiefer und reicher Geist, mit den inner-
lichsten und eindringendsten Anschauungen vom Wesen der Naturdinge
und des Menschen, aufwühlend und anregend wie keiner sonst, so daß sich
einem die geheimsten, sonst erstarrten inneren Tiefen regen und das eigentlich Dämonische in uns, das naturverwandte, dumpf und berauschend mit-
tönt. *schreibt er am 19. Juli 1892 in einem Brief an Schnitzler (BW 23) als Ant-*
wort auf dessen Bemerkung, Hebbel sei »nach Goethe der größte Geist, den die
Deutschen in dem Jahrhundert gehabt haben«. (BW 22)
Zum ersten Mal ist Hebbel 1896 für die Geschichte des Freundes *von Bedeu-*
tung. 1898 in Die Verwandten *greift Hofmannsthal einen Zug aus Hebbels Kind-*
heit auf, um eine Figur dadurch zu charakterisieren. Den Höhepunkt fand Hof-
mannsthals Verehrung für Hebbel 1903 in dem Plan zu einer Erzählung, in der
dieser selbst im Mittelpunkt stehen sollte: Hebbels Eiland. *1912/13 – Hofmanns-*
thal hatte die Tagebücher zum zweiten Mal, diesmal in der neu erschienenen Wer-
nerschen Ausgabe gelesen – wird Hebbel für die Knabengeschichte *wieder*
wichtig. Neben Zitaten aus den Tagebüchern wird auch auf die Beschreibung seiner
Kindheit verwiesen, die wohl als Vorlage für die Situation des Knaben Euseb dienen
sollte.
Die Erzählungen aus ›1001 Nacht‹ lernte Hofmannsthal als Kind in der Aus-
gabe ›Dalziel's Illustrierte Tausend und Eine Nacht‹ (s. Herbert Steiner in A 376)
kennen. Was ihm dieses Buch bedeutete, beschrieb er 1907 in der Einleitung zur Insel-
Ausgabe. Verwandte Gedanken formuliert Richard Beer-Hofmann im ›Tod Georgs‹.
Er sagt dort über ›1001 Nacht‹: »Mit klaren ungequälten Augen sahen die Menschen dieses Buches. Runde scharfgeprägte Gefühle von zweifelloser Geltung bewegten
sie. Liebe und Neid und Ehrgeiz, Gier nach Reichthum, und der Wunsch nach dem
Besitz von wundervollen köstlichen Dingen. In gewundenen labyrinthischen Wegen lief
ihr Leben, mit dem Anderer seltsam verkettet. Was einem Irrweg glich, führte ans
Ziel; was sich planlos launenhaft zu winden schien, fügte sich in weise entworfene viel-
verschlungene Formen, wie die künstlich erdachten, goldgewirkten Arabesken auf der
weissen Seide der Gebetvorhänge. Kein blindes Geschick schlich hinter ihnen und
schlug sie tückisch von rückwärts zu Boden; in weiter Ferne, regungslos, mit unerbittlich offenen Augen, harrte ihr Schicksal ihrer; sie wandelten den Weg zu ihm,
wenn sie vor ihm flohen. Wem es bestimmt war, der wurde in Noth und niedrig geboren, und mühloser Reichthum fiel ihm in den Schoss; das Schiff das ihn und seine
Habe trug, zerbarst im Sturm – aber die Planke an die er sich gebunden, trugen die
Wellen an die Küste, wo Reichthümer – nicht zu ermessen – seiner harrten, und die
Prinzessin die seinen Namen wusste, denn er war der, den die Weisen bei ihrer Geburt
als ihren Gatten in den Sternen gelesen.« *(Berlin 1900, S. 20f.). Das ist es, was*
Hofmannsthal vor allem in seinen von ›1001 Nacht‹ inspirierten Erzählungen

Amgiad und Assad *und* Der goldene Apfel *erreichen will. Verschiedene Motive aus ›1001 Nacht‹ tauchen noch in anderen Erzählungen, allen voran* Die Frau ohne Schatten, *auf.*

Für den größten Teil der Märchen jedoch, aber nicht nur für diese, ist der Einfluß von Novalis entscheidend. Auch Hofmannsthal machte den »französischen Umweg, 5
den Novalis' Ruhm nahm«[1]. Erst durch den Aufenthalt 1900 in Paris wurde Novalis für sein Werk bedeutend. Es war wohl vor allen Maeterlinck, der sich gerade intensiv mit Novalis beschäftigt hatte[2], der ihn auf diesen Dichter hinwies, den Hofmannsthal natürlich nicht jetzt erst kennenlernte, doch bisher wenig beachtet hatte. Gleichzeitig erhielt er von Schmujlow Ricarda Huchs Buch über die Romantik[3] nach 10
Paris. Am 21. April 1900 schreibt er an Ria Schmujlow-Classen: Herrn Schmujlow danke ich viel und vielmals für so viel unerschöpfliche unverdiente Freundlichkeit . . . vor allem aber für die beiden Bücher von der R. Huch, die in mir geradezu Epoche machen. Besonders das Buch über die nicht abgeschlossene, nur unterbrochene Romantik.[4] Das Buch fiel mir im geister- 15
haften richtigen Augenblick in die Hände, wie ein Zauberschlüssel. Ich sperre damit mehr unterirdische Säle auf, als ich zählen kann. *(B I 309)*

Von nun an ist die Wirkung von Novalis auf Hofmannsthals Werk immer wieder nachweisbar; am auffälligsten in dem 1900 in Paris unter dem ersten Eindruck begonnenen Märchen von der verschleierten Frau, *für das vor allem ›Heinrich* 20
von Ofterdingen‹ von großer Bedeutung ist. Doch auch Parallelen zu den ›Hymnen an die Nacht‹ sind unverkennbar, einem Werk, das dann die 1909 entstandene Erzählung Lucidor *stark beeinflußte.[5] Die Wirkung dieser Dichtung von Novalis läßt sich bis zu den Notizen für* Der Mann des Abends *von 1917 verfolgen. Unter dem Eindruck von Novalis' Werk stehen auch Hofmannsthals übrige Entwürfe zu Märchen. Er* 25
geht so weit, daß Hofmannsthal 1919 eine Neuerzählung von ›Hyacinth und Rosenblüth‹ plante. Auch die Erzählung Die Frau ohne Schatten *und nicht zuletzt der Roman* Andreas *sind von Novalis beeinflußt.*

Die Romane Guy de Maupassants las Hofmannsthal seit seiner frühesten Jugend immer wieder, und sie hinterließen stets einen großen Eindruck auf ihn.[6] So schreibt 30

---

[1] *Werner Vordtriede: Novalis und die französischen Symbolisten, Stuttgart 1963, S. 37.*
[2] *S. S. 341, 17–21.*
[3] *Der eine Band, ›Blüthezeit der Romantik‹, Leipzig 1899, ist in Hofmannsthals Bibliothek noch erhalten.*
[4] *Ausgehend von dem Satz von Carus: »Denn es wird doch immer der wesentliche Charakter* 35
des Romantischen bleiben, daß die Abgeschlossenheit fehlt, und daß immer noch auf ein Weiteres, auf ein Fortschreiten gedeutet wird« erläutert Ricarda Huch in dem Kapitel ›Ausblicke‹, daß auch die Geschichte der Romantik auf ein Fortschreiten hindeutet.
[5] *Der Ausdruck »den Staub der Erde vor sich herbliese« in N 19 (SW XXVIII 250, 13f.) ist ein wörtliches Zitat aus den Paralipomena zu den ›Hymnen an die Nacht‹.* 40
[6] *Im Gegensatz zu den Novellen, die Hofmannsthal erstmals 1895 las. Vgl. BW Beer-Hofmann 47 und 50.*

er am 13. Mai 1896 aus Tlumacz an seinen Vater: Ich habe hier mit ungeheurer
Bewunderung wieder einige Novellen und einen Roman von Maupassant
gelesen. Der ist imstand, fast alle Situationen und Empfindungen, die es
gibt, darzustellen, und ist niemals langweilig. Dabei ist er grenzenlos raffi-
niert mit dem Anschein der vollkommenen Einfachheit. Ich glaube, er war
im Anfang nur ein geschickter Erzähler mit viel Blick und Freude am
dénouement und ist allmählich immer tiefer und im guten Sinn geistreicher
geworden. Ich habe freilich gewissermaßen den umgekehrten Weg zu
machen. *(B I 191)*

*Von Maupassant erhielt Hofmannsthal weniger stoffliche Anregung. Stil und
Atmosphäre der Romane zogen ihn an und sind in mehreren Passagen der Entwürfe
zu der* Geschichte der beiden Liebespaare *und* Die Verwandten *wiederzufinden.
>Une vie< begeisterte ihn am meisten und nachhaltigsten. Die Figur des Grafen
Fourville aus diesem Roman ist die Vorlage des Färbers in der* Frau ohne Schatten.

DER GEIGER VOM TRAUNSEE

ENTSTEHUNG

Am Montag, dem 22. Juli 1889, dem Gedenktag Maria Magdalenens, schrieb Hofmannsthal, seiner eigenen Angabe zufolge, diese Vision *in sein Tagebuch. Ein paar Seiten weiter, im selben Tagebuch, findet sich darüber eine Notiz mit der Überschrift* Rückblick u. Ausblick: Die ersten 10 Tage in der Fusch ganz der körperlichen u. geistigen Erholung gewidmet. Versuch der Abfassung eines märchenart. Feuilletons scheitert an der nebelhaften Stofflosigkeit des Vorwurfs, u. an meiner leidigen Gewohnheit des Ausmalens u. erschöpfenwollens.

Aus etwa derselben Zeit stammt eine zwei Seiten lange Aufzeichnung Hofmannsthals, in der er unter anderem auch auf die Dichter, die ihn am meisten beeindruckten, eingeht. Darin heißt es: Von den nachgoethischen Dichtern haben mich immer zwei Österreicher am stärksten angezogen: Grillparzer und Lenau. Der erste mehr als Mensch, der zweite mehr als Dichter, Lenau's Mischka und Faust (Dorfschenke) der vollendetste poetische Ausdruck der Musik, wie Liszt's Faustwalzer vielleicht der packendste musikalische Ausdruck der Situation, überhaupt einer Erzählung. Kleinigkeiten machen oft, unbeabsichtigt, herrliches zu vollendetem. Hätte Lenau geschrieben: da hassen sich, fassen sich **mächtige** Klänge, wäre das sehr schön: Da hassen sich fassen sich **mächtig die** Klänge;[1] um wie viel ist das herrlicher. Auch das zarte Mädchen sträubt sich mit der Kraft der Verzweiflung, die ihr sonst nicht **innewohnt**, gegen die Überwinder. *(H VB 11.24)*

Diesem vollendetsten poetischen Ausdruck der Musik versucht Hofmannsthal nachzueifern und Musik in Prosa umzusetzen. Wie Lenau in den beiden zitierten Dichtungen die Verführung der Musik nicht nur beschreibt, sondern auch erfahrbar macht, will Hofmannsthal die verschiedensten Empfindungen auf dem Umweg über die Musik darstellen. Dieser Versuch war im vorhinein zum Scheitern verurteilt, schon allein weil ihm die musikalische Begabung seines Vorbildes fehlte.

In Hofmannsthals Bibliothek befindet sich die Reclam-Ausgabe der Werke Lenaus: Nicolaus Lenau's sämtliche Werke in einem Bande. Herausgegeben von G. Emil Barthel. 2. Aufl. Leipzig ca. 1883, *mit einer ausführlichen Biographie. Dort wird der folgende Bericht des Musikers August Schmid über Lenaus Geigenspiel zitiert:* »Auf den Stuhl hingesunken, horchte ich den magischen Tönen, die aus dem nächtlichen Dunkel (denn es war mittlerweile im Zimmer ganz finster geworden) herausklangen, so zauberhaft und dabei so wehmüthig und tiefergreifend. Ein prophetischer Geist war über den Spieler gekommen und belebte seinen Bogen. Sein eigenes Loos und

---

[1] *›Faust‹, ›Der Tanz‹, in Hofmannsthals Ausgabe (s. unten) S. 391, Z. 13. Der folgende Satz bezieht sich auf diesen Abschnitt in Lenaus Dichtung.*

das Schicksal seines Volkes, damals noch in der Zukunft tief verborgen, malte er in Tönen.[1] Es war ein Bild, das die Seele mit unwiderstehlicher Gewalt erfaßte und das Herz mit schmerzlicher Rührung erfüllte. In jedem Tone lag der Ausdruck des Schmerzes, der bald in den wehmüthigen Klängen des Lassan[2], wie in stillem Jammer,
5 *fortweinte, bald wieder im raschen Frißen[3] wild aufschrie. – Ich weiß nicht, wie lange Lenau gespielt, plötzlich aber verstummten die Klänge; eine tiefe Todtenstille trat darauf ein. Ich griff mich bis zur Thüre fort, und kam, mir unbewußt wie, mit nassen Wangen auf die Straße. Es war mir, als hätte Lenau die ganze Wucht des Schmerzes, die auf seiner Seele lastete, in seinen Tönen auf die meine gewälzt.«*
10 *Die Verbindung Lenaus mit der Gegend um den Traunsee war Hofmannsthal sicher, wie jedem Österreicher, der wie er dort oft seine Ferien verbrachte, bekannt. Nikolaus Lenau hatte häufig den Traunsee besucht. Mit dem österreichischen Dichter Matthias Leopold Schleiffer (1771–1842), dem kaiserlichen Herrschaftsverwalter auf Schloß Ort am Traunsee, war er befreundet. Im November 1830 trug er sich mit*
15 *dem Plan, der aber nicht verwirklicht wurde, ein Haus am Traunsee zu kaufen und sich dort anzusiedeln.*
Der vorliegende Entwurf ist ein Dokument von Hofmannsthals Verehrung für Lenau, über dessen Einfluß er noch am 20. Februar 1929 mit Bezug auf das frühe lyrische Drama Der Tod des Tizian *an Walther Brecht schreibt:* Die Form, in
20 Parenthese – und ich glaube, das ist nie gesagt worden – hat etwas mit den lyrisch-dramatischen Dichtungen von Lenau zu tun, den ich mit 15, 16 leidenschaftlich gelesen hatte. *(BW George 234f.)*

ÜBERLIEFERUNG

H H VII 13 – 11 Seiten im Tagebuch.

VARIANTEN

25

8,4 Stamm *Die folgenden 6 Zeilen sind mit Bleistift dick durchgestrichen und unleserlich. Darauf folgen zwei Seiten in Stenographie. Es handelt sich um die Neufassung der Passage S. 7, 6 – 8, 4, die gestrichen ist. Da es nicht gelang, sie auch nur annähernd vollständig zu entziffern, steht die gestrichene*
30 *Passage im Text.*
8, 5 39. *aus* 1839
8, 5 Wer mag die *Stenographie.*

---

[1] *Lenau spielte ungarische Nationalmelodien.*
[2] *Ungarisch für »langsam«.*
[3] *Ungarisch für »schnell«.*

9, 30   der Rhätselfr⟨emde⟩ *aus* dem fremden

9, 31 f. in Schurz Arbeitszimmer *aus* über meines Vaters altväterischem
Schreibtisch

11, 34 donnerten *gestrichen, aber nicht ersetzt.*

ERLÄUTERUNGEN

8, 10 Claurens Mimili *Heinrich Clauren (Pseudonym für Karl Gottlob Samuel Heun, 1771–1854), populärer Schriftsteller, veröffentlichte 1824 die Erzählung ›Mimili‹.*

8, 30 Schurz *Anton Xaver Schurz, der Schwager und Freund Lenaus, der dessen Nachlaß verwaltete und zwei Biographien des Dichters, 1850 und 1855, veröffentlichte.*

9, 21 Albigenser *Verserzählung Lenaus, 1842.*

9, 22 Schilflieder *Dichtung Lenaus, 1831.*

AM RAND DER HAUPTSTADT...

ENTSTEHUNG

Die Skizze ist nicht datiert, doch weisen Inhalt, Duktus und die verwendete Papiersorte darauf hin, daß sie im Jahr 1889 entstanden sein muß.

ÜBERLIEFERUNG

H   *HIV A 85 – Beidseitig beschriebenes Blatt.*

STOFFE

ENTSTEHUNG

Die drei Stoffe, *die Hofmannsthal sich in einem Tagebuch notiert, wollte er sicherlich für Erzählungen verwenden. Stoff Nr. 2.) scheint mit der in einer Titelliste[1] vom 17. Juni 1891 erwähnten Novelle* St. Aloysius *aus demselben Tagebuch identisch zu sein, die dort folgendermaßen charakterisiert wird:* Tante Marie, Blumen, Lungensucht, der wachsgelbe Ministrant, Pichler (H VII 17).

Zu den beiden übrigen Stoffen gibt es keine weiteren Notizen.

ÜBERLIEFERUNG

N   *H VII 17 – Eintragung im Tagebuch.*

VARIANTEN

14, 24:   *Über der Zeile:* Moloch.
15, 2   auf ... Arztes. *Stenographie.*
15, 2f.   niemand ... die *Stenographie.*
15, 4   während ... nur *Stenographie.*

ERLÄUTERUNGEN

14, 19 Carlweiss *C. Karlweis, Pseudonym für Karl Weiß, Jung-Wiener Schriftsteller. Über ihn schreibt Hofmannsthal im* Roman des inneren Lebens: journalistische Natur, halbgebildet, plaudert leicht und geschickt; ohne Überzeugung, ohne Ansicht, ja ohne feststehenden Geschmack. Eigentlicher Egoist, aus Seichtheit und Bequemlichkeit. Klingt rundum hohl. Seine Handlung und Reden: ut aliquid factum esse videatur. *(H IV A 71.56)*

267, 12 Moloch *Dramenfragment von Friedrich Hebbel, dessen Tagebücher Hofmannsthal seit Weihnachten 1890 las.*

---

[1] *S. 252, 1–9.*

AGE OF INNOCENCE

ENTSTEHUNG

Die vorliegenden Manuskripte befanden sich in einem Konvolutumschlag mit der Aufschrift

Studien.

sentimentale Erziehung.

(Age of Innocence)

Ihre Vollendungsgrade sind verschieden. Während von dem ersten Teil (S. 15, 11–20, 12) schon die Abschrift eines Kopisten (für S. 18, 1–20, 10) vorliegt, befinden sich die beiden anderen Abschnitte (S. 20, 14–24, 13) noch im Entwurfsstadium. Alle drei Abschnitte gehören sicherlich zusammen. Die übergreifende Bezeichnung Studien. *rechtfertigt ihren lockeren Zusammenhang. Ob aber der Titel* Age of Innocence *sich auf die gesamte Erzählung oder nur auf den ersten Teil bezieht, ist nicht mit Sicherheit zu klären. Er ist zwar auf dem Konvolutdeckel für das gesamte Werk enthalten, allerdings in Klammern und möglicherweise nur deshalb allein, weil die Titel der anderen Teile noch nicht feststanden, beziehungsweise weil nur dieser erste Teil vollendet war. Da jedoch die vorhandene Reinschrift des ersten Teiles diesen Titel als übergreifenden enthält und kein weiterer vorhanden ist (die zitierte Aufschrift des Konvolutdeckels ist wohl nur als Arbeitstitel zu verstehen;* Studien *ist zu allgemein, und die von Flaubert entlehnte Überschrift hätte Hofmannsthal wahrscheinlich nicht beibehalten), wurde für die vorliegende Publikation dieser Titel gewählt, allerdings mit den dargelegten Vorbehalten.*

Der erste, als einziger vollendete Teil trug den Arbeitstitel Kind. *Von diesem allein handeln die überlieferten Zeugnisse, an Hand derer sich das Manuskript datieren läßt, denn es enthält selbst kein Datum. Die erste Erwähnung des Planes, eine solche* psychologische Novelle *zu schreiben, findet sich in einem Brief an Schnitzler aus dem Jahr 1891. Am 12. Februar 1892 las Hofmannsthal sie Schnitzler vor und schickte sie dann an die Redaktion der vom S. Fischer Verlag herausgegebenen Zeitschrift ›Freie Bühne für modernes Leben‹, die sie ablehnte. Einen weiteren Versuch, die Novelle zur Publikation zu bringen, scheint Hofmannsthal nicht unternommen zu haben. Auch die Arbeit an der Fortsetzung, deren überlieferte Teile sicherlich zusammen mit dem ersten Teil entstanden sind, setzte er nicht weiter fort.*

ÜBERLIEFERUNG

N 1   H V B 10.128

1 H   E IV B 4.1^b/2^b – Entwurf zu einem Abschnitt von 2 H (entspricht 3 H – hH, S. 3, 1–20); vermutlich Fragment eines umfassenderen Entwurfs zu 2 H. Auf der Vorderseite Vermerk: das traurige slawische Lied

N 2   H V B 18.1 – Auf derselben Seite Entwurf zu dem Gedicht Werke sind todtes
Gestein *und Aufzeichnung.*

2 H   *E IV B 5.2–4 – Fragment der Reinschrift, identisch mit 3 H – bH, S. 15, 11 – 18, 1.*
Auf der ersten Seite oben links: Loris. (Wien)

5   *3 H – bH   E IV B 5.1–8 – Ein Konvolutumschlag (Aufschrift s. S. 268, 5–7)*
mit sieben Blättern der Reinschrift: 2 H wurde als pag. 1. – 3. übernommen; pag.
4. – 7. (mit Hofmannsthals Korrekturen, Varianten und Nachträgen) stammen von
fremder Hand. (Steiner, P I 128–134)

4 H   *E IV B 5.9–10 – Zwei Blätter, 1. – 2. paginiert; Fragment. (Steiner, P I 134–*
10   *136)*

5 H   *E IV B 5.12, 13^b, 14, 15 – Vier Blätter, 1.) – 4. paginiert, die beiden letzten*
Blätter beidseitig beschrieben. Pag. 2. fragmentarisch erhalten, auf der Vorderseite
Entwurf zu einem Brief. (Steiner, P I 136–139)

VARIANTEN

15 *N 1*

Kind.

die feurige Landschaft im Ofen: glühende Brücken legen sich von einer
Kohlenfelswand zur andern, über jähe Steige ganz in der ferne fällt manchmal ein Licht; die schwarzen Fetzen die ein Hauch in die Ferne, in Schlünde
20 zieht.

1 H

Manchmal kam über ihn wie ein Fieber des Lebens, mit verwirrender berau-
schender Gewalt. Er warf sich auf den Teppich und lag starr und lauschte
dem Rauschen des Blutes in seinen Schläfen, dann kroch er zum Ofen und
25 sah in die Flamme und hörte ihrem Schwälen und Sieden zu und sog ihren
rothen leckenden Athem ein bis sie ihm die Augenlider versengte   Dann
trank er Wasser in langen schlürfenden Zügen. und declamierte sinnlose
tönende Worte, wie ein Betrunkener   oder er schlich in die Küche, da war
niemand und schlug mit der Axt in den Holzklotz splitternde Schläge   Es
30 war in ihm ein unbändiges Verlangen nach Zerstören und eine sinnlose
Sehnsucht nach Bewegung, nach keuchendem Laufen über Abhänge hinüber oder nach rasendem Reiten in die Nacht hinein oder mit Wellen ringen
und ertrinken   Dann zog ihn das Fenster an mit verlockendem Grün, er
stieg hinauf und sah in den finstern Hof hinunter und bog sich weit über . .
35 Da wurde ihm Angst vor sich selbst und er lief ins Zimmer zurück und
warf sich aufs Bett und grub sein Gesicht tief in die Polster mit den Füßen
die Decke zerknüllend, und drückte die Hände auf die Ohren und fieng an

zu zählen um seine Gedanken zu übertäuben. Darum blieb er so gern allein denn er liebte die Schauer dieser Minuten vor denen ihm graute.

erstes Gedicht: Abschied von Italien
Schauer: wenn man sich nackt in dem Spiegel sieht

N 2

Kindergeschichte: er riecht zu ungewohnter Seife und glaubt in Krems bei Grosseltern zu sein

3 H–hH

20, 10   fühlen zu fühlen. *aus* zu fühlen.
20, 11 f. Die »Anderen« . . . entdeckt. *Nachtrag.*

4 H

Die Handschrift trug den später gestrichenen Untertitel Eine Meditation. *Der Text bricht unvermittelt ab. Wichtige Varianten sind nicht vorhanden.*

5 H

Die Handschrift zeigt noch Entwurfscharakter. Pag. 2 ist nur zur Hälfte erhalten. Die wichtigsten Varianten:
21, 19   Wie *davor, gestrichen:* Ich bin geboren in den 90er Jahren des vorigen Jahrhunderts. Meine
21, 19   mit *danach, gestrichen:* der vorjosephinischen Elegance
21, 24   die *danach, gestrichen:* galanten farbigen
21, 26 f. rätselhafte Geruch *gestrichen, aber nicht ersetzt.*
22, 10   wiederfinde. *Danach Textlücke. Die untere Hälfte des Blattes ist abgerissen.*
23, 13   passte . . . seinen *aus* war ganz so zuwider wie seine
23, 16   Madeleine *aus* Marianne
24, 13   aus. *danach, gestrichen:* ohne Affectation

ZEUGNISSE

1891

Anfang August, an Arthur Schnitzler (BW 11):
Während der Eisenbahnfahrt nach Wien (15 September) schreibe ich 1.) die letzte Scene von »Gestern«

2.) Maurice Barrès, eine Studie
3.) eine psychologische Novelle aus einem 12jährigen Kinderkopf
4.) Conway, der Novellist der Telepathie
5.) das große Buch von 1891 in England.

5   *1892*

12. Februar, Tagebucheintragung von Arthur Schnitzler (BW 326):

Loris las mir Nachmittag eine psych. Studie vor, die ein Kind von 8 Jahren behandeln soll, aber nur ihn darstellt, wie er mit 8 Jahren durchmacht, was sonst Jünglinge von 16, die bedeutende Künstler oder Neurastheniker werden wollen.

10 *24. März, Wilhelm Bölsche[1] an Hofmannsthal (Fischer-Almanach 87, 53f.):*

Fassen Sie es nicht als Unfreundlichkeit an von meiner Seite, wenn ich gerade die eingesandte Studie für etwas bedenklich in einer Zeitschrift halte. Ich fürchte, daß sie nicht mit der nötigen Schärfe sich herausheben wird, das Motiv ist so eigentümlich versteckt, so daß man fast ein unvollendetes Bruchstück einer größeren, zweifellos als
15 *solche wertvollen[2] Arbeit vor sich zu haben glaubt. Um so lebhafter füge ich den Wunsch bei, daß Sie in diesem ersten Fall nicht ein böses Omen erblicken . . .*

26. März, an Arthur Schnitzler (BW 18):

Herr Bölsche hat mir das »Kind« zurückgeschickt; natürlich mit einem sehr artigen Brief.

20 *24. November, Arthur Schnitzler an Hofmannsthal (BW 31f.):*

Ich möchte mir den Vorschlag erlauben, daß Sie Ihre psychol. Novellette (die von der Freien Bühne refüsiert wurde) vorlesen. Ich glaube, daß weder Richard[3] noch Salten dieselbe kennen. –

ERLÄUTERUNGEN

25 **15, 15** blaguierender *schwatzhafter.*

20, 23f.: *Zitat aus dem Gedicht ›A une Passante‹ aus Baudelaire ›Les Fleurs du Mal‹.*

21, 12 Watteau *Antoine Watteau (1684–1721).*

---

[1] *Redakteur der ›Freien Bühne für modernes Leben‹.*
[2] *Im Druck versehentlich »machtvollen«.*
[3] *Beer-Hofmann.*

21, 12 Largillière *Nicolas Largillière (1656–1746).*

21, 25 Danhauser *Josef Danhauser (1805–1845), bürgerlicher Genremaler des Wiener Vormärz.*

21, 25 Fendi *Peter Fendi (1796–1842), österreichischer Genremaler.*

21, 25 Eysen *Louis Eysen (1843–1899), Maler und Holzschneider.*

21, 25 Greuze *Jean Baptiste Greuze (1725–1805), französischer Genremaler.*

22, 33: *Dasselbe sagt Hofmannsthal von George in den Anfangszeilen des Gedichtes* Einem, der vorübergeht *von 1891 (Steiner, GLD 500).*

23, 21 faniertes *glanzlos gewordenes.*

23, 34 Lanner *Joseph Franz Karl Lanner (1801–1843).*

2 PSYCHOLOGEN

ENTSTEHUNG

Die Notiz stammt aus einem Tagebuch. Oben auf derselben Seite befindet sich unter dem Datum 21. X. ⟨1891⟩ *die Bemerkung:* Psychologen   Moralisten, gross durch das, was sie nicht mehr erwähnen.

ÜBERLIEFERUNG

N   H VII 17 – Eintragung im Tagebuch.

DUSE-NOVELLE

ENTSTEHUNG

Unter dem Eindruck des Gastspieles, das Eleonora Duse vom 20. bis 27. Februar
1892 in Wien gab, machte Hofmannsthal unter demselben Datum die folgende Ein-
tragung in sein Tagebuch:
Eleonora Duse. (Fédora, Nora, Kameliendame)[1]
ihre Legende machen; sie mit dem Ahasveros-Mythus verweben, sie kann
einem fremd und doch Sinn und Seele eines ganzen Lebens sein;
sie heimlich begleiten: aus dem Theater im Mond auf den Corso von Sevilla,
auf die piazzetta in Venedig, auf das Meeresufer hinaustreten;
die Frau, die eine Anzahl ihrer Geberden ins Leben hinübertrüge . .
das Uhrwerk der Seele in einem Crystallgehäuse *(H VII 17; Steiner, A 96)*
   Wohl zu diesem Zeitpunkt schon beschäftigte Hofmannsthal der Gedanke, eine
Novelle über die Duse zu schreiben, die er, wie N 1 zeigt, in das Ende des 18. Jahr-
hunderts transponieren wollte. Der Plan zu dieser Novelle scheint ihn nicht ernsthaft
beschäftigt zu haben, wenn er auch ein Jahr später, im Februar 1893 – diesmal unter
dem Eindruck seiner Reise nach Südfrankreich und im Zusammenhang mit dem ebenso
kurzen Vorhaben einer Novelle, die in Avignon spielen (oder beginnen) soll –
noch einmal darauf zurückkommt (N 3), als ein im selben Monat erschienener
Artikel von L. Marholm ihn so beschäftigte, daß er sich daraufhin die folgenden
Notizen machte:

L. Marholm über die D u s e
(Nord und Süd, Februar 1893)

wie sie den Tod und die Lüge behandelt.

– – – – :
Die Todesscene hat für sie nur Bedeutung insofern sie das (gesteigerte)
Innenleben spiegelt. Als organischer Auflösungsprocess ist sie ihr ganz
gleichgiltig. Sie hat ihre Tode nicht an Krankenbetten studiert.[2]
In »Feodora« war es der plötzliche kurze Entschluss, das Gift zu nehmen,
was sie unterstrich, in »Cameliendame« die Freude den Geliebten zu hal-
ten und bei ihm zu verlöschen.
Ihre L ü g e und Falschheit sind gewinnend, eifrig überredend, ein Stück
Phantasie wie beim Kind   Sie sind das integrierende am Weib das mit so

---

[1] *Mit diesen drei Dramen von Victorien Sardou (1882), Henrik Ibsen (1879) und*
   Alexandre Dumas (1852) gastierte die Duse.
[2] *Dieser Satz ist in Stenographie niedergeschrieben.*

vielem zu kämpfen hat, eine Waffe, deren Anwendung der Genuss ist, und bei deren Führung sie immer ganz besonders einnehmend und schlau liebenswürdig ist. Auch wer den Text nicht versteht, sieht es ihr an, wenn sie lügt, sie ist dann so besonders lebendig mit grossen zwingenden Augen und einer übersprudelnden Beredsamkeit. *(H VA 48.2)*   5

ÜBERLIEFERUNG

N 1   H VII 4 – Eintragung im Tagebuch.
N 2   H VII 4 – Eintragung im Tagebuch. Auf derselben Seite Aufzeichnungen vom
   4. VIII. ⟨1892⟩.
N 3   H VII 4 – Eintragung im Tagebuch. Vorangehend Aufzeichnungen von Ende 10
   Februar 1893.

ERLÄUTERUNGEN

25, 5 Locandiera *›La Locandiera‹, Komödie von Carlo Goldoni, in der die Duse die Hauptrolle spielte.*

25, 6 Scarron *Paul Scarron (1610–1660) schildert in seinem ›Roman comique‹* 15
(1651–57) das Leben wandernder Schauspieler.

25, 6 Smolett *George Tobias Smolett (1721–1771).*

25, 6f. Rétif de la Bretonne *Nicolas Edmé Restif de la Bretonne (1734–1806).*

25, 9f. Grabbebiographieähnliches *Christian Dietrich Grabbe (1801–1836) versuchte sich zeitweilig auch als Schauspieler.*   20

25, 12 daran zu knüpfen *An die sich unmittelbar darüber befindenden Notizen zu einer* Novelle, die in Avignon spielen (oder beginnen) soll *(s.S. 25,18–28).*

25, 16 Kaiserin Theodora *›Theodora‹, Drama von Victorien Sardou.*

EINE NOVELLE, DIE IN AVIGNON
SPIELEN (ODER BEGINNEN) SOLL

ENTSTEHUNG

Hofmannsthal erhielt die Anregung für diesen Plan, an den er die Duse-Novelle
(S. 25, 1–17) anschließen wollte, durch seine Reise nach Südfrankreich im September
1892. Die Notiz befand sich zwischen Tagebucheintragungen von Ende Februar
1893. Die Erwähnung seines 1891 entstandenen Gedichts Die Töchter der Gärtnerin *und des gerade veröffentlichten Aufsatzes über Swinburne läßt vermuten, daß*
es sich um eine Erzählung im symbolistischen Stil handeln sollte. Hofmannsthal ver-
folgte diesen Plan aber nicht weiter.

ÜBERLIEFERUNG

N   H VII 4 – Eintragung im Tagebuch. Anschließend N 3 zur Duse-Novelle.

ERLÄUTERUNGEN

25, 20 die Rose und der Schreibtisch *Prosagedicht, s. S. 227, 1–17.*

25, 27 The sensitive plant *Gedicht von Shelley, in Hofmannsthals Ausgabe:*
The Poetical Works of Percy Bysshe Shelley, *London, New York o. J., S. 442–448.*

GESCHICHTE DER KLEINEN ANNA

ENTSTEHUNG

In einem Brief an Hofmannsthal vom 1./2. Juli 1892 schreibt Marie Gomperz aus
Oslavan: »Ich habe mich letzthin wieder einmal in die Kinderzeit zurückgedacht und
zwar im Gespräch mit einem kleinen Mädchen, einer Waisen, die wir aus dem Elende
eines Arbeiterhauses, – wo sie bei Kohlenarbeitern unentgeltlich in der Pflege war
und mehr Prügel als Wassersuppe bekam, – unter uns wohlbekannte, gute Leute ver-
pflanzt haben, die hier im Dorfe einen kleinen Kaufladen besitzen. Sie fiel uns durch
ihre bescheidene, liebreizende Art auf, sie brachte uns immer Blumen, wenn wir den
armen Kindern des Arbeiterhauses Kreutzer gaben, ihr Gesicht erinnert etwas an die

Mona Lisa von Leonardo da Vinci, es hat ein so feines Oval, sie hat große graublaue
Augen mit langen Wimpern und volle, wenig geschwungene Lippen, in ihrem ganzen
Wesen liegt etwas sehr Weibliches, Anmutiges, gerade das, was ich an den meisten
Frauen so sehr vermisse, vielleicht verstecken sie es, weil es aus der Mode gekommen
ist und nicht mehr gefällt. Adda ist eine Kärnthnerin, spricht aber nur mehr ein sehr   5
gebrochenes Deutsch, sie ist sehr ehrgeizig, lernt leicht und gerne und soll hübsch sin-
gen. Sie singt bei den Begräbnissen mit, da weint sie immer und die anderen lachen sie
deshalb aus. Im Finsteren fürchtet sie sich, vor was? vor dem Tod. ›Ich fürcht' mich,
dass mich der Tod nimmt, weiß nicht wohin ich dann komm', die Leute sagen alle
kommen in die Hölle‹ dabei öffnen sich ihre Augen weit und ängstlich und ihre Stimme   10
klingt fern und vibrierend. – Sie erzählt mir sehr viel und immer mehr traurige Epi-
soden tauchen aus ihrer Vergangenheit auf, ich spreche mit ihr möglichst einfach und
klar und sie blickt zu mir mit großer Verehrung auf und merkt sich meine Belehrun-
gen. Unbewusst hat sie letzthin meine Worte wiederholt, ich sagte ihr, dass sie nicht
glauben müsse, dass wir nichts thun, nur in den ›schönen Zimmern‹ sitzen und reden,   15
da erwiderte sie mit großem Ernst: ›ich weiß, jeder Mensch muss etwas thun‹. Jetzt
habe ich ihr ein Märchenbuch geliehen, das ich noch hier vorgefunden habe, wenn sie
etwas nicht versteht wird sie zu mir kommen und mich fragen. Die Kleine hat sehr
viel Phantasie und Gemüth ...« (FDH | Dauerleihgabe Stiftung Volkswagen-
werk) *Am 17.|18. Juli 1892 schreibt sie:* »*Eine Schwester der kleinen Adda hat*   20
sich vergiftet, weil sie ihr Mann mißhandelte, der Tod dieser Schwester war der
schrecklichste Eindruck, den das Kind empfangen hat, sie wird sicher ein ziemlich
deutliches Bild von dem Augenblicke haben, obwohl es schon sehr lange her ist, ich will
sie einmal danach fragen.« (FDH | Dauerleihgabe Stiftung Volkswagenwerk)
Das Mädchen erkrankte an Lungentuberkulose und starb ein Jahr später. Marie   25
Gomperz berichtet über die letzten Tage des Kindes in ihrem Brief an Hofmannsthal
vom 19. Juli 1893: »*In den vergangenen Wochen war Nelly durch die Sorge um ihren*
Schützling, die kleine Ada, sehr in Anspruch genommen und das Beisammensein mit
dem kranken Kind, das täglich in den Garten kam, stimmte sie sehr traurig. Ich selbst
durfte sie der Ansteckungsgefahr wegen nur wenig sehen, Nelly wollte es nicht. Traurig   30
musste sie auch jeden stimmen, der sie sah, wehmüthig war ihr Ausdruck stets gewesen,
denn ihre zarte Seele hatte stark empfunden, was sonst den Armen weniger zu fühlen
gegönnt ist; sie war dadurch ein frühreifer Mensch geworden. – Unendlich wehmüthig
wurde aber ihr Ausdruck durch die Krankheit, noch feiner, edler und schöner die
Züge, mit einer merkwürdigen Ergebenheit und Gleichgültigkeit. – Sie, die sich   35
immer kindlich gefürchtet hatte, dass sie der Tod holen würde, weil sie hatte sterben
sehen, wusste, dass sie sterben würde. Die alten Frauen im Dorfe sagten es ihr, wenn
sie vorübergieng, ob sie daran glaubte, weiß ich nicht. Ihre Dankbarkeit war rührend,
einmal meinte sie zu Nelly, sie sei nicht hier krank geworden, sie habe das schon aus
der Arbeiterkolonie mitgebracht, die Leute aber, die das Gegentheil glaubten, seien   40
alle dumm oder bös. Sie hatte Herzenstakt, eine merkwürdig feine Empfindung, das,
was ich Seelenanmuth nennen möchte – und Begabung, Phantasie. – Außerdem war in

diesem letzten Jahr etwas reizend Mädchenhaftes über sie gekommen. – Die Lungen-
tuberkulose machte rapide Fortschritte, am 5. d. M. starb sie, ahnungslos ruhig, nach
vielem Leiden, in ihrem 14. Jahre, wie viel hat sie in diesen 13 Jahren erlebt! drei
Tage früher noch besuchte sie Nelly bei den Leuten, wo sie wohnte, sie saß feiertäglich
5 *gekleidet im kleinen Gemüsegarten auf einer Bank unter einem kleinen, reichbeladenen*
Kirschbaum, das blasse Kind mit dem verklärten, feinen Gesicht unter dem Baum
mit den rothglänzenden Früchten im grellen, heißen, vollen Sonnenschein soll unsagbar
schön ausgesehen haben. Nelly wünschte sich einen wirklichen, großen Künstler herbei,
um diesen Eindruck festzuhalten.

10 *Es giebt in allen Ständen seltene Menschen, warum malt man nicht diese Madonnen,*
Apostel und Engel, denen man manchmal staunend begegnet, sondern malt elende,
hässliche Menschen mit dem gewöhnlichsten Ausdruck des Schmerzes oder der Freude,
in einer banalen, geringschätzenden Weise. Ich kenne nur Uhde,[1] der eine seelenvollere,
geistreiche Auffassung hat, und von dem habe ich nur zwei Bilder gesehen. Sie werden
15 *mir vielleicht eine Anzahl anderer Maler nennen können, Muther[2] wird mir späterhin*
davon erzählen.« (FDH | Dauerleihgabe Stiftung Volkswagenwerk)

Die Erzählung von der kleinen Adda hat Hofmannsthal sehr beeindruckt, ob-
wohl er seiner Briefpartnerin gegenüber nichts davon erwähnt. Seine Reaktion auf den
letzten Brief beschränkt sich auf den lapidaren Satz: Ich lese aus Ihren freundli-
20 chen, mit Güte und (missverstehen Sie den Ausdruck nicht) einer gewissen
Überwindung geschriebenen Briefen vor allem immer das heraus, dass Sie
sehr unwohl sind. Und dann, dass die kleine Addah todt ist.[3] *Zu diesem Zeit-*
punkt hatte er sich bereits Notizen gemacht, zunächst zu einem Prosagedicht die
kleine Annerl *(s. S. 397, 27), das er mit* der Riese Antäus *(s. S. 231, 17–*
25 *232, 5) unter dem Titel* Variationen über das Thema Tod *zusammen-*
faßte. N 4 zeigt, daß aus dem geplanten Prosagedicht schließlich eine Erzählung
werden sollte, geschrieben als die Beobachtung eines Fremden, der zufällig durch das
Dorf Hatzenbach in Böhmen, wo sich die Geschichte mit der kleinen Adda abspielte,
kommt.

30 *Wohl ebenfalls aus dem Jahr 1893 stammt die folgende Aufzeichnung, die sich*
zusammen mit verschiedenen Notizen, unter ihnen eine zu Ascanio und Gioconda, *
fand:

Scene einer Comödie Marie B.

Die kleine Addah mit der Wortarmuth, wo jedes Wort wie eine reife Frucht
35 vom Baum fällt.
Das Kind lacht und weint unmässig bei unscheinbaren Dingen im tiefsten
ergriffen
Was ist Glück: Obst, Tanzen, Schlaf

---

[1] *Fritz von Uhde (1848–1909).*
[2] *Richard Muther (1860–1909), Kunsthistoriker.*
[3] *2. September 1893, Stadtbibliothek Wien, S. N. 122.712.*

Sie verlangt vom Übersinnlichen sinnliche Befriedigung, vom Wachen die
Unbefangenheit des Schlafes *(H VB 18. 15)*

ÜBERLIEFERUNG

N 1   H VII 4 – Eintragung im Tagebuch.
N 2   H VB 13.21 – Auf derselben Seite, überschrieben: Variationen über das Thema   5
Tod, zu Beginn N 3 zu Gedanken des Antäus *(s. S. 232,1–5).*
N 3   H VB 8.19 – Auf derselben Seite Aufzeichnungen.
N 4   HIVA 24

DELIO UND DAFNE

ENTSTEHUNG   10

*Ein erhaltener Konvolutumschlag, dem wohl die Notizen N 9 – N 12 zuzuordnen sind,
trägt den Titel* Delio und Dafne *mit dem Vermerk* dem Giovanni Battista
Giraldi Cintio nacherzählt *und das Datum:* 6 December 1893 *(HIVA 11. 1).*
   *Eine Novelle aus den ›Hecatommiti‹ des Florentiners Giovambattista Giraldi
(1504–1573), der sich den Beinamen Cintio gab, einem Werk, das Shakespeare oft*   15
*benutzte, diente Hofmannsthal als Vorlage. Den Inhalt der Novelle gibt Giraldi
selbst so an:»Delio ama Dafne, ha contrario il Padre, et la Madre; si marita Dafne
ad un'altro, è abbandonata nella pestilenza dal Marito; Delio và per soccorrerla, le
cade morta in braccio, et egli dolente le dà sepoltura.«[1] Das Schema N 9 zeigt, wie
Hofmannsthal sich den Aufbau seiner Nacherzählung, die inhaltlich genau der Vor-*   20
lage folgen sollte, dachte.
   *Das früheste überlieferte Datum zu diesem Novellenplan ist der 21. August 1893
(N 4). Aufgrund inhaltlicher und graphischer Anhaltspunkte lassen sich N 1 – N 3
und N 5 – N 6 diesem Blatt voran- bzw. nachstellen. N 7 kann durch die auf demselben Blatt befindliche Notiz zu dem Prosagedicht* Die verlassene Wohnung des   25
Dichters *in den November 1893 datiert werden. In engem Zusammenhang mit den
Aufzeichnungen N 7 steht N 8. Daran läßt sich der oben erwähnte Konvolut-
umschlag anschließen, dem die Notizen N 9 – N 12 zugeordnet werden können, die
demnach im Dezember 1893 entstanden. Die Stellung von N 13 ist zweifelhaft.
Hofmannsthal selbst war sich, was das Fragezeichen nach der Überschrift ausdrückt,*   30

---

[1] *Hofmannsthal hat wahrscheinlich die Ausgabe ›Gli Ecatommiti ovvero cento Novelle‹ di
Gio. Battista Giraldi Cintio, 2 Bde., Turin 1853, benutzt. Leider ist davon nur der
zweite Band in seiner Bibliothek erhalten. ›Delio und Dafne‹ befindet sich im ersten Band.*

nicht sicher, ob er die Aufzeichnung auf Delio und Dafne *beziehen sollte. Die Notiz steht wegen der chronologischen Unsicherheit hier am Ende. Hofmannsthal scheint sich nach dem Dezember 1893 mit dieser Novelle nicht mehr beschäftigt zu haben.*

N 7 und N 8 stehen in engem Zusammenhang mit Notizen zu einem geplanten Aufsatz über Richard Dehmel. N 7 enthält ausschließlich Aufzeichnungen, die, mit einem Zitat aus einem Dehmel-Gedicht beginnend, zuerst für den Essay vorgesehen waren. Dieselbe Gedichtstelle zitiert Hofmannsthal noch einmal, diesmal nur zu Richard Dehmel, Dichter, *auf demselben Blatt, das N 8 enthält.*

ÜBERLIEFERUNG

N 1	*H IV A 11.2*
N 2	*H IV A 11.3*
N 3	*H IV A 11.4*
N 4	*H VB 24.50 – Beidseitig beschriebenes Blatt, auf beiden Seiten Aufzeichnungen. Die Vorderseite datiert:* Tesswitz, 21 August ⟨1893⟩.
N 5	*H IV A 87.9^b – Auf derselben Seite u.a.:* Pest in Hongkong: die Geschichte von dem Kind, dem Dieb und den sieben Särgen *Auf der Vorderseite N 2 zu* Novelle *(1893).*
N 6	*H IV A 11.5*
N 7	*H VA 31.5^a – Doppelblatt. Die Notiz befindet sich zwischen Aufzeichnungen zu* Richard Dehmel, Dichter. *Auf demselben Blatt Entwurf zu dem Gedicht* Psyche, *Aufzeichnung* Hebbel. Epigramme *und N 1 zu* Prosagedicht 17.
N 8	*H VA 31.2 – Die Notiz befindet sich zwischen Aufzeichnungen zu* Richard Dehmel, Dichter. *Auf der Rückseite Notiz zum* Roman des inneren Lebens.
N 9	*H IV A 11.6*
N 10	*H VA 31.3*
N 11	*H VA 31.4*
N 12	*E II 33 – Auf derselben Seite Aufzeichnungen und Entwurf zu den Epigrammen* Dies ist die Lehre des Lebens *und* Trennt ihr vom Inhalt die Form.
N 13	*H VB 12.50 – Auf derselben Seite Aufzeichnungen.*

VARIANTEN

N 2

28, 8 f. sie ... Wesen *Einschub.*

ERLÄUTERUNGEN

28, 20 das hochmüthige Schauen der Irene Mittag *Im Roman des inneren Lebens charakterisiert Hofmannsthal seine Bekannte Irene Mittag u.a.:* Sie verwirrt und verletzt gern, wahrscheinlich weil sie sich in so viel Unwahrheit unwohl fühlt und dadurch reizbar wird. *(H IV A 71.72)*   5

28, 22 Clary *Nicht ermittelt.*

29, 5 Cardinal von Velazquez *Gemeint sein muß das ›Brustbild eines Kardinals‹ (um 1644/47), das sich heute in New York befindet.*

29, 8 Ballade von der Dame mit dem Knecht (Swinburne) *Gemeint ist wohl das Gedicht ›The Leper‹ von Algernon Charles Swinburne, in Hofmannsthals* 10 *Ausgabe, die sich in seiner Bibliothek befindet: ›Poems and Ballads‹, London 1891, S. 134–140.*

29, 9f. Thukydides Boccaccio *Die Beschreibungen der Pest in Athen im zweiten Buch von Thukydides' ›Geschichte des Peloponnesischen Krieges‹ und in Florenz zu Beginn von Boccaccios ›Decamerone‹ waren schon für den nicht mehr fertiggestell-* 15 *ten Teil des* Tod des Tizian *Hofmannsthals wichtigste Quellen.*

29, 29–32: *Zitat aus Richard Dehmels Gedicht ›Rückkehr‹ in dem Zyklus ›Erlösungen‹. Gesammelte Werke in drei Bänden, Band 1, Berlin 1913, S. 69.*

30, 8f.: *Vgl. Hofmannsthals Gedicht an Richard Dehmel aus demselben Jahr, überschrieben* Brief, *von dem die letzte Strophe lautet:*   20

Hast du nicht deiner Sinne dumpfe Flur,
Darüber hin des Lebens Göttin dich,
Die wilde, jagt
Mit großen schwarzen Hunden,
Leben, Traum und Tod,   25
Drei großen schwarzen Hunden?
Hast du nicht Gabe,
Die Wesen zu schauen,
Nicht kalt von außen,
Nein, aus dem Innern   30
Der Wesen zu schauen
Durch dumpfe Larven
Ins Weltgetriebe,
So wie der trunkene Faun aus der Maske,
Der grellbemalten Kürbismaske,   35
Unheimlich schaut durch Augenlöcher. *(Steiner, GLD 513f.)*

30, 22 die gute Suppe *Den Traum schildert Hofmannsthal in einem Prosagedicht aus demselben Jahr, s. S. 227, 24–26.*

30, 23: Vgl. ›Prosagedichte‹, S. 228, 8–21.

30, 25 Leben Traum und Tod *Vgl. S. 30, 8f. und Erläuterung dazu.*

ERZÄHLUNG IM DÖBLINGER PARK

ENTSTEHUNG

Durch den inhaltlichen Zusammenhang mit dem geplanten Kleinen Drama Landstrasse des Lebens *(SW III) – besonders der Einschub S. 32, 15–17 macht dies deutlich – läßt sich die vorliegende Notiz in das Jahr 1893 datieren. Einen weiteren Anhaltspunkt für dieses Entstehungsdatum gibt die zitierte Gedichtsammlung von d'Annunzio (s. S. 281, 21–24).*

ÜBERLIEFERUNG

N *HIVA 87.8 – Auf derselben Seite Aufzeichnung* Einige begreifen . . . *(Steiner, A 108).*

VARIANTEN

32, 2: Nachtrag.

32, 15–17 das . . . Leben *Einschub. Darüber in Stenographie:* Dass das einen anderen lieben in den Gesichtern der st *Die beiden letzten Buchstaben in Langschrift.*

ERLÄUTERUNGEN

32, 4 Margaritas ante porcos *›Margaritae ante porcos‹ sollte der Titel einer angekündigten, dann aber nicht erschienenen Gedichtsammlung von Gabriele d'Annunzio lauten. Am 29. März 1893 erkundigte sich Hofmannsthal in einem Brief an George nach ihrem Erscheinen. (Vgl. BW George 60 und 242)*

NOVELLE

ENTSTEHUNG

Durch eine Notiz (N 5) zu Delio und Dafne, *die sicherlich gleichzeitig mit den Aufzeichnungen auf der anderen Seite entstand, lassen sich die Notizen zu der vorliegenden* Novelle *in das Jahr 1893 datieren.*

ÜBERLIEFERUNG

N 1 H IVA 87.15
N 2 H IVA 87.9 – Auf der Rückseite Aufzeichnungen und N 5 zu Delio und Dafne.
N 3 H IVA 87.16

ERLÄUTERUNGEN

33, 12f.: *Diesen Vers Leopold von Andrians verwandte Hofmannsthal 1896 als Motto seines Gedichtes* Die Verwandlungen, *das er später* Ein Knabe *nannte. Am 8. Mai 1894 notierte er sich den Vers in der Abwandlung* Und wir welken dahin in unsrer unendlichen Schönheit *zusammen mit weiteren Aufzeichnungen (H VB 11. 16).*

SCENEN VOR DEM SELBSTMORD DES HELDEN

ENTSTEHUNG

Im Jahre 1893 las Hofmannsthal Stifters ›Die Mappe meines Urgroßvaters‹.[1] *Die aus diesem Werk übernommene Episode mit der Grille vor dem Selbstmord des Helden (S. 34, 7f.) legt es nahe, die Aufzeichnungen zu der vorliegenden Erzählung in den Zeitraum dieser Lektüre zu datieren. Möglicherweise gehört die folgende Notiz auf einem Konvolutumschlag mit der Aufschrift* Novellen *(VIII 13.12) ebenfalls zu diesem Erzählungsplan:* Selbstmord   Gärtnermädchen hält sich die Augen zu

---

[1] *Näheres dazu s. Richard Exner: Hugo von Hofmannsthal zu Adalbert Stifter. In: Adalbert Stifter. Studien und Interpretationen. Heidelberg 1968, S. 319.*

ÜBERLIEFERUNG

N   *H IV A 87.7 – Diese Seite ist mit* A *paginiert. Auf der Rückseite Notiz:* Perser
des Aeschylos   Plutarch.

VARIANTEN

5   *34, 10f.* erinnert . . . Circusreiterin *Einschub.*

NOVELLE

ENTSTEHUNG

Das Blatt ist datiert: 4. I. 94. *Die vorliegenden Aufzeichnungen entstanden zu
derselben Zeit.*

10   ## ÜBERLIEFERUNG

N   *H VB 4.26 – Auf derselben Seite Aufzeichnungen mit dem Datum* 4. I. 94

VARIANTEN

34, 23: Davor, getilgt: philos⟨ophische⟩

34, 26 ein. *danach, getilgt:* der Psychotherapeut kann der Geist eines Todten
15   berühmten Dichters sein, oder ein lebender. Grillparzer und Marie B.

ERLÄUTERUNGEN

283, 15: Vgl. S. 221, 14 und Erläuterung dazu.

PHANTASTISCHES TAGEBUCH

ENTSTEHUNG

Vom 17. und 18. Januar 1894 stammen die beiden umfangreicheren Aufzeichnungen zu dem Phantastischen Tagebuch. *Eine weitere kurze Notiz (N 3) ist wohl nicht viel später entstanden. Wie nahe für Hofmannsthal Fiktion und Wirklichkeit beieinander liegen, zeigt eine Aufzeichnung vom 28. Januar 1894 (H VB 11. 15), in der er unter der Überschrift* phantast⟨isches⟩ Tagebuch *wirkliche Erlebnisse und Empfindungen festhält, die ihm jedoch als phantastisch erscheinen:*
Gestern Frau v. W⟨ertheimstein⟩ Döblinger Friedhof, Thränen.
Abends Bahr. Prater episode phantast⟨isch⟩ – unheimlich

ÜBERLIEFERUNG

N 1   *H VB 4.27*
N 2   *H VB 3.9*
N 3   *H VB 10.2 – Auf derselben Seite Aufzeichnungen.*

VARIANTEN

N 2

Zu Beginn der Seite steht die folgende Aufzeichnung:

Physiologie des Traumes.

Verhältniss des Traumes zum Kunstwerk: strenge Ökonomie, suggestive Charakteristik; Bewusstsein des Scheines

N 3

36, 3f. Auch . . . sein *Bis auf das Wort* componiert *stenographiert.*

ERLÄUTERUNGEN

35, 25 »Licht« von Gabriel Max *Das Bild ›Licht‹ von Gabriel Cornelius Ritter von Max (1840–1915) zeigt Blinde in den Katakomben. Es befindet sich in Moskau. In seinem Aufsatz über d'Annunzio (1893) verglich Hofmannsthal dessen Beschreibung der Frau in der Erzählung ›L'Innocente‹ mit den Märtyrerinnen von Gabriel Max (Steiner, P I 152f.).*

NOVELLE

ENTSTEHUNG

Durch die sich auf derselben Seite darüber befindende Aufzeichnung ist die Notiz auf den 26. November 1894 zu datieren. Schrift und Duktus weisen eine große Ähnlichkeit mit dem undatierten Novellenfragment Ein Bohème *(S. 218, 7–219, 8) auf. Inhaltlich läßt sich die Notiz jedoch nicht sicher dieser Novelle zuordnen.*

ÜBERLIEFERUNG

N   H VB 4.35 – Auf derselben Seite Aufzeichnung, datiert: 26 November ⟨1894⟩ *(Steiner, A 110).*

AMGIAD UND ASSAD

ENTSTEHUNG

Die Erzählung von den Schicksalen der beiden Brüder Amgiad und Assad findet sich in der 217. bis 249. Nacht von ›1001 Nacht‹. *Der Plan Hofmannsthals, diesen Stoff einer eigenen Dichtung zu Grunde zu legen, wird zum erstenmal in Aufzeichnungen vom November 1893 erwähnt (N 1). Doch erst ein Jahr später, im Dezember 1894, begann Hofmannsthal mit der Ausführung. Ein überlieferter Konvolutumschlag enthält die Aufschrift:* Geschichte von den Prinzen Amgiad u. Assad December 1894. exhaustless East![1] *(E IV A 30.4; Steiner, A 110), und auf einem Konvolutdeckblatt* Aus den Monaten December 1894 Jänner Februar März 1895 *stehen die* Prinzen Amgiad u Assad *neben dem Prosagedicht* Triumpf einiger Künstler unserer Zeit *(H VB 4.15).*

Am 26. Dezember 1894 schreibt Hofmannsthal an Elsa Bruckmann-Cantacuzene: Ich hab zehn Tage Weihnachtsurlaub, und wenn ich kann, werd' ich eine schöne Geschichte von 2 Prinzen, dem Leben und dem Tod aus 1001 Nacht in Terzinen schreiben, und die könnte dann in dem ersten Heft des »Pan« auf sehr hübschem Papier gedruckt werden. *(B I 124) Den Plan einer Dichtung in Terzinen scheint er jedoch bald verworfen zu haben, denn er wird in den weiteren Zeugnissen nicht mehr erwähnt. Auch ist in den relativ umfangreichen Notizen keine einzige Gedichtzeile erhalten. Der größte Teil der Aufzeichnungen zu* Amgiad und Assad *entstand im Sommer 1895 in Göding, einer Zeit, in der sich Hofmannsthal intensiv mit Erzählungen beschäftigte, so daß mit einiger Sicherheit*

---

[1] *S. S. 81, 21 und Erläuterung dazu.*

behauptet werden kann, daß es sich bei dem hier vorliegenden Material um Notizen zu einer Prosageschichte handelt.

Die frühesten Aufzeichnungen des Jahres 1895 tragen das Datum vom 3. Februar (N 2–N 3). Der Hauptteil der Notizen (N 11–N 16) entstand in der Zeit von Mai bis September.

In zwei Briefen aus Göding an Hermann Bahr erwähnt Hofmannsthal Amgiad und Assad. *Es sind dies neben dem Brief an Elsa Bruckmann die einzigen brieflichen Zeugnisse. Am 15. Juni 1895 schreibt er:* Ich les' hier viel Schopenhauer, Häckel und solche Bücher, wo von dem Großen die Rede ist, das zugrunde liegt. Ich hab' aber immer ein paar Stoffe im Kopf, die Prinzen Amgiad und Assad und andere Gruppen von Menschen; und die vibrieren dabei, obgleich es sie scheinbar gar nichts angeht, ganz wie aufgehängte Frösche des Galvani. Ich glaub', ich werde nächsten Winter sehr viel schreiben. *(B I 141)* *Eine Passage aus einem Brief vom 28. Juli lautet:* mir fällt eine Menge ein, oder eigentlich, ich bin in dieser etwas unerfreulichen Zeit innerlich woanders hingekommen, von wo man alle Verhältnisse mit stärkerem Zauberblick ergreifen kann. Denn der Lebensweg führt eigentlich zu immer stärkerer Magie, wie das in den Prinzen Amgiad und Assad so schön ist. Denn schließlich in einem welligen, gelbbraunen Land werden ihnen eine Menge häßlicher Hunde und kranker Pferde höchst wunderbar, ja auch der Unterschied von Groß und Klein vernichtigt sich, über ihre Seele breitet sich eine Maulwurfsgrille so intensiv aus wie die langsam untergehende brüderliche Sonne. Ich bild' mir ein, ich werd' nächsten Winter sehr schöne Sachen machen, und wir werden viel reden. *(B I 158).*

Weiterhin gibt es noch eine Aufzeichnung Hofmannsthals, die sich auf den Winter 1894–95 bezieht, in der, neben dem Märchen der 672. Nacht, *auch die* Prinzen Amgiad und Assad *erwähnt werden (SW XXVIII 209, 19–28).*

Als Vorlage diente Hofmannsthal die ›Geschichte der Prinzen Amgiad und Assad‹ auf den Seiten 208–229 seiner Ausgabe ›Dalziel's illustrierte Tausend und Eine Nacht. Sammlung persischer, indischer und arabischer Märchen. Mit einem Vorworte von Dr. H. Beta‹. Leipzig, Dresden, Wien, Berlin und Altona o.J.[1] Die Handlung verläuft dort wie folgt:

Die Prinzen Amgiad und Assad, hier nicht Zwillingsbrüder, aber Halbbrüder, in demselben Jahr geboren und zusammen aufgewachsen, wurden wegen einer falschen Anschuldigung ihrer Mütter von ihrem gemeinsamen Vater Kamaralsaman zum Tode verurteilt, von ihrem Henker jedoch verschont und befinden sich nun auf der Flucht aus dem Reich ihres Vaters. »Ihre Nahrung bestand blos in wilden Kräutern und Früchten und sie tranken das unsaubere Regenwasser, welches sich in Felsenhöhlungen gesammelt hatte. Des Nachts schliefen und wachten sie wechselseitig, um vor wilden Thieren sicher zu sein. Nach Verlauf eines Monats gelangten sie an den Fuß eines anscheinend unersteiglichen, furchtbaren Gebirges, welches ganz aus schwarzem

[1] *Sie ist in seiner Bibliothek nicht mehr erhalten.*

Gestein bestand. Seiner Unwegsamkeit wegen überlegten sie jedoch lange, ehe sie zu dem muthigen Entschlusse kamen, darauf emporzuklimmen. Je weiter sie darauf vordrangen, desto höher und schroffer erschien ihnen das Gebirge. War der eine erschöpft und der andere wurde es gewahr, so machte er Halt und sie erholten sich gemeinschaftlich wieder.

Mit all' ihrem Eifer, ihrem Muthe und ihrer Anstrengung war es ihnen aber an diesem Tage nicht möglich, den Gipfel zu gewinnen. Die Nacht überraschte sie und Assad fühlte sich dermaßen ermüdet, daß er stehen blieb und zu seinem Bruder Amgiad sagte: Ich kann nicht weiter und werde hier auf dem Flecke den Geist aufgeben.

Wir wollen ruhen, so lange es Dir beliebt, entgegnete Amgiad. Du siehst, fuhr er fort, daß wir blos noch eine kleine Strecke zu steigen haben und der Mond uns günstig ist.

Nach einer guten halben Stunde der Ruhe bot Assad seine Kräfte von neuem auf und sie gelangten endlich auf den Gipfel des Berges. Amgiad fand beim Umhergehen in geringer Entfernung einen Granatbaum voller großer Früchte und eine Quelle an seinem Fuße. Sogleich lief er, um Assad diese gute Nachricht mitzutheilen und führte ihn an die Quelle, wo sie sich erquickten, jeder einen Granatapfel verzehrten und dann einschliefen.« (S. 211)

Als sie wieder in die Ebene kommen, gewahren sie eine Stadt und beschließen, daß Assad sich dorthin begeben soll, um Nahrungsmittel zu besorgen, während Amgiad vor der Stadt auf ihn wartet. Assad gerät in der Stadt in die Hände der Feueranbeter, die ihn als Opfer, das sie ihrer Gottheit auf dem Feuerberg in dem blauen Meer darbringen wollen, ausersehen. Bis sie dorthin absegeln, wird er in den Kerker geworfen, von den Töchtern des ihn gefangen haltenden Feueranbeters gemartert und nur mit Wasser und Brot ernährt.

Amgiad, auf der Suche nach seinem Bruder, wird, nachdem er mehrere Abenteuer bestanden hat, Wesir des Königs derselben Stadt, die »die Stadt der Magier« genannt wird. Das Magierfest naht heran, an dem Assad dem Feuer geopfert werden soll. Die Magier rüsten ein Schiff aus, das sie zu dem Feuerberg bringen soll. Durch einen Sturm jedoch wird das Schiff in den Hafen der Stadt, die von der Königin Margiane regiert wird, verschlagen. Die Königin findet Gefallen an dem Prinzen, der von einem der Magier als sein Sklave ausgegeben wird und will ihn bei sich behalten. Doch es gelingt den Feueranbetern, mit Assad und ihrem Schiff zu fliehen. Die Königin rüstet Kriegsschiffe aus und holt sie ein. Als die Magier sich nun von der feindlichen Übermacht eingekreist sehen, werfen sie Assad ins Meer. Dieser kann sich ans Land retten und gelangt wieder an die Stadt der Magier. Die Feueranbeter, von Margiane in einem Boot an Land gelassen, treffen bei ihrer Rückkehr vor den Toren der Stadt auf den schlafenden Assad und nehmen ihn wiederum gefangen. Der Tochter des Magiers, Bostane, inzwischen mit dem mohammedanischen Glauben bekannt, gelingt es, ihn mit Amgiad wieder zu vereinen.

Am Tag nach ihrem Wiedersehen begeben sich die Brüder zum König der Stadt. Während sie im Gespräch mit ihm sitzen, nahen sich nacheinander vier Heere der Stadt. Es sind: das Heer der Königin Margiane, auf der Suche nach Assad, das

Heer des Königs von China, des Großvaters Amgiads, auf der Suche nach seiner ver-
lorenen Tochter, das Heer des Königs Kamaralsaman, des Vaters von Amgiad und
Assad, auf der Suche nach seinen verlorenen Söhnen, und schließlich das Heer des
Königs Schachsaman, des Vaters von Kamaralsaman und Großvaters von Amgiad
und Assad, auf der Suche nach seinem verlorenen Sohn.   5

  So sind endlich alle wieder vereinigt. Amgiad heiratet Bostane, Assad vermählt sich
mit der Königin Margiane, und alle kehren wieder in ihre Länder zurück.

  Diese Geschichte bildet die Grundlage für Hofmannsthals geplante Erzählung. Er
scheint nicht die Absicht gehabt zu haben, viel an dem äußeren Handlungsverlauf zu
ändern. Lediglich das Ende wollte er dahingehend abwandeln, daß die Prinzen ihren   10
Großvater aufsuchen wollen, Assad auf der Reise stirbt (N 11, N 13), und Amgiad
seinen Weg alleine fortsetzt.

  Hofmannsthal vertauscht durchgehend die Namen Amgiad und Assad, so daß bei
ihm Amgiad derjenige ist, der in Gefangenschaft gerät, während Assad Wesir wird.
Ferner ändert er den Namen Margiane in Morgane.   15

  Außer ›1001 Nacht‹ ist, hinsichtlich der Ausstattung und der Atmosphäre,
Flauberts historischer Roman ›Salammbô‹, den Hofmannsthal auch einmal (S. 41, 10)
nennt, von größter Bedeutung. Diese Feststellung trifft ebenfalls für die Geschichte
Der goldene Apfel *wie auch für die Erzählung* Die Frau ohne Schatten *zu.*

ÜBERLIEFERUNG   20

N 1   *H VB 3.13 – Auf derselben Seite Aufzeichnungen vom* November 1893 *(Stei-*
       ner, A 110).

N 2   *E IVA 30.9–11 – 3 Seiten, paginiert* I. – III. *(Steiner, A 111, 112).*

N 3   *H VB 4.11 – Auf derselben Seite und auf der Rückseite Notizen zu dem Prosa-*
       gedicht Triumpf einiger Künstler unserer Zeit, *die* 3 Februar 1895. *datiert*   25
       sind (Steiner, A 114).

N 4   *E III 14.8 – Auf derselben Seite Notizen:* E vita Alexandri M., *datiert:* 3 II 95
       (Steiner, A 112, 111).

N 5   *E IVA 30.12*

N 6   *E IVA 30.13 – (Steiner, A 112)*   30

N 7   *H IVA 87.12 – (Steiner, A 114). Auf derselben Seite Aufzeichnungen.*

N 8   *H VB 12.60*

N 9   *E IVA 30.6 – (Steiner, A 110f.)*

N 10   *E IVA 30.7 – (Steiner, A 110)*

N 11   *E IVA 30.2 – (Steiner, A 113)*   35

N 12   *E IVA 30.8 – (Steiner, A 112, 110, 111)*

N 13   *E IVA 30.1 – Das Blatt ist beidseitig beschrieben. (Steiner, A 113, 114)*

N 14   *E IVA 30.3 – (Steiner, A 114)*

N 15   *E IVA 30.5 – Auf derselben Seite Aufzeichnungen mit dem Datum* 1 VIII 95
       (Steiner, A 114)   40

N 16   *H VB 2.19ᶜ – Das Blatt enthält verschiedene Aufzeichnungen unter dem Datum*
       Hatzenbach, 5 IX 95

VARIANTEN

N 1

37, 7 Amgiad] Armgard *Hs.*

N 7

5 *Die Seite enthält zu Beginn die folgenden Aufzeichnungen:*
Schau nicht zu starr auf das bunte Gewebe des Lebens, sonst siehst Du die
sich kreuzenden Fäden und nicht das Bild sondern bedenk wie diese Figuren doch zugleich mit Dir erregt werden.
Einen der den Freund verlor tröstet ein bunter Fisch, grausamer als Kin-
10 der sind die Geliebten, den Ruhm verkünden sonderbar junge Menschen in
der Nacht, die gerührt von dem Tanz, den Du den Tänzerinnen beigebracht
hast, dunkelnde Länder aufzuschliessen gedenken und nicht mehr zurückzukehren (= nur völlig verwandelt) wie eine Schauspielerin redet die
Frau, auf Spiegeln fährt das Schiff des Glückes;

15 ### N 15

Die folgende Aufzeichnung befindet sich kurz vor der Notiz zu Amgiad und Assad:
im Leben gefangen sein
Die Elemente. Der beschwerliche Staub, die mühseligen Steine, die traurigen Straßen, die harten Dämme, die Tücke der Pferde und des eigenen
20 Körpers.
Vgl. in diesem Zusammenhang S. 41, 8–11.

ERLÄUTERUNGEN

37, 30 »vita et dulcedo mea« *Abwandlung eines Verses aus dem ›Salve Regina‹.*
Er lautet dort: »Vita, dulcedo et spes nostra«.

25 *38, 24* König *Gemeint ist wohl der König der Stadt der Magier, der Assad (in der*
Vorlage Amgiad) zu seinem Wesir macht.

39, 3 die Begegnung mit dem alten König *Gemeint ist die Begegnung mit*
Kamaralsaman, dem Vater der Prinzen.

39, 12–18: Zitat aus J. Michelet: Histoire de France, Bd. I, Paris 1897, S. 16f.
30 *Das vollständige Zitat lautet: »J'avais une belle maladie qui assombrissait ma jeunesse,*
mais bien propre à l'historien. J'aimais la mort. J'avais vécu neuf ans à la porte du
Père-Lachaise, alors ma seule promenade. Puis j'habitai vers la Bièvre, au milieu de
grands jardins de couvents, autres sépulcres. Je menais une vie que le monde aurait pu

dire enterrée, n'ayant de société que celle du passé, et pour amis les peuples ensevelis. Refaisant leur légende, je réveillais en eux mille choses évanouies. Certains chants de nourrice dont j'avais le secret, étaient d'un effet sûr. A l'accent ils croyaient que j'étais un des leurs. Le don que Saint Louis demande et n'obtient pas, je l'eus: ›le don des larmes‹.«   5

39, 21–26: *Dieser Gedanke wird von Hofmannsthal in der Erzählung* Die Frau ohne Schatten *wieder aufgenommen (s.* SW XXVIII 314, 12–15*).*

40, 4: *Hier wird wohl auf die Episode angespielt, in der Assad (in der Vorlage Amgiad) einer Frau begegnet, die ihm ihre Liebesdienste anbietet und bereit ist, mit ihm in seine Wohnung zu gehen. Assad, da er keine eigene Wohnung besitzt, weiß nicht* 10 *wohin, geht ziellos durch die Straßen, bis er in einer Sackgasse nicht mehr weiterkommt. Die Frau, in der Meinung, sie seien an sein Haus gekommen, zerschlägt das Schloß, sie treten ein, finden eine Tafel gerichtet, essen; der inzwischen heimgekehrte Hausbesitzer geht auf das Spiel Assads ein und gibt sich als dessen Sklave aus. Als die Frau den vermeintlichen Sklaven töten will, schlägt ihr Assad den Kopf ab.* 15

In der Dalzielschen Ausgabe befindet sich dazu eine Illustration, untertitelt ›Prinz Amgiad und die Verführerin‹.

40, 15–19: *S. S. 286, 40–287, 17.*

41, 8 Kaiser Timur *In der Vorlage König Schachsaman.*

41, 9f. die gekreuzigten Löwen in der Salammbô *In Flauberts Roman* 20 ›Salammbô‹ (1862) begegnen die aufständischen Söldner an Kreuze genagelten Löwen, die die punischen Bauern zur Strafe und zur Warnung der anderen Raubtiere dort aufgehängt haben. Das Bild deutet das Ende, das die Söldnerführer erwartet, an.

41, 23f.: *Als Amgiad (in der Vorlage Assad) durch die Königin Morgane vor den Feueranbetern gerettet ist, begibt er sich in den Garten, geht dort spazieren, kommt* 25 *an einen Brunnen, an dem er einschläft. Dort wird er von den Feueranbetern, die sich mit frischem Wasser für ihre Schiffsreise versorgen wollen, gefunden und erneut gefangen genommen.*

41, 26–28 wo Du ... Tod *Vgl.* SW XXVIII 16, 19 *und* 16, 22f. *und die Erläuterungen dazu. Den zweiten Satz notiert sich Hofmannsthal außer in dem dort* 30 *erwähnten Tagebuch noch auf einem in das Jahr 1893 zu datierenden Notizzettel zwischen Aufzeichnungen zu einer* Tragödie, *ebenfalls als* türk⟨isches⟩ *Sprichwort (H VB 10.124).*

42, 1–4: *S. den Brief an Hermann Bahr, S. 286, 17–22.*

42, 4 TT Heine *Thomas Theodor Heine (1867–1948), Maler und Graphiker,* 35 *war 1896 einer der Gründer des* ›Simplizissimus‹. *Hofmannsthal hatte sich im Jahr 1894 ganz besonders für ihn interessiert, was Briefe an Elsa Bruckmann-Cantacuzene, Hermann Bahr und Richard Beer-Hofmann aus dieser Zeit bezeugen. Zur* Maulwurfsgrille *s. auch S. 92, 30.*

42, 17f.: Die Stelle bezieht sich auf die Religion der Parsen, wie sie Goethe in den
›Noten und Abhandlungen zum westöstlichen Divan‹ darstellt (Hamburger Ausgabe,
Bd. 2, S. 135 f.). Diese Abhandlung wird später für die Frau ohne Schatten wie-
der wichtig (s. SW XXVIII 441, 37–442, 5).

DE DUABUS VITAI CLAVIS

ENTSTEHUNG

*In einem Brief vom 28. April 1895 schreibt Hofmannsthal an Schnitzler (BW
Schnitzler 53):* übermorgen will ich schon in der Früh zur Tini[1] fahren, viel-
leicht dort das Märchen fertigschreiben oder wenn das schon fertig wäre,
eine Geschichte des Actäon anfangen. *Die Arbeit am* Märchen der 672.
Nacht *nahm doch etwas mehr Zeit in Anspruch. Vom 4. Mai 1895 datiert die
Notiz zu der neuen Erzählung. Ein erhaltener Konvolutumschlag[2] trägt die Aufschrift:*

Anfang Mai 1895.

De duabus vitai clavis. { Actäon
{ eine Heilige

*Die Thematik dieses Erzählplanes geht wohl auf Nietzsches Unterscheidung einer
dionysischen von einer romantischen Kunst zurück. Im Abschnitt 370 der ›Fröhlichen
Wissenschaft‹ formuliert er dies:* »Jede Kunst, jede Philosophie darf als Heil- und
Hilfsmittel im Dienste des wachsenden, kämpfenden Lebens angesehen werden: sie
setzen immer Leiden und Leidende voraus. Aber es gibt zweierlei Leidende, einmal
die an der Ü b e r f ü l l e d e s L e b e n s Leidenden, welche eine dionysische Kunst wollen
und ebenso eine tragische Ansicht und Einsicht in das Leben – und sodann die an der
V e r a r m u n g d e s L e b e n s Leidenden, die Ruhe, Stille, glattes Meer, Erlösung von
sich durch die Kunst und Erkenntnis suchen, oder aber den Rausch, den Krampf, die
Betäubung, den Wahnsinn. Dem Doppel-Bedürfnisse der l e t z t e r e n entspricht alle
Romantik in Künsten und Erkenntnissen.« *Die Keulen-Metapher hat Hofmannsthal
schon in* Gabriele d'Annunzio II *(Steiner, P I 209) verwendet.*

ÜBERLIEFERUNG

N H V A 143.2

---

[1] *Tini Schönberger.* [2] *H V A 143.1*

NOVELLE VOM SECTIONSRATH

ENTSTEHUNG

Die ersten Notizen stammen vom Juni 1894. Am 22. September desselben Jahres schreibt Hofmannsthal an Beer-Hofmann: schreibe an meiner Novelle vom Sectionsrath, werd aber wohl nicht mehr als das genaue Scenarium vor dem Dienst fertig kriegen.[1] *Der Dienst, gemeint ist das Freiwilligenjahr, begann am 1. Oktober 1894 in Brünn. Damit endete vorläufig die Arbeit an dieser Novelle, um im Mai 1895 wieder aufgenommen zu werden.[2] Es entstanden einige Notizen und die beiden Seiten der Niederschrift. Weitere Ausführungen sind nicht überliefert.*

ÜBERLIEFERUNG

N 1   *HIVA 60 – Auf derselben Seite Aufzeichnungen mit dem Datum* 20 – 30 Juni 1894.

N 2   *H VA 143.3*

N 3   *HIVA 66 – Auf derselben Seite N 1 zu* Vater und Sohn *mit dem Datum* G⟨öding⟩ 30 V 95.

N 4   *HIVA 64.1^b – Die Seite ist A. paginiert. Auf der anderen Seite pag.* 1. *der Niederschrift (H).*

N 5   *H VB 12.55 – Auf derselben Seite Aufzeichnungen.*

H   *HIVA 64.1–2 – 2 Blätter,* 1. *und* 2. *paginiert. Auf der Rückseite von pag.* 1.: *N 4.*

VARIANTEN

N 1

44, 11 die ... Marmelade. *Einschub.*

ERLÄUTERUNGEN

44, 3 Kalksburg *Das Jesuitenstift in Kalksburg, Bez. Hietzing, wurde vom österreichischen Adel als Erziehungsinstitut bevorzugt. Auch Leopold von Andrian wurde dort erzogen.*

45, 19f.: Bibelzitat aus dem ›Buch der Klagelieder‹, 1, 4.

[1] *BW 38.*
[2] *Vgl. auch S. 253, 1.*

VATER UND SOHN

ENTSTEHUNG

Die wenigen Notizen entstanden im Mai, spätestens Sommer, 1895 in engem Zusammenhang mit der Novelle vom Sectionsrath. *Diese Vermutung legt sowohl die Thematik nahe als auch die Tatsache, daß sich auf demselben Blatt wie N 2 auch Aufzeichnungen zu der genannten Novelle befinden.*

Eine Aufzeichnung, die der Schrift nach ungefähr in dieselbe Zeit zu datieren ist – vielleicht entstand sie etwas früher als der vorliegende Erzählungsplan – und mit der Bemerkung Herodot lesen! *beginnt, lautet:* einem ist prophezeit, ein Dach wird ihn erschlagen. Das treibt ihn in die Berge und an den Strand des Meeres; solche Umgebung entwickelt seine Seele kühn und gross. Schliesslich erschlägt ihn eine vom Adler fallen gelassene Schildkröte   Um aber Wahrheit in sein durch das Orakel aus seiner Bahn gebogenes Leben zu bringen, wird er ein ganzer Mensch. Zuerst hat er Sehnsucht nach allen möglichen verlorenen Gütern der Welt. *(H VB 12.75)*

ÜBERLIEFERUNG

N 1   H VB 11.10 – Auf derselben Seite Aufzeichnungen, datiert: Göding. 19 Mai ⟨1895⟩, *u.a. zum Prosagedicht* Kaiser Maximilian reitet.

N 2   H IV A 66 – Auf derselben Seite N 3 zur Novelle vom Sectionsrath.

N 3   H VB 13.27 – Auf derselben Seite N 5 zu Caserne.

VARIANTEN

N 1

47, 4–6 kann ... verstanden *Nachtrag.*

ERLÄUTERUNGEN

47, 16 awe *Engl.: Ehrfurcht, Scheu.*

47, 19 Kalksburg *S. S. 44, 3 und Erläuterung dazu.*

DER NEUE ACTÄON

ENTSTEHUNG

Am 17 Jänner 1895 *notierte sich Hofmannsthal:* Ein hoher erregter Zustand. Von allen Seiten strömen in Wellen die Elemente des kugelförmigen Daseins ein. Actäon. Der Krieg der Japaner tritt wimmelnd nahe: einige die in einem Obstgarten lagern. Todte auf einem öden Schlachtfeld auf einer Felsenlehne. Gruppen, die sich am Flussufer umzingeln. 2 Freunde, ein Jüngling, ein zweiter, fast ein Knabe. Thiere: Wüstenmäuse mit grossen Ohren und kindischen altklugen Augen. Elche. *(H VB 4.20; Steiner, A 116). Am 9. Januar desselben Jahres schrieb er in einem Brief an Andrian (BW 38):* Der Bahr hat mit dem Actäon viel Ähnlichkeit. *Hermann Bahr als der moderne Actäon, der den Zeitgeist zu erspähen versucht. Er erleidet dasselbe Schicksal wie der mythische Actäon, der von den eigenen Hunden zerrissen wird, weil er etwas sah, was er nicht sehen durfte. Hofmannsthals Gedanken dazu zeigen die folgenden Notizen, die in dieselbe Zeit zu datieren sind und möglicherweise im Zusammenhang mit dem vorliegenden Erzählungsplan entstanden:*

Bahr.

Atmosphäre der Zeitungsredaction.

schnurrende Maschinen, Telegramme, Cognac, Correcturen, Lexicon, Statistik, Almanach nachschlagen, zerrissene Reden, Cynismen, jonglieren mit Ansichten, laut reden g r e l l färben wie die Placate von Chéret[1] die im Strassengewirr auffallen wollen

Keine W e r t h e. weiss nicht, was er will. Alles Lebendige regt ihn an; alles schwankt und schwimmt. Haltlosigkeit durchaus. Baut nicht, webt nicht.

von ihm zum Leben aufrichtig nur das Unausgesprochene

vorüberleben

solche Stimmungen athmen aus den Souterrainfenstern und beleuchten flüchtig die Gedanken der Vorübergehenden *(H V B 8.13)*

Bahr

Einfluss des Verkehrs mit Schauspielern
Stimmung machen
durch Regie einen Charakter h e r a u s b r i n g e n
angewandt auf das reale Leben *(H V B 8.12)*

---

[1] *Jules Chéret (1836–1932), Maler und Lithograph. Er schuf die ersten farbigen Plakate.*

Bahrs Cosmopolitismus. Bedürfniss an Symbolen eine Einsicht in die totale
Oekonomie des gegenwärtigen Geisteszustands zu erwerben. *(H VB 10.4)*

Wie die meisten der Erzählungspläne aus diesem Jahr[1] wurde auch dieser bald wieder
fallengelassen.

5   *Die Gestalt des Actäon beschäftigt Hofmannsthal weiter. Jahre später notiert er:*
Der Dichter ein geduldeter Actäon *an den Rand des folgenden Abschnittes des*
Essays ›The Poet‹ *aus dem 1903 in London erschienenen Band* ›Essays by Ralph*
Waldo Emerson‹: »*This insight, which expresses itself by what is called Imagination,*
is a very high sort of seeing, which does not come by study, but by the intellect being
10   *where and what it sees, by sharing the path or circuit of things through forms, and so*
making them translucid to others. The path of things is silent. Will they suffer a
speaker to go with them? A spy they will not suffer; a lover, a poet, is the trans-
cendency of their own nature, – him they will suffer. The condition of true naming,
on the poet's part, is his resigning himself to the divine a u r a which breathes through
15   *forms, and accompanying that.*« *(S. 325). Das erscheint wie das Gegenbild des neuen*
Actäon.

ÜBERLIEFERUNG

N 1   HIVA 58
N 2   H VA 143.4

20   ## EINE NOVELLE DEREN HELD SICH SUCHT...

ENTSTEHUNG

Die Lektüre von Schopenhauers Schrift ›Transcendente Spekulation über die anschei-*
nende Absichtlichkeit im Schicksale des Einzelnen‹ – im 5. Band von Arthur Scho-
penhauer's Sämmtlichen Werken herausgegeben von Julius Frauenstädt, 2. Auflage,
25   *Leipzig 1891, noch heute in Hofmannsthals Bibliothek – hinterließ auf Hofmanns-*
thal einen sehr starken Eindruck. Schopenhauers Spekulation über eine transzendente
Macht, die sowohl das Leben des Einzelnen wie auch die Geschehnisse in der Welt
lenkt und ihre Wurzel »zuletzt doch nur in unserm eigenen, geheimnißvollen Innern«
hat, »da ja das A und O alles Daseyns zuletzt in uns selbst liegt« *(S. 227), trifft*
30   *sich mit seinen eigenen Vorstellungen. Schopenhauer charakterisiert diese Macht:*
»*Eine solche Macht nun müßte, mit einem unsichtbaren Faden alle Dinge durchzie-*

---

[1] *Vgl. die Titelliste S. 252, 31–253, 5.*

hend, auch die, welche die Kausalkette ohne alle Verbindung miteinander läßt, so verknüpfen, daß sie, im erforderten Moment, zusammenträfen. Sie würde demnach die Begebenheiten des wirklichen Lebens so gänzlich beherrschen, wie der Dichter die seines Drama's: Zufall aber und Irrthum, als welche zunächst und unmittelbar in den regelmäßigen, kausalen Lauf der Dinge störend eingreifen, würden die bloßen Werkzeuge ihrer unsichtbaren Hand seyn.« (S. 224).

Hofmannsthal versucht, diese Ideen zu konkretisieren. Eine Notiz, die unter dem Eindruck dieser Lektüre entstand, lautet:

was man auf der Strasse begegnet: Reihenfolge der Stimmungen, Verkettungen des Zufalls

Schopenhauer Abhandlung über anscheinende Absichtlichkeit im Schicksal des Einzelnen *(H VB 10.67)*

Den stärksten Eindruck auf Hofmannsthal machte jedoch ein Paracelsus-Zitat, das Schopenhauer als Beleg heranzieht: »*Damit aber das Fatum wohl erkannt werde, ist es also, daß jeglicher Mensch einen Geist hat, der außerhalb ihm wohnt und setzt seinen Stuhl in die obern Sterne.*« *(S. 226) Schopenhauer verweist anschließend auf Plutarch, der sagt,* »*daß außer dem in den irdischen Leib versenkten Theil der Seele ein andrer, reinerer Theil derselben außerhalb über dem Haupte des Menschen schwebend bleibt, als ein Stern sich darstellend und mit Recht sein Dämon, Genius, genannt wird, welcher ihn leitet und dem der Weisere willig folgt*« *(S. 226f.).*

Am 5. Juli 1895 notiert sich Hofmannsthal:

Problem κατ᾽ ἐξοχὴν des Browning:

einen denkenden Menschen (Künstler, Weltintriganten, Philosophen Arzt) als aesthetische Einheit, bestimmte Farben- und Tonvaleur erfassen[1]

Theophr⟨ast⟩ Paracelsus über den geheimnisvollen Regenten unseres Lebens: »unser Geist, der nicht in uns wohnet und seinen Stuhl in die oberen Sterne setzt.«

das wahre Ich, das grosse Ich.

die wirklichen Vorgänge des t r a n s c e n d e n t e n Weltlaufes sind über unsere Phantasie hinausgehend und werden durch die kühnsten Bilder in ein unzulänglich banales Medium hinuntergezogen.

il faut glisser ne pas appuyer la vie

grosses Freskobild: der übermässige Tiefsinn im Erforschen der Weltgesetze
wahrhaft König sein zu wollen
eine Frau wahrhaft besitzen zu wollen

ich sehe 2 Epochen, wie durch offene Säulengänge in einen Garten und jenseits wieder in einen ganz fremden: eine Epoche wo ich Angst habe, durch das Leben dem grossen kosmischen Ahnen entrissen zu werden, die zweite wo mir davor Grauen wird, für kosmisches Schweben das dunkle heisse Leben zu verlassen. ängstlich fragt auch Dante, »wann wird das sein,

---

[1] *Bezieht sich auf Brownings ›Paracelsus‹.*

dass ich von allem irdischen entbunden, ganz allein die lichte stumme
Stiege gehe«
Persephoneia;[1] der Thor und der Tod *(H V B 10.56; Steiner, A 120f.).*
   Am folgenden Tag, dem 6. Juni, entstand dann N 1, der Gedanke, die Spekulation
5 *Schopenhauers in einer Novelle zu veranschaulichen. N 2 steht in engstem Zusammen-*
hang mit dem Gedicht Ein Traum von großer Magie, *in das auch das Paracelsus-*
Zitat übernommen wird. Den Plan zu der Novelle läßt Hofmannsthal fallen. Die
folgende Notiz, die sich zwischen gleichzeitigen Aufzeichnungen zu der Erzählung
Caserne *befindet, gehört möglicherweise noch dazu. Sie trägt das Datum* Göding
10 12 Juli 95. *und lautet:* Inhalt einer kurzen Zeit. Gewitter. dunkel Staub u
Wind, in den Bäumen wie Giessbäche, wie ein Furchtbares das näher kommt
und heraustreten wird. In den Heukegel knieen, dahinter Wolken das Ungeheuere, rechts und links gepeitschte Bäume wie davon fliehend, hinten die
ruhige Landschaft traumhaft fern. Dann nach der Berauschung umkehren,
15 den Heukegel verweht fahlgelber Wind, ich geh in die traumhaft regungs-
lose Allee hinein, ein neuer Lebensabschnitt, ein ungeheures Hintersich-
lassen, *(H V A 25.4; Steiner, A 124).*
   Die Bedeutung der Abhandlung Schopenhauers für Hofmannsthal beschränkt sich
nicht auf diese frühe Zeit. Er las sie, den Lesedaten in seinem Exemplar zufolge,
20 *am 4. Oktober 1905 und im Februar 1920 wieder. Der letzte Absatz, den Hof-*
mannsthal vermutlich beim späteren wiederholten Lesen anstrich, läßt sich nicht nur
wie ein Kommentar zu Der Tor und der Tod *lesen, sondern auch auf mehrere seiner*
späteren Werke beziehen: »So geleitet dann jene unsichtbare und nur in zweifelhaftem
Scheine sich kund gebende Lenkung uns bis zum Tode, diesem eigentlichen Resultat
25 *und insofern Zweck des Lebens. In der Stunde desselben drängen alle die geheimniß-*
vollen (wenn gleich eigentlich in uns selbst wurzelnden) Mächte, die das ewige Schick-
sal des Menschen bestimmen, sich zusammen und treten in Aktion. Aus ihrem Kon-
flikt ergibt sich der Weg, den er jetzt zu wandern hat, bereitet nämlich seine Palin-
genesie sich vor, nebst allem Wohl und Wehe, welches in ihr begriffen und von Dem an
30 *unwiderruflich bestimmt ist. – Hierauf beruht der hochernste, wichtige, feierliche und*
furchtbare Charakter der Todesstunde. Sie ist eine Krisis, im stärksten Sinne des
Worts, – ein Weltgericht.« (S. 238)

ÜBERLIEFERUNG

N 1   H V A 25.3 – Auf derselben Seite Aufzeichnungen mit dem Datum: Wien 6ten
35 *Juni 1895.*
N 2   E II 137.1 – Beidseitig beschrieben.

---

[1] *Vgl. BW Andrian 48.*

ERLÄUTERUNGEN

49, 1f.: *Die Episode kommt in ›1001 Nacht‹ vor, in der Dalzielschen Ausgabe (s. S. 286, 29–31) S. 476ff. Sie gehört zu demselben Märchen, auf das auch in* Der goldene Apfel *(S. 99, 16f.) angespielt wird und später für die Erzählung* Die Frau ohne Schatten *(SW XXVIII 433, 16–25) von Bedeutung ist.*

49, 16–18 Idee . . . Michelangelo *Sündenfallbild von Michelangelo an der Decke der Sixtinischen Kapelle. Der Bewegung, mit der die Schlange, die oben in eine nackte Frauenfigur ausläuft, Eva den Apfel reicht, korrespondiert die Geste des Engels, der, dicht danebengedrängt, Adam und Eva mit dem in der ausgestreckten Hand gehaltenen Schwert aus dem Paradiese weist.*

49, 27 Pereira *Kamerad Hofmannsthals aus der Gödinger Zeit (s. auch S. 63, 14; 82, 4 und 305, 14).*

49, 27 Grotthuss *Jugendfreund Hofmannsthals (s. BW Beer-Hofmann 206f.).*

SOLDATENGESCHICHTE

ENTSTEHUNG

Die erste Erwähnung einer Geschichte v. d Soldaten *findet sich auf einem Blatt mit Notizen, die am 16. Juni 1895 in Göding entstanden, wo Hofmannsthal einen Teil seines Freiwilligenjahres ableistete. Nicht mit Sicherheit läßt sich behaupten, daß diese Geschichte mit der vorliegenden Novelle identisch ist (s. S. 300, 10–20). Doch spricht einiges dafür. Hofmannsthals persönliche Erfahrungen während der Gödinger Zeit spiegeln sich in der* Soldatengeschichte *wider. Etwas davon ist schon auf demselben Blatt aufgezeichnet, auf dem sich diese erste Notiz befindet (s. S. 304, 17–25). Am 8. Juni 1895 notierte Hofmannsthal:* Samstag sehr große Depression. Abends Spaziergang im Wald, Birken, schwarzes Wasser, Sumpfgräser, alles todt ich mir selber so nichts, so unheimlich. Alles Leben von mir gefallen *(H VB 4.12; Steiner, A 121).* Freitag abends 14ten. Allein mit der Pappel auf der Mutenitzer Straße. *(H VB 4.12) Über seinen Aufenthalt in Göding berichtet Hofmannsthal am 18. Juni in einem Brief an Edgar Karg von Bebenburg:* Hier giebt es lichtgrüne Felder und darin stehen oder knieen slowakische Bauernmädeln mit nackten Füßen und roten Kopftücheln, und hie und da reitet man durch kleine Dörfer mit lichtblau oder grün angestrichenen Häusern, und an dem fernen farblosen Himmel laufen leere lange Alleen von sehr großen Pappeln, die sich übergroß und traurig abheben, aber in dem allen hab ich manchmal ein Gefühl von so unsäglicher erstickender Einsamkeit, als ob das alles gar nicht zum Leben gehören würde,

zum wirklichen Leben, sondern zu einem merkwürdigen Reich, das ich
nicht begreife, das mich ängstigt und wo ich mich Gott weiß wie herein-
verirrt habe. Weißt Du, dieses Gefühl, immer nur ein Stück vom Leben zu
erwischen und dann wieder weggerissen zu werden, das hast Du wohl stärker als ich, aber es hat viel tiefere Gründe als die äußeren, und so kommt es
eben über mich auch. Mir ist, als ob ich Dir darüber einmal etwas sagen
könnte, aber jetzt noch nicht. *(BW Karg 79f.) Anfang Juli schreibt er aus
Göding an seinen Vater:* ... reite ich meist allein, ziemlich spät, wenn Sonne
und Mond gleichzeitig am Himmel sind und im Wald ein rötliches Dunkeln
anfängt *(B I 143)*.

   Ein Zug, den Hofmannsthal sich ungefähr um dieselbe Zeit, als die Soldaten-
*schichte entstand, von seinem Lehrer Friedrich Eckstein[1] notiert (H VB 10.45),
dürfte noch von Bedeutung sein:*

Eckstein.
  er setzt seinen Stolz darein alles zu verstehen. Auch das wie ihm der Freund
von dem mit der todten Mutter verbündeten Leben entwunden wird: er
versteht es und achtet das Schauspiel.
Er hat solche Kenntnisse wie: vor dem dich schaudert, dieses ist das deine.[2]

   *Da die erhaltenen Notizzettel, mit Ausnahme des schon erwähnten, nicht datiert
sind, läßt sich nicht sagen, ob vielleicht einige schon 1895 entstanden. Die überlieferten Zeugnisse beginnen erst ein Jahr später. Den Freunden gegenüber muß Hofmannsthal seine Absicht, eine bzw. mehrere Soldatengeschichten zu schreiben, schon
früh erwähnt haben, denn am 29. Juni 1896 fragt ihn Schnitzler, auf seine Mitteilung
vom 27. Juni: ich schreibe eine Novelle eingehend, »Ist das eine Ihrer Soldatengeschichten, die Sie schreiben?« (BW Schnitzler 67). Hofmannsthal beantwortet die
Frage nicht. Aber es war wohl nicht die Geschichte des Soldaten, sondern die
Geschichte der beiden Liebespaare, die Hofmannsthal in seinem Brief meinte.
Nachdem er diese beendet hat, beginnt er mit der Ausführung der Soldatengeschichte (vgl. S. 304, 2). Warum Hofmannsthal dann die relativ weit gediehene Arbeit
an dieser Novelle abbrach, läßt sich nur vermuten. Es könnte mit Beer-Hofmanns
Kritik an der Geschichte der beiden Liebespaare zusammenhängen. Belege dafür
gibt es jedoch nicht.*

ÜBERLIEFERUNG

N 1 H VB 2.2 – Auf demselben Blatt Notizen zu Mutter Tochter und das Leben
    und zur Person des Herzogs von Reichstadt, sowie die Aufzeichnungen S. 304, 17–25.
N 2 E II 15ᵇ – Auf der Vorderseite Entwurf zu dem Gedicht Die Beiden.
N 3 H IV A 27.34

---

[1] *S.S. 314, 15f.*
[2] *Zitat aus dem 1896 entstandenen Gedicht* Inschrift.

N 4   *HIVA 27.35 – Auf der Rückseite Notiz über* das Beiwort.
N 5   *HIVA 27.33*
N 6   *HIVA 26.2*
N 7   *HIVA 27.36*
H   *HIVA 27.10–11, 29–30, 12–15, 31; 1–9; 32, 16–28 – 32 Blätter, paginiert:*   5
      a–ι, a–i, 1–14. Die drei verschiedenen Arten der Paginierung haben ihre Ursache in
      der Einteilung der gesamten Niederschrift in drei größere Abschnitte.

VARIANTEN

N 1

Früheste Aufzeichnung, in der von einer Soldatengeschichte die Rede ist. Die kurze   10
Angabe zum Inhalt läßt Zweifel zu, ob diese Geschichte, die hier unter dem Datum
Göding 16 VI 95 erwähnt wird, identisch ist mit der späteren Soldatengeschichte.
Das auf demselben Blatt geschilderte persönliche Erlebnis Hofmannsthals jedoch
(s. S. 304, 17–25) bestärkt, zumindest was die Stimmung betrifft, die Vermutung
der Identität der beiden Geschichten.   15

Geschichte v. d Soldaten

So glorious is our nature etc.   (Browning Paracelsus)

Geschichte von dem Soldaten der einen andern überredet sich aufzuhängen,
sich dann selbst aufhängen will und sein Gespräch mit dem Lieutenant
Taxis.   20

N 2

der Eimer: der Brunnen zuhaus, das Dunkle davon, die spiegelnde Fähigkeit des Wassers
dann geht er zur Zerstreuung in den Marodenstall

Gethsemane.   Er drehte sich herum wie ein Hund dem ein Wagen über den   25
Rücken gegangen ist er rüttelt an der Welt: die Sonne, die Todten   die
Lebenden, die Thiere, alles erscheint ihm feindlich: alles verschlossen: sich
die Adern aufbeissen, an den Wunden bohren, wäre ein Mittel, einzu-
dringen.

Im Walde   30

bei der Blutvision kann ihm einfallen, dass Blut alle diese Wesen erfüllt,
erhält und trägt

N 3 – N 6

Zu diesen Notizen gehörte wahrscheinlich der aus dem Jahre 1896 stammende Kon-
volutumschlag (H IV A 26.1) mit der Aufschrift:
Geschichte des Soldaten.
5 Motive zu Novellen
(Geschichte des Freundes
Geschichte der Kapitänsfrau
Schlossbrand.)

N 3

10 Geschichte des Soldaten.

Ende: ein compliciertes Verwandtschaftsanlehnungsgefühl an Gott. wie er
aufwecken geht.

Anfang
die kranken Pferde

15 Sonnenaufgang. das ledige Pferd springt hinaus ins Freie. Blumen am Unter-
officiersgebäude: Nelken, leichter Morgenwind. alles die Herrlichkeiten
seines Gottes. Einer (der Kolar) beugt sich über einen Eimer und trinkt in
langen Zügen, schüttet dann das Wasser aus und sogleich kommen wie im
Flug des Schattens, Vögel daher

20 das starke Aufquellen von Möglichkeiten in ihm: jetzt um seines Geheimnisses willen, um seinetwillen Verkennung und Misshandlung zu dulden: er streckt unsichtbar schwebendem Handspann die Hände entgegen

N 4

Geschichte des Soldaten.

25 Die Dragoner sitzen in dem schmalen Streifen Schatten hinter der Stallwand.
Die Unterofficiere haben ein Brett unter einem Nussbaum der spärliche
Flecke von Schatten

einen angefangenen freudigen Gedanken über sein Christenthum nehmen
die Trompeten überlaut auf reissen ihn ihm weg

30 ## N 5

Soldat.

sobald er die Augen schliesst fällt ihn die Gewalt der Vision wie ein Schwindel an: der Fluss angefüllt mit Leibern von Menschen (zuerst kommen ein-

zelne getrieben das dämpfige Pferd, die – – der Windhund, dann Massen ineinander geschlungen, er selber von ganzen Klumpen getragen, darunter noch unzählige alle seine Erinnerungen alle gehören dazu die Wachtmeister die Schulkinder aus seiner Schule etc.) dann er hängt wie die Made an der Lefze des Pferdes über einem ungeheueren Abgrund die Lefze bewegt sich

er geht an den Fluss und erwartet junge Officiere werden sich mit Reifen hineinwerfen, statt dessen erscheint ihm der ganze Fluss mit dem lehmigen Ufer widerlich

N 6

Soldat

er hasst die Todten, die sich vor der Hölle des Lebens in den Boden verkrochen haben und zerrt sie heraus: seine Mutter
dann schlägt er mit dem Säbel auf die Bäume

das Höllengefühl besteht darin: dass die Existenz seiner Mitmenschen seiner Kindheit alles ihm so gar nichts hilft, sich auf ihn so gar nicht bezieht. Es ist ein Starrkrampf, ein Stocken der Liebe.
nach dem Selbstmord des Juden wacht die Fähigkeit alles zu lieben wieder auf.

302, 15–19: Diese Zeilen wurden später hinzugefügt.

N 7

er sieht den Exercierplatz, und jenseits die Gruppe Ulmen und Pappeln, an ihrem Rand steht der Mond und in den Wipfeln ist etwas unmerkliches wie der Flügelschlag eines Vogels, aber doch etwas w i r k l i c h e s !

früher trockene Augen

zweimal haben sich die nächsten wie Betrüger von ihm abgewandt: einmal die sterbende Mutter weil ihr die Mutter Gottes mit einem Licht gewinkt hat, dann der Riemer wie er abgeführt wird

H

Die Niederschrift besteht aus drei Teilen. Sie sind überschrieben: Anfang. *(S. 50, 3 – 54, 3),* Im Wald. *(S. 54, 4 – 57, 15) und* 9 – 12ʰ *(S. 57, 16 – 62, 15). Dazu gehörte wahrscheinlich das noch erhaltene Konvolutdeckblatt (VIII 13.47) mit der Aufschrift* Soldatengesch⟨ichte⟩. *Die wichtigsten Varianten:*

50, 28 f. hob ... Raubvogelgesicht *aus* in dessen sommersprossigem Raubvogelgesicht blaue Augen nackt und bloss zu liegen schienen, weil
sie etwas vorgequollen waren

55, 5: *Über der Zeile:* Kalter Wind durchschneidet den Leib

55, 35 des Zerstörens. *aus* der empörten Natur die ihm mit aufgeregtem
Athmen unterlag.

56, 12 Luft *gestrichen, aber nicht ersetzt.*

56, 23 f. wie ... ergriffen] *(1)* ungeheuer *(a)* schattenfarbigen *(b)* nacht-
farbigen Flammen vergleichbar

                    (2) wie in inneren Flammen emporgesteigert

                    (3) wie von inneren Flammen lautlosen Wett-
kampfes ergriffen

58, 4 f. was ... auszeichnete. *aus* was er auch gern sagte wenn die andern
über den Dienst schimpften: Drei Jahre dauert's und muss auch
sein.

58, 35 gering. Er hob *aus* gering, so hob Schwendar

58, 39 Mundes *davor, getilgt:* viereckigen

59, 35 3 oder 4mal, *Über der Zeile:* völliges Nichts gigantische Pyramide
von Ekel

60, 1 Winken ... Lichtes. *aus* Aufzucken einer Kerze.

ZEUGNISSE

1896

1. Juli, an Leopold von Andrian (BW 71):[1]

Dann möchte ich auch eine oder zwei Geschichten von Menschen schreiben,
die ganz allein sind. Ein Dragoner und ein Officier[2]. Diesen redet das Leben.
Es redet nur wenn man allein ist.

1. Juli, an Richard Beer-Hofmann (BW 61 f.):

Ich hoffe, in diesem Sommer die Geschichte der beiden Liebespaare, die
Geschichte des Freundes, die Geschichte des Soldaten und die des Kadett-
Offiziersstellvertreters fertig zu bringen. Sie fangen alle am Erdboden an.
Ich hoffe, sie werden durchaus verschieden werden, die eine dünn und wie
geredet, die andere sehr verklammert und unabwendbar, und eine dunkel
und rührend. Dann ist auch das Traumhafte der Geschichte vom Kaufmannssohn gerechtfertigt.

[1] *Vgl. S. 310, 22–32.*
[2] Geschichte eines österreichischen Officiers.

13. Juli, an Hermann Bahr (B I 206):
Ich bin mit einer Novelle so ziemlich fertig[1] und fange gleich wieder eine an.

ERLÄUTERUNGEN

51, 11–19 zuhause ... hieng. *Vgl. S. 87, 32–88, 2.*

51, 38–52, 6 Die Erinnerungen ... Hund. *1894, in der Terzine* Über Ver- 5
gänglichkeit, *hatte Hofmannsthal denselben Gedanken ausgesprochen:*
  Dies ist ein Ding, das keiner voll aussinnt,
  Und viel zu grauenvoll, als daß man klage:
  Daß alles gleitet und vorüberrinnt.

  Und daß mein eignes Ich, durch nichts gehemmt,   10
  Herüberglitt aus einem kleinen Kind
  Mir wie ein Hund unheimlich stumm und fremd. *(Steiner, GLD 17)*

52, 12 webend *sich hin- und herbewegend.*

54, 3 Spielberg *Berg westlich von Brünn mit einer Zitadelle, in der sich das Staats-*
gefängnis befand.   15

56, 13–33 Aus dem ... zurück; *61, 13–22* Dort ... Donner. *Eine Auf-*
zeichnung Hofmannsthals aus Göding vom Abend des 14. Juni 1895 lautet: Kühl,
hell und windig. Ich habe Wein getrunken. Bin dann ein Stück auf der
Strasse gegen Mutenitz sehr schnell gegangen. Plötzlich unter einer grossen
Pappel stehen geblieben und hinaufgeschaut. Das Haltlose in mir, dieser 20
Wirbel, eine ganze durcheinander fliegende Welt, plötzlich wie mit straff
gefangenem Anker an die Ruhe dieses Baumes gebunden der riesig in das
Dunkle Blau schweigend hineinwächst. Dieser Baum ist für mein Leben
etwas Unverlierbares. In mir der Kosmos, alle Säfte aller lebendigen und
todten Dinge höchst individuell schwingend, ebenso in dem Baum *(H V B* 25
2.2; Steiner, A 121). Auf derselben Seite befindet sich N 1.

59, 26–29 Stumpfsinnig ... nieder. *Vgl. S. 125, 20–22 und S. 179, 1–5.*

300, 17: Robert Browning: Paracelsus, V.:
  »So glorious is our nature, so august
  Man's inborn uninstructed impulses,   30
  His naked spirit so majestical!«
Zitiert nach dem Exemplar, das sich in Hofmannsthals Bibliothek erhalten hat:
Poems of Robert Browning with an introduction by Oscar Browning, M. A., London

---

[1] Geschichte der beiden Liebespaare.

*1898, S. 97. Die Passage ist darin angestrichen. Welche Ausgabe Hofmannsthal
zuvor benutzte, ist nicht bekannt.*

300, 25 Gethsemane *Vgl. SW XXVIII 435, 22–27.*

300, 27–32 sich die . . . trägt *Eine Aufzeichnung Hofmannsthals, wohl aus
derselben Zeit, lautet:* Zustand: als wären meine Pulse geöffnet und leise
ränne mein Blut mit dem Leben hinaus und mischte sich mit dem Blut der
Wiesen, der Bäume, der Bäche. *(H VB 12.74)*

CASERNE

ENTSTEHUNG

Die Notizen zu Caserne *stammen, wie auch ein erhaltener Konvolutumschlag
(H VA 25.1) besagt, hauptsächlich vom Sommer 1895, aus Hofmannsthals
Gödinger Zeit. Im Zusammenhang mit N 4 (S. 63, 19–21) ist eine Notiz vom
8. Juli 1895 aus Göding interessant, die lautet:*
Österreich. unser Tisch in Göding: Starhemberg, 2 Taxis, ein Péreira,
Fürstenberg, Dobřenzky, Gorayski, Haugwitz. (Eleganz, pervertierte
καλοκαγαθία) Obst; Pferde; Gelehrsamkeit; Weiber;
in einer anderen Schichte: Studenten, jüdische, katholische, slavische Grup-
pen (Ausdruck, Wirkung)
Wurzelschichte: die Eltern der Studenten *(H VB 4.18)*

ÜBERLIEFERUNG

N 1   H VA 25.2
N 2   H VA 25.4 – Auf derselben Seite Aufzeichnungen: Inhalt einer kurzen Zeit . . .
    (Steiner, A 124) mit dem Datum Göding 12 Juli 95. *Vgl.* Novelle, deren Held
    sich sucht . . . *S. 297, 10–17.*
N 3   H VA 25.5
N 4   H VA 25.6
N 5   H VB 13.27 – Auf derselben Seite N 2 zu Vater und Sohn.

ERLÄUTERUNGEN

63, 9–12: *Zitat aus Goethes* ›Faust‹ *II, 3, Hamburger Ausgabe, Bd. 3, S. 284.*
(Vgl. auch S. 199, 11 f.)

63, 14 Péreira *Kamerad Hofmannsthals aus der Gödinger Zeit (vgl. S. 298, 11 f.*
und Steiner, A 125).

63, 20 Herzog von Reichstadt *(1811–1832) Sohn Napoleons I. und der Maria*
Luise von Österreich. Gegen Ende seines Lebens plante Hofmannsthal, ihn zum
Titelhelden eines historisch-biographischen Romans zu machen (SW XXX).

64, 2 Heinrich Franckenstein *Clemens Heinrich von Franckenstein, Jugend-*
freund Hofmannsthals (s. auch S. 134, 11).

CHARMIDES

ENTSTEHUNG

Dieser Versuch einer »Nacherzählung« *des Platonischen Dialoges* ›Charmides‹ *ist*
wohl in das Jahr 1896 zu datieren. Eine Anregung zu diesem Vorhaben war eine ähn-
liche Arbeit des französischen Historikers Hippolyte Taine: ›Les Jeunes Gens de
Platon‹ *in den* ›Essais de Critique et d'Histoire‹. *Die Ausgabe, die Hofmannsthal*
besaß – sie befindet sich noch heute in seiner Bibliothek – war die 5. Auflage, 1887 in
Paris erschienen. Sie enthält zu Beginn des genannten Essays die Lesedaten 24 XII 91.
und 20. I 96. Letzteres ist wohl für Hofmannsthals Charmides maßgeblich, denn
Schrift und Duktus der erhaltenen Handschriften lassen eher das Jahr 1896 als
1891 als Entstehungszeit vermuten.

Über die Rolle des Charmides in dem Dialog Platons schreibt Taine: »Il élude
ainsi une question difficile, et dans tout le reste de l'entretien il ne demeure pas au-
dessous de lui-même. Il suit fort bien une discussion subtile, et propose des définitions
assez solides. Un moment on voit sur ses lèvres un fin sourire, lorsque, par une ironie
détournée et légère, il engage son cousin Critias à prendre sa place, et le livre aux
réfutations de Socrate; l'esprit est la dernière parure de sa beauté.« *(S. 195) Von der*
Form des Gesprächs heißt es: »On a dû remarquer le calme de ces discours. Cette
tranquillité n'exclut pas l'élan ni l'enthousiasme; elle n'est que la sérénité d'un esprit
qui sans effort trouve le vrai, se déploie sans précipitation et jouit de sa force. Les
personnages ne s'interrompent pas les uns les autres; les auditeurs de Socrate suivent
tous les détours de la discussion sans la hâter. Ils s'attardent volontiers aux digressions
qu'il y mêle; ils sont de loisir. Lorsqu'ils parlent, ils laissent couler leurs pensées du
ton le plus simple et le plus aisé, sans chercher l'esprit ou l'éloquence; ils suivent la

pente unie où ils glissent sans se presser ni se retenir; ils s'abandonnent à leur nature,
qui est belle et qui fait tout bien.« (S. 195). Die folgenden Passagen sind von Hof-
mannsthal angestrichen:»Une seule de leurs paroles réfute ceux qui déclarent l'homme
mauvais par nature. La bonté est la première entre leurs inclinations primitives.
5 *Platon peintre pense, comme Platon philosophe, que l'idée divine et mortelle qui fait*
notre âme témoigne de son origine.« (S. 169) »Cette suite des idées nous manque.
Essayez de discuter avec quelqu'un: vingt fois vous êtes obligé de le ramener au sujet.
Notre esprit est trop bondissant: nous courons trop par brusques saillies; nous voyons
subitement une vive lueur de vérité, et nous voilà lancés de ce côté, oubliant tout ce que
10 *nous avons fait de l'autre, rompant notre ouvrage au moment où un seul effort allait*
l'achever. Platon n'invente pas cette liaison qu'il donne aux idées de ses personnages;
vous trouvez le même ordre et la même justesse dans Homère.« (S. 171).

    Hofmannsthals Schulexemplar (Platonis Charmides Laches Lysis, ex recognitione
Caroli Friderici Hermanni, Lipsiae MDCCCLXXXVII) läßt keine Spuren
15 *einer Lektüre des platonischen ›Charmides‹ erkennen.*

ÜBERLIEFERUNG

N   *H IVB 41.3.*
H   *H IVB 41.1–2.*

VARIANTEN

20 **65, 4**   Müdigkeit *danach, gestrichen:* , obwohl er an diesem Tage fünf Meilen
in der glühenden Sonne unter der Rüstung gegangen war, während
der Seefahrt aber mit sehr langen und ermüdenden Reden die Gerechtigkeit der führenden Männer gegen einen Haufen böswilliger
und niedrig denkender Bürger vertheidigt hatte
25 **65, 16**   erzählen. *danach, getilgt:* Er fühlte dunkel, dass alle Dinge, die er
während der letzten Wochen erlebt hatte, ganz anders wurden,
während er sie erzählte, obwohl er nichts sagte, was nicht die Wahrheit gewesen wäre. Und es kam ihm vor, als ob viel von der Schönheit der Dinge auf den Lippen entstünde.

ERLÄUTERUNGEN

64, 32–65, 1 und alle ... starben. *Diese Stelle zeigt besonders den Einfluß*
Taines, der das Leben in Athen stark idealisiert. Die Schönheit ist für ihn das
höchste Maß, und sie sieht er überall in dem athenischen Leben verkörpert. Vgl. auch
die Zitate S. 306f.

GESCHICHTE DER BEIDEN LIEBESPAARE

ENTSTEHUNG

Ende Juni bis Mitte Juli 1896 schreibt Hofmannsthal in Bad Fusch die Geschichte der beiden Liebespaare, *wie er sie in Briefen nennt. Ende Juli liest er die vollendete Erzählung Beer-Hofmann vor, dessen Kritik in ihrer Auswirkung vernichtend ist.* 5 *Der wesentliche Punkt dieser Kritik war, wie aus dem Brief Hofmannsthals vom 7. August 1896 an seinen Vater zu erschließen ist, die Unfähigkeit,* die innere Besonderheit der einzelnen Menschen *in ihrem Verhalten und Sprechen erscheinen zu lassen, was auf einem Mangel an Beobachtung beruhe.* Freilich haben meine Sachen wieder das Häßliche, daß alles allzudeutlich gesagt ist, *schreibt Hof-* 10 *mannsthal am 21. August 1896 an Schnitzler. Er macht sich die Kritik des Freundes voll und ganz zu eigen und zieht die Novelle zurück, obwohl ihm Beer-Hofmann geraten hat, sie drucken zu lassen.*

Teile der Niederschrift fanden sich im Nachlaß. Es sind ein Bruchstück aus dem Anfang (pag. 15–21 = *S. 65, 24–68, 35) und der Schluß (pag. 64–99 = S. 68, 36–* 15 *80, 16). Auf der letzten Seite findet sich in der Handschrift Gertrud von Hofmannsthals der Vermerk:* »Novelle geschrieben circa 1897«. *N (S. 65, 20–23) bezieht sich auf den nicht überlieferten Teil, der die Entstehung der Beziehungen zwischen den beiden Paaren zum Inhalt hatte.*

Das Erlebnis des Sterbens der Frau von Wertheimstein im Juli 1894, worüber 20 *Hofmannsthal sagt:* Das ist das erste wahrhaft schwere und traurige, das ich erlebe *(H VII 6; 16. Juli 1894), verarbeitet er in der Erzählung vom Sterben Theresens. Die folgenden Tagebuchaufzeichnungen vom Juli 1894 verdeutlichen das:*

Döbling. viele Stunden allein im Garten. einmal drinnen. sie ist unendlich elend und schwach. sie sagt nur leise: »ich hab Sie so lieb so lieb«, und 25 drückt mir ein paarmal die Hand.

Juli 1894.
Montag 9 – Samstag 14 Juli

die schwersten Tage in Döbling.
am Donnerstag war ich das letztemal drin. Sie sah grauenhaft aus, nichts von 30 ihrer stillen grossartigen Schönheit geblieben. unruhige fremde Bewegungen eines kranken Kindes. Sie versucht zu lächeln. Alles ist todt. auch die Stimme fremd. Nur mehr eine schwache Spur ihrer Seele flackert noch in dem Körper. Sie hat Angst vor dem Sterben, das ist das furchtbarste. Alle Grösse und Schönheit nützt nichts. *(H VII 6)* 35

ÜBERLIEFERUNG

N *HIVA 84.10 – Auf der Rückseite pag. 66 von H.*
H *HIVA 84.1–43 – 43 Blätter, 15–21, 64–99 paginiert. Auf der Vorderseite von*
   pag. 66: N. Veröffentlicht von Rudolf Hirsch unter dem Titel Hinter den Blutbuchen . . . *in: Modern Austrian Literature, Vol. 7, No. 3/4, 1974, S. 12–30.*

VARIANTEN

H

*Die beiden Teile (S. 65, 24–68, 35; S. 68, 36–80, 16) gehören zu derselben Er-
zählung, auch wenn zu Beginn der Name der weiblichen Hauptfigur ein anderer ist.*
Paula *und* Anna *sind identisch, wobei* Paula *der frühere Name ist. Bewiesen wird das
durch die spätere Erinnerung des Erzählers an* das erste Hereinfahren mit Anna
*(S. 78, 20–22), wo die wesentlichen Aussagen von S. 65, 24–66, 19 wiederholt werden.
Die* dünne leere Stimme *Annas sowohl als die* zornige Stimme des Buckligen
und die traurige Stimme der fremden Frau *werden wieder erinnert. Daß der
Name einer Figur im Laufe der Niederschrift geändert wird, ist nichts besonderes.*
Therese *hieß ursprünglich* Christine *– wohl nach Christine Hebbel, die einer Tagebucheintragung Hofmannsthals zufolge (S. 311, 16 f.) das Vorbild für diese Gestalt
war – und wird zu Beginn des zweiten erhaltenen Teiles zweimal versehentlich so
genannt (S. 69, 21 und 30).*

68, 36 f. Am . . . Beschämung. *Die beiden Zeilen sind ersatzlos gestrichen. Sie
          wurden trotzdem in den Textteil aufgenommen, um das folgende besser ver-
          ständlich zu machen.*

69, 11 schlingt *aus* schluckt

69, 21 Theresens *aus* Christinens

69, 30 Theresens] Christinens *Hs.*

70, 32 fielen *gestrichen, aber nicht ersetzt.*

71, 10 den leichten Korb *aus* ihr leichtes Gehäuse

71, 14 f. und seine *getilgt, aber nicht ersetzt.*

72, 37 stark. *danach, getilgt:* Ihr aber schien er fast unmerklich. Denn mit
        ihren Augen wurden alle ihre Sinne schwächer und schwächer.

73, 16 gehorchen. *danach, gestrichen:* Und wie sie immer wieder mit den
        Blicken und den Armen zu suchen schien was sie nie finden
        konnte war sie unheimlich wie ein blindes Kind, das von seiner
        Blindheit nichts weiß, und immer wieder ins Leere greift.

74, 14 f. sie von . . . von *in Klammern.*

75, 22 senkte. *danach, gestrichen:* Aus dem niedrigen Schornstein stieg eine
        schwache bläuliche Rauchsäule kerzengerade empor in die lichte
        Abendluft.

77, 19–21 als dass . . . drin. *Die pag. 90 besteht nur aus diesen Zeilen. Darunter steht: folgt das Ende des Abends und das Schlafengehen. Ob dies ausgeführt war, läßt sich nicht mehr feststellen. Es ist jedenfalls nichts davon erhalten.*

78, 13 geheimnislos *aus* geheimnisvoll

ZEUGNISSE

1896

27. Juni, an Arthur Schnitzler (BW 67 f.):

Ich schreibe eine Novelle und sehe 5, 6 andere vor mir. Nur kommt mir sonderbarer Weise immer während des Arbeitens gerade die wesentliche Schönheit des Stoffes wie erblindet vor. Das muß man wahrscheinlich überwinden. Ich kann es nur nicht, weil ich bis jetzt eigentlich immer nur kurze Gedichte gemacht habe.

1. Juli, an Leopold von Andrian (BW 71):

Nachmittag von 2 bis gegen 8 schreibe ich. Ich habe so lang nichts geschrieben. Es ist eine sonderbare Beschäftigung, und doch etwas wirkliches. Es sind eigentlich Liebesgeschichten, die ich schreibe. Ich möchte das Unberührbare der schönen Menschen ausdrücken, daß man nicht in sie hineinkann, daß nichts hinter ihnen ist, aber freilich auch nichts hinter ihnen zu sein braucht, weil eben alles Form geworden ist.

Das fürchterliche Stumme, was auch das Wesen der Musik ist.

1. Juli, an Richard Beer-Hofmann (BW 61 f.):

Ich arbeite auch jeden Tag. Ich schreibe jeden Tag 5 oder 6 große Bogen, mit meiner kleinen Schrift. Das sind sicher 40 von Ihren gelben Zetteln. Es wäre so hübsch, wenn wir uns im Herbst gegenseitig Geschichten vorlesen könnten, wie zwei italienische Novellisten. Ich hoffe, in diesem Sommer die Geschichte der beiden Liebespaare, die Geschichte des Freundes, die Geschichte des Soldaten und die des Kadett-Offiziersstellvertreters fertig zu bringen. Sie fangen alle am Erdboden an. Ich hoffe, sie werden durchaus verschieden werden, die eine dünn und wie geredet, die andere sehr verklammert und unabwendbar, und eine dunkel und rührend. Dann ist auch das Traumhafte der Geschichte vom Kaufmannssohn gerechtfertigt.

9. Juli, an Hannibal Karg von Bebenburg (Deutsches Literaturarchiv, Marbach a. N.):
Früh und abends spiel ich mit einem Infanterie-oberlieutenant Tennis und von 1 bis 7 schreib ich an einer Geschichte in Prosa.

10. Juli, an Richard Beer-Hofmann (BW 63):
Meine erste Novelle ist fast fertig.

11. Juli, an Edgar Karg von Bebenburg (BW 122):
Ich schreibe jeden Tag 4–6 Stunden an einer Geschichte in Prosa.

5   *13. Juli, an Hermann Bahr (B I 206):*
Ich bin mit einer Novelle so ziemlich fertig und fange gleich wieder eine an.
Ich glaube, daß ich jetzt, wie durch einen Schleier, das aufs Wesen gehende
Kunstgesetz für die Novelle (oder für eine bestimmte Art von Novelle)
ahne, das Kunstgesetz, dessen voller Besitz einem möglich machen muß,
10 eine ganze Prosadichtung durch und durch als F o r m zu erkennen wie das
lyrische Gedicht und das von Otto Ludwig durchschaute Shakespearesche
Drama.

Juli, Aufzeichnung (H V B 3.21; BW Beer-Hofmann 222):
Sommer 1896.
15 im Juli schreibe ich in der Fusch die mißlungene Novelle in der 2 Paare vorkommen, und wo das eine Mädchen stirbt (eine Gestalt wie die verstorbene
Christine Hebbel). Lese Ende Juli in Salzburg (im Hôtel Schiff, wo Richard
mit Paula wohnt) dem Richard die Novelle vor, der sie schattenhaft und
wertlos findet.

20 *22. Juli, an den Vater (FDH/Dauerleihgabe Stiftung Volkswagenwerk):*
so bin ich doch sehr froh, dass ich hier mit Beer Hofmann zusammen war.
Meine Novelle ist nämlich schlecht, absolut schlecht, d. h. die dargestellten
Sachen sind nicht herausgebracht, sind in einer Sphäre gehalten, wo sie für
das Publicum weder Wahrheit, noch Schönheit noch überhaupt Sichtbarkeit
25 haben. Solche Dinge können jedem Künstler geschehen, es ist aber ein besonders glücklicher Zufall, wenn man einen Freund hat, der um einige Jahre
älter und streng genug ist, um einem zum begreifen zu machen, worin diese
dunkel gefühlte Unzulänglichkeit liegt. Mich entmuthigt so etwas gar nicht:
es ist das Geschick junger Künstler, zu schattenhaft, zu wenig matter of fact
30 zu sein. Ich kann nichts schlechtes im gewöhnlichen Sinn machen, aber
freilich ganz leicht etwas schlechtes in meiner Weise. Nun verlange ich aber
sehr, mich der Auffassung und dem Lebensinhalt der meisten Menschen
anzunähern, und es ist mir nichts widerlicher als jene einsame mit dem
Namen l'art pour l'art bekleidete manierierte Unzulänglichkeit. Du kannst
35 so sicher sein, mich dort hinkommen zu sehen, wo ich hin will, wie man bei
einem gesunden jungen Menschen wenn er unter Wasser taucht sicher sein
kann, ihn wo anders wieder ans Licht emporkommen zu sehen. Somit wäre
also alles in Ordnung: ich lege meine Novelle in den Koffer, kaufe mir einen

Band Plutarch und einige Shakespearestücke aus der Universalbibliothek und, falls dies noch nicht genug matter of fact wäre noch einige Nummern der Pariser Ausgabe des New York Herald, und fahre mit dieser Lectüre nach Unterach, wo es Börsianer und Schauspieler, und nach Aussee wo es Aristokraten und andere Menschen giebt: und übersetze die Stoffe die mir vorschweben eben stärker als bisher in Vorgänge und Motive des bürgerlichen Lebens, ohne dass sie deswegen weniger meinen Stempel tragen werden. Alle diese Wechselfälle des Arbeitens empfinde ich als mein richtiges und schönes Schicksal.

31. Juli, an die Mutter (FDH/Dauerleihgabe Stiftung Volkswagenwerk):

Auch hier[1] würde mich das viele angenehme wohl noch mehr freuen, wenn ich nicht Ursache hätte mit meiner letzten größeren Arbeit sehr unzufrieden zu sein.

31. Juli, an Hannibal Karg von Bebenburg (Deutsches Literaturarchiv, Marbach a.N.):

Über das, was ich in der Fusch gearbeitet habe, will ich lieber nicht reden, weil ich es schlecht finde und darüber verstimmt zu sein gerade eben aufzuhören anfange.

7. August, an den Vater (FDH/Dauerleihgabe Stiftung Volkswagenwerk):

Ich unterhalte mich mit möglichst vielen Menschen und suche den einen wesentlichen Fehler meiner Novelle zu corrigieren, das heißt im Beobachten besonders darauf zu achten, durch welche Äußerlichkeiten Bewegungen, Redensarten etc. die innere Besonderheit der einzelnen Menschen an den Tag kommt.

7. August, Arthur Schnitzler an Hofmannsthal (BW 71):

Richard hat mir von Ihrer Novelle erzählt; auch daß er Ihnen geraten, sie drucken zu lassen. Solange muß ich wohl warten bis ich sie zu lesen bekomme. Wohin werden Sie sie geben? –

21. August, an Arthur Schnitzler (BW 73):

Meine Novelle werden Sie nie sehen. Nie heißt nie. Weil sie so schlecht ist. »Er zeigt nicht einmal die guten Sachen her. Doch müßte man ihn manchmal lesen, wenn die Person undeutlich wird.« Freilich haben meine Sachen wieder das Häßliche, daß alles allzudeutlich gesagt ist.

---

[1] *in Aussee.*

ERLÄUTERUNGEN

66, 29 Cretonmöbeln *Möbel mit Bezügen aus Baumwollgewebe in Leinenbindung. Creton, österr. für Cretonne.*

66, 37 knaben-mädchenhafte Gesicht *Hofmannsthal sieht in dem* Buben-mädelhaften *das für junge Engländerinnen besonders Charakteristische.* Das englische junge Mädchen, als Produkt halb des Lebens, halb der poetischen Tradition, hat einen sehr starken Einschlag von Knabenhaftem *schreibt er in dem 1896 in der* ›*Frankfurter Zeitung*‹ *erschienenen Aufsatz* Englischer Stil *(Steiner, P I 251), wo er über die englische Tanzgruppe* ›*Die Barrisons*‹ *berichtet. Edgar Karg von Bebenburg hatte diese Tänzerinnen in einem Brief an Hofmannsthal vom 14. November 1895 als* »*Buben-mädeln*« *bezeichnet (BW Karg 106), und Hofmannsthal greift diesen Ausdruck auf.*

70, 18 Sachets *Riechkissen.*

72, 17–21 ich bin ... geblieben.« *Diese Stelle ist gewiß eine Reminiszenz an den Tod des Hundes von Richard Beer-Hofmann im Comer See, ein Erlebnis, das Hofmannsthal im September 1894 in einem Gedicht festhielt. Vgl. BW Beer-Hofmann 38f.*

74, 2 Wieder ... spielen *Therese war wohl Schauspielerin gewesen. Hier scheint auch der Berührungspunkt mit Christine Hebbel zu liegen. Vgl. S. 311, 16f.*

GESCHICHTE DES FREUNDES

ENTSTEHUNG

Die Geschichte des Freundes *gehört zu den Erzählungen, die Hofmannsthal sich im Sommer 1896 fertigzustellen vornimmt, was aus einem Brief an Beer-Hofmann vom 1. Juli 1896 (S. 310, 23–32) hervorgeht. Ein Konvolutumschlag, worauf der Titel, zusammen mit einigen anderen Geschichten aus derselben Zeit erwähnt wird (S. 301, 6), bestätigt diese Datierung.*

ÜBERLIEFERUNG

N 1   H I V A 26.3
N 2   H VB 10.112 – Auf derselben Seite Notizen zu dem Gedicht von der Spinne *und Aufzeichnung:* Goethes Worte

N 3 *H IV A 26.4 – Auf derselben Seite N 1 zur* Geschichte des Schiffsfähnrichs
und der Kapitänsfrau. *Die Gesamtüberschrift der Seite lautet:* Novellen

N 4 *H IV A 25.1 – Zu Beginn der Seite Aufzeichnungen unter dem Datum:* Fusch
23 Juni. ⟨1896⟩.

N 5 *H IV A 25.2 – Auf derselben Seite Notizen zu dem Gedicht* Der Kaiser von   5
China spricht.

ERLÄUTERUNGEN

80, 20 »dem Schmerz sein Recht« *Titel einer Gedichtsammlung von Friedrich
Hebbel. In Hofmannsthals Ausgabe: Friedrich Hebbel's sämmtliche Werke, Bd. 7,
Hamburg 1891, S. 148–155.*   10

80, 23f. das Lob des Goldes gegenüber den unreineren Erden *Anspielung
auf Hebbels Gedicht ›Rechtfertigung‹ (a. a. O. S. 171), dessen Inhalt Hebbel selbst in
seinem Tagebuch formuliert:* »Das Gold hat seine Schuld an's Welt-All schon bezahlt,
es ist Erde, die schon Alles gewesen ist!« *(Wernersche Ausgabe, Bd. II, S. 152).*

81, 15 Eckst⟨ein⟩ *Friedrich Eckstein, Fabrikant, Polyhistor, unterrichtete Hof-*   15
mannsthal in griechischer Philosophie. S. auch S. 299, 14–18.

81, 21 exhaustless east *Diesen Ausspruch schreibt Hofmannsthal 1921 John
Keats zu (Steiner, P IV 68). Vgl. auch S. 285, 18 und Steiner, P II 25.*

GESCHICHTE DES CADET
OFFIZIERSSTELLVERTRETERS   20

ENTSTEHUNG

*In dem Brief an Beer-Hofmann vom 1. Juli 1896 (S. 310, 23–32) erwähnt Hof-
mannsthal auch die Geschichte des* Kadett-Offiziersstellvertreters.

ÜBERLIEFERUNG

N H I V A 26.7   25

ERLÄUTERUNGEN

82, 4 Souper mit den Barrisons *Im November 1895 traten die englischen Tänzerinnen ›Die Barrisons‹ in Wien auf. Hofmannsthal, der sie bewunderte, soupierte*

und unternahm Landpartien mit ihnen (vgl. BW Karg 107f. und die Studie Englischer Stil, *Steiner, P I 251–259).*

82,4 Gorayski und Pereira *Kameraden Hofmannsthals aus der Gödinger Zeit (vgl. S. 298, 11f. und 305, 14f.).*

GESCHICHTE EINES
ÖSTERREICHISCHEN OFFICIERS

ENTSTEHUNG

Dann möchte ich auch eine oder zwei Geschichten von Menschen schreiben, die ganz allein sind. Ein Dragoner und ein Officier. Diesen redet das Leben. Es redet nur wenn man allein ist. *Das schreibt Hofmannsthal in dem wiederholt zitierten Brief an Andrian vom 1. Juli 1896 (BW 71). Mit der zweiten Geschichte ist wohl die vorliegende Erzählung gemeint. Das bedeutet jedoch nicht, daß die uns erhaltenen Notizen auch im Jahre 1896 entstanden sein müssen. Da bei beiden Blättern auf derselben Seite, auf der sich die Notizen zu der* Geschichte eines österreichischen Officiers *befinden, bei dem zweiten sogar zu Anfang, Aufzeichnungen zu Werken enthalten sind, die erst 1897 entstanden, ist es wahrscheinlich, daß auch die Notizen zu dieser Erzählung aus demselben Jahr stammen, und die Aufzeichnungen von 1896, die zweifellos vorhanden gewesen sein müssen, nicht überliefert sind.*

ÜBERLIEFERUNG

N 1   H IV A 28 – Auf derselben Seite Aufzeichnungen zu zwei Epigrammen und N 5 zu Der goldene Apfel.

N 2   H V B 10.104 – Auf derselben Seite verschiedene Aufzeichnungen, darunter N 11 zu Das kleine Welttheater.

ERLÄUTERUNGEN

83,8 Fürstin Tini *Nicht ermittelt.*

83,8 Franzi *Franziska von Wertheimstein.*

83,8 Franchetti *Dem Baron Franchetti gehörte die Ca' d'Oro in Venedig mit einer berühmten Galerie. Beide machte er 1916 der Stadt Venedig zum Geschenk.*

83,8 Hausner *Bekannter Hofmannsthals, den er wohl im Hause Gomperz kennengelernt hatte. Im* Roman des inneren Lebens *charakterisiert er ihn:* Familie: deutsche Gelehrte in Polen, viel mit Aristokratie vermischt. Selbstmordmanie in der Familie. Beamtenjugend. später irgend eine Katastrophe; daraus entwickelt sich ein spöttischer trauriger Mensch von 40 Jahren; Selbstironie, Verstecken hinter Paradoxen; Hinarbeiten auf den Altjungferntypus (Hund, Gedichtenbücher, gewisse Bilder); Furcht vor dem Pathos bei sich selbst[1] und Liebe, wo es ihm an andern begegnet. *(HIVA 71.58)*

83,8 Irène Mittag *Bekannte Hofmannsthals, der im* Roman des inneren Lebens *über sie schreibt:* ein verworrenes Wesen. Manchmal schimmert ein Zug rührender und reizender Hilflosigkeit und Hingebungsfähigkeit durch, dann ist wieder alles flach spröd und unwahr. Sie hat keine Ahnung vom Werth der Worte. Sie hat unter ihren nächsten Verwandten für eigennützige und schale Handlungen die höchsten Ausdrücke verwenden gehört, anderseits die peinlichsten Quälereien für Kleinigkeiten. Die jungen Herren haben Schönheiten gesagt, deren Wertlosigkeit sie einsah, sodass sie misstrauisch, ja eigentlich vertrauensunfähig wurde. Sie steckt in einem Dickicht gesellschaftlicher und moralischer Vorurtheile, die ein gewecktes starkes Gefühl leicht durchbrechen würde. *(HIVA 71.72) S. auch S. 280, 2–5.*

GESCHICHTE DES SCHIFFSFÄHNRICHS
UND DER KAPITÄNSFRAU

ENTSTEHUNG

Diese Erzählung, auch Geschichte des Seecadetten *oder* Geschichte der Kapitänsfrau *genannt, ist, ebenfalls durch den Konvolutumschlag (S. 301, 4–8), auf dem sie zusammen mit anderen Geschichten aus derselben Zeit erwähnt wird, in das Jahr 1896 zu datieren. N 3–N 5 entstanden möglicherweise erst 1897.*

[1] sich selbst *Stenographie.*

ÜBERLIEFERUNG

N 1   H I V A 26.4 – Überschrift der Seite: Novellen, *dann folgt N 3 zu der* Geschichte
des Freundes.
N 2   H I V A 26.8
5 *N 3   E II 162.3^b – Auf der Vorderseite ein Entwurf zu dem Gedicht* Wir gingen einen
Weg *mit dem Datum:* Vicenza 19 VIII. 1897
N 4   H I V A 26.10
N 5   H III 106.2 – Auf derselben Seite Notizen zu Gartenspiel *(N 13) und* Infan-
teristengeschichte.

10 ## ERLÄUTERUNGEN

83, 16: *Denselben Vergleich benutzte Hofmannsthal in den Anfangszeilen des im
selben Jahr entstandenen Gedichts* Die Beiden *(Steiner, GLD 11)*.

DER SCHLOSSBRAND

ENTSTEHUNG

15 *Die Erwähnung von* Schlossbrand *auf einem Konvolutdeckel zur* Soldatengeschichte, *zusammen mit anderen Erzählungsplänen aus derselben Zeit (s. dort, S.
301, 8), datiert die Notizen zu dieser Erzählung auf den Sommer 1896. Sie ist
wohl eine der* Liebesgeschichten, *wie Hofmannsthal sie in dem Brief an Andrian
vom 1. Juli 1896 (s. S. 310, 15–21) nennt, die er in diesem Sommer schreiben wollte.*

20 ## ÜBERLIEFERUNG

N 1   H I V A 26.6
N 2   H I V A 26.5
N 3   H V A 70.9

VARIANTEN

25 *N 1*

85, 19   sterbend *aus* todt

N 2

86, 7–9 seine . . . binden. *Nachtrag.*

ERLÄUTERUNGEN

85, 28 Karl Platen *Vermutlich der Ehemann der Gräfin Elsie Platen, mit der Hofmannsthal einen kurzen Flirt hatte.*

85, 28 Alice Morrison *Bekannte Hofmannsthals aus der Familie Todesco (s. S. 402, 19–403, 2) Ihr erster Mann starb früh. Darüber notiert sich Hofmannsthal im* Roman des inneren Lebens: Wie ihr erster Mann ihr sagt, dass er bald wird sterben müssen. Vorher prüft er sie. *(HIVA 71.27)*

MOTIVE

ENTSTEHUNG

Die beiden Blätter – wohl auch N 2 – sind in den August 1896 zu datieren und enthalten, wie die Überschrift besagt, Motive, die Hofmannsthal, sehr wahrscheinlich in Erzählungen, zu verwenden gedachte. Eines davon, hier unter der Bezeichnung Energie, *verwandte er auch in der Niederschrift der* Soldatengeschichte *(S. 51, 11–19).*

ÜBERLIEFERUNG

N 1   H V B 2.13
N 2   H V B 2.14

ERLÄUTERUNGEN

87, 26f. so dick . . . musste. *König Friedrich I. von Württemberg, 1754–1816.*

87, 33 Malers Stauffer *Karl Stauffer-Bern, 1857–1891. In dem Buch von Otto Brahm: ›Karl Stauffer-Bern. Sein Leben. Seine Briefe. Seine Gedichte‹, dessen vierte Auflage 1896 in Leipzig erschien und von dem Brahm ein Exemplar am 21. 10. 1896 mit einer Widmung für Hofmannsthal versah (das Buch ist in Hofmannsthals Bibliothek erhalten), wird eine andere Version des Todes von Lydia Escher gegeben: »sie zog sich in ihr Badezimmer zurück, ließ das Gas ausströmen und starb« (S. 328).*

GESCHICHTE VON 1866

ENTSTEHUNG

Eine kurze Mitteilung in einem Brief an den Vater, vom 5. Oktober 1897, aus der Brühl: Zu der Geschichte von 1866 komme ich ohnehin zunächst nicht,
5 bitte also nicht um das Buch *(FDH/Dauerleihgabe Stiftung Volkswagenwerk) datiert die vorliegenden Notizen in das Jahr 1897. Es ist die Antwort auf eine Mitteilung des Vaters vom 2. Oktober: »Das Büchel Erinnerungen an 1866 habe ich gekauft es ist aber für deinen Zweck nicht brauchbar da es von einem Offizier der Main-Armee ist, der also die Böhmischen Schlachten nicht mitgemacht hat. Soll ich dir das*
10 *Buch von Erdramberg, welches eine gute Schilderung der Schlacht von Königgrätz enthält, in die Brühl senden oder warten bis du kommst?« (FDH/Dauerleihgabe Stiftung Volkswagenwerk). Der* Geschichte von 1866 *sollte wohl eine tatsächliche Begebenheit zugrunde liegen, denn auf einem Zettel, der der Schrift nach ein paar Jahre früher zu datieren ist, notierte sich Hofmannsthal:* Brauche Acten über
15 Ehescheidungsprocess Holl v. Stahlberg, um Empfindungs- und Ausdruckscala des Wiener Bürgerhauses der vergangenen Generation zu lernen als Gestell für bürgerliches Drama. *(H VB 8.61) Auf denselben Fall wird auch in der* Infanteristengeschichte, *ebenfalls von 1897, angespielt.*

ÜBERLIEFERUNG

20 *N 1   H IV A 29.2*
N 2   H IV A 29.3

INFANTERISTENGESCHICHTE

ENTSTEHUNG

Durch die auf derselben Seite enthaltenen und sicher zur gleichen Zeit entstandenen
25 *Notizen zum* Gartenspiel *und zur* Geschichte des Schiffsfähnrichs und der Kapitänsfrau *ist die* Infanteristengeschichte *in das Jahr 1897 zu datieren. Sie steht in thematischem Zusammenhang mit der* Geschichte von 1866.

ÜBERLIEFERUNG

N   H III 106.2 – Auf derselben Seite Notizen zum Gartenspiel *und N 5 zur* Geschichte des Schiffsfähnrichs und der Kapitänsfrau.

DIE SCHWARZE PERLE

ENTSTEHUNG

Sowohl die Thematik als auch die Exotik der Handlung und deren Verlauf bringen die vorliegende Skizze in die Nähe der Erzählung Der goldene Apfel. *Schwarze Perle und goldener Apfel, beide leitmotivisch verwendet, haben in beiden Erzählungen dieselbe Funktion. Wegen dieser Ähnlichkeit kann man* Die schwarze Perle *als Vorläufer von* Der goldene Apfel *ansehen. Sie war sicherlich nicht lange vorher konzipiert worden. Es liegt daher nahe,* Die schwarze Perle *in den Beginn des Jahres 1897 zu datieren. Dies wird bestätigt durch ein erhaltenes Konvolutdeckblatt, das neben den Titeln* schwarze Perlen *und* Das Gassenzimmer *als Nachtrag auch* Hochzeit der Mirza II. *enthält (VIII 13.20), den frühen Titel des Dramas* Die Hochzeit der Sobeide, *das Hofmannsthal 1897 begann.*

ÜBERLIEFERUNG

N 1   H IV A 72.1 – Auf allen vier Seiten beschriebenes Doppelblatt.
N 2   H IV A 72.2

VARIANTEN

N 1

89, 17   wieder aufs *Stenographie.*
90, 16–20: Quer am Rand: Schiffspapiere verbrennen.

ERLÄUTERUNGEN

89, 25 Vlieland *Name des Schiffes, wohl nach der gleichnamigen niederländischen Insel in der Nordsee.*

DAS GASSENZIMMER

ENTSTEHUNG

Durch ein erhaltenes Konvolutdeckblatt (s. S. 320, 12–15) läßt sich die Notiz, ebenso wie die Aufzeichnungen zu Die schwarze Perle, *in den Beginn des Jahres 1897 datieren.*

ÜBERLIEFERUNG

N HIVA 23

DER GOLDENE APFEL

ENTSTEHUNG

In Hofmannsthals produktivster Zeit, während des Aufenthaltes in Varese im August 1897, entstanden die ersten Aufzeichnungen zu der Erzählung Der goldene Apfel. *Das einzige, in den Manuskripten überlieferte Datum ist der 31. August 1897 (N 5). Doch wird die Geschichte noch in zwei Briefen an die Eltern erwähnt. Am 2. September schreibt Hofmannsthal seinem Vater:* Nach dem Puppentheater[1] will ich gleich etwas in Prosa anfangen. *Und am 13. September begründet er in einem Brief an die Mutter seinen Entschluß, nicht nochmals eine Woche in Varese zu verbringen und statt dessen Venedig zu besuchen u.a. damit, daß die Zeit, die ihm noch zur Verfügung stehe,* fürs fertigmachen einer Prosageschichte zu kurz ist. *Mit dieser Prosageschichte kann nur* Der goldene Apfel *gemeint sein.*

Am 27. September – Hofmannsthal hält sich in der Brühl auf – bittet er dann auch seinen Vater: Auf meinem Schreibtisch liegen meine neuangefangenen Arbeiten, jede in einen weißen Bogen eingeschlagen, auf welchen der Titel steht. Eines der dünnsten dieser Bündel hat den Titel: »Der goldene Apfel« oder »Geschichte vom goldenen Apfel« oder »Apfelgeschichte«, vielleicht steht auch sonst noch etwas auf dem Umschlag, aber diese Worte jedenfalls auch. Bitte gib diese Zettel irgendwie zusammengebogen in ein Kuvert und schick sie mir durch die Post. *(B I 234). Hier in der Brühl wird dann wohl die Niederschrift (H) entstanden sein.*

Die Handlung entnahm Hofmannsthal der Erzählung der 19. Nacht aus ›1001

---

[1] Das Kleine Welttheater.

Nacht‹, in der Dalzielschen Ausgabe (s. S. 286, 29–31) Seite 97–102. Die Ge-
schichte ist dort ›Die drei Aepfel‹ überschrieben, und ihr Inhalt ist der folgende:
Die Frau eines Kaufmannes ist krank und wünscht sich sehnlichst einen Apfel.
Da in der ganzen Gegend keine Äpfel zu bekommen sind, unternimmt ihr Mann eine
lange Reise, um drei Äpfel zu kaufen. Der Kaufmann berichtet: »*Bei meiner An-*　5
kunft überreichte ich sie meiner Frau, allein ihr Verlangen danach war inzwischen
vergangen und sie begnügte sich damit, sie anzunehmen und bei Seite zu legen. Dabei
war sie immer noch krank, und ich wußte nicht, wie ihr zu helfen sein möchte.

Als ich einige Tage nachher in meinem Laden auf dem Markte saß, wo aller Arten
feiner Stoffe feilgeboten werden, kam ein großer, schwarzer Sklave von häßlichem　10
Ansehen gegangen, welcher einen Apfel in der Hand hielt. Diesen erkannte ich
augenblicklich für einen von denen welche ich aus Balsora geholt hatte, rief den Sklaven
zu mir heran, und sagte: Guter Sklave, woher hast Du wohl den Apfel? – Lächelnd
versetzte er: Es ist ein Geschenk meines Liebchens. Ich war heute dort und traf die
Aermste unwohl an. Neben ihr lagen drei Aepfel und auf meine Frage, woher sie　15
dieselben habe, erfuhr ich, daß ihr gutmüthiger Narr von Mann eine vierzehntägige
Reise gemacht hätte, bloß um sie ihr zu holen. Wir haben zusammen gegessen und als
ich fortging, nahm ich den Apfel da mit.

Außer mir über diese Rede, stand ich auf, schloß meinen Laden, eilte heim und in
das Zimmer meiner Frau. Hier sah ich zuerst nach den Aepfeln und da ich nur zwei　20
erblickte, fragte ich nach dem dritten. Meine Frau wendete den Kopf nach den Aepfeln
und erwiederte gleich gültig, als sie bloß zwei gewahrte: ›Lieber Vetter, ich weiß nicht,
wo er hingekommen ist.‹ Diese Antwort ließ mich die Aussage des Sklaven nicht mehr
bezweifeln. Hingerissen von eifersüchtiger Wuth zückte ich den Dolch, welchen ich im
Gürtel trug, und stieß ihn der Elenden in die Brust. Dann schnitt ich ihr den Kopf ab,　25
viertheilte ihren Körper und packte Alles in einen Korb, den ich mit einem rothwolle-
nen Faden zunähte. Das Ganze verschloß ich noch in einen Kasten, welchen ich bei
Nacht in den Tigris warf.

Meine zwei jüngsten Kinder waren schon zu Bett und eingeschlafen, das dritte aber
befand sich noch außer dem Hause. Ich traf es bei meiner Rückkehr bitterlich weinend　30
vor der Thüre an, und auf meine Frage, was ihm sei, erwiederte es: Lieber Vater, ich
habe heute früh der Mutter ohne ihr Wissen einen von den drei Aepfeln genommen,
welche Du ihr mitgebracht hast. Lange hielt ich ihn fest, aber indem ich mit meinen
Brüdern auf der Straße spielte, riß ihn mir ein vorübergehender Schwarzer aus der
Hand und nahm ihn mit. Ich lief ihm zwar nach, verlangte meinen Apfel wieder, und　35
sagte, daß er meiner kranken Mutter gehöre, und daß Du eine vierzehntägige Reise
gemacht hättest, um ihr drei solche Aepfel zu holen; er wollte mir ihn aber nicht wie-
dergeben und da ich ihm schreiend nachlief, wendete er sich um, schlug mich und rannte
dann was er konnte durch Nebenstraßen davon, so daß ich ihn bald aus dem Gesicht
verlor. Seitdem bin ich vor der Stadt herumgegangen, um Deine Rückkehr abzuwarten　40
und Dich zu bitten, der Mutter nichts davon zu sagen, damit sie nicht etwa kränker
werde. Dabei fing das Kind mit doppelter Heftigkeit an zu weinen.«

Ein Apfel, wie ihn Hofmannsthal beschreibt, kommt in ›1001 Nacht‹ nicht vor.
In der 271. Nacht (Dalziel, S. 444) wird von einem künstlichen Apfel erzählt, der
mit Kräutern und Mineralien so gefüllt ist, daß der Duft, der ihm entströmt, jede
Krankheit heilt.

5   *Ein goldener Apfel kommt jedoch in den ›Gesta Romanorum‹[1] vor, einem Buch,*
von dem Hofmannsthal 1893 im Prolog zu Der Tor und der Tod *schrieb:*

   ... sein Besitzthum
   War ein grosses, altes, dickes
   Buch: die »Gesta Romanorum«,

10   Voll der schönsten alten Märchen
   Und phantastischer Geschichten,
   Voll antiker Anekdoten
   Und aristotel'scher Weisheit.
   Wer dies Buch hat, braucht die Bibel,

15   Braucht Sheherasadens Märchen
   Und die heiligen Legenden
   Nicht zu lesen, nicht den Platon,
   Nicht die Kirchenväter, nicht die
   Fabeln des Giovan Boccaccio,

20   Denn das hat er alles drinnen,
   Alle Weisheit, alle Narrheit
   Bunt und wundervoll verwoben. *(SW III 241 f.)*

In Nr. 74 dieser Sammlung ist von einem goldenen Apfel die Rede, den ein König an-
fertigen läßt und auf dem Sterbebett seinen Sohn beauftragt, demjenigen den Apfel
25 *zu schenken, den er für den größten Toren befindet.*
   Erinnert sei auch an die Äpfel der Hesperiden aus der antiken Mythologie.
   Im übertragenen Sinn gebrauchte Hofmannsthal das Bild des goldenen Apfels
schon 1893, als er am 20. Juni notierte: Gegenwart bricht die goldenen Äpfel
von denen Vergangenheit und Zukunft leben *(H V B 4.33).*

30   ÜBERLIEFERUNG

N 1   E IV A 32.3 – (Steiner, E 46 f.)
N 2   H V B 10.30ᵇ – Auf der Vorderseite Notiz zu Die Frau im Fenster.
N 3   E IV A 32.2ᵇ – Auf der Vorderseite N 3. (Steiner, E 47)
N 4   E IV A 32.2 – Auf der Rückseite N 2. (Steiner, E 47 f.)
35 *N 5   H VB 18.9 – Auf derselben Seite Notizen unter dem Titel:* eine tragische Scene.
N 6   H IV A 28 – Auf derselben Seite N 1 zur Geschichte eines österreichischen
     Officiers.

---

[1] *Hofmannsthals Ausgabe, in seiner Bibliothek noch vorhanden: Gesta Romanorum, über-*
tragen und herausgegeben von Johann Georg Theodor Gräße, 2 Bde., Leipzig 1905.

N 7   E IV A 32.1 – Oben auf der Seite, gestrichen: Gartenspiel. *Unten auf der Seite Aufzeichnungen über Ronsard.*

N 8   E IV A 32.13ᵇ – Vorderseite: H, pag. 9.

H   E IV A 32.4–30 – 26 Blätter, von 1–26 paginiert, und ein Konvolutdeckblatt mit der Aufschrift: Gold. Apfel. d.G.i.G. *Auf der Rückseite von pag. 9: N 7. (Steiner, E 29–46)*

VARIANTEN

N 2

Teppichhändler

sein Ehrgeiz war immer eine hautäne Frau zu haben

N 5

93, 16 jetzt *danach, gestrichen:* so wie damals

N 8

Die Notiz wurde gestrichen, als die Vorderseite für die Niederschrift (H, pag. 9) gebraucht wurde.

H

Vorhandene Varianten entstanden zum überwiegenden Teil noch während der Niederschrift. Mehrfach befinden sich im Manuskript Notizen zur Weiterführung der Handlung, die, nachdem sie ausgeführt waren, gestrichen wurden. Die wichtigsten Varianten:

98, 6   herumgieng. *danach, gestrichen:* Eine unglaubliche Unsicherheit und Traurigkeit befiel ihn in diesem Halbdunkel, dieser Einsamkeit.

98, 8   und Traurigkeit *Stenographie.*

102, 4   bekommen *gestrichen, aber nicht ersetzt.*

102, 34 gähnte *gestrichen, aber nicht ersetzt.*

104, 36 geschehen: *danach, gestrichen:* das erste Glied der Kette an der sie sich hielt

105, 27 Leute *gestrichen, aber nicht ersetzt.*

106, 16 aus: *danach, gestrichen:* wie der aus dunklem Erz getriebene Kopf einer jungfräulich hartherzigen Göttin in reichen Tempeln auf einmal neben dem riesigen gütigen Haupt der mit Thürmen gekrönten mit Früchten behängten Großen Mutter auftaucht

ERLÄUTERUNGEN

92, 30 erdfarbene Grille *Hofmannsthal denkt hier sicherlich wieder an die Maulwurfsgrille von Th. Th. Heine; s. S. 42, 4.*

93, 26 Todtenklage um des Jairus Töchterlein *Markusevangelium 5, 35–43.*

5 ***97, 24f.*** Dschellaledin Rumi *Persischer Dichter (1207–1273).*

99, 16f. Märchen . . . Baum *Das Märchen von dem sprechenden Vogel, dem singenden Baum und dem goldenen Wasser wird in ›1001 Nacht‹ erzählt (Dalzielsche Ausgabe, S. 469–479). Das goldene Wasser dieser Erzählung erscheint als* Wasser des Lebens *in der* Frau ohne Schatten *(s. SW XXVIII 433, 16–25). S. auch*
10 *S. 49, 1f. und Erläuterung.*

DIE VERWANDTEN

ENTSTEHUNG

Nur ein Datum ist für die Entstehungszeit der Erzählung überliefert. Es befindet sich auf demselben Blatt wie N 10. Unter dem Datum Lugano 24. VIII. ⟨1898⟩
15 *sind dort die folgenden Aufzeichnungen, die die enge Verbindung zwischen Hofmannsthals Erleben und dieser Erzählung ganz deutlich machen, festgehalten:*

Ich weiß was sie thuen.

in dem Geräusch des Sees, dem Anschlagen der Wellen die sich brechen, dem Aufstampfen der angehängten Kähne ist meine ganze frühe Jugend,
20 die 14 Jahre in Strobl.[1] Die frühreifen Liebesgeschichten, der tiefe halbunbewusste Zusammenhang mit der Natur. Das Heraufkommen vom Gewitter. Das Fangen von Libellen und Schmetterlingen am Steinbruch. Das Nachhauskommen bei Nacht im Posthaus, in den letzten Jahren Der Topf mit Preiselbeeren, Briefe von Papa in Eile gelesen in früheren Jahren: das
25 Aufwachen in der Nacht vor einer Landpartie. Das Nicht-einschlafen können wegen der Alice: Die Gedanken und Hoffnungen an eine Fahrt ins Schilf oder an das Auslöschen der Lampe im Lesezimmer geknüpft. Das Herumsitzen an Regentagen. Die Musik im Balconzimmer, hinausschauen

---

[1] *Ort am Wolfgang-See. Hofmannsthal verbrachte dort in seiner Jugend viele Sommermonate.*

auf schwarze Wolken und Sonnenuntergang. Bootfahren in der Nacht eine Hand im Wasser. Segeln gegen Abend. Herunterkommen in der Früh wenn schon Wind ist, aufgeregt vom Gespräch über Bücher. Mit Edgar[1] Anziehn zum Tanzen, Handschuhe, mit Fred[2]. Unten erleuchtet[3]

Es folgen Notizen, die Hofmannsthal für zukünftige Werke, die erste möglicher- 5
weise auch für Die Verwandten, *vorsieht:*

Der See: Schrattvilla[4]: es drückt sich ihm ein für immer von solcher Stufe das Herabkommen der Geliebten zu erwarten

einer macht sich Gesetze aus aufgefangenen Reden

Während des Aufenthalts in Lugano im August/September 1898 entstanden also die 10
ersten Notizen zu Die Verwandten, *in einer Zeit, in der sich Hofmannsthal zur*
Arbeit zwingen wollte und nichts weiter erreichte als eine innere Erstarrung.[5] Nach
seiner Rückkehr nach Wien entstand wahrscheinlich die Niederschrift (H), während
er die Reitergeschichte *schrieb, oder sofort danach. Später scheint er die Erzählung*
nicht wieder vorgenommen zu haben. Das Motiv des Kindes, das den Tod seines Vaters 15
nicht versteht, wollte Hofmannsthal 1900 zum Thema eines Halbmärchens *mit dem*
Titel Das Kind und der Tod[6] *machen.*

Daß Hofmannsthals eigene Erlebnisse den Grundstoff dieser Erzählung bildeten,
zeigen schon die oben zitierten Aufzeichnungen. Das Urbild der Familie des Salz-
schützen war wohl die Familie seines Wirtes in Alt-Aussee, wo er 1896 den Sommer 20
verbrachte. Dies bestätigt ein Blatt mit Tagebuchaufzeichnungen vom August 1896,
wo er sich u.a. notierte: meine Wohnung: Romana *(H V B 3.21). Der starke*
Eindruck, den diese alteingesessenen Dorfbewohner auf ihn machten, ist bis hin zum
Andreas *zu verfolgen.[7]*

Die Erzählung sollte zwei größere Abschnitte beziehungsweise Kapitel enthalten, 25
die in den Notizen mit I und II bezeichnet werden. Bis zur Niederschrift gelangte
jedoch nur der größte Teil von Kapitel I, dessen ausführliche Disposition das Schema
N 1 enthält. Auf diesem Schema basiert die Anordnung der Textteile der Nieder-
schrift und zum großen Teil auch die Reihenfolge der Notizen, da genaue Anhalts-
punkte für eine exakte Datierung fehlen. 30

Zu Kapitel II sind nur wenige Notizen vorhanden. In ihm sollte der zweite Monat
von Georgs Landaufenthalt beschrieben werden, dessen wichtigstes äußere Ereignis

---

[1] *Edgar Karg von Bebenburg.*
[2] *W. Fred, österreichischer Schriftsteller. Hofmannsthal veröffentlichte 1911 eine Bespre-*
chung seines Buches ›Lebensformen‹ *(Steiner, P III 66–69).* 35
[3] *Publiziert: NR 1959, S. 371.*
[4] *Villa der Wiener Hofschauspielerin Katharina Schratt (1853–1940).*
[5] *S. S. 255, 24.*
[6] *S. S. 256, 21–25.*
[7] *S. S. 333, 37–40.* 40

der Umzug des Arztes in das Haus der beiden Frauen darstellt. Die Notizen N 5,
N 11, N 12 und N 13 beschäftigen sich vorwiegend damit.

Der Titel Die Verwandten *ist der einzige übergreifende, der mehrmals vor-*
kommt. Er steht zu Beginn der Niederschrift und hat hier doch wohl eine allgemeinere
5 *Funktion als die Überschriften der übrigen Abschnitte von H, die eine bloße Benennung*
der einzelnen Teile sind. Er kommt nochmals vor in N 11, und sein Auftauchen in
N 13 beseitigt jeden Zweifel an seiner Bestimmung als Titel für die gesamte Erzäh-
lung, wenn auch mit Alternativen, denn die Überschrift von N 13 lautet: die Verwandten oder das Fest des Sommers oder Idylle und Ausgang.

10   *ÜBERLIEFERUNG*

N 1   *H I V A 75.13*
N 2   *H I V A 75.8ᵇ – Auf der Vorderseite:* H, pag. 7.
N 3   *H I V A 78.1ᵇ – Auf der Vorderseite:* H, pag. Georg a.
N 4   *H I V A 75.15 – Oben auf dem Blatt, gestrichen:* Hugo von Hofmannsthal
15   Wien.   Über das Reisen.
N 5   *H I V A 75.16*
N 6   *H I V A 75.17 – Auf der Rückseite:* N 8.
N 7   *H I V A 75.14 – Auf der Rückseite Notizen zu dem Gedicht* Vom Schiff aus.
N 8   *H I V A 75.17ᵇ – Auf der Vorderseite:* N 6.
20 N 9   *H I V A 75.12ᵇ – Auf der Vorderseite:* N 13.
N 10   *H V B 11.17ᵇ – Auf der Vorderseite Aufzeichnungen, datiert:* Lugano 24.VIII.
          ⟨1898⟩, *mit Bezug auf* Die Verwandten *(vgl. S. 325,17–326,4).*
N 11   *H I V A 75.18*
N 12   *H I V A 77.8 – Auf der Rückseite* H, pag. Felix h.
25 N 13   *H I V A 75.12 – Auf der Rückseite:* N 9.
H   *H I V A 75.2–11 – 10 Blätter, 1.–10. paginiert. Auf der Rückseite von pag. 7:*
          N 2.
          H I V A 76.1–4 – 4 Blätter, paginiert: Friedhof α.–δ.
          H I V A 75.1; 78.1–15, 21–25, 16–20 – 25 Blätter, Georg a–v *und* Georg 1–5
30   *paginiert, und ein Konvolutdeckblatt. Auf der Rückseite von pag.* Georg a: N 3.
          H I V A 77.1–7, 8ᵇ, 9ᵇ – 9 Blätter, Felix a. – Felix i. *paginiert. Auf der Vor-*
          derseite von pag. h: N 12.

                          VARIANTEN

N 1

35 I.   a Gespräch – b Begleiten – c Friedhof – d er zuhause – e das Kind

a. ein Monat was er gethan hat welchen Eindruck ihm die Frauen, vor allem das Kind – Pause Naturgeräusche – wollüstiges Wiederherziehen der Vergangenheit – ihre Arbeit – die Märchen von Musäus – andere ähnliche Züge von ihnen – über das Fremdenzimmer. der Ofen.

b.

c. Friedhof Inschriften zu lesen stecken sie die 3 Köpfe zusammen. Kleines Mädchen. alte Frau. eine so alt wie ich sagt die Mutter. an dem offenen Grab das Kind er springt auch hinein das Anhängsel suchen. beide helfen ihm heraus: welche welche ist? beide drücken ihm muthwillig die Hand, Hollunderbusch dazwischen

d. Holzpantoffel erinnern ihn an seine Verlorenheit. Athemzüge, setzt sich vor dem Haus. Mond im Apfelbaum. Brunnenrauschen. im Fenster die Spinne aus Epheu heraus. Photos. Maupassant er will versuchen an etwas. Tintenfläschel eingetrocknet ... darin dass Therese das erzählt hat war eine Art Vertraulichkeit Fähigkeit der leidenschaftlichen Hingabe an sein gegenwärtiges

Zettel. von einer der Frauen?
er ist schon entschlossen abzureisen, geht im Hemd zum Brunnen. alles freut ihn anzurühren das Rauschen vernichtet wieder den Entschluss morgen ist Sonntag und dann keiner mehr

alles auf die Frauen zu beziehen: Walpurga mit schönen Strümpfen als ihre Dienerin. alles ferne kommt ihm so dumm vor.

Die Abschnitte a. und d. wurden gestrichen, vermutlich zu dem Zeitpunkt, als die Niederschrift dieser Teile abgeschlossen war.

N 2

Mutter stern-blaue Augen. Mutter liest.

wir wissen doch beide wenn die Perlhühner gestritten haben

Mutter weiss auch von Felix viel

N 3

Die Seite enthält Notizen zur Charakteristik des Knaben Felix. Sie sind zum Teil auf S. 110, 1–22 und S. 109, 20–110, 1 ausgeführt. Keine Verwendung in der Niederschrift (H) fanden die folgenden Bemerkungen:

er geht auch nie mehr an eine Stelle wo eine ertrunkene Katze gelegen hat. Scherben hasst er, liebt spiegelndes Wasser, Kind will eine kleine Hütte bauen darin das Bild von Papa aufhängen

eine Brücke vom Gewitter zerstört nur ein schlüpfriger Balken geblieben.

5 *Alle Aufzeichnungen wurden gestrichen, als die Vorderseite zur pag. Georg a. von H wurde.*

N 4

Der erste Teil der Notizen auf diesem Blatt, der Felix *überschrieben ist, wurde später gestrichen. Er wird im folgenden wiedergegeben. Der zweite Teil, bezeichnet* I., *ent-*
10 *hält die Zusammenfassung des Inhalts von S. 111, 6–9 und 26–29.*
in Engelsarme aus Henkersfäusten. Alles schlägt gleichzeitig an sein klopfendes Herz. Unke – Glühwurm. Mordgasthaus – Bär. Iltis – Schmetterlinge am Steinbruch. die Alte die mit dem Kopf wackelt – der grosse Fisch, nur der grosse genannt. Heinrichs Stiefgrossvater der alte Schuster,
15 blutende Baum – Feld wo der Regenbogen herausgewachsen ist

Schulzimmer – Schullehrersgarten.

329, 11 gleichzeitig an sein *Stenographie.*

N 5

Der erste Teil dieses Blattes ist überschrieben: die 2 vor dem Einschlafen,
20 *gemeint sind Felix und Georg. Der erste Absatz, der sich auf Felix bezieht, wurde später gestrichen. Die letzten Absätze beziehen sich auf den nicht mehr ausgeführten zweiten Teil der Erzählung.*

was war aber seine: des Kindes Welt dagegen, jeder Hügel ein Gesicht, dort der mit dem Gasthaus. der Baum der geblutet hatte, der Stein unter dem die
25 3 Fische hervorgekommen sind, der Stein wo der ganz grosse wohnt der Rand vom Steinbruch mit Schmetterlingen das Beet in dem der Fuss vom Regenbogen gestanden war und dann Kohlrüben, der alte Schuster der sich nie zeigt und nur einmal beim Regenwürmersuchen

noch einmal ins Hemd weil er durstig ist. er trank aus dem Brunnen der
30 nahe beim Schwarzbach entspringt die Äpfel eine Versicherung der Zukunft

II einmal ein Nachhaushasten mit Bycicle und sonderbare Begegnungen: 1. Springer 2 Alte von Verona nachher aufgeregtes Musicieren. dies sind die 2 Alten von Verona. neugierig gelangen sie bis an ihr Schlafzimmer

35 Antiquitätenhändler daneben Kirche Orgel

N 6

*Zu Beginn eine Aufzeichnung über Georgs Gedanken an Anna und Therese vor dem
Einschlafen, dann eine kurze Notiz, die auf S. 108, 38–109, 1 ihren Niederschlag
fand, und darauf:*

das Kind kann nicht aus seinem Märchenkosmos dieses Haus ganz weg-   5
lassen

vor dem Einschlafen: eingetrocknete Tintenflaschel, Spinne über den Büchern. offenbar ist das auch sein Zauber, dass er den Moment so ganz erfassen kann er sucht sich selber in seinen Lieblingsbüchern aber niemand
bleibt je stehen als solche Wesen wie die Grossmutter   10

I

das Kind vor dem Schlafengehen: erinnert sich des Gartens wo das Mädchen ihn herumgeführt hat: Stachelbeeren Georginen, Strauch mit Herz-
blüthen ein Schwalbenschwanz, ein Segelfalter Igelkaktus. Rose und
dahinter Abendwolke und Glocken das Kind: Vater werd ich nie mehr   15
mit dir sprechen können. Vergänglichkeit das nicht wiederkehren das
Grundmotiv

Der letzte Absatz wurde später gestrichen.

N 7

Das Blatt enthält Notizen zu dem Abschnitt Georg, *die ausnahmslos in die Nieder-*   20
schrift (H) eingegangen sind.

N 8

1. begleiten. 2. Fremdenzimmer.
bei der Stickerei
Sanct Emeran: der Brunnen die Kipfel   25
am Grottensee: die Fische tief unten.

N 9

Die Vision bei der Stickerei

Worte am Abend die verhallen zwischen sich spiegelnden Büschen, Hand
im Wasser beim Rudern   30

nirgends ein Pegel für diese gefährlichen Zustände: nirgends? in dem Kind!

Zauberdorf Sanct Emeran am See.

einmal steht Therese oben, Anna unten in der Küche, dann umgekehrt in einer Lagune

N 10

Wie sich dem Georg unter den Händen der Frauen das Leben formt, auch sein Name früher ist er herumgegangen, hat gezeichnet. er versteckt eine Photographie seiner Schwester. Annas Singen hat eine grosse sinnliche Kraft

die Details in Spaziergänge ordnen

Anfang. es ist heute ein Monat – Rückblick   Gerad am ersten! sagt das Kind   damals waren noch Erdbeeren jetzt nur mehr Himbeeren

die Mutter von sich selbst. ich war grad so ein dummes Fräulein wie die

N 11

Die Mutter fühlt sich jung wirklich jung in dem vermischt werden mit ihrer Tochter. einmal finden sie eine sehr alte Bäuerin, die über Alt-sein spricht. Sie gehen zusammen baden: dazwischen ist ein Haselgebüsch. Die Mutter hat etwas schnippisches Kaltes. das Mädchen ist grösser und breiter als sie.

Die Verwandten: seit er ins Haus zieht: Hochsommer; jeden Tag ein Gewitter oder etwas, das die Tage unendlich reich und verschieden macht

das Musikzimmer, im früheren Monat mehr spazierengehen

ein Mensch dessen Weingarten und dessen Wechselstube sein eigener Kopf ist   hier kommt Felix oft im Nachthemd herein

II. die Frauen haben seine Geschenke (Blume Schnalle) gleich um

N 12

II. sie ziehen sich jetzt öfter um, je formloser es ist, desto mehr an scheinbarer Haltung gewonnen.

Die Mutter.

Die Notizen wurden gestrichen, als die Rückseite zur pag. Felix h *der Niederschrift (H) wurde.*

N 13

die Verwandten oder das Fest des Sommers oder Idylle und Ausgang.

II

Der Tag wo er einzieht.   1.) die Scene mit der Mutter und der aufgehenden
Thür, der versch⟨iedene⟩ Duft der beiden Hände (Verveine) auch Fisch-
geruch vom Kleinen   draussen Regen, Zimmer halbdunkel. Anna drückt
ihre Hand gegen seine Lippen, eine jubelnde reiche Stimmung, wo es viel   5
ist, wenn ein Trinkglas vibriert (solche Stimmungen sind die gewöhnlichen
des Kindes) vor dem Schlafengehen: arrangiert er seine photographien:
Mutter seine, alterslos, Gegenden, Schauspielerinnen junge Mädchen,
er wird immer schläfriger: glaubt nackte Tritte zu hören, er denkt nach
wie mag der Mann ausgesehen haben, sieht hinunter das Kind, muss sich   10
geirrt haben. Topf mit Preiselbeeren oder Blaubeeren, draussen Blitzen die
nicht völlig entladenen Wolken   dazwischen hängen schon Sterne herein

sein Zimmer und das Musikzimmer sind im ersten Stock die andern Par-
terre.

H   15

Die Niederschrift besteht aus den vier Teilen, die in der Gliederung N 1 mit a, c, d
und e *bezeichnet sind. Sie tragen hier die Überschriften:* Die Verwandten *(S.*
106, 19–110, 24; wahrscheinlich als Gesamttitel gemeint), Friedhof *(S. 110, 25–*
111, 39), Georg *(S. 112, 1–120, 24) und* Felix *(S. 120, 25–124, 3). Der Teil*
Georg *befindet sich in einem Konvolutumschlag mit der Aufschrift:* Verwandten I   20
Georg a – k
Die wenigen Varianten sind meist sofort entstanden. Die wichtigsten:
108, 30   wieder einzuholen *Stenographie.*
109, 5 f.   auf . . . dass *aus* auf und fand dass in diesem Augenblick
109, 11–13: *Am Rand:* in seiner Photographie vor dem Einschlafen   25
111, 28 f.   und das . . . Seele *Einschub.*
111, 37–39: *Die Zeilen sind am Rand angestrichen.*
112, 36   Duft *gestrichen, aber nicht ersetzt.*
113, 5   *xxxxxx* dunkelrothen *aus* hohen
119, 27   Gaben *aus* Perlen   30
122, 20   Mondlicht *danach, gestrichen:* wie ein rother geheimnisvoller
               Mund

ERLÄUTERUNGEN

108, 10 f. »Das ist . . . Erdbeeren.« *In seinem* Gödinger Diarium III. *vom*
Sommer 1895 erwähnt Hofmannsthal die Früchte: Himbeeren, Pfirsiche Melonen   35
und fügt hinzu: in den 3 Früchten 3 Phasen des Sommers. *(H V B 4.8)*

109, 22–28 »jeden . . . sind.« *Friedrich Hebbel erzählt in seinen Kindheitserinne-*
rungen von seiner manchmal fast krankhaften Phantasie. So konnte er »keinen Kno-

chen sehen und begrub auch den kleinsten, der sich in unserem Gärtchen entdecken ließ,
ja ich merzte später in Susannas Schule das Wort Rippe mit den Nägeln aus meinem
Katechismus aus, weil es mir den eklen Gegenstand, den es bezeichnete, immer so
lebhaft vergegenwärtigte, als ob er selbst in widerwärtiger Modergestalt vor mir läge.«
(Biographie Friedrich Hebbel's von Emil Kuh. 1. Bd. Wien 1877, S. 26. Der Band
befindet sich noch in Hofmannsthals Bibliothek.) In den Tagebüchern erwähnt
Hebbel diesen Zug zweimal. Die erste Erwähnung ist mit einer Fußnote des Heraus-
gebers Felix Bamberg versehen: »Die Aerzte haben, nach Kuhs Biographie II 719,
Hebbels tödtliche Krankheit für eine Erweichung der Wirbelsäule und der Rippen
erklärt.« *(Friedrich Hebbels Tagebücher, Berlin 1887, Bd. I, S. 278) Das zweite*
Mal gibt Hebbel die Stelle im lutherischen Katechismus an: »Stelle: Und er machte
ihm ein Weib aus seiner Ribbe.« *(a.a.O., Bd. II, S. 71)*

110, 1–22: *In Hofmannsthals Bibliothek befindet sich ein Tafelband:* ›Sammlungen
von Öfen in allen Stilarten vom XVI. bis Anfang des XIX. Jahrhunderts‹ *ausge-*
wählt und herausgegeben von Adalbert Roeper unter Mitwirkung und einem Vorwort
von Hans Bösch, Direktor des Germanischen Museums in Nürnberg, 2. Auflage,
Leipzig o.J. Das Vorwort ist 1895 datiert. Die Tafel 7 zeigt einen »Buntglasierten
Ofen mit Darstellungen der verschiedenen Menschenalter, einzelner Tugenden und
Engeln. 16. Jahrhundert Germanisches Museum in Nürnberg«. *Das Thema der*
Darstellungen auf diesem Ofen zusammen mit der Beschreibung der Schweizer Öfen
des 17. Jahrhunderts, die Hans Bösch in seinem Vorwort gibt, könnte Hofmannsthal
zu dem hier beschriebenen Ofen als Anregung gedient haben. Zu den Schweizer Öfen,
bei denen das Hauptgewicht der künstlerischen Gestaltung auf der Bemalung der
Kacheln liegt, schreibt Bösch: »Ein weiteres belebendes Element dieser Öfen bilden
die Reime, die unter jedem Bilde zur Erklärung desselben geschrieben sind. Die
Malereien bestehen aus zusammenhängenden Serien sowohl religiöser als weltlicher,
im 17. Jahrhundert namentlich auch allegorischer und moralisierender Darstellungen.«
Der Verfasser bezeichnet diese Öfen als monumentale Bilderbücher. »Manches Kind
mag nächst dem ABC-Buch an einem solchen Ofen seine ersten Leseübungen vorgenommen haben; ein echtes Stück Volkspoesie ist in ihnen verkörpert.«

111, 7f. nie hatte ... herausgelehnt *Ein von Hofmannsthal oft verwendetes*
Bild, das er von Lenau entlehnte und besonders in dem Drama Der Kaiser und die
Hexe *und der Erzählung* Die Frau ohne Schatten *benutzte. (SW III, Der Kaiser*
und die Hexe, Erläuterungen, und XXVIII 432, 20–27)

114, 39–115, 2 Da lief ... Thier. *Dasselbe Bild verwandte Hofmannsthal in*
dem Gedicht Der Jüngling und die Spinne *(Steiner, GLD 38).*

121, 21 Romana *Das Vorbild dieser Figur wie auch der Romana Finazzer im*
Andreas *ist die Tochter seiner Wirtsleute in Alt-Aussee, Romana Kals, mit der*
Hofmannsthal im August 1896 eine Liebschaft hatte. (S. auch Raoul Richter,
Steiner, P III 168f.)

122, 9–14 Vor ihm . . . Dir. *Am 6. Oktober 1893 machte Hofmannsthal sich Notizen über ein* Gespräch mit Josef ⟨Löwenthal⟩ in Döbling. *Ein Teil davon ist von Steiner in A 103 publiziert. Am Ende dieses Zettels (H V B 3.3) berichtet er über eine Episode, die ihm Josef Löwenthal erzählte:* die Geschichte von den Schulkindern: wie er sich mit einem Scherben tief durch 2 Finger schneidet, um ihr seine Liebe zu beweisen

123, 7 Oberon und Hüon *Figuren aus Wielands Verserzählung ›Oberon‹, 1780.*

123, 8 Eugenie Montijo *Die spätere Kaiserin Eugenie.*

DAS FRÄULEIN UND DER BERÜHMTE

ENTSTEHUNG

Das Fräulein und der Berühmte *ist wohl identisch mit der auf der Titelliste* Novellen. März 1900. *angeführten und mit der Ziffer 1. versehenen Erzählung der* Berühmte *(s. S. 256, 6). Mehr über ihre Entstehung ließ sich nicht ermitteln. Die erhaltenen Notizen stammen aus der Pariser Zeit. Hofmannsthal hat sich später nicht wieder mit dieser Erzählung befaßt.*

ÜBERLIEFERUNG

N 1   H IV A 16.4
N 2   H III 193.4 – Auf derselben Seite Notizen zu Paracelsus und Dr. Schnitzler.
N 3   H IV A 16.3
N 4   H IV A 16.1
N 5   H IV A 16.2
N 6   H IV A 50

VARIANTEN

N 1

124, 17 dieu procréant *Einschub.*

ERLÄUTERUNGEN

124, 16–18: *Zitat nicht ermittelt.*

125, 20–22 dass sie . . . gewinnt. *Derselbe Gedanke findet sich in der* Knaben-geschichte *(S. 179, 1–5) und in der* Soldatengeschichte *(S. 59, 26–29).*

DIE HOCHZEITSNACHT

ENTSTEHUNG

Zu den Novellenplänen, die 1900 in Paris entstanden, gehört auch Die Hochzeits-nacht, *mit dem Untertitel* die Nacht auf dem ländl⟨ichen⟩ Jagdschloss[1] *(VIII 13.21, s. S. 256, 5). Die vier erhaltenen Notizen sind wohl alle auf März 1900 zu datieren.*

Die Erzählung trägt autobiographische Züge. Nicht nur legt das das Thema nahe – Hofmannsthals Hochzeit stand bevor –, das direkte Übergehen der Notizen fiktiven Charakters in tagebuchartige Aufzeichnungen in N 1 (S. 126, 18–20) beweist es.

ÜBERLIEFERUNG

N 1	*H IV A 35.1*
N 2	*H IV A 35.3*
N 3	*H IV A 35.2*
N 4	*H VB 10.129 – Auf derselben Seite Notizen zu* Leda und der Schwan.

ERLÄUTERUNGEN

126, 18 Bubi *Georg von Franckenstein.*

126, 19 Geyger *Ernst Moritz Geyger, Maler, erster Mann von Lili Schalk, geb. von Hopfen.*

128, 19 »reif sein ist alles« *Überschrift des zweiten Kapitels im 6. Buch von Emil Kuhs Hebbelbiographie, Bd. 2, Wien 1877; in Hofmannsthals Bibliothek erhalten.*

---

[1] ländl⟨ichen⟩ *später gestrichen.*

DIE FREUNDIN DER LIEBE

ENTSTEHUNG

Der ursprüngliche Titel Die Freundinnen *wurde auf der Liste* Novellen. März 1900. *(VIII 13.21) in* die Freundin der Liebe *geändert. Daneben steht als Motto:* They that love best their loves shall not enjoy *(s. S. 256, 4).*

Das Motiv zu dieser Legende *entnahm Hofmannsthal, wie er selbst angibt (S. 128, 25), einer spanischen Anekdote aus Stendhals ›De l'amour‹, die in Hofmannsthals Ausgabe (De l'amour par De Stendhal, Paris 1896) die Nr. CLXX der ›Fragments divers‹ bildet. Die Anekdote erzählt Stendhal wie folgt:*

»Il y avait à Valence, en Espagne, deux amies, femmes très-honnêtes, et des familles les plus distinguées. L'une d'elles fut courtisée par un officier français, qui l'aima avec passion, et au point de manquer la croix après une bataille, en restant dans un cantonnement auprès d'elle, au lieu d'aller au quartier général faire la cour au général en chef.

A la fin, il en fut aimé. Après sept mois de froideur aussi désespérante le dernier jour que le premier, elle lui dit un soir: ›Bon Joseph, je suis à vous.‹ Il restait l'obstacle d'un mari, homme d'infiniment d'esprit, mais le plus jaloux des hommes. En ma qualité d'ami, j'ai dû lire avec lui toute l'histoire de Pologne, de Rulhière, qu'il n'entendait pas bien. Il s'écoula trois mois sans qu'on pût le tromper. Il y avait un télégraphe les jours de fêtes, pour indiquer l'église où l'on irait à la messe.

Un jour, je vis mon ami plus sombre qu'à l'ordinaire; voici ce qui allait se passer. L'amie intime de doña Inezilla était dangereusement malade. Celle-ci demanda à son mari la permission de passer la nuit auprès de la malade, ce qui fut aussitôt accordé, à condition que le mari choisirait le jour. Un soir, il conduit doña Inezilla chez son amie, et dit, en badinant et comme inopinément, qu'il dormira fort bien sur un canapé, dans un petit salon attenant à la chambre à coucher, et dont la porte fut laissée ouverte. Depuis onze jours, tous les soirs, l'officier français passait deux heures, caché sous le lit de la malade. Je n'ose ajouter le reste.

Je ne crois pas que la vanité permette ce degré d'amitié à une Française.«

ÜBERLIEFERUNG

N 1   *HIVA 20.3*
N 2   *HIVA 20.1*
N 3   *HIVA 20.2*

DER VERFÜHRER

ENTSTEHUNG

Durch die Titelliste Novellen. März 1900. *(s. S. 256, 3) werden die Entwürfe zu der Erzählung* Der Verführer *auf diesen Monat von Hofmannsthals Pariser Aufenthalt datiert. Inhaltlich stehen sie im Zusammenhang mit der gleichzeitig entstandenen* Fortsetzung des Gartens der Erkenntniss. = ein Frühling in Venedig. *Diese beiden Erzählungen sind auf der genannten Titelliste als einzige nicht numeriert, was wohl bedeutet, daß sie in den geplanten Novellenband (s. S. 256, 36) nicht aufgenommen werden sollten.*

Auf ebendieser Liste ist in Klammern angeführt: der Tod eines Kindes. *Dieses Thema, zu dem keine weiteren Aufzeichnungen vorhanden sind, wurde hier wohl kurz als eigenständiges Werk erwogen. Es taucht auf einem anderen Blatt (H IV A 87.14), vermutlich aus derselben Zeit, wieder auf. Das Blatt trägt die Überschrift* Novellen. *und enthält Motive, u.a.:* Das Tagebuch eines Verführers und hinein den Tod des Kindes. *Es ist anzunehmen, daß ersteres mit der Novelle* Der Verführer *identisch ist. Möglicherweise sollten diese beiden Themen, die auf der Titelliste getrennt angeführt sind, zu einer einzigen Erzählung verbunden werden.*

ÜBERLIEFERUNG

N 1–N 7 H IV A 74.1–7 – *N 1–N 4 sind paginiert:* 1. – 2., 4. – 5., *pag. 3 fehlt. Auf der Rückseite von N 5:* I. Schluss. Orgie, auch über den kleinen Grabhügel hin

ERLÄUTERUNGEN

129, 26 Lambergischen *Lamberg, ein altes österreichisches Adelsgeschlecht, das im 14. Jahrhundert in Krain bedeutende Besitzungen erwarb.*

130, 4 liaisons dangereuses *Choderlos de Laclos: Les Liaisons dangereuses (1782–1788).*

130, 7 Connivenz *Einverständnis.*

EIN FRÜHLING IN VENEDIG

ENTSTEHUNG

*Welchen Eindruck Andrians ›Garten der Erkenntnis‹ auf Hofmannsthal machte,
wurde schon erwähnt (S. 252). Über seine Rezension dieses Buches schreibt er:*
so hab ich, um etwas zu tun, ein Feuilleton über Dein Buch geschrieben. 5
Dein Buch ist ganz so wie die junge Göttin Persephoneia, die mit vielen
Nymphen, aber abseits von den andern, auf einer Wiese viele Narcissen
pflückt und plötzlich von einer großen Angst und tiefen Traurigkeit befal-
len wird. Weißt Du, es ist dieselbe Wiese, wo dann Pluto, sie zu den Schatten zu entführen, aus dem Boden auftaucht. Du wirst die große Ähnlichkeit 10
schon einsehen, wenn Du es gelesen hast. *(BW Andrian 48) Die Rezension
wurde von der ›Frankfurter Zeitung‹ abgelehnt. Sie ist nicht mehr erhalten. Eine
Notiz, die sich im Nachlaß befindet, läßt den Tenor der Besprechung erkennen:*
Das deutsche Narcissusbuch.

es sind wundervolle Augenblicke wo sich eine ganze Generation in verschie- 15
denen Ländern im gleichen Symbol findet. Dieses drückt einen vorübergehenden Zustand aus: plötzlich wurde das Traumhafte des Weltzustandes
erkannt (ähnliche Stimmung findet sich bei d'Annunzio.) man gab sich
Rechenschaft über das, was man im äusseren Leben fortwährend gesucht
hatte. Man war einen Moment lang nicht im Stand, sich mystisch in ein 20
Ding zu verlieben, die Dichter legten ihre Kronen ab und besannen sich nur
darauf, dass sie Jünglinge waren. Es giebt in Gesprächen solche Augenblicke: alle sehen sich mit trunkenem Einverständnisse an, etwas über alle
Worte Grosses wissen sie gemeinsam. es giebt solche Augenblicke in
grossen Gruppen von trunkenen Menschen. Warum nicht in der ganzen 25
Generation. *(H VA 34; Steiner, A 118)*
   *Hofmannsthal versuchte immer wieder vergeblich, Andrian zu einer Fortsetzung
seines Buches zu bestimmen.*
   *Als sich Hofmannsthal im März und April 1900 in Paris aufhält, möchte er
Maurice Maeterlinck mit Andrians Erzählung bekannt machen und bittet daher den* 30
*Freund, jenem ein Exemplar zu schicken. Andrian sendet das Buch an Hofmannsthal
mit der Bitte, es zu übergeben. Am 8. April schreibt Hofmannsthal an Andrian:*
Maeterlinck wird nach einer längeren Abwesenheit wohl übermorgen aus
Gent zurückkommen und ich freue mich sehr darauf, ihm Dein Buch zu
bringen. . . . Ich habe bei dieser Gelegenheit das Buch nett und unmerklich 35
aufgeschnitten und zuerst viele einzelne Teile, dann das ganze in einem Zug
wiedergelesen. Dieses Buch macht mir jedesmal nach einer Pause wieder
einen frischen und jedesmal stärkeren Eindruck. Der diesmalige war der
eines großen ungeteilten Vergnügens an einem gelungenen Kunstwerk

nach drei Seiten: was die Disposition des Ganzen, was die geheimnisvoll
anziehende jugendlich suchende Atmosphäre und was die Schönheit, Gewalt und Distinction der vorkommenden Gleichnisse betrifft. Immer wieder
kann ich es mir nicht glaubhaft machen, daß die Kraft die das hervorgebracht hat, sich sollte vollkommen in inneren Höhlungen zerstäuben und
nichts mehr nach außen bewirken. *(BW Andrian 144)*

*Diese erneute Begegnung mit dem ›Garten der Erkenntnis‹ rief wohl in Hofmanns-
thal den Entschluß hervor, selbst eine Fortsetzung zu beginnen. Die erhaltenen Notizen zeigen eine Auseinandersetzung mit der eigenen Vergangenheit, den Beziehungen
zu den Jugendfreunden. Die Atmosphäre, in der diese Geschichte spielen soll, beschreibt er ein gutes halbes Jahr früher in einem Brief an Otto Brahm vom 9. August
1899 aus Aussee:* Ich hab' hier viele Freunde, das heißt alle meine gleich-
altrigen Freunde sind hier, es sind alle, die ich habe, wenn auch nicht eben
viele: die beiden Franckensteins, seit gestern auch der Andrian, dann der
Maler[1] und der Marineoffizier[2]. . . . Wir wohnen alle in verschiedenen kleinen Häusern an der Berglehne über dem dunklen kleinen See, essen und
nachtmahlen bald bei dem einen, bald bei dem andern, lesen zusammen
englische Gedichte, der ältere Franckenstein komponiert kleine Lieder, die
ich in Marienbad gemacht habe, mittag fahren wir im Boot hinaus und
baden, der Maler bleibt im Boot sitzen und skizziert uns oder die Bäume am
Ufer; bis tief in die sternenhellen Nächte hinein gehen wir spazieren oder
sitzen auf dem Geländer von einem Bauerngarten und reden miteinander;
die Leute, die wir begegnen, kennen uns und sind alle in einer gewissen
Weise hier zu Hause, einmal ist es der Reichskanzler Hohenlohe und einmal
eine alte, ganz runzlige Bauernfrau mit einem Eimer Milch: das ganze Leben
ist so wunderbar reich, ab und zu taucht aus dem Spiegel ruhiger Stunden
meine Arbeit auf und dahinter andere Bilder mehr und mehr. *(B I 291)*

ÜBERLIEFERUNG

N 1–N 3   HIVA 22.1–3 – Die Seiten sind 1 bis 3. paginiert.
N 4   HIVA 22.6
N 5   HIVA 22.4
N 6   H VB 10.31
N 7   HIVA 22.5

---

[1] *Hans Schlesinger.*
[2] *Edgar Karg von Bebenburg.*

VARIANTEN

N 1

132, 3   ein Frühling in Venedig. *Nachtrag.*

N 2

132, 19   = ein Frühling in Venedig *Nachtrag.*
132, 27–31 Epoche ... e r k e n n e n. *Nachtrag.*
132, 28   und ... fêlée *Nachtrag.*

N 6

134, 23f.:   *Nachtrag.*

ERLÄUTERUNGEN

132, 14f. Mrs. Kittinger *Bekannte der Brüder Franckenstein.*

132, 20 Mensch werde wesentlich *Angelus Silesius: Der cherubinische Wandersmann, 2. Buch:*
Mensch, werde wesentlich; denn wenn die Welt vergeht,
So fällt der Zufall weg, das Wesen, das besteht.

132, 21: Anspielung auf das 1895 entstandene Gedicht Ein Traum von großer Magie *(Steiner, GLD 21, s. auch S. 297, 5–7).*

132, 32f.: Zitat aus dem ersten der Gedichte mit dem Titel ›Spleen‹ aus Baudelaires ›Fleurs du mal‹. Es folgt unmittelbar auf das von Hofmannsthal ebenfalls zitierte Gedicht ›La cloche fêlée‹, in Hofmannsthals Ausgabe: Les fleurs du mal par Charles Baudelaire, précédées d'une notice par Théophile Gautier, Paris 1900, S. 200.

133, 10 Lili *Lili Schalk.*

133, 17–19: »... und der Fremde erzählte sein Leben; der Erwin wußte, daß er log, aber er wußte auch, daß in dieser Lüge irgendwie die tiefe, dunkle, vielfältige Wahrheit lag.« Andrian, ›Der Garten der Erkenntnis‹, Berlin 1895, S. 38.

134, 6 Mad de Rênal *Weibliche Hauptfigur in Stendhals ›Le rouge et le noir‹.*

134, 10 Georg *Georg von Franckenstein.*

134, 11 Clemens Heinrich *Clemens Heinrich von Franckenstein.*

135, 1f.: Zitat aus der Thomas von Kempen zugeschriebenen ›Imitatio Christi‹, II 8. Hofmannsthal verwandte es schon einmal, 1896, in dem Essay Der neue Roman von d'Annunzio *(Steiner, P I 234).*

DAS MÄRCHEN VON DER VERSCHLEIERTEN FRAU

ENTSTEHUNG

Während des Pariser Aufenthaltes Hofmannsthals, im April 1900, entstanden die überlieferten Manuskripte zu dem Märchen von der verschleierten Frau. *Die*
5 *Niederschrift (H) wurde am Ostersonntag, dem 15. IV., begonnen, was sowohl durch den erhaltenen Konvolutdeckel (s. S. 256, 10–25) als auch durch eine Aufzeichnung (H V B 11.9) bezeugt wird.* Hofmannsthal hatte zu dieser Zeit die Arbeit am Bergwerk zu Falun, *das dasselbe Thema dramatisch behandelte, eingestellt, weil er, wie er an Oscar Bie aus Paris schreibt,* ein sehr unsicheres Verhältnis *dazu habe*
10 *(Brief vom 4.* März *1900, Fischer Almanach 87, S. 62). Den Versuch, denselben Stoff in einer Erzählung zu gestalten, gibt Hofmannsthal aber sehr bald auf. Zeugnisse dafür, daß er auch noch nach dem April 1900 daran arbeitete, gibt es nicht. Die vorhandenen Notizen scheinen vor, spätestens während der Niederschrift von H entstanden zu sein.*
15 *Der Grund, warum Hofmannsthal sich gerade an dieser Erzählung zu diesem Zeitpunkt versucht, könnte einmal darin liegen, daß ihn der Stoff noch sehr beschäftigte. Dann mag die Begegnung mit Maeterlinck und anderen Literaten in Paris, die gerade Novalis für sich entdeckt hatten – 1895 war Maeterlincks vollständige Übersetzung der ›Lehrlinge zu Sais‹ zusammen mit dem berühmten Novalis-Aufsatz*
20 *erschienen, André Gide arbeitete gerade an einer Übersetzung des ›Ofterdingen‹ – ihn neu angeregt haben. Die Notizen zeigen eine große Nähe zu ›Heinrich von Ofterdingen‹, besonders zu den von Tieck überlieferten Aufzeichnungen zur Fortsetzung, jedoch ist auch der Einfluß von Goethes ›Märchen‹ nicht gering, das zeigt vor allem die Notiz 6, die auch ein wörtliches Zitat daraus enthält. Die ursprüngliche Vor-*
25 *lage, die Erzählung von E.T.A. Hoffmann ›Die Bergwerke zu Falun‹, tritt dagegen etwas in den Hintergrund.*

ÜBERLIEFERUNG

Herbert Steiner veröffentlichte die Niederschrift (H) mit sämtlichen im Nachlaß erhaltenen Notizen in einem Sonderdruck: ›Corona‹ IX (1940) Heft 5. Dieser Sonderdruck
30 *unterscheidet sich von der Veröffentlichung des* Märchen von der verschleierten Frau *im 4. Heft der ›Corona‹ IX (1939) und der ihr entsprechenden Edition im Band ›Erzählungen‹ der Steinerschen Ausgabe durch die vollständige Wiedergabe der Notizen.*

    N 1   E I V A 54.21 – Paginiert: 1. Auf der Rückseite: N 4. S. 135, 9–13: publiziert in Steiner, E 86.
35   *N 2   E I V A 54.23 – Paginiert: 3. Auf derselben Seite: N 6.*
    N 3   H I V A 43b|E II 73.3b – Hofmannsthal teilte das Blatt später und füllte die freien Seiten mit Notizen zu Das Kind und der Tod *(N 2, H IV A 43) und* Der Jüngling und die Spinne *(N 2, E II 73.3).*

N 4–N 10   *E I V A* 54.21^b, *22–27* – *1–7 paginiert. Auf der Vorderseite von N 4: N 1.*
   Auf derselben Seite wie N 6: N 2. S. 137, 17–22: publiziert in Steiner, E 86.
N 11   *E I V A* 54.17^b – *Auf der Vorderseite: H, pag.* 16.
N 12   *E I V A* 54.28 – *Die Paginierung* 20. *ist gestrichen.*
N 13   *E I V A* 54.29   5
H   *E I V A* 54.1–20 – *Konvolutumschlag mit* 19 *von* 1 *bis* 19 *paginierten Blättern der*
   Reinschrift. Auf der Rückseite der pag. 16: *N* 11.

VARIANTEN

N 1

Die Zeilen S. 135, 6–13 sind die beiden ersten Absätze von umfangreicheren Auf-   10
zeichnungen zum Märchen von der verschleierten Frau. *Die nicht wiedergege-*
benen Teile sind in H eingegangen. Der gesamte Text ist gestrichen, vermutlich
geschah das, als die Rückseite des Blattes für N 4 gebraucht wurde.

N 2

Notizen und Entwurf zu S. 141, 19–34. Von dem Lied, das die Frau singt, heißt es,   15
daß es aus den christlichen Gartenfreuden *stamme. Der Entwurf zu den Versen*
enthält einige Sofortvarianten. Seine letzte Stufe lautet:

   Ihr Nägelein so zeigt Euch an
   Was ihr denn seid was ihr denn seid
   Ihr blüht u glüht doch ists ein Kleid   20
   Wär alle Creatur befreit
   wär um die Zeit, wär Ewigkeit
   zeigt Euch mir an was wärt ihr dann?
Der gesamte Text wurde gestrichen, wahrscheinlich, weil er in H eingegangen war.

N 3   25

Die ersten beiden Absätze dieser Notizen sind inhaltlich in die Niederschrift (H)
eingegangen. Die beiden letzten Absätze sind gestrichen.

Was du für Erinnerungen nimmst sind nur Kräftigkeiten deiner Seele Anschwellen des Sturmes[1], wodurch du deine Macht ahnst und ahnst wie dir
als Liebling der Königin die Creaturen untertan sein werden   30

Er ist der auf der Straße hintaumelnde und ist der Sperber droben der
herabsieht

[1] *Könnte auch* Stromes *heißen.*

Schluss
er mit dem Schwan allein
Sturm Chaos
2 leuchtende Wellen Heimweh und Fernweh die ineinander rinnen jede
ein leuchtendes Gehäuse voll Perlen Fischen

N 4

135, 21: Der folgende Nachtrag wurde später wieder gestrichen. Die Seitenangabe bezieht sich auf N 11, die sich auf der Rückseite der pag. 16. von H befindet.

jubelnder Einsiedler: Schwan: Sturm, Insel, sich brechende Wellen – Ungeduld, beflügelter Jüngling nimmt ihm die letzte Last ab, dem Licht nach, auf der Insel die sich ausdehnt im Brunnen. schütterndes Schiff S 16 rückw.

H

Die Reinschrift des ersten Teiles der Erzählung enthält nur sehr wenige Varianten, von denen nur die beiden unten angeführten erwähnenswert sind. Zu ihr gehört ein Konvolutumschlag mit der Aufschrift:

Das Märchen v. d. verschleierten Frau.

Paris 13 IV 1900
(Ausführung begonnen Ostersonntag, 15. IV.)
Es folgen die Titel der weiteren geplanten Märchen (S. 256, 15–25).

146, 30 stieg *danach, gestrichen:* geheimnisvoll
146, 31 lief *danach, gestrichen:* geheimnisvoll

ERLÄUTERUNGEN

136, 31f.: Wörtliches Zitat aus Goethes ›Märchen‹, Hamburger Ausgabe, Bd. 6, S. 218, 32–34.

137, 15f. in welchem ... sind; *Vgl. S. 99, 16f. und die Erläuterung dazu.*

139, 19f. ein-Wesen ... erfreuen *Im Kleinen Welttheater heißt es: Ein Wesen ists, woran wir uns entzücken! (Steiner, GLD 306). Die Handschrift zeigt auch hier die Schreibung ein-Wesen. (SW III, Das Kleine Welttheater, 3 H).*

144, 11 Venediger *In den Alpenländern werden die Zwerge und Erdmännlein so genannt.*

144, 24f. »Der da ... gehört« *Die Stelle korrespondiert mit der folgenden von Hofmannsthal in seinem Exemplar angestrichenen Passage aus E. T. A. Hoffmann: ›Die Bergwerke zu Falun‹, wo es von Elis heißt:* »*er fühlte sich wie in zwei Hälften geteilt, es war ihm, als stiege sein beßeres, sein eigentliches Ich hinab in den Mittelpunkt der Erdkugel und ruhe aus in den Armen der Königin, während er in Falun sein düsteres Lager suche.*« *(E. T. A. Hoffmanns gesammelte Schriften, Bd. 1, Berlin 1844, S. 265)*

144, 29–31 dass er ... hinglitt. *Zur Identifizierung mit dem Sperber vgl. die* Knabengeschichte.

DIE JUNGE FRAU UND DIE NIXE IM BAUM

ENTSTEHUNG

Von 1900 bis 1918 macht sich Hofmannsthal immer wieder Notizen, und auch später hat er den Plan zu der Erzählung Die junge Frau und die Nixe im Baum *nicht aufgegeben. Am 7. August 1919 bezeichnet er sie auf einem Notizzettel (N 6) zu* Das Paar im Berg, *zusammen mit dieser und einer weiteren geplanten Erzählung,* »Hyacinth u Rosenblüth«, *als eines von* Drei Ehemärchen, *die noch auszuführen sind (E IV A 3.7, s. S. 198, 27f.).*

Die erste Erwähnung, unter der Gattungsbezeichnung Märchen, *findet sich auf einem Konvolutumschlag zu dem* Märchen von der verschleierten Frau *vom April 1900 (E IV A 54.1, s. S. 256, 16). Ein Konvolutumschlag (s. S. 345, 9–14) aus dem Jahre 1901 reiht die Erzählung in die Gattung* phantastische Scenen *ein. Die nächsten Daten stammen vom Juli 1912, als sich Hofmannsthal in Aussee vornimmt, an der Erzählung zu arbeiten (Eintragung im Tagebuch, H VII 10.46). Die Notizen 4–6 sind aus dieser Zeit. Vom 14. November 1913 ist ein Notizzettel (N 7) überliefert, und der letzte (N 8) trägt die Jahreszahl* 1918.

ÜBERLIEFERUNG

N 1   H IV A 36.4 – Publiziert von Herbert Steiner: Hugo von Hofmannsthal, Unveröffentliche Fragmente. In: Botteghe oscure XIX, Rom 1957, S. 431f.

N 2   H IV A 36.2 – Zu Beginn derselben Seite Aufzeichnungen: Gedanken des Schiffsfähnrichs.

N 3   H IV A 36.3

N 4   H III 277.3

N 5   H IV A 52.4 – Auf derselben Seite N 3 zu Siebenbrüder.
N 6   H IV A 52.3
N 7   H V B 16.14
N 8   H IV A 52.5ᵇ – Auf der Vorderseite Fragment eines Briefes von H. Studer an
        Hofmannsthal.

VARIANTEN

N 1–N 3

Zu diesen Notizen gehört ein Konvolutumschlag (H IV A 36.1) mit der Aufschrift:

phantastische Scenen:
Das Bad im Walde
Der Bruder
Die Macht der Worte (= Semele)
Die junge Frau und die Nixe im Baum.

(zumeist Ende August 1901)

N 4–N 6

Zu diesen Notizen gehört ein Konvolutumschlag (H IV A 52.1) mit der Aufschrift:

Märchen.
darunter: Das Paar im Berg
           Siebenbrüder
           Die junge Frau u. d. Nixe im Baum

ERLÄUTERUNGEN

149, 28: *Zitat aus einem Brief Goethes an Lavater. S. S. 350, 18–21.*

149, 29: *An den Rand eines Briefes von Goethe über* ›Wilhelm Meister‹ *im 2. Band von Hans Gerhard Gräf: Goethe über seine Dichtungen, Frankfurt/Main 1901–1906, S. 941, notierte sich Hofmannsthal:* über das nicht zu sagende, das auch gar nicht gesagt werden soll: das eigentliche was in den einfachsten Lebensverhältnissen (Vaterschaft) bis zur Unberührbarkeit verborgen (Häutchen unter Häutchen) wofür wir zum Ersatz an die Aussenwelt gewiesen und in sie einbezogen sind.

DIE WANDERER UND DER BERG

ENTSTEHUNG

Die mit Litteraturmärchen *überschriebene Notiz läßt sich nach inhaltlichen Kriterien als das auf der Titelliste* Märchen v.d. verschleierten Frau und andere Märchen *angegebene Märchen* Die Wanderer und der Berg *(S. 256, 17) identifizieren und damit in den April 1900 datieren.*

Das Zusammentreffen der Wanderer mit den anscheinend schon gestorbenen früheren Bewohnern des schönen Hauses erscheint wie eine Vorwegnahme der Begegnung des Kaisers mit seinen ungeborenen Kindern im vierten Kapitel der Frau ohne Schatten.

ÜBERLIEFERUNG

N HIVA 49

DER JÜNGLING UND DIE SPINNE

ENTSTEHUNG

Wie in der Hochzeitsnacht *beschäftigt Hofmannsthal auch in den um dieselbe Zeit in Paris entstandenen Notizen zu* Der Jüngling und die Spinne *der Gedanke an seine bevorstehende Hochzeit.* Der Jüngling und die Spinne *ist jedoch eine Auseinandersetzung mit der Vergangenheit, der Brautwahl. In der Form des Märchens reflektiert er die Zeit seines Verhältnisses mit Minnie Benedikt (Herbst 1895 – Herbst 1896), die im Sommer 1896 als seine Braut galt; es war die falsche, wie er später einsieht, und hier zieht er eine Parallele zu Goethe, der den gleichen Irrtum mit Lili Schönemann beging (s. auch S. 256, 19f.). Wie in dem Gedicht mit demselben Titel aus dem Jahr 1897 ist es die Spinne, die ihn seinen Irrtum einsehen läßt und ihn aus seiner Euphorie in die Wirklichkeit zurückruft.*

Die im folgenden zitierten Notizen gehören möglicherweise ebenfalls zu Der Jüngling und die Spinne*:*

3 Begegnungen

II^tes Kapitel

am nachmittag des Tages wo er sie abends wiedersieht ist er nachmittag in einer Villa die ein Jüngling in der Renaissance gebaut hat, der statt Herrscher zu werden seine Kräfte an das Anordnen des Schönen vergeudet hat.

im letzten Capitel geht er nachdem sie todt ist, am Hafenplatz im Morgen-
grauen herum; aus einer Schenke kommt ein Wahnsinniger und erschlägt
einen armen Beamten, der neben ihm Zeitung liest analog der Spinne im
ersten Capitel. Sein Schmerz (wie damals sein Glück) scheint dadurch seine
5 Einsamkeit zu verlieren, mit dem Schwergewicht des Lebens herunterzu-
sinken. *(E IV A 2.15)*

ÜBERLIEFERUNG

N 1   *E II 73.4*
N 2   *E II 73.2 – Auf derselben Seite:* alles Glück das einer ahnen kann, kann er
10   auch realisieren. *Das Blatt war ursprünglich mit N 3 verbunden.*
N 3   *E II 73.3 – Das Blatt (es bildete ursprünglich mit N 2 eine Einheit) enthielt zuerst
          die untere Partie (E II 73.3ᵇ) der Notiz 3 zum* Märchen von der verschlei-
          erten Frau; *die obere abgetrennte Partie (H IV A 43ᵇ) wurde auf der freien Seite
          mit Notiz 2 von* Das Kind und der Tod *beschrieben.*
15 N 4   *E II 73.5 – (Steiner, A 128)*

ERLÄUTERUNGEN

152, 3: *Goethe berichtet in ›Dichtung und Wahrheit‹ (IV, 7; Hamburger Ausgabe, S. 107), wie er nachts zu Fuß von Offenbach, wo er Lili Schönemann besucht
hatte, nach Frankfurt zurückkehrte, auf einer Bank oberhalb Sachsenhausens ein-
20 schlief, bei Sonnenaufgang erwachte und wieder nach Offenbach ging.*

DAS KIND UND DER TOD

ENTSTEHUNG

Schon in der Erzählung Die Verwandten *hatte Hofmannsthal das Thema des
Kindes, das sich mit dem Tod des Vaters auseinandersetzen muß, behandelt. Dieser
25 neue Plan, der während des Pariser Aufenthaltes (März, April 1900) entstand,
knüpft an die Erzählung von 1898 an, was am deutlichsten aus N 2 hervorgeht, wo
der Schuster Heinrich, der auch in den* Verwandten *vorkommt, wieder erscheint.*

*In der Titelliste (S. 256, 12–25) wird diese Erzählung, wie auch die ebenfalls ange-
führte* Der Jüngling und die Spinne, *als Halbmärchen bezeichnet.*

ÜBERLIEFERUNG

N 1   E IV A 54.1 – Titelliste, s. S. 256, 12–25.

*N 2   H IV A 43 – Das Blatt enthielt zunächst nur die obere Partie (H IV A 43ᵇ) der
Notiz 3 zum* Märchen von der verschleierten Frau; *die untere abgetrennte Partie
(E II 73.3ᵇ) wurde auf der freien Seite mit der Notiz 3 zu* Der Jüngling und die   5
Spinne *beschrieben.*

DER KNABE VON MORIN

ENTSTEHUNG

*Das einzige überlieferte Blatt befand sich in einem Konvolutumschlag mit der Auf-
schrift* Juni 1902. (H IV B 193.1) *Da Schrift und Duktus der vorliegenden*   10
Notiz zu der Angabe passen, kann sie in diese Zeit datiert werden.

Auf der letzten Seite des Notizblattes befindet sich der folgende Aphorismus:
Über Vergangenheit: indem wir die Vergangenheit umformen haben wir
eine ewige Gegenwart in der Hand, auf deren Boden auch noch die Zukünf-
tigen stehen werden.   15

ÜBERLIEFERUNG

N   H IV B 193.2 – Doppelblatt. Letzte Seite s. Entstehung.

HEBBELS EILAND

ENTSTEHUNG

Die Notizen zu dieser Geschichte um die Gestalt Friedrich Hebbels, vielleicht zu des-   20
*sen neunzigstem Geburtstag geplant, sind in das Jahr 1903 zu datieren. Das geht aus
einem Konvolutumschlag hervor (s. S. 352, 12–14) und wird bestätigt durch einen Entwurf zu* Elektra, *der sich auf der Rückseite von N 5 befindet. Auch die Bemerkung*
Grosse Landschaft bei Hebbel *(H V B 11.19)*[1] *vom August 1903 bezieht
sich auf die vorliegende Erzählung. Hofmannsthals Beschäftigung mit Hebbel*[2] *scheint*   25

---

[1] *S. Erläuterung zu S. 161, 7–9, S. 354, 34f.*
[2] *Vgl. auch S. 260, 34–261, 21.*

im Jahr 1903 ihren Höhepunkt gehabt zu haben. Im Juni nimmt er dessen Briefwechsel auf eine Reise nach Oberitalien mit und äußert sich darüber in einem Brief an Schnitzler vom 19. Juni aus Cortina (BW Schnitzler 170). Auch in den Notizen zu einem Grillparzervortrag *und in dem* Gespräch über Gedichte *wird ausführlich über Hebbel gehandelt.*

Den Gedanken, der den hier vorliegenden Aufzeichnungen zu Grunde liegt, formuliert Hofmannsthal 1905 in dem Aufsatz zum 100. Geburtstag Schillers: Abseits aber – ich vergesse ihn nicht – steht Friedrich Hebbel. Steht und dauert, von tiefer Einsamkeit umflossen, wie eine Felseninsel, deren innerer Kern ein glühender Fruchtgarten ist: hier spricht die Blume und es spricht das Gestein, ja, der tiefste Schmerz trägt hier Früchte wie ein großer, in Nacht wurzelnder Baum. Hier landen nicht die Vielen der Deutschen, aber die Besten erreichen schwimmend diesen Strand, von Geschlecht zu Geschlecht, und es pflücken doch immer Hände diese Früchte, deren Saft die Pulse stocken und fliegen macht, und sehen doch immer Augen diese Blumen, über deren Schönheit und Seltenheit manchmal die Sinne erstarren. *(Steiner, P II 155f.) Der erhaltene Entwurf zu dieser Stelle bezieht sich ebenfalls auf die hier publizierte Geschichte:* Hebbel hier wird die ganze Welt Epigramm: es spricht die Blume und der Edelstein, ja dem tiefsten Schmerz wird sein Recht,[1] sein Recht auf Erkanntwerden. Hebbels Eiland *(E IV B 151.16).*

Die Felseninsel, Bild für das Werk Hebbels, wird in der geplanten Erzählung, die die theoretischen Überlegungen sinnlich faßbar machen sollte, zum Ort der Handlung. Für ihre Beschreibung kann sich Hofmannsthal auf Hebbels Gedicht ›Das Haus am Meer‹ (Sämmtliche Werke, Bd. 7, S. 132f.)[2] stützen.

Einsam wie sein Werk war auch Hebbels Leben, und er zog den Umgang mit Tieren dem mit Menschen vor. In sein Tagebuch schreibt er: »Wenn ich mich mit einem Thier beschäftige, so habe ich es mit einem Gedanken der Natur zu thun, und mit einem unergründlichen, denn wer gelangt zum Begriff des Organismus? Wenn ich mich aber mit einem Menschen einlasse, der nicht ein höchst bedeutender ist, so dresche ich leeres Stroh, denn die Natur spricht nicht mehr unmittelbar durch ihn und er selbst hat nichts zu sagen. Ja, selbst dem bedeutendsten Menschen gegenüber ist das Thier relativ im Vortheil, denn es spricht den Gedanken seiner Gattung rein und ganz aus; welcher Mensch aber thäte das?« (Tagebücher, hrsg. von Felix Bamberg, Berlin 1887, Bd. II, S. 462). Am bezeichnendsten ist eine Tagebuchstelle, in der Hebbel mit der größten Ausführlichkeit vom Leben und Sterben seines Eichhörnchens berichtet, das er ausstopfen läßt und dessen übrige Teile er sorgfältig im Prater vergräbt (Tagebücher, Bd. II, S. 500-505). Als ihm wenig später auch das zweite Eichhörnchen stirbt, klagt er: »Von den Menschen getäuscht, bin ich zu den Thieren geflohen, wie bitter, daß mir kein's bleibt!« (Tagebücher, Bd. II, S. 511).

---

[1] *›Dem Schmerz sein Recht‹ ist der Titel einer Gedichtsammlung von Friedrich Hebbel. Vgl. S. 80,20.*

[2] *Bezüglich der Ausgabe, die Hofmannsthal benutzte, vgl. S. 350, 34f.*

Wie Hofmannsthal die Einsamkeit der Insel als Symbol für die Stellung des
Dichters Hebbel und dessen Werk verwendet, so soll das dargestellte Verhältnis
Hebbels zu den Tieren das eigentliche Gebiet des Dichters bezeichnen. Denn, so
schreibt er schon 1901 in den Notizen zu Jupiter und Semele: Des Dichters
eigentliches Gebiet: das Verhältniss von Geist zu Körper, Idee zum Aus-   5
druck, Mensch zum Thier: (es müssen Thiere vorkommen, zu denen er ein
sehr starkes Verhältniss hat. conf. The island of Doctor Moreau) *(E III*
276.21; Steiner, D II 504). ›The Island of Doctor Moreau‹, ein phantastischer Ro-
man von H. G. Wells,[1] *der 1896 erschienen war, inspirierte Hofmannsthal auch zu*
Hebbels Eiland, und nicht nur, was den Titel betrifft. In dem Buch von Wells gelingt 10
es der Hauptfigur, aus Tieren auf chirurgische Weise Menschen zu machen, die sogar
der Sprache mächtig sind. Sie benutzt sie auch als ihre Bedienten. Dieses Motiv über-
nimmt Hofmannsthal.

ÜBERLIEFERUNG

N 1–N 2   H VA 76.1–2   15
N 3–N 5   H VA 75.2–4 – Auf der Rückseite von N 5 Entwurf zu Elektra.

ERLÄUTERUNGEN

153, 27: *Goethes Briefe, herausgegeben von Eduard von der Hellen, Stuttgart, Berlin*
o. J., Bd. II, S. 32. Goethe schreibt an Lavater: »*Hab ich dir das Wort Individuum*
est ineffabile schon geschrieben woraus ich eine Welt ableite?« *(Zitiert nach der Aus-* 20
gabe in Hofmannsthals Bibliothek.)

154, 11–14 es giebt ... Material. *Ein Gedicht Hebbels, mit dem Titel ›Traum*
und Poesie‹, lautet:

       »*Träume und Dichtergebilde sind eng mit einander verschwistert,*
            Beide lösen sich ab oder ergänzen sich still,   25
       Aber sie wurzeln nicht bloß im tiefsten Bedürfniß der Seele,
            Nein, sie wurzeln zugleich in dem unendlichen All.
       In die wirkliche Welt sind viele mögliche andre
            Eingesponnen, der Schlaf wickelt sie wieder heraus,
       Sei es der dunkle der Nacht, der alle Menschen bewältigt,   30
       Sei es der helle des Tags, der nur den Dichter befällt,
       Und so treten auch sie, damit das All sich erschöpfe,
            Durch den menschlichen Geist in ein verflatterndes Sein.«
Das Gedicht wurde von Hofmannsthal in seinem Exemplar, Friedrich Hebbel's
sämtliche Werke, Hamburg 1891, Bd. VII, S. 232, angestrichen.   35

―――――――――――――
[1] *Vgl. auch SW XXX, Notizen zu* Andreas.

154, 14–16 of this ... Poe) *Das Zitat konnte in dieser Form bei Poe nicht nachgewiesen werden. Es kommt bei Hofmannsthal ein zweites Mal vor in einer Notiz zu* Der Leser, *der geplanten Fortsetzung von* Gespräch über Gedichte. *Dort korrigiert Hofmannsthal die erste Niederschrift:* of this infinitude of matter the sole purpose is to allay the soul's infinite thirst for knowledge *in die hier vorliegende Form (H VII 15.4|24). Der Satz sollte zum Motto für* Der Leser *werden. Hofmannsthal scheint damit einen entscheidenden Absatz aus dem Essay* ›The Poetic Principles‹ *von Edgar Allan Poe zusammenzufassen. Die dem englischen Satz vorausgehende Notiz bestärkt diese Vermutung. Sie lautet:* er hat unglaubliche Träume, ganz unrealisierbare, unaussprechliche, die Harmonie von alledem zu finden ... *Hier der Abschnitt von Poe:* »*An immortal instinct deep within the spirit of man is thus plainly a sense of the Beautiful. This it is which administers to his delight in the manifold forms, and sounds, and odours, and sentiments, amid which he exists. And just as the lily is repeated in the lake, or the eyes of Amaryllis in the mirror, so is the mere oral or written repetition of these forms, and sounds, and colours, and odours, and sentiments, a duplicate source of delight. But this mere repetition is not poetry. He who shall simply sing, with however glowing enthusiasm, or with however vivid a truth of description, of the sights, and sounds, and odours, and colours, and sentiments, which greet h i m in common with all mankind – he, I say, has yet failed to prove his divine title. There is still a something in the distance which he has been unable to attain. We have still a thirst unquenchable, to allay which he has not shown us the crystal springs. This thirst belongs to the immortality of Man. It is at once a consequence and an indication of his perennial existence. It is the desire of the moth for the star. It is no mere appreciation of the Beauty before us, but a wild effort to reach the Beauty above. Inspired by an ecstatic prescience of the glories beyond the grave, we struggle by multiform combinations among the things and thoughts of Time to attain a portion of that Loveliness whose very elements perhaps appertain to eternity alone. And thus when by Poetry, or when by Music, the most entrancing of the Poetic moods, we find ourselves melted into tears, we weep then, not as the Abbaté Gravina supposes, through excess of pleasure, but through a certain, petulant, impatient sorrow at our inability to grasp n o w, wholly, here on earth, at once and for ever, those divine and rapturous joys of which t h r o u g h the poem, or t h r o u g h the music, we attain to but brief and indeterminate glimpses.*« (The Works of Edgar Allan Poe edited by John H. Ingram, London 1899, Bd. IV, S. 203f.)*

154, 35f. zwischen ... Geburtstag *Die Zeit zwischen dem 13. Dezember 1893 und dem 18. März 1903.*

155, 6 »Moloch« *Dramenfragment von Hebbel.*

155, 27 unterlassen *Vielleicht Kontamination von unterhalten und einlassen.*

155, 29f. wo er ... sähe *Hofmannsthal kannte diesen Gedanken Hebbels entweder aus dem folgenden Epigramm:*

An den Menschen

Wünsche dir nicht zu scharf das Auge, denn wenn du die Todten
In der Erde erst siehst, siehst du die Blumen nicht mehr.

(Werke, a.a.O., Bd. VII, S. 201) oder aus einem Brief Hebbels an Elise Lensing
(Friedrich Hebbels Briefwechsel mit Freunden und berühmten Zeitgenossen. Hrsg. 5
v. Felix Bamberg, Berlin 1890, Bd. I, S. 360).

DER PARK

ENTSTEHUNG

Zwischen 1903 und 1905 entstanden die Notizen zu diesem Prosastück. Außer auf
den Notizzetteln finden sich noch Daten auf Konvolutumschlägen. R⟨odaun⟩ 10
August 1903. *ist einer datiert mit der Aufschrift:*
Diarium während einer Arbeitsperiode.
Hebbels Eiland.
Der Park. *(VIII 13.50). Er gehört wohl zu dem Blatt mit der Überschrift* Arbeitsperiode *und dem Datum* Rodaun. 7. VIII. 1903. *(H V B 11.19)*[1] *Die Auf-* 15
schrift auf einem weiteren Konvolutdeckblatt (H IV B 114.1) lautet:
ein Brief.

(= Der Park)   (Fusch 21. VII 1904.)

qui symbola animadvertit, omnia animadvertit, licet non omnino.[2]

zusammen: Das Erlebnis und die früheren Aufzeichnungen des Hofraths P. 20

Auf Titellisten erscheint Der Park *wiederholt. So zu einer Sammlung* Gewisse
Entwürfe in Prosa, *überschrieben* Die abgewandten Gesichter *(H IV B*
132.13):[3] Ein Unbekannter. (Der Park) *und zu einem geplanten* Buch der transparenten Schatten *(H IV B 114.8):*[4]

2.) Der Park.
              Die ewigen Augenblicke. 25

---

[1] *S. Erläuterung zu S. 161, 7–9, S. 354, 34f.*
[2] *Goethe zitiert den Satz: »Natura infinita est, sed qui symbola animadvertit omnia*
intelliget licet non omnino« nach Thomaso Campanella: De Sensu Rerum et Magia, Lib.
IV, Cap. XX (Frankfurt/Main 1620, S. 369) am Ende der Zwischenrede zu ›Ein-
wirkung der neueren Philosophie‹ (Weimarer Ausgabe, II. Abtheilung, 11. Bd.,
Weimar 1893, S. 46). Bei Campanella statt »Natura«: »Scientia«.
[3] *S. S. 257, 30–35.*   [4] *S. S. 258, 1–10.*

Band IV der Prosaischen Schriften sollte Die philos⟨ophischen⟩ Novellen *enthalten:* Kaufmannssohn. Brief des Lord Chandos. Der Park. R⟨em-
brandt⟩ v⟨an⟩ Rhyns schlafl⟨ose⟩ Nacht *(H V B 26.13).*
  1917 greift Hofmannsthal den Stoff unter dem Titel Der Mann des Abends
5 *wieder auf.*

ÜBERLIEFERUNG

  N 1   *H IV B 114.11 – Beidseitig beschriebenes Blatt.*
  N 2   *H IV B 114.13*
  N 3   *H IV B 114.10*
10 *N 4*   *H IV B 114.9*
  N 5   *H IV B 114.3*
  N 6   *H IV B 114.4*
  N 7   *H IV B 114.6*
  N 8   *H IV B 114.7*
15 *N 9*   *H IV B 114.15 – Auf derselben Seite eine Notiz zu* Die Courtisane als Samm-
         lerin.
  N 10   *H IV B 114.14 – Auf derselben Seite N 2 zu* Castelfranco: Geizhals und
         reifender Dieb. *(S. S. 408)*
  N 11   *E V A 144.7 – Auf derselben Seite N 4 zu* Eines alten Malers schlaflose
20   Nacht *und eine Notiz zu* Mme de Lavallière.
  N 12   *H IV B 114.5*

VARIANTEN

N 1

156, 17–19 Der Park ... Betrachtung.) *Nachtrag.*

25 *N 12*

161, 28   (der Dichter) *aus* (der Hofrath)
162, 1–5:   *Am Rand:* Seismograph

ERLÄUTERUNGEN

158, 28 er ... Baum *Vgl. auch S. 161, 20f. und 166, 17–19. Die Stelle wird ver-*
30 *deutlicht durch eine Notiz zum* Andreas *vom 3. September 1913 aus der Episode der*
Witwe an der Aar:[1] Die Reden der Witwe von der Zurücknahme des Au-

---

[1] *S. dazu Manfred Pape: »Die Geschichte auf der Aar«. NZZ 1. 4. 1977, Fernausgabe
Nr. 77, S. 25f.*

genblicks: jener Mysticismus der lehrt, den Moment erfassen. – Ich bin um den Baum herumgegangen, fast ist es mir gelungen den früheren Moment zu erfassen, so redet sie den vermeintlichen Gatten an.

161, 7–9: Das Zitat aus der Vorrede zu der Erzählung ›The Island of the Fay‹ von Edgar Allan Poe – es befindet sich auf S. 273 von Hofmannsthals Ausgabe: ⁵ *The Works of Edgar Allan Poe, edited by John H. Ingram, Vol. 1, London 1899 – lautet im Kontext:* »But there is one pleasure still within the reach of fallen mortality, and perhaps only one, which owes even more than does music to the accessory sentiment of seclusion. I mean the happiness experienced in the contemplation of natural scenery. In truth the man who would behold aright the glory of God upon earth must in ¹⁰ solitude behold that glory. To me at least the presence, not of human life only, but of life in any other form than that of the green things which grow upon the soil and are voiceless, is a stain upon the landscape, is at war with the genius of the scene. I love, indeed, to regard the dark valleys, and the grey rocks, and the waters that silently smile, and the forests that sigh in uneasy slumbers, – and the proud watchful mountains ¹⁵ that look down upon, – all I love to regard these as themselves but the colossal members of one vast animate and sentient whole – a whole whose form (that of the sphere) is the most perfect and most inclusive of all; whose path is among associate planets; whose meek handmaiden is the moon; whose mediate sovereign is the sun; whose life is eternity; whose thought is that of a god; whose enjoyment is knowledge; whose destinies ²⁰ are lost in immensity; whose cognisance of ourselves is akin with our own cognisance of the animalculae which infest the brain, a being which we in consequence regard as purely inanimate and material, much in the same manner as these animalculae must thus regard us.«

N 9 ist auf Grund des Poe-Zitats in das Jahr 1903 zu datieren, denn auf einem ²⁵ *Zettel mit dem Datum Rodaun. 7. VIII. 1903 notierte sich Hofmannsthal:* Arbeitsperiode.

Diese Zeit gleicht der vom vorigen Jahr. Immer, wenn ich zu arbeiten imstande bin, flößt mir auch das Buch, das ich gerade lese, ein sehr starkes Interesse ein. Es besteht aber gar kein – intelligibler – Zusammenhang zwi- ³⁰ schen der Lectüre und der Arbeit. So lese ich jetzt, während ich an der Elektra arbeite, die Erzählungen von E. A. Poe. Ich lese sie morgens auf dem Weg ins Bad nach Perchtoldsdorf und auf dem Rückweg.

Oben auf dem Blatt befindet sich die etwas später hinzugefügte Bemerkung: ferner: Der Park Grosse Landschaft bei Hebbel *(H V B 11.19).* ³⁵

Dasselbe Zitat findet sich unter dem Datum 5 VII. 1906 noch einmal in einem Tagebuch Hofmannsthals (H VII 15).

161, 12–14 vergl. . . . etc) *Thomas de Quincey: Confessions of an English Opium-Eater. Hofmannsthals Exemplar: Edited by William Sharp, London o. J., Lese-datum auf S. 46: 4 IX – 03. Die Stelle, auf die sich Hofmannsthal bezieht, lautet:* ⁴⁰ »Somewhere, I knew not where – somehow, I knew not how – by some beings, I knew

not whome – a battle, a strife, an agony, was conducting – was evolving like a great
drama, or piece of music; with which my sympathy was the more insupportable from
my confusion as to its place, its cause, its nature, and its possible issue. I, as is usual in
dreams (where, of necessity, we make ourselves central to every movement), had the
5 *power, and yet had not the power, to decide it. I had the power, if I could raise myself,*
to will it; and yet again had not the power, for the weight of twenty Atlantics was
upon me, or the oppression of inexpiable guilt. ›Deeper than ever plummet sounded,‹
I lay inactive. Then, like a chorus, the passion deepened. Some greater interest was at
stake; some mightier cause than ever yet the sword had pleaded, or trumpet had
10 *proclaimed. Then came sudden alarms: hurryings to and fro: trepidations of innumer-*
able fugitives, I knew not whether from the good cause or the bad: darkness and lights:
tempest and human faces; and at last, with the sense that all was lost, female forms,
and the features that were worth all the world to me, and but a moment allowed, –
and clasped hands, and heart-breaking partings, and then – everlasting farewells!
15 *and with a sigh, such as the caves of hell sighed when the incestuous mother uttered the*
abhorred name of death, the sound was reverberated – everlasting farewells! and again,
and yet again reverberated – everlasting farewells!« (S. 100f.)

161, 30–32 (der Knabe ... day) *Diese japanische Legende von dem Knaben*
Urashima Tarō, der 400 Jahre bei der Tochter des Drachenkönigs lebte, erzählt
20 *Lafcadio Hearn in dem Kapitel ›The Dream of a Summer Day‹ seines 1903 in*
London erschienenen Buches ›Out of the East‹. Hofmannsthal las dieses Kapitel,
der Bemerkung in seinem Exemplar zufolge, in Lueg 17 IX. ⟨1905⟩, *am selben*
Tag also, an dem diese Notizen entstanden.

162, 1–3 ferner ... Maschine *Es ist die These Lafcadio Hearns, daß in der*
25 *Aufwendigkeit des westlichen Wirtschafts- und Sozialsystems das Ende dieser Zivili-*
sation programmiert sei. »Even so it may be that the Western Races will perish –
because of the cost of their existence.« (L. Hearn: Out of the East, S. 242) *Die*
überlebenden Rassen »would doubtless inherit our wisdom, adopt our more useful
inventions, continue the best of our industries, – perhaps even perpetuate what is most
30 worthy to endure in our sciences and our arts. But they would scarcely regret our
disappearance any more than we ourselves regret the extinction of the dinotherium or
the ichthyosaurus.« *Der letzte Satz ist von Hofmannsthal angestrichen.*

EINES ALTEN MALERS SCHLAFLOSE NACHT

ENTSTEHUNG

Ein Konvolutumschlag (H IV B 132.1) mit der Aufschrift
R⟨embrandt⟩ v⟨an⟩ Rhyn's schlaflose Nacht.
(seit Herbst 1903.) *bezeichnet den Beginn der Arbeit an dieser Erzählung. Die* 5
Notizen N 1–N 4 sind wohl in diesem Jahr entstanden. N 5 ist 8 V–04 *datiert.*
N 8 kann auf Grund des Briefdatums auf der anderen Seite nicht vor dem 31. März
1905 niedergeschrieben sein. Ob die beiden dazwischenliegenden Blätter aus dem Jahr
1904 oder 1905 stammen, ließ sich nicht ausmachen. N 9 ist wohl, was die übrigen
Aufzeichnungen, die sich auf dem Blatt befinden, nahelegen, in das Jahr 1906 zu 10
datieren. N 10 bis N 12 stammen aus dem Jahr 1912.
Hofmannsthal gedachte schon 1905, die vorliegende Erzählung in Kürze zu voll-
enden. Am 5. März 1905 kündigte er Oscar Bie statt der versprochenen Fortsetzung
des Gespräch über Gedichte, *unter dem Titel* der Leser, *für die* ›Neue Rundschau‹ *eine Prosa* an, *mit der nur* Eines alten Malers schlaflose Nacht *gemeint* 15
sein kann (Fischer Almanach 87, S. 91). Am 26. September 1905 schreibt er,
wieder an Oscar Bie: Dann möchte ich Ihnen eine Art von Erzählung geben,
eher ein Monolog: Rembrandts schlaflose Nacht. *(ebd., S. 92).*
Auf einer Liste, die vielleicht Ende 1906 geschrieben wurde, wird die Erzählung
für den Band ›Prosa IV‹ *vorgesehen als eine der* philos⟨ophischen⟩ Novellen 20
(H V B 26.13).[1] Auch auf weiteren Titellisten erscheint sie. So in dem geplanten
Buch der transparenten Schatten *mit dem Zusatz* Reflexion über das Hell-
dunkel *(H IV B 114.8)[2] und in* »Die abgewandten Gesichter« *(H IV B*
132.13).[3] In einer Aufzählung von Titeln, die sich Hofmannsthal zu bearbeiten
vorgenommen hat, vom Juli 1912, wird Eines alten Malers schlaflose Nacht *unter* 25
der Charakterisierung novellistisch *angeführt (H VII 10).[4]*
Bei dem Plan zu Eines alten Malers schlaflose Nacht *könnte Hofmannsthal*
zunächst an die ›Imaginären Porträts‹ *von Walter Pater gedacht haben, die er in*
einem Aufsatz aus dem Jahre 1894 besprochen hatte. Was er dort über das Werk von
Pater sagte, beabsichtigte er wohl auch selbst bei seinen ersten Aufzeichnungen: In die- 30
sen imaginären Porträts ist etwas zur Vollendung getrieben, womit wir alle
uns in einer fast ungesunden Weise häufig im kleinen abgeben: aus den hin-
terlassenen Kunstwerken einer Epoche ihr Seelenleben bis zum Spüren
deutlich zu erraten. *(Steiner, P I 204) Später trat jedoch die historische Gestalt*
Rembrandts in den Hintergrund. Die Tendenz zur Verallgemeinerung wird auch 35
im Titel spürbar, in dem seit 1912 der Name durch Der alte Maler *ersetzt ist.*

---

[1] *S. S. 258, 14.*
[2] *S. S. 258, 6f.*
[3] *S. S. 257, 35.*
[4] *Vgl. auch S. 344, 22f.*

ÜBERLIEFERUNG

N 1   *H IV B 132.2*

N 2   *H IV B 132.7*

N 3   *H IV B 132.8*

N 4   *E V A 144.7 – Auf derselben Seite Notizen zu* Der Park *(N 11) und* Mme de Lavallière.

N 5   *H IV B 132.5*

N 6   *H IV B 132.9*

N 7   *H IV B 132.12*

N 8   *H IV B 132.3 – Auf der anderen Seite befindet sich ein Brief des Essener Dramaturgen F. W. Schroeter an Hofmannsthal mit dem Datum: 31. März 1905.*

N 9   *H V B 14.24 – Auf derselben Seite N 4 von* Erinnerung schöner Tage *(SW XXVIII 228, 12–22) und eine Notiz:* Das Schöpferische. *Auf der Rückseite befindet sich ein Entwurf zu* Dominic Heintls letzte Nacht.

N 10   *H IV B 132.10*

N 11   *H IV B 132.11*

N 12   *E III 64.42^b – Auf derselben Seite befindet sich eine Notiz zu* Silvia im »Stern«, *auf der Vorderseite ein Entwurf zu* Danae oder die Vernunftheirat *(Steiner, L III 396f.).*

VARIANTEN

N 3

163, 10   matériel *Vielleicht* naturel

N 6

164, 19–22   Das Fleisch ... Phantasmagorie! *Am Rand:* cf. Mereschkowski über Dostojewski

164, 22–24   und ... Realitäten *Nachtrag.*

ERLÄUTERUNGEN

162, 19 Chiliasmus *Glaube an ein künftiges tausendjähriges, mit Christi sichtbarer Wiederkunft anhebendes Gottesreich auf Erden.*

165, 12f. Wie ... ist, *Bhagavadgita, indisches theosophisches Lehrgedicht. Die zitierte Stelle befindet sich dort im X. Kapitel, Absatz 36.*

166, 8 Johann Stroschinska nennt sich jetzt Hans Canon. *Johann von Strářípka, Pseudonym: Hans Canon (1829–1885), Wiener Maler polnischer Abstammung, der sich die Arbeitsweise von Rubens zu eigen machte.*

166, 17–19 in ... Park) *Vgl. S. 158, 28 und 161, 20f.*

357, 24f. Mereschkowski über Dostojewski *Dmitry Mereschkowski: Tolstoi und Dostojewski, Leipzig 1903. In Hofmannsthals Bibliothek vorhanden.*

KNABENGESCHICHTE

ENTSTEHUNG

Das erste überlieferte Datum für die Knabengeschichte: 11 IX. ⟨1906⟩ Lueg. *befindet sich bei der Notiz 1 in einem Tagebuch Hofmannsthals. Ihr geht N 2 zu* Erinnerung schöner Tage *(SW XXVIII 228) voraus. Aus inhaltlichen und graphischen Gründen ist anzunehmen, daß auch N 2–N 8 aus demselben Jahr stammen.*

Leider sind die Zeugnisse zu Knabengeschichte *äußerst rar. Das einzige briefliche, das sich mit Sicherheit darauf bezieht, stammt aus dem Jahr 1911 und beschränkt sich auf eine knappe Erwähnung des* Knaben Euseb *neben mehreren anderen Werken, an denen Hofmannsthal gleichzeitig arbeitete, in einem Brief an Ottonie Degenfeld vom 4. Juli (BW Degenfeld 147). Aus der Zwischenzeit, 1907–1910, gibt es keine Anhaltspunkte für eine Beschäftigung mit diesem Stoff, so daß zu vermuten ist, daß Hofmannsthal ihn erst im Jahr 1911 wieder vornahm. Die folgende Stelle aus einem Brief an Rudolf Alexander Schröder, die in den Juli 1910 zu datieren ist, läßt sich vielleicht auf die* Knabengeschichte *beziehen:* Eine nicht überlange Erzählung ist in den letzten Jahren innerlich so weit gediehen, daß ich hoffen kann mit der eigentlichen Niederschrift in diesem Sommer zu beginnen und wohl auch zu End zu kommen. *Hofmannsthal scheint jedoch 1910 nicht mehr zur Ausführung dieses Vorhabens gekommen zu sein. Herbert Steiner datiert die von ihm in dem Band ›Erzählungen‹ seiner Ausgabe publizierte Niederschrift mit einigen Notizen »um 1911«, ohne Gründe dafür anzugeben. Aus den in die spätere Zeit zu datierenden Aufzeichnungen kann man rückschließen, daß dieses Datum zutrifft, was bedeuten würde, daß die zu H hinführenden Notizen N 9–N 17, sowie H selbst, vielleicht im Jahre 1911 entstanden sind.*

Aus dem Jahr 1912 finden sich wieder Daten in den Manuskripten. N 19–N 29 sind wohl 1912 zu datieren, während N 30–N 43 vermutlich 1913 entstanden. Aus diesem Jahr ist auch ein Konvolutdeckel vorhanden mit der Aufschrift: Knabengeschichte. (Dämmerung u nächtliches Gewitter) neuere Notizen: zumeist Januar März 1913. *(E IV A 44.12)*

Von Oktober 1912 stammt der Plan, die vorliegende Erzählung, zusammen mit

drei weiteren, von denen ebenfalls keine zum Abschluß gelangte, unter dem übergrei-
fenden Titel Die Lebenspyramide *zu publizieren.*[1] *Die hierauf bezügliche Notiz –*
sie befindet sich auf derselben Seite wie N 25 – lautet:

Die Lebenspyramide.
4 Erzählungen.   Der Knabe Euseb.
Jünglingsgeschichte. (die Frau des Magiers).
Die Heilung.
Dominic Heintls letzter Tag.[2]

In diesem Zusammenhang ist eine von Hofmannsthal angestrichene Stelle aus dem
für die Heilung *so wichtigen Buch von Pierre Janet: Les obsessions et la Psychasthénie,*
Bd. I, Paris 1903, interessant, die auf die Knabengeschichte *zu beziehen ist:* »*La*
jeunesse, quelles que soient les illusions qu'on ait eues sur elle, est la période la plus
dure de la vie, c'est celle qui demande de grands efforts d'organisation physique et
morale ... L'enfant et le jeune homme normale ont une force énorme de présenti-
fication: ils vivent dans le présent, ils sentent le présent réel.« *(S. 684f.)*

Während der Arbeit nahm Hofmannsthal einige Veränderungen am äußeren Ver-
lauf der Handlung vor. Bis hin zur Niederschrift (H) war der Bediente der Vater des
unehelichen Kindes der Magd, der Kaufmann der Vater des gleichzeitig geborenen
ehelichen Kindes. Im Mittelpunkt der Handlung steht wohl der Knabe Euseb, doch
gibt es neben ihm mehrere Figuren, wie den Arzt und den Cooperator, die wichtige
Rollen übernehmen sollten. Die alte Frau, die einsam in der Dachkammer lebt und
wahrscheinlich in derselben Nacht sterben wird, taucht nach 1911 nicht mehr auf. An
ihre Stelle tritt der alte Vater des Wirtes und zwar deswegen, weil der Wirt ab 1912
wichtig wird. Er ist nun der Vater des Kindes der Magd. Zwei Bemerkungen, in
N 32 und N 34, lassen sogar vermuten, daß Hofmannsthal kurz daran dachte, ihn
auch zum Vater eines ehelichen Kindes zu machen, so daß ihm in ein und derselben
Nacht zwei Kinder geboren werden. Der Kaufmann und seine Familie kommen in
dieser Version nicht mehr vor. Ab 1912 ist Euseb die allein beherrschende Figur.
Arzt und Cooperator treten in den Hintergrund. Gleichzeitig wird die Zeit, in der
die Geschichte spielen soll, erweitert. Beschränkte sie sich zuerst auf die eine Gewitter-
nacht – darum der Titel Dämmerung und nächtliches Gewitter *– so sollte jetzt*
auch von der weiteren Entwicklung des Knaben erzählt werden und die Geschichte mit
seiner Berufswahl enden. Die Notizen, die darauf Bezug nehmen, sind fast alle in das
Jahr 1913 zu datieren. Entsprechend der Veränderung der Handlung verdrängt jetzt
der Titel Knabengeschichte *den früheren.*

Der größte Einfluß auf die Knabengeschichte *ging wohl von dem Buch* ›Leaves
of Grass‹ *von Walt Whitman aus. Die Erdverbundenheit, das Animalische, das hier*
seinen Ausdruck findet, besaß für Hofmannsthal eine große Anziehungskraft. Wie
sehr er Whitman schätzte, geht besonders aus seinem Briefwechsel mit Ottonie Degen-
feld hervor (BW 251 und 254; vgl. auch SW XXVIII 279f. und 443). Ein Brief

---

[1] *Vgl. auch S. 260, 1–16.*
[2] *Ursprünglich war der Stoff als Drama angelegt, woraus dann* Jedermann *wurde.*

Lafcadio Hearns an W. D. O'Connor, gedruckt in dem Buch ›The Life and Letters of Lafcadio Hearn‹ by Elisabeth Bisland, London 1906, drückt das aus, was auch Hofmannsthal an Whitman gefiel. Mehrere Stellen des folgenden Absatzes aus diesem Brief wurden von ihm in seinem Exemplar angestrichen. Hearn sagt über ›Leaves of Grass‹: »Beauty there is, but it must be sought for; it does not flash out   5 from hastily turned leaves: it only comes to one after full and thoughtful perusal, like a great mystery whose key-word may only be found after long study. But the reward is worth the pain. That beauty is cosmical – it is world-beauty; – there is something of the antique pantheism in the book, and something larger too, expanding to the stars and beyond. What most charms me, however, is that which is most earthy and of the earth.   10 I was amused at some of the criticisms – especially that in the Critic – to the effect that Mr. Whitman might have some taste for natural beauty, etc., as an animal has! Ah! that was a fine touch! Now it is just the animalism of the work which constitutes its great force to me – not a brutal animalism, but a human animalism, such as the thoughts of antique poets reveal to us: the inexplicable delight of being, the   15 intoxication of perfect health, the unutterable pleasures of breathing mountain-wind, of gazing at a blue sky, of leaping into clear deep water and drifting with a swimmer's dreamy confidence down the current, with strange thoughts that drift faster. Communion with Nature teaches philosophy to those who love that communion ... He is an animal, if the Critic pleases, but a human animal – not a camel that weeps and   20 sobs at the sight of the city's gates. He is rude, joyous, fearless, artless, – a singer who knows nothing of musical law, but whose voice is as the voice of Pan. And in the violent magnetism of the man, the great vital energy of his work, the rugged and ingenuous kindliness of his speech, the vast joy of his song, the discernment by him of the Universal Life, – I cannot help imagining that I perceive something of the antique   25 sylvan deity, the faun or the satyr. Not the distorted satyr of modern cheap classics: but the ancient and godly one, ›inseparably connected with the worship of Dionysus,‹ and sharing with that divinity the powers of healing, saving, and foretelling, not less than the orgiastic pleasures over which the androgynous god presided.« (S. 272f.).

Daß Hofmannsthal Whitman während der Arbeit an der Knabengeschichte   30 las, beweist das Zitat in N 30 und vor allem die Tatsache, daß er sich in sein Exemplar der ›Leaves of Grass‹ Aufzeichnungen zu der Erzählung machte (N 29).

Im Juli 1912 las Hofmannsthal Karl Philipp Moritz' ›Anton Reiser‹, woraus zwei Episoden in den Notizen zur Knabengeschichte zitiert werden. Auch Robert Musils ›Die Verwirrungen des Zöglings Törleß‹, erschienen 1906,   35 von Hofmannsthal wahrscheinlich nicht vor April 1907 gelesen, was man aus dem Briefwechsel mit Harry Kessler (BW 155) schließen kann, konnte nicht ohne Einfluß bleiben, denn Hofmannsthal schätzte dieses Buch sehr (vgl. auch SW XXVIII 212). Ebenfalls von Bedeutung ist Frank Wedekinds Drama ›Frühlingserwachen‹ von 1891, das Hofmannsthal in N 7 erwähnt.   40

Für die späten Notizen spielen die Arbeitererinnerungen von Karl Fischer: Denkwürdigkeiten und Erinnerungen eines Arbeiters, herausgegeben und mit einem Geleit-

wort versehen von Paul Göhre, Leben und Wissen, Band 2, Leipzig 1903, und Wenzel
Holek: Lebensgang eines deutsch-tschechischen Handarbeiters, herausgegeben von
Paul Göhre, Jena 1909, eine wichtige Rolle (vgl. Erläuterungen, S. 364, 29f. und
365, 15–366, 12).

ÜBERLIEFERUNG

N 1   *H VII 15.63 – Eintragung im Tagebuch; nächstes vorhergehendes Datum:* 11 IX.
     ⟨1906⟩ Lueg.

N 2   *E IV A 44.39 – Auf der Rückseite: Namenliste für Korrespondenz.*

N 3   *E IV A 44.49 – Oben auf der Seite, gestrichen:* Reiseantritt. *Die Rückseite ist*
     ein ehemaliges Konvolutdeckblatt mit der Aufschrift: Die Abende von Rodaun.

N 4   *E IV A 44.34 – (Steiner, E 253)*

N 5   *E IV A 44.46*

N 6   *E IV A 44.43*

N 7   *E IV A 44.11 – (Steiner, E 253)*

N 8   *E IV A 44.40*

N 9   *E IV A 44.44*

N 10   *E IV A 44.47 – Auf derselben Seite Entwurf zu S. 176, 22–29; auf der Rück-*
     seite befindet sich N 16.

N 11   *E IV A 44.37 –* Doppelblatt.

N 12   *E IV A 44.45*

N 13   *E IV A 44.33*

N 14   *E IV A 44.35*

N 15   *E IV A 44.48*

N 16   *E IV A 44.47^b – Auf der Vorderseite befinden sich N 10 und ein Entwurf zu*
     S. 176, 22–29.

N 17   *E IV A 44.42*

H   *E IV A 44.1–8 –* 1. *bis* 8. *paginiert. (Steiner, E 248–252)*

N 18   *E IV A 44.38*

N 19   *E IV A 44.9 – (Steiner, E 252f.)*

N 20   *E IV A 44.10 – (Steiner, E 253)*

N 21   *E IV A 44.25 – Auf derselben Seite N 63 zu der Erzählung* Die Frau ohne
     Schatten.

N 22   *E IV A 44.21*

N 23   *E IV A 52.6 – Die Notiz befindet sich zwischen Aufzeichnungen zu* Sieben-
     brüder *(N 4).*

N 24   *E IV A 44.36 – Auf der Rückseite eine Notiz zu* Andreas.

N 25   *E IV A 44.41 – Auf derselben Seite Notiz zu der geplanten Sammelveröffentli-*
     chung Die Lebenspyramide *(s. S. 359, 4–8).*

N 26   *E IV A 4.132 – Auf derselben Seite und auf der Rückseite eine Notiz zu* Andreas;
     auf der Rückseite außerdem Aufzeichnungen über Ingres.

N 27   *E IV A 44.28*

N 28   *E IV A 44.26*

N 29   *FDH (Hofmannsthals Bibliothek) – Walt Whitman:* Leaves of Grass. *Phila-*
     delphia o. J., hinteres Vorsatzblatt.

N 30   *E IV A 44.27*
N 31   *E IV A 44.15*
N 32   *E IV A 44.19*
N 33   *E IV A 44.18*
N 34   *E IV A 44.22*
N 35   *E IV A 44.23*
N 36   *E IV A 44.24*
N 37   *E IV A 44.17*
N 38   *E IV A 44.14 – Auf derselben Seite Skizze mit Bleistift.*
N 39   *Bibliotheca Bodmeriana – Auf derselben Seite eine Notiz zu* Silvia im »Stern«.
N 40   *E IV A 44.13*
N 41   *E IV A 44.20*
N 42   *E IV A 44.16 – Auf der Rückseite N 8 der Novelle* Die Heilung *und Notizen zu* Silvia im »Stern«.
N 43   *H V B 24.16/E IV A 4.194 – Auf derselben Seite befinden sich Notizen zur* Jünglingsgeschichte *und zu* Andreas.

VARIANTEN

N 3

168, 24 f.:   *Der Absatz ist am Rand doppelt angestrichen.*

N 6

169, 13–27:   *Unten auf der Seite, gestrichen:* Eusebs halbwache Träume: er hascht nach einer Welle; sie entgleitet ihm, die nächste, die andere wieder: endlich bleibt etwas zwischen den Fingern, glatt wie ein Aal, es ist ein durchsichtiges Thier, ein wundervolles: er setzt es in ein grosses Glas: es erhellt das Wasser und das Zimmer

N 7

169, 29:   *Oben am Rand nachgetragen.*

169, 30   so . . . hinab *Einschub.*

169, 34   neben dem Kalb *Einschub.*

N 17

174, 5–10:   *Am Rand angestrichen.*

174, 7 f.   Das Wort . . . hervorzurufen *Einschub.*

H

174, 29   Vogel *aus (1)* Furchtbaren *(2)* Sterbenden *In H* Vogel *in gestrichelter Klammer, was wohl bedeutet, daß dies nicht die endgültige Bezeichnung sein sollte.*

175, 7 f.   Dennoch . . . finden *Einschub.*

175, 28   dringen *danach, gestrichen:* ; noch das sehnliche Blöken, als ein Strick es hingeschleift hatte, und in den nun gebrochenen grossen Augen die sinkende Sonne mit dem gedämpften Glanz der Wiesen sich gespiegelt hatte

175, 32   er . . . Kalb *Einschub.*

176, 17   sela. *danach, getilgt:* Und ein besseres Mädchen wartet nicht, bis man ihr das sagt, sie hat das Feingefühl und hängt sich nicht an die Rockfalte.

177, 11 f.   fühlte . . . ausgiengen *aus* war in ihm die Schreckhaftigkeit eines gescheuchten Rehes und er fühlte alles Schaudern, das von ihm ausgieng

N 19

178, 2:   *Nachtrag, mit Bleistift.*

178, 15–21:   *Am Rand angestrichen.*

N 20

178, 23–29:   *Die ganze Notiz ist am Rand angestrichen.*

N 21

179, 3–5   dies . . . Schlange *Nachtrag.*

N 30

183, 4–6:   *Nachtrag.*

N 40

187, 4–22:   *Oben auf der Seite:* Steyr

ERLÄUTERUNGEN

167, 20   er *Gemeint ist der Kaufmann, vgl. S. 171, 22.*

169, 15–18   Râmakrishna . . . noch. *Râmakrishna liebt die Göttin Kâlî mit so großer Hingebung und Sehnsucht, daß er davon krank wird. Eines Tages, als er im Begriff ist, sich das Leben zu nehmen, das er, ohne der Göttin nahe zu sein, nicht ertragen kann, hat er eine Vision, in der ihm Kâlî erscheint. Danach identifiziert er sich mit ihr. Dies schildert Max Müller in seinem Buch ›Râmakrishna, his life and sayings‹, London, Bombay 1901, S. 38 ff. Das Buch befindet sich noch in Hofmannsthals Bibliothek. Die Person Râmakrishnas, nahegebracht durch dieses Buch, beeindruckte Hofmannsthal zu dieser Zeit sehr. Vgl.* Die Briefe des Zurückgekehrten, *Steiner, P II 306 f.*

169, 29 Frühlingserwachen *Gemeint ist sicherlich das gleichnamige Drama von Frank Wedekind.*

170, 18 Gebetsreiterin *Gébetsreith* = *Gébetsreuth, Weiler im Salzkammergut, nach dem sich Familiennamen bildeten (analog:* Leitmetzerin *im* Rosenkavalier*).*

178, 14 Hebbels Gemütsverfassung in der schlimmsten Zeit seines Lebens. *Damit kann Hebbels Kindheit gemeint sein.*

178, 23–27: Auch im Märchen von der verschleierten Frau *identifiziert sich der Bergmann mit einem Sperber (s. S. 144, 26–31 und 342, 31f.).*

179, 1f. Dies . . . knien. *Derselbe Gedanke findet sich in der* Soldatengeschichte *(S. 59, 26–29) und in* Das Fräulein und der Berühmte *(S. 125, 20–22).*

179, 24f. Der Wirt . . . Hochzeitstag *Diese Anekdote erscheint auch in einer Tagebucheintragung Hofmannsthals mit dem Datum* 25 VII. 12. *(H VII 10):* Der Fleischhauer in Kaschau (ein mütterlicher Verwandter von Grete Wiesenthal) der an seinem Hochzeittag sich so fröhlich, so glücklich fühlt, dass er – bevor er zu seiner Frau hineingeht – sich den stärksten Ochsen heranführen lässt und ihn kunstgerecht abschlägt, seinen Gefühlen Lauf zu lassen. *Sie wurde später ins* Buch der Freunde *aufgenommen (Steiner, A 22).*

179, 27f.: Die Quelle für diesen Einfall ist Karl Philipp Moritz' ›Anton Reiser‹, den Hofmannsthal im Juli 1912 las. Eine Eintragung in seinem Tagebuch aus dieser Zeit lautet: Ein Jüngling wird Karthäuser weil seinen Freund, mit dem er Hand in Hand unter einem großen Baum gestanden hat, der Blitz erschlägt. (Anton Reiser.) *(H VII 10)*

180, 27 Diurnisten *Tagesschreiber.*

181, 1 vacierende *stellungslose.*

181, 23f.: Zitat aus Friedrich Hebbel, Sämtliche Werke, Historisch-kritische Ausgabe besorgt von Richard Maria Werner, 2. Abteilung, Tagebücher, 1. Band, Berlin 1905, S. 417.

182, 2 Gequälte . . . Bauplätzen; *Eine ausführliche Beschreibung, wie ein Pferd gequält wird, findet sich bei Karl Fischer, a.a.O., S. 166.*

182, 4–7: Hebbel erzählt in seinen Tagebüchern die Geschichte des Priesters Peter Joseph Schäffer, der zum Meuchelmörder an zwei Frauen wurde. Friedrich Hebbel, Tagebücher, 1. Band, a.a.O., S. 177f. Die folgende Stelle wurde von Hofmannsthal angestrichen: »In seiner Kirche forderte er die Gemeinde auf, um die Beßrung eines verstockten Sünders zu beten.«

182, 22f. Schmutz . . . Gnadenmutter *Das Bild kommt auch im* Andreas *vor.*

Eine Notiz lautet dort: Ungeistige Christen betrügen Gott: Schmutz hinterm Altar. *(SW XXX)*

183,9f. I will ... me. *Zitat aus dem Gedicht ›This Compost‹ von Walt Whitman, in: ›Leaves of grass‹, Philadelphia 1900, S. 316. Das Buch befindet sich noch* in *Hofmannsthals Bibliothek und enthält auf einem hinteren Vorsatzblatt N 29.*

185, 19 Gottscheer *Hausierer, weil diese großenteils aus der Gottschee stammten.*

185, 27f. von dem ... schlagen *Diesen Zug entnahm Hofmannsthal aus Karl Philipp Moritz' ›Anton Reiser‹, wie die folgende Tagebuchnotiz vom 5. August 1912 belegt:* ... die Mutter Anton Reisers, die den Knaben als der Vater ihn ungerecht schlägt, diesem mit Gewalt unter zornigem Weinen und Streiten entreißen will, aber weil ihr dies nicht gelingt dann gleichfalls auf das Kind losschlägt. (Anton Reiser I. Theil) *(H VII 10)*

186, 13 Faistauer *Den Maler Anton Faistauer (1887–1930) lernte Hofmannsthal 1913 durch Erwin Lang kennen.*

186, 20f.: Wenzel Holek: Lebensgang eines deutsch-tschechischen Handarbeiters, a.a.O., S. 124: »›Ach, die Sau! Die denkt, sie wird noch verhungern. Jedesmal, wenn Auszahlung ist, weint sie, weil es ihr um das Geld leid tut. Sie möchte alles lieber selbst behalten. Das ist nichts Neues bei der.‹« *So erklärt ein Arbeiter die Tränen der Frau des Figuranten Láska bei der Auszahlung der Arbeiter. Die Stelle ist von Hofmannsthal in seiner Ausgabe am Rand angestrichen.*

186, 22–24: Diese Tätigkeiten werden von Wenzel Holek (a.a.O.) ausführlich beschrieben. Die Kinder helfen den Eltern in der Ziegelei und im Steinbruch, sie sind beim Holzsammeln dabei, und da nicht genug Reisig auf dem Boden zu finden ist, bricht die Mutter mittels eines an einer langen Stange befestigten Hakens Äste von den Bäumen ab. Das älteste Kind muß die jüngeren Geschwister hüten, wenn die Eltern zur Arbeit gehen. Holek beschreibt ausführlich, wie aus mit Zucker gekautem Brot, das in einen Lappen gedreht wird, Lutscher für die Kleinsten gemacht werden.

187, 14 Bude der Arbeiter *In seiner Lebensgeschichte schildert Karl Fischer, wie sich die Erdarbeiter nahe ihrer Arbeitsstelle strohgedeckte Buden aus Brettern bauen, in denen sie hausen. ›Denkwürdigkeiten und Erinnerungen eines Arbeiters‹, a.a.O., S. 145.*

187, 17f.: Karl Fischer, a.a.O., S.146f.: »Die Wand vor unserem Kippkarren war wohl drei Meter hoch, da unterminirte man die Wand und trieb den Boden oben mit Keilen los; da hatte ich meine Wand auch unterminirt und ging hinauf, da lagen ein paar große hölzerne Keile, oben und unten mit Eisen beschlagen, und ein paar große hölzerne Schlägel, und der Schachtmeister war mit raufgegangen, und bezeichnete mir mit der Fußspitze die Stelle, wo ich den Keil ansetzen und eintreiben sollte. Es war gut, daß er es gethan hatte, aber ich war bei dieser Arbeit kein Neuling, und wenn er

*auch nicht dabei gewesen wäre, da hätte ich doch den Keil auf der nämlichen Stelle
angesetzt, und konnte selbst beurtheilen, wo er hin gehörte. Da setzte ich den Keil an,
und schlug drauf, und der Schachtmeister trat einen Schritt zurück; da hatte ich den
Keil schon zur Hälfte eingetrieben; es zeigte sich kaum ein schwacher Riß und ich
ruhte etwas aus, und hatte kaum wieder angefangen zu schlagen, da riß die Wand*   5
*beinahe einen Meter weit hinter dem Keile von selber los, und wir segelten plötzlich
beide herunter. Aber die Wand hatte sich nicht überschlagen, sondern war blos einge-
stürzt, und der Schachtmeister stand unten noch eben so gerade auf den Füßen als
vorher oben, aber bis an die Knie im Boden, ich aber war mit der Brust auf den Keil
gefallen, und blieb vorläufig liegen. Aber der Schachtmeister sah sich die neue Wand* 10
*an, und fand, daß in dem Lehme eine Sandader lang lief, und machte die Leute
aufmerksam und warnte sie.«*

*187, 20–22: Das Vorbild für diese Figur ist der Arbeiter Scharentin, von dem Karl
Fischer erzählt, daß er nie zu Schuhen und anständigen Kleidern kam, und als er sich
endlich in der nächsten Stadt ein Hemd kaufte, verlief er sich auf dem Rückweg und* 15
verlor das Hemd und seine Mütze dazu. A.a.O., S. 169.

188, 7 In der Gruppierung de Coster zu nützen. *Charles de Costers ›Tyll
Ulenspiegel und Lamm Goedzak‹ erschien erstmals in deutscher Übersetzung 1912
in Jena. Hofmannsthal besaß diese Ausgabe, die er wohl gleich nach ihrem Erscheinen
las. Die hier zitierte Bemerkung mag darauf hindeuten, daß er plante, die Erzählung* 20
*in Episoden einzuteilen, wie dies de Coster mit seinem Stoff, analog seiner Quelle,
dem niedersächsischen Volksbuch, tat.*

DER MANN VON 50 JAHREN

ENTSTEHUNG

Den Stoff, in seinen Grundzügen der im Titel gleichlautenden Erzählung Goethes aus 25
*dem ›Wilhelm Meister‹ entlehnt, bearbeitete Hofmannsthal zuerst als Komödie.
Über den ersten Einfall dazu schreibt er im August 1910:* der Einfall kam nach-
mittags, als es sehr heiß war, während eines halbschlafenden Lesens im
Molière. nachher giengen wir mit Rudolf Schroeder und Clärchen[1] nach
Grundlsee, wo Seebeleuchtung war. *(H III 176.2) Auch das genaue Datum* 30
ist überliefert. Es findet sich auf dem Blatt, das ein erstes Konzept enthält:

Aussee 17 VIII 1909 Comödie: der Mann von fünfzig Jahren.

in Wien, und auf einem böhm⟨ischen⟩ Schloss. im Costum der 70er Jahre

---

[1] *Clara Schröder, die Schwester R.A. Schröders.*

der Prinz von Ligne
die Schwiegertochter
die Stiftsdame (= junge Witwe)
der Vetter
5 Der Prinz als Liebhaber
   als Vater (besorgt das Eheglück seines Sohnes zu erhalten)
   als Zeitgenosse (im Kampf mit Gläubigern)
Die Handlung. Der Prinz hat eine seit Jahren laufende Liaison mit der
Stiftsdame. Die Schwiegertochter langweilt sich in ihrer Ehe und hat den
10 Vetter eingeladen. Der Prinz bemerkt dass die Schwiegertochter über sein
Treiben ungeduldig in einer Art worin etwas von Eifersucht liegt. E r
v e r b r i n g t   e i n e   der andern bestimmte Stunde bei ihr wodurch er sie
abhält den Vetter unter 4 Augen zu sprechen. Die Argumente das Ringen
gegen alle leichtfertigen Verbindungen kehren sich gegen ihn. *(H III 176.7)*

15 *Ein Jahr später dann, ebenfalls in Aussee, entschließt sich Hofmannsthal, nach
einem Gespräch mit Schröder, den Stoff als Novelle auszuführen. Er schreibt
darüber auf demselben Blatt wie N 1:*

Aussee 26 VIII. 1910.

in einem Gespräch mit Schroeder die Einsicht gewonnen dass der »Mann
20 von fünfzig Jahren« besser als Novelle auszuführen anstatt als Comödie.
Ein Hauptgrund: dass die Reinheit u der Ernst des Themas nicht gestatte,
eine der Hauptfiguren zu chargieren. *Etwas später fügt er auf demselben Blatt
in Klammern hinzu:* Schroeder war hier vom 23ten abends bis 28ten morgens.

Während der Arbeit am Mann von 50 Jahren *las Hofmannsthal in Stendhals*
25 *›De l'Amour‹. Auf den Einfluß, den dieses Buch auf seine Arbeit hatte, weist eine
Annotation in seinem Exemplar, erschienen in Paris 1896, hin. Den Satz Stendhals:
»Ce qui gâte le parti de l'inconstance, c'est que tous les sots se rangent de ce côté par
manque de courage.« (S. 221) bezieht er durch eine Anstreichung und die Anmerkung* Prinz *am Rand auf den* Mann von 50 Jahren.

30   *ÜBERLIEFERUNG*

N 1   H III 176.2

N 2–N 4 – Die Notizen befanden sich in einem Konvolutumschlag mit der Aufschrift: Der
Mann von 50 Jahren. (als Novelle.) *(H IV A 56.2)*
N 2   H IV A 56.1
35 *N 3   H IV A 56.6*
N 4   H IV A 56.5

ERLÄUTERUNGEN

189, 4f.: Dieser Aphorismus, der in seiner Art an den der folgenden Zeile erinnert, stammt sicherlich von Hofmannsthal. à la Stendhal *muß eine Anspielung auf Stendhals Buch ›De l'Amour‹ sein, in dem Hofmannsthal während der Arbeit am* Mann von 50 Jahren *las.*

189, 6: Eine Tagebucheintragung Hofmannsthals, die mit dem Datum Mai oder Juni 1909 *versehen ist, vermutlich aber erst zu Beginn des Jahres 1911 niederge-schrieben wurde, vielleicht von einem älteren Zettel übertragen, lautet:* Träumte eine Reihe von Aphorismen die ich gedruckt vor mir sah. Das letzte, unterste in der Reihe, zuletzt abgelesen konnte ich mir, im Aufwachen gerade noch merken; es hieß: Manieren. Wer im Verkehr mit Menschen die Manieren einhält, lebt von seinen Zinsen, wer sich über sie hinwegsetzt greift sein Capital an. *(H VII 10). Den Aphorismus nahm Hofmannsthal später ins* Buch der Freunde *auf (Steiner, A 24).*

189, 17 D B *Dora Bodenhausen.*

DIE HEILUNG

ENTSTEHUNG

Am 6 III 1910 am Tage der Rückkehr aus Berlin[1] *begann Hofmannsthal den ersten Band des Werkes von Pierre Janet:* Les obsessions et la Psychasthénie, *erschie-nen in Paris 1903, zu lesen. Was ihn an diesem Buch beeindruckte, formuliert er im* Buch der Freunde*:* Krankengeschichten, aufgezeichnet von Janet, brin-gen in Evidenz, daß Glaubenskraft abnimmt bei geminderter Willensstärke. – Hier liegt die Wurzel des höheren Daseins. *(Steiner, A 16) Unter dem Ein-druck dieses Werkes entstanden die ersten beiden Notizen zu der Novelle* Die Hei-lung *im November und Dezember 1910. Allerdings gelang es nicht, jenen konkreten Fall in Janets Werk zu ermitteln, auf den Hofmannsthal zu Beginn von N 2 an-spielt und auf dem wohl die Handlung der Novelle, jedenfalls in der ersten Konzep-tion, beruht. Das mag daran liegen, daß er den bei Janet mehr allgemein gehaltenen Bericht mit jenem Fall kombiniert, den er bereits im August 1906 als* Stoff zu einer Novelle *in seinem Tagebuch festhielt:*

(ausgehend von dem Schicksal der Fanny Geissmaier, später verehelichten Iwan.)

---

[1] *Eintragung auf S. 3 seines noch erhaltenen Exemplares.*

Ein armes Mädchen ergiebt sich einem Mann, dessen ganzes Leben sie aus-
zufüllen glaubt. Unerfahren und leichtgläubig, genügen ihr die spärlichen
Auskünfte über den Gebrauch den er vom größten Theil des Tages, getrennt von ihr, macht. Eines abends wird sie gebeten, eine Freundin vom
5 Theater abzuholen, sieht den Geliebten die Stiege herunterkommen eine
Frau am Arm. Er ist verheirathet, war es schon die ganze Zeit, schon als er
sie kennen lernte, sie verführte.

Variante. Ein Mann verheimlicht vor einer an Stand und Erziehung, nicht
aber an Seele, unter ihm stehenden Geliebten sein Schicksal, das aber nur
10 ein eingebildetes Schicksal ist, unter dessen Last er dahin keucht, dessen
überspannte Beziehungen ihm jeden Augenblick zusammenzubrechen dro-
hen. Den Menschen, mit denen er in diesen künstlichen Beziehungen steht,
verheimlicht er durchaus jene andere wahre Beziehung, er geräth mit einem
geistig merkwürdigen, unglücklich angelegten Mädchen in eine Art Braut-
15 schaft, an deren Bestand aber diese selbst wieder im innersten zu glauben
nicht die Kraft hat. Diese Verhältnisse welche nur in der Luft, nicht in der
Erde wurzeln machen ihn immer unglücklicher. Vorsätzlich und nicht
unschuldig hat er sich selbst zur Gesellschaft des Sisyphus und der Danaiden
verurtheilt. Indessen hat seine Geliebte jenes andere Verhältnis entdeckt,
20 ist darüber fast zu Grunde gegangen – hat sich wie ein verwundetes Thier
seinen Nachstellungen entzogen. Er findet sie wieder in einem neuen Verhältnis. Nun wird ihm offenbart, was er verloren hat. Er muss sie, nicht ohne
Verschulden und Kampf, zurückgewinnen.

Fortsetzung des Schicksals der Fanny Geissmaier.
25 Sie lebt, nach überstandener Verzweiflung, ganz für das Kind. Indessen ist
sie Köchin, dann Kindermädchen bei Lili, in deren schlimme Eheverhält-
nisse verstrickt. Zurückgekehrt, indess das Kind unter guter Aufsicht war,
lernt sie das Gewerbe einer Hebamme, unterzieht sich den Prüfungen.
Indessen hat sich ihr, fast noch mehr dem Kinde als ihr, ein Mann genähert
30 der, obwohl von gutem Aussehen, ihr unter ihrem Stand erscheint, besonders wenn sie ihn mit dem ersten vergleicht. Obwohl in städtischem Dienst
zeitweilig, aber in diesem unzufrieden und fremd, ist er ein Bauer. Dieses
Verhältnis führt zur Ehe. Für ihn ist sie die Wienerin, die Welt-erfahrene, ja
selbst die Energischere. Er führt sie in seine Heimat; sie findet die Mutter,
35 die Schwägerinnen, hübsche Cousinen, im Dorf eine ausgebreitete Liebes-
und Gasterei-wirtschaft. Eine Cousine die im Haus wohnt, hat die Gewohnheit, den Bauer mittags und abends zu küssen. Wenn gebraten oder ge-
backen worden ist, so muss das halbe Dorf daran betheiligt werden. Unter
den fremden Bräuchen, der fremden Sprache fühlt sie sich halb verloren.
40 Die Tochter, nun schon vierzehnjährig, kommt in eine vornehme Klosterschule. Iwan ist der größte Bauer des Dorfes: zu ihm kommen wenn die
Zeit zum Schnitt ist, über hundert junge Mädel und Bursche, das Korn

schneiden, wofür er den Zigeuner mit einem Stück Land ablohnt, indess der Zigeuner von der Dorfjugend mit diesem Arbeitstag für das sonntägliche Aufspielen zum Tanz entschädigt wird.

Hier muss sie erleben, dass das Kind ihr im Kloster erkrankt und nach wenig Tagen stirbt. Der Mann macht dem Kind eine Leichenfeier »wie 5 einer Gräfin«. (*H VII 15; Steiner, A 145–147. Die Aufzeichnung ist datiert:* ⟨Lueg⟩ 21. VIII. ⟨1906⟩)

Damit sind jedoch die Quellen zu Die Heilung *noch nicht erschöpft. 1910 arbeitet Hofmannsthal auch an dem Drama* Dominic Heintls letzte Nacht, *für das Balzacs Roman ›Eugénie Grandet‹ von großer Bedeutung ist. Schon bei Balzac wird* 10 *beschrieben, was Janet psychologisch analysiert: die Verbindung von Liebesenttäuschung und Religiosität.*

Im Juli und November 1911 beschäftigt sich Hofmannsthal wieder mit der Novelle, und wieder zeigen die entstandenen Notizen den Einfluß seiner Lektüre. Diesmal ist sie mystischer Art, es ist das erste Kapitel des Buches von Joseph Baruzi: La 15 *Volonté de Métamorphose, das Hofmannsthal in Aussee, im Juli 1911, las. Dies und William James' ›The Varieties of religious Experience‹, London 1907, sind bestimmend für N 3–N 7.*

In N 8, wohl in das Jahr 1912 zu datieren, vermischen sich Aufzeichnungen zu Die Heilung *mit solchen zu dem Lustspiel* Silvia im »Stern«, *mit dem sie das Thema* 20 *gemeinsam haben. In diesem Jahr ändert Hofmannsthal seine Konzeption insofern, als er nun den ungetreuen Geliebten in den Mittelpunkt der Handlung stellt. Diese Änderung hängt wahrscheinlich mit der Absicht zusammen, die Novelle dem geplanten Zyklus* Die Lebenspyramide *einzugliedern.*[1] *Auf diesen Plan weist der letzte Absatz von N 11 deutlich hin. Es sollte innerhalb der* Lebenspyramide *der Mann* 25 *von vierzig Jahren dargestellt werden. Dies konnte nicht mehr unter der sich auf die Frau beziehenden Überschrift* Die Heilung *geschehen. Und so nennt Hofmannsthal, als er im Jahr 1917 das Thema vorübergehend wieder aufnimmt, die neue Erzählung* Der Mann ohne Zutritt *(s. S. 207).*

(s. S. 207)

ÜBERLIEFERUNG 30

N 1   *H IV A 34.2*
N 2   *H IV A 34.7*
N 3   *H IV A 34.8*
N 4   *FDH (Hofmannsthals Bibliothek) – Joseph Baruzi: La Volonté de Métamorphose. Paris 1911, S. 204.* 35
N 5   *H IV A 34.6*
N 6   *H IV A 34.3*
N 7   *H IV B 189.12*

[1] *S. S. 260, 1–16.*

N 8   E IV A 44.16ᵇ – Auf derselben Seite Notizen zu Silvia im »Stern«; *auf der*
Vorderseite N 42 zur Knabengeschichte.
N 9–N 10   H IV A 34.4–5
N 11   H V B 16.12

Die Blätter H IV A 34.2–8 befinden sich in einem Konvolutumschlag mit der Aufschrift
Die Heilung   Novelle. *(H IV A 34.1)*

VARIANTEN

N 4

Zu Beginn des ersten Kapitels trug Hofmannsthal drei Lesedaten ein. Das für diese
Erzählung in Frage kommende lautet: Aussee 17 VII 1911 *(vgl. N 6).*

N 8

192, 3–5:   Am Rand: auch Silvia

ERLÄUTERUNGEN

190, 22f. das Motiv . . . Lenz) *Das Gedicht von Lenz, ›Die Geschichte auf der*
Aar‹ von 1777, spielt auch für Hofmannsthals Romanfragment Andreas *eine Rolle.*
S. dazu Manfred Pape: *›Die Geschichte auf der Aar‹. Dichtung und Wahrheit*
bei Jakob Michael Reinhold Lenz und Hugo von Hofmannsthal. NZZ 1. 4. 1977,
Fernausgabe Nr. 77, S. 25f.

190, 29 (nach I zu formulieren) *Gemeint ist das erste Kapitel: La Décadence*
des Songes, in Joseph Baruzi: *La Volonté de Métamorphose, Paris, 1911.*

190, 30f.: William James: *The Varieties of religious Experience, London 1907,*
S. 59f., berichtet von den Erfahrungen eines Freundes mit einer sogenannten »con-
sciousness of a presence«: »After I had got into bed and blown out the candle, I lay
awake . . . when suddenly I f e l t something come into the room and stay close to my bed.
It remained only a minute or two. I did not recognize it by any ordinary sense, and
yet there was a horribly unpleasant ›sensation‹ connected with it. It stirred something
more at the roots of my being than any ordinary perception. The feeling had something
of the quality of a very large tearing vital pain spreading chiefly over the chest, but
within the organism – and yet the feeling was not p a i n so much as a b h o r r e n c e.
At all events, something was present with me, and I knew its presence far more surely
than I have ever known the presence of any fleshly living creature. I was conscious of
its departure as of its coming: an almost instantaneously swift going through the door,
and the ›horrible sensation‹ disappeared.

On the third night when I retired my mind was absorbed in some lectures which I
was preparing, and I was still absorbed in these when I became aware of the actual
presence (though not of the c o m i n g) of the thing that was there the night before, and
of the ›horrible sensation‹. I then mentally concentrated all my effort to charge this
›thing‹, if it was evil, to depart, if it was n o t evil, to tell me who or what it was, and   5
if it could not explain itself, to go, and that I would compel it to go. It went as on the
previous night, and my body quickly recovered its normal state.«
Derselbe Hinweis findet sich auch in den Notizen zu Andreas.

SIEBENBRÜDER

ENTSTEHUNG   10

Einer Notiz Hofmannsthals zufolge war der erste Plan zu diesem persönlichen
Märchen *schon Ende Dezember 1911 gefaßt (vgl. S. 374, 3–5). Die überlie-*
ferten Notizen stammen zum überwiegenden Teil vom Juli 1912. Eine spätere
Arbeit an dieser Erzählung ist nicht nachzuweisen.

Hofmannsthal nimmt in Siebenbrüder *das Thema von* Amgiad und Assad   15
wieder auf: die getrennten Brüder, deren Leben auf die mannigfaltigste Weise mitein-
ander verknüpft sind, werden am Ende wieder vereinigt. Die Thematik der gleich-
zeitig in Arbeit befindlichen Werke Andreas, Die Frau ohne Schatten, Die
Heilung *klingt in diesen Notizen an.* Knabengeschichte *und* Dominic Heintl
werden erwähnt. Hofmannsthal scheint alles, was ihn gerade beschäftigte, hier zusam- 20
menfassen zu wollen, vielleicht als eine Art persönlichen Rechenschaftsberichts, was
die kurze, aber intensive Beschäftigung mit diesem Stoff erklären würde.

ÜBERLIEFERUNG

N 1   E IV A 3.17 – *Auf derselben Seite eine Notiz zu* Andreas.
N 2   E IV A 3.15   25
N 3   H IV A 52.4 – *Auf derselben Seite N 5 zu* Die junge Frau und die Nixe im
            Baum.
N 4   H IV A 52.6
N 5   H IV A 52.7 – *Auf derselben Seite eine Notiz zu* Dominic Heintl; *auf der ande-*
            ren Seite Notizen zu der Oper Die Frau ohne Schatten.   30

VARIANTEN

N 4

194, 14: *Danach eine Notiz, die sofort auf* Dämmerung und nächtliches Gewitter *bezogen wird:* (Einer wird Karthäuser weil die Magd bei ihm
der Blitz getroffen: dies in die Geschichte: Dämmerung und
nächtliches Gewitter)

N 5

195, 29 f. so ... Schuss *Einschub.*

ERLÄUTERUNGEN

193, 26–29 aber ... giltig *Diese Passage entspricht den Worten des Färbers in
der* Frau ohne Schatten *über die Widerruflichkeit (vgl. SW XXVIII 166, 27
und 387, 35).*

194, 32: *Die Schicksale von Philemon und Baucis (Faust II, 5, Offene Gegend) und
der Frau in der Aar (Gedicht von R. M. Lenz, vgl. S. 190, 22 f. und Erläuterung
dazu) gleichen sich darin, daß sie in einem völlig zurückgezogenen Leben abseits der
Menschen enden.*

195, 12 f.: *Vgl. die Untersuchung von Manfred Pape:* ›Aurea Catena Homeri.
Die Rosenkreuzer-Quelle der »Allomatik« in Hofmannsthals »Andreas«‹, *DVjs
49, Heft 4, S. 680–693.*

195, 14: *Das von Hofmannsthal viel zitierte (erstmals als Motto in einem Brief
an Bodenhausen vom 7. Juni 1906) und irrtümlich Addison zugeschriebene Wort
stammt von dem englischen Schriftsteller Richard Steele (1671–1729) und steht in
der von Addison unter Mithilfe von Steele gegründeten Zeitschrift* ›Spectator‹ *vom
7. März 1711, wo der Satz lautet:* »The whole man is to move together«. *Hofmannsthal übernahm ihn von Lichtenberg, der ihn Addison zuschrieb.*

195, 18 u. 19 f.: *Vgl. S. 190, 30 f. und die Erläuterung dazu.*

195, 32 Wassernot *Überschwemmung.*

DAS PAAR IM BERG

ENTSTEHUNG

Eine Notiz Hofmannsthals lautet: Rodau 23 XII 1911. Salzburger Märchen
und Siebenbrüder. *zwei persönliche Märchen und ein Nachtrag:* diese
Stoffe lebhafter: Aussee Juli 1912 *(HIVA 52.13). Das* Salzburger Mär-   5
chen *ist, wie der Inhalt zeigt, mit dem* Paar im Berg, *das auch als* Steyrische
Legende *bezeichnet wird, identisch.*

    *N 1–N 4 entstanden im Sommer 1912. Aus den folgenden Jahren gibt es keinen
Anhaltspunkt dafür, daß Hofmannsthal sich weiter mit diesem Märchen befaßte.
Erst 1919 nahm er den Stoff noch einmal auf. N 5 und N 6 stammen aus dieser*   10
Zeit. N 5 ist auf Grund der Erwähnung von Baumanns Roman >La fosse aux lions<,
*den Hofmannsthal im Sommer 1918 las, nicht vor diesem Zeitpunkt, wahrscheinlich
aber erst 1919, zusammen mit N 6, entstanden.* Das Paar im Berg *sollte eines von
drei geplanten* Ehemärchen *werden, wovon jedoch in der folgenden Zeit keines weiter
bearbeitet wurde.*   15

    Die Notizen zu Das Paar im Berg *stehen unter dem Einfluß von Novalis. Die
Idee, daß das Paar in ein Kloster gelangt, in dem es Toten begegnet, stammt sicherlich
aus* >Heinrich von Ofterdingen<. *Hierzu paßt auch, daß dieses Märchen mit einer
Neuerzählung von Novalis'* >Hyacinth und Rosenblüth< *kombiniert werden sollte
(vgl. N 6).*   20

ÜBERLIEFERUNG

N 1   *HIVA 52.8*
N 2   *HIVA 52.2*
N 3   *HIVA 52.10*
N 4   *HIVA 52.11*   25
N 5   *HIVA 52.9 – Beidseitig beschriebenes Blatt.*
N 6   *EIVA 3.7*

VARIANTEN

N 1

196, 5: aus Die Eheleute im Berg.   30

ERLÄUTERUNGEN

197, 9 (Bauern ... redend) *Denis Diderot: ›Jacques le Fataliste‹, in Hofmannsthals Exemplar, Paris, um 1793, S. 59f.*

197, 29f. (cf. ... lions) *Emile Baumann (1868–1941). Sein Roman ›La Fosse aux Lions‹ erschien 1911.*

PRINZESSIN AUF DEM VERZAUBERTEN BERG

ENTSTEHUNG

Die Notiz zu der Prinzessin auf dem verzauberten Berg *entstand im Sommer 1912, als sich Hofmannsthal wieder mehr mit Märchen beschäftigte. Die Quelle könnte die Erzählung* mit dem sprechenden Vogel dem tanzenden Wasser und dem singenden Baum *aus 1001 Nacht, in der Dalzielschen Ausgabe (s. S. 286, 29–31) S. 476ff., sein, der Hofmannsthal mehrfach Motive verdankt (s. S. 298, 2–5).*

ÜBERLIEFERUNG

N HIVA 68

ERLÄUTERUNGEN

199, 11f. »ich ... neu«. *Dieselbe Stelle aus Faust II, 3 zitierte Hofmannsthal auch in* Caserne, *S. 63, 9.*

DER MANN DES ABENDS

ENTSTEHUNG

In Der Mann des Abends *greift Hofmannsthal den 14 Jahre früher begonnenen Stoff von* Der Park *wieder auf, bei dem sich 1905 der Plan einer Darstellung der Versöhnung der Lebensepochen und Generationen in einem Menschen zu dem Versuch der Vermittlung zwischen Ost und West, Asien und Europa entwickelt hatte, angeregt durch die Lektüre von Lafcadio Hearns Buch ›Out of the East‹ (vgl. die Erläuterungen zu S. 161, 30–32 und S. 162, 1–3). Die folgerichtige Weiterentwicklung des Stoffes wurde wieder von einer Lektüre angeregt. Diesmal war es Paul Claudels ›La Connaissance de l'Est‹, Paris 1907.[1]*

Eine Stelle aus einem Diarium *in Bezug auf die Phantasie. 1917 (H V B 21.2) belegt dies. Für Mittwoch, den 25. Juli, trägt Hofmannsthal ein:* nachmittag gehe mit Claudel herum (Mann des Abends). *Das unmittelbare Ergebnis dieses Spazierganges sind die Eintragungen in seinem Exemplar von ›Connaissance de l'Est‹ (N 3). Die weiteren undatierten Notizen zu* Der Mann des Abends *entstanden wohl alle um diese Zeit. Im Unterschied zu* Der Zeichendeuter, *der zusammen mit dieser Erzählung und einer weiteren unter dem Titel* Der Heros *erscheinen sollte (vgl. S. 378, 22–24 und S. 258, 37), nimmt Hofmannsthal diesen Stoff in den späteren Jahren nicht wieder auf.*

Von der Bedeutung des Abends *handelt Hofmannsthal verschiedentlich im* Ad me ipsum *(s. besonders Steiner, A 224). Eine Notiz, die sich auf demselben Blatt wie N 7 befindet, lautet:* Motiv des Abends. im Tor u Tod vorzeitiger Abend Madonna Dianora die Ausdeutung eines leeren Balcons über einem Garten abends mit dem Schrecklichen des Zimmers rückwärts. und dennoch sagt der viel der Abend sagt. *Auch die Auffassung des Abends bei Novalis, insbesondere in den ›Hymnen an die Nacht‹, wird von Hofmannsthal übernommen.*

ÜBERLIEFERUNG

N 1   H V B 14.11 – Auf derselben Seite und auf der Rückseite Notizen zu Andreas *und verschiedene Aufzeichnungen.*
N 2   H IV B 96.3
N 3   FDH (Hofmannsthals Bibliothek) – Paul Claudel: Connaissance de l'Est. Paris 1907, S. 262–264.
N 4   H IV B 96.2

---

[1] *Das Buch, mit Eintragungen Hofmannsthals, befindet sich noch in seiner Bibliothek.*

N 5   H V B 14.16 – Auf derselben und der anderen Seite verschiedene Aufzeichnungen.
N 6   H IV B 96.4
N 7   E V A 1.3 – Auf derselben Seite Notizen zu Der Mann ohne Zutritt *(N 1),*
        zur Erzählung Die Frau ohne Schatten *(N 1a) und Aufzeichnungen, u.a. zu*
        Ad me ipsum *(vgl. S. 376, 23–26).*
N 8   H IV B 96.1 – Auf derselben Seite eine Titelliste (s. S. 378, 22–24).

VARIANTEN

N 1

Nahezu identisch mit N 2 in der Reihenfolge: S. 199, 21–23; S. 200, 10–13 Er
wirft . . . schwärmen; *S. 200, 15 f. Veränderungen . . . elastischer*

200, 1 f.: *darüber:* Der Hinweg: die vielen Entschliessungen.
200, 16 f. Warum . . . Lippen.] Der alte Mann u. der Baum: die ewige Be-
        deutung von Osten u Westen. Gebet des alten Mannes, der den
        Osten nie gekannt hat.

N 2

*Zum größten Teil Abschrift von N 1. S. 200, 18 f. wurde später mit Bleistift hin-
zugefügt.*

N 3

Nahezu identisch mit N 4. Nur der folgende Satz wurde dort nicht aufgenommen:
Die Orgie ist in der Veränderung die schneller ist als meine Gedanken folgen können, so dass die Reflexion nichts aufhebt: ich bekomme das
in mich ohne Schlucken
        Ob die folgenden Eintragungen auch zu Der Mann des Abends *gehören, ist
        ungewiß. Sie wurden am 25. Juli 1917 auf ein zweites Blatt, mit der Überschrift*
Verbundenheit *(E IV A 4.279), übertragen.*

Verbundenheit mit dem Kind

Aus dieser Substanz, die ich nicht suchen darf, denn ich habe sie bauen sich
alle Himmel u Höllen auf, die jemals waren. Deren Wegwerfen die finsterste
Nacht wäre   Das Kind wirft aus dem Schlaf einen Blick auf mich, seinen
Wächter, den Zauberer, der die Worte hat, wodurch es weitergeleitet wird,
der das Lebendige zu den Mauern, der Schutz u. das Selbstverständliche ist.

Impavidum ferient ⟨ruinae⟩: eine Interpretation ein Heraufrufen innerer
Kräfte, Sich-besinnen auf Ressourcen.

N 4

Abschrift von N 3.

200, 26 aber *in N 3 gestrichen.*
201, 6 Linken *in N 3:* Linken diese beiden,

N 5

Nahezu identisch mit N 6, S. 201, 21–23.
   Auf derselben Seite befinden sich die folgenden Aufzeichnungen, die thematisch nahe stehen:

Der Sucher der Zeiten: Reflexionen eines Einsamen in den Trümmern des Eliasklosters auf dem Berge Karmel

Die Fragmente des Novalis als eine geistige heroische Landschaft gesehen, in welcher die Zeit besiegt ist.

N 6

S. 201, 20–23 nahezu identisch mit N 5.

N 7

Identisch mit N 8, S. 201, 26f.: Enthusiast ... anderer *und S. 201, 28f.:* (Virtuose ... Mensch?)

N 8

S. 201, 26f. und 28f. Abschrift von N 7 (vgl. dort).
   Auf derselben Seite befindet sich die folgende Titelliste; sie entstand nicht gleichzeitig mit den vorne angeführten Notizen:
Der Heros
Der Zeichendeuter
Der Mann des Abends

ERLÄUTERUNGEN

200, 11–13 Ost ... schwärmen. *Diese Passage scheint von Edgar Allan Poes Erzählung ›The Island of the Fay‹, die schon für* Der Park *von Bedeutung war (vgl. dort S. 161, 7–9 und Erläuterung dazu), inspiriert zu sein.*

201, 9f. Die Idee ... kann. *Hier greift Hofmannsthal einen Gedanken wieder auf, den er im* Tod des Tizian *in Bezug auf Tizian so formuliert hatte:*

Er hat den Wolken, die vorüberschweben,
Den wesenlosen, einen Sinn gegeben:
Der blassen weißen schleierhaftes Dehnen
Gedeutet in ein blasses süßes Sehnen;
5 Der mächtgen goldumrandet schwarzes Wallen
Und runde graue, die sich lachend ballen,
Und rosig silberne, die abends ziehn:
Sie haben Seele, haben Sinn durch ihn. *(SW III 47f.)*
Auch die gleichzeitige Arbeit an dem erfundenen Brief von Nicolas Poussin *an*
10 Herrn von Chantelou *bleibt nicht ohne Einfluß.*

201, 13: *H. Taine: De l'intelligence, Bd. I, Paris 1888, S. 397f. (Hofmannsthal*
hat die Seitenzahl versehentlich umgedreht). Taine berichtet von einem Kranken, der
die Halluzination hat, ein Mensch sitze in der Haltung des Dornausziehers neben
seinem Bett, die eine Hand, die sehr schön ist, auf das Bett gestützt. Es gelingt dem
15 *Kranken, die Hand anzufassen und sie als völlig real zu fühlen.*

201, 20: *Zitat aus Baudelaires ›Les Paradis Artificiels‹, in Hofmannsthals Aus-*
gabe: Oeuvres Complètes de Charles Baudelaire, Bd. IV, Petits Poèmes en Prose.
Les Paradis Artificiels. Paris o. J. In dem Kapitel ›Le Haschisch‹, S. 378, wird
von einem »sentiment de paternité ardente et affectueuse« gesprochen. Hofmannsthal
20 *zitiert die Stelle sicherlich aus dem Gedächtnis. Über die Bedeutung, die dieses Kapitel*
zur gleichen Zeit für Die Frau ohne Schatten *besitzt, vgl. SW XXVIII*
442, 6–22.

201, 28 B⟨ösendorfer⟩schen Conzertsaal *Konzertsaal in Wien.*

377, 32 Impavidum ferient ⟨ruinae⟩ *Horaz, Ode 3,3,8.*

25   DER ZEICHENDEUTER

                              ENTSTEHUNG

Mindestens zehn Jahre, von 1917 bis 1926, beschäftigte Hofmannsthal der Plan zu
Der Zeichendeuter. *Die Daten auf den Notizblättern stammen aus den Jahren*
1917, 1919, 1922 und 1926. Die ersten Notizen sind mit den gleichzeitig geplanten
30 *Erzählungen* Der Mann des Abends *und* Der Mann ohne Zutritt *eng verbunden.*
Eine weitere, ursprünglich selbständige Abhandlung, Die Leere, *wurde später in den*
Zeichendeuter *einbezogen (s. S. 202, 17–23).*
  Da die erhaltenen Notizen zum überwiegenden Teil datiert sind, ist ihre chronolo-
gische Anordnung unproblematisch, mit Ausnahme von N 10 und N 11, deren Da-
35 *tierung in das Jahr 1926 wahrscheinlich, aber nicht sicher ist.*

Mehr als die Notizen zu den meisten Werken spiegeln die zum Zeichendeuter *die Lektüre, mit der sich Hofmannsthal gerade beschäftigte, wider. 1917 stehen die Notizen ganz unter dem Einfluß Claudels.*[1] *Auch die Biographie Lafcadio Hearns:* ›Life and Letters‹, *herausgegeben von Elisabeth Bisland, scheint nicht ohne Einfluß gewesen zu sein. Ebenso hat die gleichzeitige Beschäftigung mit dem erfundenen Brief* Nicolas Poussin an Herrn von Chantelou *ihren Eindruck hinterlassen. 1922 erschien das Buch* ›Vom kosmogonischen Eros‹ *von Ludwig Klages, das Hofmannsthal zu der Überschrift* Der Zeichendeuter oder der kosmische Eros *in N 6 vom Dezember 1922 veranlaßte. N 10 kann den Einfluß der Erzählungen* ›The Domain of Arnheim‹ *und* ›Landor's Cottage‹ *von Edgar Allan Poe nicht verleugnen.*

Auf Titellisten erscheint der Zeichendeuter *1917 einmal auf einem Notizblatt zu* Der Mann des Abends *(s. dort, S. 378, 22–24) und zum zweiten Mal auf einer Liste mit der Überschrift* Figuren und Reflexionen, *wiederum zusammen mit den schon in der ersten erwähnten Erzählungen:* Der Heros *und* Der Mann des Abends. Die Leere *wird hier noch als selbständiger Titel aufgeführt (s. S. 258, 15–37).*

ÜBERLIEFERUNG

N 1   *H V B 14.10 – Auf demselben Blatt Entwurf des erfundenen Briefes von* Ni-
        colas Poussin an Herrn v. Chantelou.
N 2   *H V B 12.68 – Auf derselben Seite Notizen über Theater (s. S. 381, 25–33).*
N 3   *H V A 10*
N 4   *H IV A 82.9 – Auf der anderen Seite Fragment eines Briefes der Salzburger
        Festspielhaus-Gemeinde.*
N 5   *H V B 14.15*
N 6   *H IV A 82.4*
N 7–N 9   *H IV A 82.8, 7, 6 – Hierzu gehört ein Konvolutumschlag (H III 199. 84*[b]*)
        mit der Aufschrift:* Der Zeichendeuter. neueres., *dessen Vorderseite einen II 26
        datierten Entwurf zu* Phokas *enthält.*
N 10   *H IV A 82.3*
N 11   *H IV A 82.5 – Beidseitig beschriebenes Blatt.*

VARIANTEN

N 1

202, 3:   *Am Rand:* Reiser / Schöne Seele

---

[1] *Vgl. auch S. 376, 11–15.*

N 3

202, 18–23: *Nachtrag.*

203, 6 f.   Berge ... Polyphem *Nachtrag.*

203, 7 f.   Sie ... Kletternden. *Nachtrag.*

5 **203, 10–12**   aber ... Ablenkung. *Nachtrag.*

203, 13–15   Desgleichen ... Ablenkung. *Nachtrag.*

203, 22   auf ... Herrschen, *Nachtrag.*

203, 25–27   Indem ... ablenke. *Nachtrag.*

N 5

10 *Der Notiz schließen sich die folgenden Aufzeichnungen an, von denen die erste ins* Buch der Freunde *aufgenommen wurde (Steiner, A 19). Die zweite zitiert die letzte Zeile des 1896 entstandenen Gedichtes* An eine Frau. *Im Juni 1917 versucht Hofmannsthal, Titel von älteren Gedichten, die in dem Sammelband ›Die Gedichte und kleinen Dramen‹ von 1911 nicht aufgenommen waren, zusammenzustellen. Vgl.* 15 *den Brief an Wolf Przygode vom 9. Juni 1917 (Hofmannsthal-Blätter 13/14, 1975, S. 28). Dadurch läßt sich die Notiz auf diesen Zeitpunkt datieren.*

Was ist ein grosses Element der Würde? Naivetät. Das Imponierende ohne Naivetät ist leicht beängstigend | Jenes de sublime au ridicule eigentlich autobiographisch zu verstehn, für Napoleons »sublime«.

20 ältere Gedichte: Jenes: die Wege deiner Niedrigkeit und Schwäche

ERLÄUTERUNGEN

202, 15–204, 5: *Auf derselben Seite wie N 2 befinden sich die folgenden Aufzeichnungen, die in unmittelbarem Zusammenhang mit den in N 3 geäußerten Gedanken stehen:*

25 Theater

Stärkste Berührung. Kein Proscenium   Logen zunächst u über den Acteuren

lehnende Leute, unregelmässiges Placement; Plätze dicht beieinander: Masse, keine Linien.

30 Anblick von der Bühne aus.

Abwechslung der Leere u Fülle

»Ehren wir die Leere, denn sie verleiht dem Rade seine Nützlichkeit und der Laute ihren Wohlklang.«

203, 3 Receptakel *Behälter.*

203, 7 Polyphem *Gemeint ist das Gemälde von Nicolas Poussin ›Landschaft mit Polyphem‹ von 1649, das sich in der Eremitage in Leningrad befindet.*

203, 7 f. Das hinter dem Kletternden. *Lafcadio Hearn schreibt in einem Brief aus dem Jahre 1878 an H. E. Krehbiel:* »You should feel the determination of those neophytes of Egypt who were led into subterranean vaults and suddenly abandoned in darkness and rising water, whence there was no escape save by an iron ladder. As the fugitive mounted through heights of darkness, each rung of the quivering stairway gave way immediately he had quitted it, and fell back into the abyss, echoing; but the least exhibition of fear or weariness was fatal to the climber.« *Elizabeth Bisland: The Life and Letters of Lafcadio Hearn, Bd. 1, London 1906, S. 180. Die Stelle ist von Hofmannsthal in seinem Exemplar angestrichen.*

203, 11 eigene ... Kinderzeit. *Hiermit korrespondiert eine Notiz zu* Andreas, *die Hofmannsthal in den ersten Band seiner Ausgabe der Werke von Edgar Allan Poe, London 1899, eintrug:* ein Haus. früheste Träume. ein incohaerentes Haus. verschiedenes Niveau des Bodens, Erinnerungen wie an früheste Kindheit in Gasthöfen. *(hinteres Vorsatzblatt).*

203, 37 f.: *Den Aphorismus* Die Zeremonie ist das geistige Werk des Körpers. *nahm Hofmannsthal in das* Buch der Freunde *auf (Steiner, A 49).*

204, 1–4: *Das Zitat stammt aus dem Drama ›Le repos du septième jour‹ von Paul Claudel, in Hofmannsthals Ausgabe: Paul Claudel: Théatre, Bd. IV, Paris 1917, S. 121 f. Die Stelle lautet vollständig:*
»Renversant le visage, j'adore la hauteur;
Etendant les deux bras, j'embrasse l'étendue;
Tournant vers le sol les paumes de mes mains, comme un homme qui, flottant sur une planche, ressent le poids de son corps,
Je conjoins la profondeur.
Dessus, devant, derrière, à droite, à gauche, dessous,
Tu es partout, et cependant tu n'as ni haut ni bas,
Ni mesure, ni étendue, ni apparence.
Je suis présent devant le Vide!«

204, 12–15: *Zitat aus Rudolf Pannwitz' ›Undine‹. S. SW XXVIII 438, 13–17.*

204, 25 der kosmische Eros *In seinem 1922 in München erschienenen Buch ›Der kosmogonische Eros‹ schreibt Ludwig Klages:* »Der Eros heißt elementar oder kosmisch, sofern das von ihm ergriffene Einzelwesen sich erlebt als durchpulst und durchflutet von einem gleichsam magnetischen Strom, der ähnlich dem dinglichen Magnetismus unbekümmert um ihre Schranken einander fernste Seelen im verbindenden Zug sich gegenseitig erspüren läßt, das Mittel selber alles Geschehens, welches die

Körper trennt, den Raum und die Zeit, in das allgegenwärtige Element eines tragenden
und umspülenden Ozeans wandelt und dergestalt unbeschadet ihrer nie zu mindernden
Verschiedenheit zusammenknüpft die P o l e d e r W e l t.*« (S. 40).*

DER MANN OHNE ZUTRITT

5

ENTSTEHUNG

Aus dem Mann ohne Seele, *jenem ungetreuen Liebhaber aus der Novelle* Die Heilung *von 1911, wird 1917* Der Mann ohne Zutritt. *Die Verbindung zu der*
früheren Erzählung stellt die Notiz 1 dar, die, eindeutig in das Jahr 1917 zu datie-
ren, N 6 von Die Heilung *(S. 191, 15–21) wiederholt.*

10

ÜBERLIEFERUNG

. *N 1*   *E VA 1.3 – Auf derselben Seite:* Der Mann des Abends *(N 7),* Die Frau
       ohne Schatten *(Erzählung, N 1a) und Aufzeichnungen, u.a. zu* Ad me ipsum.
N 2   *H I VA 55*
N 3   *E I VA 17.140ᵇ – Auf der Vorderseite N 10 und N 64 zu* Die Frau ohne
15   Schatten, *Erzählung.*
N 4   *FDH (Hofmannsthals Bibliothek) –* La Bruyère: Les Caractères. *Paris 1885,*
       S. 539.

VARIANTEN

N 3

20 *Die Notiz wurde, vermutlich bei der Verwendung der Vorderseite, gestrichen.*

ERLÄUTERUNGEN

207, 4 f.: *Vgl. S. 190, 29 u. 30 f. und die Erläuterungen dazu.*

207, 14 curat similia similibus *Das sogenannte »Ähnlichkeitsgesetz« (similia*
similibus curantur) soll erstmals 1797 von dem Begründer der Homöopathie, Samuel
25 *Christian Friedrich Hahnemann (1755–1843), im zweiten Band von Hufelands*
»Journal der praktischen Arzneikunde« aufgestellt worden sein.

207, 18f. Marlborough-figur bei Thackeray *In ›The History of Henry Esmond, Esq., a Colonel in the Service of her Majesty Q. Anne. Written by himself‹* von *William Makepeace Thackeray*. Vgl. S. *208, 11*.

NOVELLE

ENTSTEHUNG

Den Stoff zu dieser Novelle entnahm Hofmannsthal, wie er selbst angibt, einer Anekdote in dem Kapitel ›Des Femmes‹ von La Bruyère: ›Les Caractères‹ (in seiner Ausgabe, herausgegeben von Charles Louandre, Paris 1885, S. 69–72). Sie erzählt die Geschichte der schönen Émire, die nur ihrer Freundin innig zugetan ist und sich ihrer Unempfindlichkeit für die Liebe rühmt. Dadurch stürzt sie viele Männer in Verzweiflung, bis sie sich doch endlich in einen jungen Mann namens Ctésiphon verliebt, der seinerseits aber ihre Freundin Euphrosine liebt. »Elle s'éloigne d'Euphrosine, ne lui connoît plus le mérite qui l'avoit charmée, perd le goût de sa conversation: elle ne l'aime plus; et ce changement lui fait sentir que l'amour dans son cœur a pris la place de l'amitié. Ctésiphon et Euphrosine se voient tous les jours, s'aiment, songent à s'épouser, s'épousent. La nouvelle s'en répand par toute la ville, et l'on publie que deux personnes enfin ont eu cette joie si rare de se marier à ce qu'ils aimoient. Émire l'apprend et s'en désespère: elle ressent tout son amour. Elle recherche Euphrosine pour le seul plaisir de revoir Ctésiphon; mais ce jeune mari est encore l'amant de sa femme et trouve une maîtresse dans une nouvelle épouse; il ne voit dans Émire que l'amie d'une personne qui lui est chère. Cette fille infortunée perd le sommeil et ne veut plus manger; elle s'affaiblit; son esprit s'égare; elle prend son frère pour Ctésiphon, et elle lui parle comme à un amant. Elle se détrompe, rougit de son égarement; elle retombe bientôt dans de plus grands, et n'en rougit plus; elle ne les connoît plus. Alors elle craint les hommes, mais trop tard; c'est sa folie. Elle a des intervalles où sa raison lui revient et où elle gémit de la retrouver. La jeunesse de Smyrne, qui l'a vue si fière et si insensible, trouve que les dieux l'ont trop punie.«

Das Vorbild der Émire in Hofmannsthals Novelle sollte Gladys Deacon sein. Was sie ihm bedeutete, schrieb er in einer Tagebucheintragung vom August 1906: Die Gestalten der Frau von Nostitz, Gladys Deacon in mir anschauend wird mir bewusst, dass ich nun erst so weit bin, dass weibliche Erscheinungen, in meinen Kreis tretend, mir als notwendig, schicksalhaft hingesetzt erscheinen: mir die Welt und mich selbst, Tiefe und Grenzen zu zeigen, mich zu höchster Leistung aufzufordern, mich zu prüfen – alle früheren Beziehungen zu Frauen mit Ausnahme der einen bleibenden (Lili[1] ist mir

---

[1] *Lili Schalk.*

kaum je als eine Frau erschienen) erschienen dagegen willkürlich unnotwen-
dig und bezogen sich nur auf die Gattung nicht auf Individuen. *(H VII 15)*
Zwei Jahre später, im August 1908, als er sie in St. Moritz wieder trifft, schreibt er
über sie: Sie ist jetzt etwa 25. Ist und bleibt immer in gewissem Sinn die
glänzendste Person die ich je gesehen habe. Ihre Augen wie blaues Feuer.
Ihre Kühnheit, gelegentlich auch Frechheit im Sprechen ist womöglich
noch gewachsen. Sie hat immer unter 25 Menschen die alleinige Führung
des Gesprächs. Schmeichelt, insultiert, durchdringt .. Die Raschheit und
Elasticität ihres Geistes ist erstaunlich. Sie hat manchmal etwas von einem
lasciven jungen Gott in Mädchenkleidern. *(H VII 10; Steiner, A 160f.) Für*
den um 1909 entworfenen Dialog Das Schöpferische *ist Gladys Deacon von großer*
Bedeutung (s. S. 385, 27–386, 8). Wie Émire bei La Bruyère wird auch Gladys
Deacon später wahnsinnig.

Die vorliegenden Notizen sind wohl in das Jahr 1917 zu datieren. Durch die
Figur des Herzogs von Marlborough von Thackeray, der hier das Vorbild eines Ver-
führers sein soll, läßt sich eine Parallele zu dem Mann ohne Zutritt *aus demselben*
Jahr ziehen. Schrift und Duktus unterstützen diese Datierung.

ÜBERLIEFERUNG

N   H IV A 62

ERLÄUTERUNGEN

208, 3   G.D. *Gladys Deacon, s. S. 384, 28–385, 13.*

208, 11   (Marlborough) *Figur in William Makepeace Thackerays Roman ›The*
History of Henry Esmond‹. Vgl. S. 207, 18f. und Erläuterung dazu.

208, 15   (Flectere . . . movebo) *Vergil, Aeneis 7, 312.*

208, 18 das Problem des Schöpferischen. *Auf einem Blatt zu dem Dialog*
Das Schöpferische *schreibt Hofmannsthal:* Der Kränkliche und der Cafétier
haben sich gefunden in gemeinsamer anbetungsnaher Verehrung eines
höchst ungewöhnlichen weiblichen Wesens. (Gladys D.) An dieser, über
die sie unaufhörlich nachdachten, in stundenlangen Gesprächen sich er-
giengen, ist ihnen der Begriff der schöpferischen Persönlichkeit aufgegan-
gen. Diese Person gab ihnen beiden den festen Punkt, der ihnen zu leben
erst möglich machte. (Die Person wurde die Frau eines Zionisten, der zuerst
als Arbeiter dann Ingenieur in Amerika lebt, sich vorbereitend.) Durch sie
erschien ihnen das Dasein lebenswert, ja zuerst die Möglichkeit des Lebens
gegeben. Wir heizen, sagt der Kränkliche, (der mir stückweise alles erzählt,

während der Cafetier beschäftigt ist) die Öde ganzer Lebensräume mit der
Erinnerung an eine einzige Nacht die sie mit uns verbracht hat. Wir können
auf die Existenzen um uns herabblicken ohne Heuchelei. Denn unserem
Blick spaltet sich von den bürgerlichen Existenzen das niedrig-egoistische,
das gewohnheitsmässige das unzulängliche ab. Wir haben durch sie alle   5
Ruhepunkte auf dem Weg zum Ziel verachten gelernt. Sie müssen aber
nicht denken, dass sie eine Verächterin des Lebens war. Sie saß da und ließ
sich die antiken Götter herantreten. Ihr Auge lief zu den Dingen (Lionardo)

(H IVB 147.2)

LEBENSNOVELLE   10

ENTSTEHUNG

Diese Notiz zu einer Lebensnovelle, *die inhaltlich den Aufzeichnungen zu* Siebenbrüder *und der Erzählung* Die Frau ohne Schatten, *an deren fünftem Kapitel
Hofmannsthal gerade arbeitete, sehr nahe steht, entstand am 30. Juli 1918.*

ÜBERLIEFERUNG   15

N   H IV A 45 – Auf derselben Seite befindet sich die folgende Notiz zu dem Drama
Jemand: (Ähnlich jener neue Jedermann, mit einer Figur wie Eberhard ⟨von
Bodenhausen⟩ als Mittelpunkt.).

ERLÄUTERUNGEN

209, 3 im Kreis alles zusammenhängend *Vgl. SW XXVIII 428, 4–17.*   20

209, 6 Poldy *Leopold von Andrian.*

DER KAISER UND DIE HEXE

ENTSTEHUNG

Im Sommer 1918 gerät Hofmannsthals Arbeit an der Erzählung Die Frau ohne Schatten *ins Stocken. Lange hatte er sich vergeblich um die Figur des Efrit bemüht.* *Ein Zwischenwesen, halb Mensch, halb Phantom wollte er schaffen, dessen Funktion er so beschreibt:* er ist Verführer, Agent des Chaos; er treibt den Menschen, auf den man ihn loslässt, an seine äussersten Grenzen und über diese hinaus, er wirkt durch Blick und Hauch wie ein besonders gefährliches aufwühlendes Gift geistiger Art – soweit ist er absolut gefährlich wo jeder irdische Verführer nur relativ gefährlich ist. –[1] *Da ihm die Gestaltung dieses Wesens nicht gelingt, läßt er die Arbeit an der Erzählung vorläufig liegen und beschäftigt sich mit der Übersetzung Calderons. Es entsteht in kurzer Zeit die Übertragung der* ›Dame Kobold‹. *Hofmannsthal liest systematisch Calderon, da er einen Vertrag als Calderonübersetzer mit dem Burgtheater abzuschließen gedenkt. Diese Lektüre führte ihn ebenfalls, sofern nicht schon die auffallende Parallele zwischen Efrit und Hexe allein dazu ausreichte, zu dem zwanzig Jahre früher entstandenen Drama* Der Kaiser und die Hexe, *denn dieses Werk Hofmannsthals weist, vielleicht nicht zufällig, große Ähnlichkeiten mit den Calderon-Dramen* ›Der wundertätige Magus‹[2] *und* ›Der Liebe Zauberei‹ *auf. Weiterhin hatte ihn die Lektüre des Buches* ›Die Probleme der Mystik und ihrer Symbolik‹ *von Herbert Silberer,[3] die er in engem Zusammenhang mit der Arbeit an der Erzählung* Die Frau ohne Schatten *betrieb, wieder auf das vor Jahren entstandene Drama gebracht, wie eine Annotation in diesem Buch beweist.[4]*

Hofmannsthal hatte also verschiedene Gründe, den Stoff von Der Kaiser und die Hexe *gerade im Herbst 1918 wieder aufzunehmen. Auch die Tatsache, daß er mit der Erzählung* Die Frau ohne Schatten *ebenfalls einen schon in Dramenform von ihm bearbeiteten Stoff noch einmal aufnahm, mag eine Rolle gespielt haben.*

Zwei Gruppen von Notizblättern für eine Wiederaufnahme von Der Kaiser und die Hexe *sind überliefert. Die eine, undatiert, scheint nach Form und Inhalt für die Bühne bestimmt zu sein; ein Blatt trägt den Titel* Das zweite Leben des Kaisers Cantacuzenos. *Die zweite Gruppe enthält die im Textteil dieses Bandes veröffentlichten Aufzeichnungen zu einer Erzählung. Sie sind zum Teil datiert, und auch die undatierten lassen sich zeitlich einordnen. Mit einer Ausnahme entstanden sie wohl alle im Oktober 1918. Die letzte Notiz, N 10, wurde, wie Hofmannsthal vermerkt,*

---

[1] *An Rudolf Pannwitz, 4. August 1918, SW XXVIII 422f.*

[2] *Das Drama behandelt die Legende vom hl. Cyprianus, die Ferdinand Gregorovius in* ›Athenaïs, Geschichte einer byzantinischen Kaiserin‹, *Leipzig 1882, wiedergibt.*

[3] *Wien 1914.*

[4] *S. SW III, Zeugnisse zu* Der Kaiser und die Hexe.

am 3. April 1919 geschrieben. Sie stellt ein kurzes Wiedererinnern an den Plan des
Vorjahres dar, das aber ohne Folgen blieb.

In den Notizen zur Novelle tritt die Gestalt der Frau in den Vordergrund,
bedingt wohl zunächst durch die Absicht, dem Phänomen der Hexe als Zwitterwesen,
analog dem Efrit in der Frau ohne Schatten, *gerecht zu werden. Die Notizen vom*   5
Oktober 1918 dokumentieren den Versuch, die neue Sicht des Verhältnisses zwischen
Kaiser und Hexe zu gestalten. Hofmannsthal gibt seine Bemühungen bald wieder auf,
möglicherweise sieht er das Problem in der 1919 fertiggestellten Erzählung Die
Frau ohne Schatten *als gelöst an. Auf einem kleinen Zettel (E III 145.50), der*
der Schrift nach auf 1918 oder 1919 datiert werden kann, notiert er sich – es klingt   10
wie ein Resümee:

Kaiser u Hexe.

Jedenfalls höchst persönliche Enunciation – das Costüm, Zeit etc. nur zum
Schein, ganz nebensächlich.

Eine Seele sucht sich im Leben zu orientiren, mit krampfhaften Bewegun-   15
gen sich zurechtzustellen.

Die wahrscheinlich ebenfalls 1918 entstandenen Notizen, die dem Anschein nach für
eine Pantomime Der Kaiser und die Hexe *gedacht waren, seien hier angefügt. Sie*
stehen ganz unter dem Einfluß von Calderons Drama ›Der wundertätige Magus‹:

Zustand des Kaisers.   20
(Dämon als Lehrer ihn umgebend)

Abscheu vor brutaler Sinnlichkeit, directer, die zu nichts führt. Unfähigkeit,
sich liebend zu geben. Überheizter Zustand. Überreiches Weltbild. (Der
Lehrer-Dämon hat ihm unendliche Bildung eingeflösst Weisheit vorange-
gangener Herrscher bis Aegypten[1]: unheimlich sein Verhältnis zum Thun: 25
dabei sagt der Dämon trüglich: Hast du nicht heute wieder Thaten der
Weisheit geübt?) Ahnung in dem Kaiser (wodurch später die Rettung
bewerkstelligt) dass sein Körper weiser sei als sein Geist: dass R e c h t f e r -
t i g u n g möglich, sobald Sinne und Geist zusammen ein außerhalb ihrer
seiendes begehren, ja nur erkennen   30

Mitteltheil: es trat ein Gegner gegen ihn auf, aus dem Wald hervorgeritten,
und warf ihm Zauberei vor. Es war scheinbar gefährlich, doch der Kampf
wurde wieder bestanden und war wieder nur Schein gewesen.

Der Kaiser und der Arzt (= Dämon als Arzt): er verlangt, der Arzt solle ihm
seine Sinnlichkeit reguliren, ihre Verdüsterungen vertreiben, die Ebben   35
unmöglich machen, machen dass er lieben könne

Selbstbiografisch: meine Rettung war die sinnliche Wirklichkeit der Worte
(H IV A 40.5)

---

[1] Weisheit . . . Aegypten *Einschub.*

Der Kaiser und die Hexe erster Theil

Dämonen am Werk, die Hexe zu m a c h e n. Sie ist zunächst nicht lebendig, im Bette zuckend.

Der gleiche Dämon als Arzt, dann als Kuppler

5 Der Kaiser: unfähig ein Geschöpf zu lieben – vergebliche Berathung. Kuppler kommt verspricht eine Geliebte welche aus den Ingredienzien des Kaisers (seiner Seele) selbst geschaffen: er schleicht dem Kuppler nach; zugleich schleicht ein Knabe mit ganzem Herzen zu einer dortigen Hure: der Kaiser muss warten: erst wenn er eine That begangen, die adaequat, 10 wird sie lebendig: der Kaiser im Gespräch mit dem Knaben: beneidet ihn. Der Knabe geht hinein. Dem Kaiser wird proponirt zu wählen zwischen dem Zerbrechen eines Gefäßes und dem Tod des Knaben. Er lässt den Knaben sterben: dadurch belebt er sich seine Geliebte.

Episode im Leben dieses Kaisers (gespiegelt, doch liegt sie vorher, vor 15 Anfang des Stückes)   Analog der Wirkung welche Kant auf Kleist hatte

(HIVA 40.6)

Der Kaiser u die Hexe   Erster Theil.

(Mitteltheil: Der Kaiser und die Hexe meerfahrend auf einem Lustschiff: aussteigend. mit Fackelträgern, bei einem verborgenen Pavillon. Sie rühmt 20 sich, dass sie ihn die Natur geniessen gelehrt habe wie kein sterblicher sie geniesst. Sie gesteht ihm nun ein dass jener Arzt, jener Dämon, jener Knabe jener Vogel alles Scheingestalten gewesen, ebenso wie ein anwesender Freund bei diesen Worten in bleichen Nebel zerrinnt. Den Kaiser überkommt die grässliche Angst seiner Einsamkeit: die Fackelträger zergehen 25 zu nichts, da er auf sie einhaut. Er will ins Meer, das Meer speit ihm scheussliche Ausgeburten entgegen)

I^{ter} Theil. Anfang.

Der jüngere Dämon: Da Du, Herr, des Kaiser's böser Dämon bist, warum heftest dich nicht an ihn?

30 grosser Dämon: weil es herrlich ist, ihn an mich zu locken, Herrlich treibe ich Urgrund seines Handelns auf dem kürzesten Wege ihn zu mir,

(HIVA 40.7)

Der Kaiser und die Hexe.   1ter Theil

Der Dämon singt vor dem Fenster links als Vogel: von dem Zaubermittel 35 die Seele des Kaisers zu einer Einheit zusammenzubinden u lässt den Kaiser sein Leben geniessen wie im Märchen: indessen wird rechts der Knabe erdolcht und schreit um Hilfe. Der Kaiser bedient sich eines ihm sehr frühe geoffenbarten Mittels, ein Pulver in eine Vase zu schütten, um den Lärm der Welt nicht zu hören: indem er sich sagt: dies könnte auch weit weg von mir 40 sein.

In dem Gemach: ein Spiegel worin der Kaiser seine Jugend wollüstig be-
trauern kann, draussen ein Vogel, der ihm das Leid seiner Seele singt

Der Dämon spielt zuerst als Arzt dem Kaiser eine Dose in die Hand mit
einem kl⟨einen⟩ Spiegel worin er die Hexe, Inbegriff der Verführung, sieht.
Rückwärts ein seltsamer Name eingegraben: Kapsukephalos *(HIVA 40.8)* ₅

Das zweite Leben des Kaisers Cantacuzenos.

sein zweites Leben (er landet schwimmend, wird von der Brandung ausge-
worfen, nackt, und hat sein früheres Leben, ja seinen Namen vergessen) in
einem hochgelegenen Dorf, steil über dem Meer unter einer Bevölkerung
die von grausamem Raub lebt. Elemente: die Kosaken von Tolstoi – gewis- ₁₀
ses aus der Banda oriental. Er wird auf dem Gehöft eines dieser Bauern
geduldet. Er führt das Leben eines Hundes. Nur dass sie sind was sie sind –
und dass er der Fremde ist – macht einen Abgrund zwischen ihnen. Sie
lassen ihn sogar in der Nähe ihrer Frauen und Töchter lungern. Er fragt sich
selbst manchmal: was macht mich denn so unbeschreiblich schwach und ₁₅
dumpf, dieses Leben nicht zu enden – oder sie nicht anzuspringen wie ein
Hund, um unter ihren Streichen zu sterben – : es ist die dumpfe Spaltung im
innersten. Er dient dem Sohn des Häuptlings u trägt ihm Fischgeräthe nach,
geht mit ihm auf die Jagd. Scene mit diesem Häuptlingssohn worin dieser
das Schattenhafte des Dieners verspottet und ihn aushöhnt dass er nie ₂₀
betrunken ist   *(HIVA 40.4)*

ÜBERLIEFERUNG

N 1–N 9   HIVA 41.2^b–10 – Auf der Vorderseite von N 1 und den Rückseiten von
N 2, 5, 7 und 8 Notizen und Entwürfe zu Dame Kobold. *Auf der anderen Seite*
von N 3 Fragment eines Briefes an Hofmannsthal mit dem Datum: Wien 24. ₂₅
Juni 1918. Zu den Notizblättern gehört ein Konvolutumschlag mit der Aufschrift:
Der Kaiser und die Hexe   Novelle. (October 1918) *(HIVA 41.1)*
N 10   HIVA 40.1

VARIANTEN

N 6   ₃₀
211, 5f. er sich ... eigentlich? *Einschub.*

ERLÄUTERUNGEN

209, 29 Gibbon *Edward Gibbon: History of the Decline and Fall of the Roman Empire. 7 Bde., London 1896–1900. Band 5 in Hofmannsthals Bibliothek vorhanden.*

5 **209, 29** Diehl *Charles Diehl: Histoire de l'Empire Byzantin. Paris, o. J. In Hofmannsthals Bibliothek vorhanden.*

210, 25: *Rudolf Kassner: Die Chimäre. Ein Gespräch. Leipzig 1914.*

210, 29 Ebauchen *Entwürfe, Skizzen.*

211, 14: *De ceremoniis aulae byzantinae, von Konstantin VII. Porphyrogenetos* 10 *verfaßt.*

212, 22 Strzygowski *Josef Strzygowski: Die Baukunst der Armenier und Europa, Wien 1918.*

NOVELLE

ENTSTEHUNG

15 *Den Zeitpunkt der Entstehung gibt ein Konvolutumschlag mit der Aufschrift* Novelle 1928. *(HIVA 61.1) an.*

ÜBERLIEFERUNG

N   HIVA 61.2

CASSILDA

ENTSTEHUNG

Zu den erhaltenen Notizen gehört ein Konvolutumschlag (HIVA 10.1) mit der
Aufschrift: Cassilda.
                    Erzählung.   5
                    Juni 1928.
N 2 ist noch genauer datiert: 17 VII 28. *N 1 und N 3 entstanden, wenn nicht am*
selben Tag, so doch sicherlich nicht weit von diesem Datum entfernt.
       Der Plan zu dieser Erzählung steht in engem Zusammenhang mit der Arbeit an
der Pantomime Gott allein kennt die Herzen *(SW X 75–104), die ursprünglich*   10
in das Salzburger Große Welttheater *eingebaut werden sollte. Hofmannsthal*
beschäftigte sich im Sommer und Herbst 1928 mit ihrer Umarbeitung (s. SW X
246), wobei die Figur der Gouverneurin weiter in den Mittelpunkt rückte. Die
Handlung dieser Pantomime liegt den hier dargebotenen Notizen zu Grunde. Dies
verdeutlicht die folgende Stelle aus einem Brief Hofmannsthals vom 25. Mai 1928 an 15
den Romanisten Karl Vossler: Ich brauche für eine pantomimische Einführung einen recht schönen, seltenen spanischen alten Frauennamen, der
aber wieder für die Ohren anderer Nationen nicht zu bizarr klingen darf.
Ich sah im Gotha die spanischen Herzogsfamilien durch, die Damen heissen
aber alle Maria del Carmen, oder del Pilar oder so – nur den einzigen Namen   20
Casilda notierte ich als schön und selten. Könnten Sie mir auf einem Zettel
ein paar schöne Namen aufschreiben? *(Privatbesitz)*

ÜBERLIEFERUNG

N 1 – N 2   HIVA 10.3–4
N 3   HIVA 10.2   25

ERLÄUTERUNGEN

214, 6 Et nunc ... terram *Psalm 2, 10.*

ZWANZIG JAHRE

ENTSTEHUNG

Die Notizen zu der Novelle, die sich in einem Konvolutumschlag (HIVA 83.1)
mit der Aufschrift Novelle XI. 1928. *befinden, entstanden auf Grund einer Zei-*
tungsmeldung. N 1 trägt das Datum 19 XI 28. *Die weiteren Notizen wurden ver-*
mutlich am selben Tag verfaßt, so daß mit dem Datum von N 1 die genaue Entste-
hungszeit dieser Novellenskizze erfaßt ist.

Die Quelle bildet eine Notiz aus der ›Neuen Freien Presse‹, die in einer Schreib-
maschinenabschrift den Handschriften beilag (HIVA 83.2). Sie lautet:

»Notiz aus der N. Fr. Pr.

Zwanzig Jahre später.

In einer Augustnacht des Jahres 1907 tötete der zwanzigjährige De Silvestro seine
ihm untreu gewordene Geliebte Driade. Das Mädchen schlief mit ihrer Schwester
und ihrer Tante in einer Strohhütte. De Silvestro schob in der Nacht die Wand aus-
einander zielte und traf zunächst die Geliebte, dann die beiden anderen Frauen.
Darauf steckte er die Hütte in Brand, vertrieb durch Flintenschüsse zwei Bauern, die
zur Hilf eilen wollten und wohnte schliesslich der Vernichtung bis zum Ende bei,
indem er auf einem nahen Steine sitzend, sehnsüchtige Lieder auf die Ermordete sang.
Dann verschwand er. Das Gericht verurteilte ihn in contumaciam zu lebenslänglichem
Zuchthaus. Gabriele D'Annunzio hat diesen grausigen Fall in seinem Roman ›Viel-
leicht, vielleicht auch nicht‹ beschrieben. Das Urteil wurde am 16 December 1908
gefällt, am 16 Dec. 1928 wäre die Verjährung eingetreten. De Silvestro war aber
weder gestorben noch war er nach Amerika ausgewandert. Er hatte es verstanden sich
unkenntlich zu machen und so in der Nähe des Tatortes ein neues Leben zu beginnen.
Er war Ackerbauer geworden und hatte geheiratet, drei Söhne entsprossen der Ehe.
Weder Frau noch Kind wussten von seiner furchtbaren Vergangenheit. Aber am Vor-
abend der Verjährung ist er nun doch von der Gerechtigkeit geholt worden. Sein Haus
wurde umzingelt. Im letzten Moment offenbarte sich der Mörder seiner Frau und
seinen Kindern. Sie standen zu ihrem Vater und Gatten. Umsonst. Der Flucht-
versuch misslang. De Silvestro wurde gefangen genommen. Die Frau soll dem Irrsinn
nahe sein.«

ÜBERLIEFERUNG

N 1   HIVA 83.3 – Das Blatt ist beidseitig beschrieben.
N 2   HIVA 83.4
N 3   HIVA 83.5

VARIANTEN

215, 34 Militärgewehr *darüber:* Magazin

ERLÄUTERUNGEN

215, 27 Tremezzina *Landschaft am Westufer des Comer Sees.*

FRAGMENTE MIT
UNGESICHERTEN ENTSTEHUNGSDATEN

ENTSTEHUNG

Die zeitliche Abfolge dieser undatierten Erzählungen ließ sich nur anhand der Schrift und weniger inhaltlicher Merkmale annähernd rekonstruieren. Eine sichere Datierung, auch nur in ein bestimmtes Jahr, war in keinem Fall möglich.

Da die Notizen zum überwiegenden Teil keine Überschriften oder nur die Gattungsbezeichnung Novelle *tragen, wurden sie in der vorliegenden Edition durchgehend numeriert. Die folgende Tabelle enthält neben der Nummer, die die einzelnen Stücke bezeichnet, die vermutliche Zeit ihrer Entstehung.*

1	1890	6, 7	1896	12	1904
2	1893	8	1898	13	1912
3, 4	1894	9, 10	1900	14	1919
5	1895	11	1902		

ÜBERLIEFERUNG

1	*N*	*H VII 17 – Eintragung im Tagebuch.*
2	*N*	*H IV A 14.1 – Paginiert* 1.
	H	*H IV A 14.2–3 – Paginiert* 2. *und* 3.
3	*N*	*H V B 10.44 – Auf derselben Seite Nr.* 4.
	H	*H IV A 9.1–3 – 3 Blätter, I – III paginiert.*
4	*N*	*H V B 10.44 – Auf derselben Seite Nr.* 3.
5	*N 1*	*H IV A 79*
	N 2	*H V A 70.6 – Auf derselben Seite Aufzeichnung unter der Überschrift:* Mensch und Dichter
6	*N*	*H IV A 15*
7	*N*	*H IV A 59 – Auf derselben Seite Notiz unter dem Titel:* die alte Frau.

8   N   HIVA 8
9   N   HIVA 87.14 – Auf derselben Seite Anmerkung zu Der Verführer,
          S. 337, 12–15. Überschrift des gesamten Blattes: Novellen.
10 N 1   HIVA 87.11
    N 2   H V B 10.111
11 N   HIVA 87.3
12 N   H VB 10.113 – Auf derselben Seite Notiz zu Anrede an Schauspieler.
13 N   HIVA 52.12
14 N   HIVA 63

VARIANTEN

3
H

Auf der Seite II erwägt Hofmannsthal: vielleicht Titel: der Welt Lauf.

219, 4 du Vesnois aus du Castel

4

Unter der Notiz steht die persönliche Aufzeichnung: Seit 12 oder 15 Jahren keinen neuen Gedanken gedacht. obwohl das vielleicht ein dummer Ausdruck
ist.

ERLÄUTERUNGEN

217, 7 Villers Alexander von Villers (1812–1880), Verfasser der ›Briefe eines
Unbekannten‹, Wien 1881.

218, 9 Steinles Edward Jacob von Steinle (1810–1886), Maler.

219, 2 effacieren auslöschen.

220, 4 diaphane durchschimmernde.

220, 13 f. Frauen die im Kindbett ... Zwei Aufzeichnungen Hofmannsthals verdeutlichen diesen Satz:

Elend. jeder in sich eingekerkert, an den Pflug seines Lebens gespannt,
im ergastulum seines Leibes steckend.

. . . .

wie das Leben aus den Kerkern reissen? in Martyrien (Nero)   Mütter, die
im Kindbett sterben, Jünglinge in der Schlacht (H V A 85.2)

Nacht.

das Leben reisse ich aus seinen Kerkern! (in Martyrien, Mütter die im
Kindbett sterben, Jünglinge in der Schlacht)

den Kaufpreis für das Begreifen dieser Nacht zahlen, wie der Tod, der Preis
für das Geborenwerden gezahlt wird. *(H V B 8.57)*   5

221, 13 Marie G. *Marie von Gomperz, Jugendfreundin Hofmannsthals.*

221, 14 Marie B. *bei Grillparzer* Hofmannsthal erwähnt Marie B. *mehrmals,
u.a. auch in den* Notizen zu einem Grillparzervortrag *von 1903 (Steiner, P II
75). Sie ist aber bei Grillparzer nicht zu ermitteln. Möglicherweise meint Hofmannsthal Marie von Piquot (Marie P.). S. Franz Grillparzer, Sämtliche Werke,* 10
Stuttgart 1872ff., Bd. 8, S. 97–104. Vgl. auch Novelle *(1894), S. 283, 15.*

221, 26: *Ilias 6, 138; Odyssee 4, 805.*

221, 27f.: *Cicero, Tusculanen 1, 33, 80.*

222, 1–3: *Kohelet (Buch der Prediger) 7, 11.*

222, 9–13: *Die Notiz scheint inhaltlich mit den im Nachlaß vorhandenen Aufzeich-* 15
nungen zu einer Tragödie *mit den Personen:* der Herzog   die Herzogin   der
Dichter   die Schauspielerin *zusammenzuhängen. Dort heißt es:* Die Herzogin
ist eine Lügnerin des Lebens *(H III 297).*

223, 11–20: *Zitat aus Rudolf Pannwitz' ›Gesänge der Hyperboräer‹. Dieselbe Passage trug Hofmannsthal im Oktober 1917 auch in sein Tagebuch ein* 20
(H VII 10).

PROSAGEDICHTE

ENTSTEHUNG

*Als Hofmannsthal im Sommer 1890 im Zuge einer intensiven Lektüre der Werke
Turgenjews dessen ›Gedichte in Prosa‹ las, vermerkte er am 5. Juli 1890 darüber in* 25
seinem Tagebuch: Die Gedichte in Prosa, reine Lyrik, lose Gedanken, kleine
Bilder, Allegorien. Ein Schimmer von Subjectivität über allem. Das Auf-
greifen des alltäglichen, die meisterhaften kleinen Naturskizzen erinnern an
die Spätromantiker die Stimmung von Eichendorff, Heine Helmer etwas
variiert. *Hofmannsthal hat für sich selbst die* Idee das Leben dieses Sommers 30
auch mit solchen Schnörkel und Rankenornamenten zu umgeben, eine Art
lyrisches Prosatagebuch, etwa »Gedanken«, oder »Eindrücke« oder

»Träume«. *(H VII 17.3) Er hat diese Idee in jenem Sommer wohl nicht realisiert, jedenfalls sind keine Zeugnisse dafür erhalten. Erste Notizen zu Prosagedichten sind aus dem Ende des Jahres 1892 bekannt. 1893 – Hofmannsthal hat inzwischen auch Baudelaires ›Petits Poèmes en Prose‹ kennengelernt – erreicht die Produktion von* Prosagedichten *ihren Höhepunkt.* Noch immer ist Turgenjew als Vorbild wichtig: die bloss angedeuteten Prosagedichte er sagt ungeheuer wenig überflüssiges *notiert er sich etwa im August 1893 (H V B 10.124).*

Zu Beginn dieses Jahres entstand auch das einzige Prosagedicht, das Hofmannsthal veröffentlichte: Das Glück am Weg *(SW XXVIII 5–11). Den Entwurf zu dem vermutlich ersten der überlieferten Prosagedichte,* Die Rose und der Schreibtisch, *schrieb Hofmannsthal wohl im September oder Oktober 1892 (vgl. S. 401, 10–16). Ebenfalls 1892 entstanden das Prosagedicht 2,[1] das eine Erinnerung an die im September unternommene Reise nach Südfrankreich enthält, und die beiden auf ein und demselben Blatt enthaltenen Prosagedichte 3 und 4. Völlig abgeschlossen ist die Niederschrift (H) von* Gerechtigkeit *(5), die 26 Mai 1893 datiert ist. Doch Hofmannsthal hat sie nie veröffentlicht. Die Prosagedichte 6 bis 19 stammen wohl alle aus dem Jahr 1893. Mit einer Ausnahme (17) lassen sie sich nicht genauer datieren.*

Auf einer Titelliste (HV B 123.2), sicher auch von 1893, sind 15 Prosagedichte aufgeführt. Vielen dieser Titel ließ sich eine Notiz aus dem Nachlaß zuordnen. In diesen Fällen wurde die entsprechende Nummer in Klammern zugefügt:

Prosagedichte

intimwerden durch Musik *(16)*
Praterbude mit Wiener Geheimnissen
verlassene Wohnung des Dichters *(17)*
Strasse nach Hellbrunn
die kleine Annerl
der Riese Antäus *(11)*
*Monografie einer Hand *(14)*
*Gerechtigkeit *(5)*
Badeglück
die Stunden *(19)*
Alice Morrison *(3)*
Traumtod (auffliegen des Zimmers) *(4)*
* – Glück am Weg
Pierrot assassin (lugubre drôlerie, Japan. Technik)
Yvette Guilbert

---

[1] *Da die Prosagedichte nur zum Teil einen Titel tragen, wurden sie in dieser Edition numeriert, wobei die Nummer inhaltliche Einheiten erfaßt, nicht die Überlieferungsträger.*

Die Sternchen¹ bei dreien der Titel bedeuten, daß diese Prosagedichte schon fertig waren. Monografie einer Hand *wurde zur Einleitung des im selben Jahr veröffentlichten Aufsatzes* Eduard von Bauernfelds dramatischer Nachlaß. Glück am Weg *war bereits gedruckt.* Aus *die kleine Annerl wurde der Plan zu einer Erzählung (s. S. 26f.). Zu* Pierrot assassin *ist eine Liste mit Titeln französischer Abhandlungen und einem kurzen Exzerpt einer Untersuchung von Paul Guigon über die Figur Pierrots und ihre Geschichte erhalten. Der einzige Satz darin, der sich vielleicht auf Hofmannsthals beabsichtigtes Prosagedicht beziehen läßt, lautet:* Symbol: Pierrot der vom Ideal (Colombine) ewig betrogene, verlachte; burleske Tragik *(H IV B 123.1). Im März 1893 hatte Hofmannsthal Beer-Hofmanns Pantomime ›Pierrot hypnotiseur‹ ins Französische übersetzt (BW Beer-Hofmann 185f.; 205). Hier erhielt er die Anregung, sich selbst mit dieser Figur zu beschäftigen.*

Die Seite, auf der sich die oben aufgeführte Titelliste der Prosagedichte befindet, endet mit der Aufzeichnung: Festtage des Jahres: Feste aller daseinserhöhenden Dämonen; neue Fasten   Das Wort als Venerabile gefeiert, der Weise; die Duse; die Möbel   Lob der Liebe;

Für die erhaltenen Entwürfe zu Prosagedichten aus dem Jahr 1895 (22–25) ist charakteristisch, daß sie fast alle ihren Gegenstand der bildenden Kunst entlehnen. Ihre Motive stammen aus Gemälden von Burne-Jones, Giorgione und Beers. Über ihre Thematik sagt Hofmannsthal: das Bild: Astronomen von Giorgione und König Cophetua u die Bettlerin von Burne Jones   das sind: die Menschen und das Leben *(H V A 6.4).*

Auch die vermutlich 1898 entstandenen Aufzeichnungen Gedicht der Muscheln *(28) und* Betrachtung *(29) sowie die beiden Notizen (30 und 31) vom 19. September 1916 sind als Prosagedichte anzusehen, obwohl Hofmannsthal diesen Begriff ausschließlich im Jahr 1893 verwendet.*

ÜBERLIEFERUNG

1	*H*	*H IV B 194.9 – Die Seite ist* 1. *paginiert.*
2	*N*	*H IV B 123.5*
3	*N*	*H V B 10.125 – Beidseitig beschriebenes Blatt mit der Überschrift* Träumereien u. Träume. *Die Seite beginnt mit einer Aufzeichnung* 22. November ⟨1892⟩, *beim Nachhausegehen von der Duse. (NR 1959, S. 363f.) Auf demselben Blatt Prosagedicht 4.*
4	*N*	*H V B 10.125 – Auf demselben Blatt Prosagedicht 3, siehe dort.*
5	*N*	*H V A 46.6 – Auf der Rückseite Titelliste zu Gedichten.*
	H	*E IV B 61.1–4 – 4 Blätter, 1. – 4. paginiert. Rückseite von pag. 4.: Konvolutdeckblatt mit der Aufschrift:* Prosa V./1893. Gerechtigkeit. *(Steiner, P I 119–121)*

¹ *Von Hofmannsthals Hand.*

6 N *HIVB 123.1 – Auf derselben* **Seite** *und der Rückseite Lektüreliste und Exzerpt zu* Pierrot assassin. *(Steiner, A 101f.)*

7 N *HIVA 87.10 – Auf derselben Seite das Prosagedicht 8.*

8 N *HIVA 87.10 – Auf derselben Seite das Prosagedicht 7. (Steiner, A 102)*

9 N *HIVB 123.3 – Auf derselben Seite Prosagedicht 10, Gesamttitel:* Prosagedichte; *ferner eine Aufzeichnung:* Photografien.

10 N *H VB 123.3 – Auf derselben Seite Prosagedicht 9, siehe dort.*

11 N 1 *H VB 10.53 – Auf derselben Seite Aufzeichnungen.*

    N 2 *H VB 10.22*

    N 3 *H VB 13.21 – Auf derselben Seite, überschrieben:* Variationen über das Thema Tod, *N 2 zur* Geschichte der kleinen Anna.

12 N 1 *E IVB 6.3 – Auf derselben Seite Notizen zu dem Essay* Gabriele d'Annunzio I; *auf der Rückseite Aufzeichnungen.*

    N 2 *H VB 10.124 – Doppelblatt. Auf derselben* **Seite** *und den anderen Seiten Aufzeichnungen, u.a. auch Prosagedicht 13.*

13 N *H VB 10.124ᶜ – Auf demselben Blatt Prosagedicht 12, N 2; siehe dort.*

14 N *H VB 10.66 – Auf derselben Seite die Prosagedichte 15 und 16, ferner:* Exposition einer Marie B.-Comödie.

15 N *H VB 10.66 – Auf derselben Seite die Prosagedichte 14, siehe dort, und 16.*

16 N *H VB 10.66 – Auf derselben Seite die Prosagedichte 14, siehe dort, und 15.*

17 N 1 *H V A 31.5ᵈ – Doppelblatt. Auf demselben Blatt Notizen zu* Richard Dehmel, Dichter, *N 7 zu* Delio und Dafne, *Entwurf zu dem Gedicht* Psyche *und Aufzeichnung* Hebbel. Epigramme.

    N 2 *HIVB 123.4ᵇ – Auf derselben Seite Prosagedicht 18. Auf der Vorderseite Aufzeichnungen.*

18 N *HIVB 123.4ᵇ – Auf derselben Seite Prosagedicht 17, N 2. Auf der Vorderseite Aufzeichnungen.*

19 N 1 *H VB 10.32 – (S. 234, 8–13: Steiner, A 103)*

    N 2 *H VB 10.14*

    H *HIVB 157.1–2 – (NR 1959, S. 368f.)*

20 N *E II 67ᵇ – Doppelblatt. Auf demselben Blatt Entwürfe zu Gedichten, darunter* Ich lösch das Licht ....

21 N *H VII 6 – 2 Seiten im Tagebuch von 1894. (S. 236, 15–27: NR 1959, S. 369)*

22 N 1 *H VB 4.7 – Beidseitig beschriebenes Blatt. Auf demselben Blatt Aufzeichnung, datiert:* Ende Jänner 1895. *(Steiner, A 115f.)*

    N 2 *H VB 4.10*

23 N *H VB 4.11 – Beidseitig beschriebenes Blatt. Auf demselben Blatt N 3 zu* Amgiad und Assad.

24 N 1 *H VB 11.10 – Auf derselben Seite Aufzeichnungen, datiert:* Göding. 19 Mai ⟨1895⟩, *u.a. N 1 zu* Vater und Sohn.

    N 2 *H VB 10.70 – Auf derselben Seite Aufzeichnungen. Auf der Rückseite Briefentwurf von fremder Hand.*

    N 3 *HIVA 39 – (Steiner, A 119)*

25 N *H VB 4.8 – Auf derselben Seite Aufzeichnungen.*

26 N *E II 71.2 – Auf derselben Seite Entwurf zu dem Gedicht* Der Jüngling in der Landschaft.

27 N   *H IV A 87.13*
28 N   *H II 48 – (Steiner, A 128, 130)*
29 N   *H VB 6.22 – Auf der Rückseite Notiz zu* Der Abenteurer und die
         Sängerin. *(Steiner, A 128; Faksimile und französische Übersetzung in
         ›Les Pharaons‹, Paris, August 1973)*   5
30 N   *E IX 30.60*
31 N   *E IX 30.58*

VARIANTEN

5

N   10

Prosagedicht

Der Engel, der aussieht wie ein Holzengel mit blondem Haar und einem
Windhund. Wie ich im Garten sitze in der Frühlingsschwüle. Was wohl der
Engel sagen wird? Etwas kindisch anmuthiges: wie er sich dann hinstellt
und mit unerbittlicher Stimme sagt: Gerechtigkeit. Gerechtigkeit ist das   15
erste. Gerechtigkeit ist das letzte. Wenn Du es nicht begreifst, musst Du
sterben

H

Die Reinschrift enthält nur wenige Varianten. Die wichtigsten:
228, 30 Pfirsichbäumen *danach, gestrichen:* und den blendend weissen Kir- 20
         schenblüthen
228, 34 einer von den *aus* wie die Majolikaengel des Luca della Robbia, die
230, 16 ein *danach, gestrichen:* solches

11

N 2   25

231, 27 Fliegen können *Einschub.*

19
H

Am oberen Rand: Parkgitter 2 Herolde   Stimmungs, nerven leben
235, 11 was vorbei *Stenographie.*   30
235, 13 anrühren *aus* losbinden
235, 33 es dehnen sich *aus* rauschend strecken

23

237, 23–27 in dem ... Daseins *Nachtrag.*

24

N 3

5 *238, 21–29* und dabei ... heiliger. *Nachtrag.*

31

241, 13 f.: Einschub.

241, 15 Zweig *aus* Spahn

ERLÄUTERUNGEN

10 *227, 2–17: Der Entwurf ist in das Jahr 1892 zu datieren. Das bestätigt die Aufschrift eines ehemaligen Konvolutdeckelblattes (H IV B 194.1), die den* Entwurf zu: »die Rose und der Schreibtisch« *im Zusammenhang mit Notizen und Entwürfen zu den folgenden Werken:* Studien über ungarische Balladen, über »Anatol«, Dialog zweier Herren nach einer Soirée *und* Abschnitzel des
15 Ibsenaufsatzes *nennt; alle sind 1892 entstanden. Außerdem enthält dasselbe Blatt eine Lektüre-Liste mit dem Datum* seit 8 October 92.

Ob die folgenden Notizen, die sich auf derselben Seite wie ein Entwurf zu dem oben erwähnten Dialog zweier Herren nach einer Soirée *befinden, auch zu* Die Rose und der Schreibtisch *gehören, ließ sich nicht ausmachen. Sie lauten:*

20 Rosen und Bibel coquettieren miteinander

wir sprechen zweierlei Sprachen; da erinnert sich die Sphinx an ihre Wesenszweiheit und fängt mit einem bronzefaun zu reden an. Ich verstehe das problematische nicht sagte ein englischer Hund.

Baudelaire sagt: ich werde morgen mit Ihnen reden wenn Sie fanierter
25 sind[1]

die Gansfedern zitterten: sie waren sehr unglückliche Wesen: sie erinnern sich dunkel an alles was ich mit ihnen geschrieben habe und die vielen Rätsel und Widersprüche machen sie furchtbar nervös.[2] *(H V B 12.28)*

Interessant ist in diesem Zusammenhang auch eine Tagebuchaufzeichnung Hofmanns-
30 *thals vom Dezember 1892 oder Januar 1893:* ein Zug des Märchenhaften:

---

[1] werde ... sind *mit Ausnahme von* fanierter *in Stenographie. Hierauf folgt ein Absatz, ganz in Stenographie, der sich nicht entziffern ließ.*

[2] sich ... furchtbar *mit Ausnahme von* dunkel *und* Rätsel *in Stenographie.*

Möbel, Geräthe werden lebendig, Heine Harzreise irgendwo
                  Maupassant   wo?
                  Andersen (Schweinslederbände, Schnit-
                  zereien, Zinnsoldat)
                  Stuck; die Schmuckschale *(H VII 4)*.   5
Einige Seiten weiter, unter dem Datum Februar 1893, findet sich noch einmal
eine Liste unter dem Titel: lebendige Geräthe.
    Auf einem Tagebuchblatt mit dem Datum Ende Februar 1893 *notiert sich*
Hofmannsthal:
Wache Gedanken: 1.) die Rose und der Schreibtisch; 2.) eine Novelle, die   10
in Avignon spielen (oder beginnen) soll *(H VII 4). Während im Anschluß*
daran zu der genannten Novelle Notizen folgen (s. S. 25, 18–28), ist von dem
Prosagedicht nur der Titel aufgeführt.

227, 19–26: *Das Prosagedicht enthält Erinnerungen an Hofmannsthals Reise nach*
Südfrankreich, die er im September 1892 zusammen mit seinem Französischlehrer   15
Gabriel Dubray unternommen hatte.
    Der Traum ist wohl identisch mit dem auf S. 30, 21 f. angedeuteten Traum Delios
in der Erzählung Delio und Dafne.

228, 2–7: *Die Gestalt von Alice Morrison machte auf Hofmannsthal einen sehr*
großen Eindruck. Sie entstammte der Familie Todesco und war zweimal verheiratet –   20
wie Hofmannsthal in einem Stammbaum der verschwägerten Familien Todesco und
Gomperz, der zum Roman des inneren Lebens *gehört, in dem auch Alice Morri-*
son eine Rolle spielen sollte, vermerkt – mit 1.) Mr Warner, a traveller 2.) Mr David
Morrison of Calcutta *(H IV A 71.26). Hofmannsthal charakterisiert sie,*
ebenfalls im Roman des inneren Lebens, *als* traurige Hoheit, kühl, abgeschlos-   25
sen *(H V A 31.1). In seinem Tagebuch (H VII 4) notiert er sich im November*
1893:

Alice Morrison: diese königliche schlanke englisch-arabische Schönheit;
Das ergebene, müde Sprechen und die demüthige Kopfhaltung mit nach-
denkenden suchenden Augen beim zuhören;   30

kein Schmuck; nur ein rother Sammtreif im Haar mit einem einzigen
Brillantstern;

der japanische kleine affenartige Sazumahund.

Helden, geistige Grösse, grosse Schicksale, das einzige was sie anzieht; nie
eine subiective Beziehung zu dem Stoff; Savonarola, Spinoza, der Student   35
Sand, Gordon in Chartum

In der im Sommer 1896 geplanten Erzählung Der Schlossbrand *sollte Alice*
Morrison das Vorbild der Schlossherrin sein (vgl. S. 85, 28). Zur gleichen Zeit
wird sie für eine weitere Dichtung Hofmannsthals bedeutungsvoll. Sie ist das Vorbild

des Erben aus dem Lebenslied. *(S. Richard Exner: Hugo von Hofmannsthals
»Lebenslied«. Eine Studie. Heidelberg 1964, S. 84f.)*

228, 34f. einer ... Gottes. *Eine Tagebucheintragung Hofmannsthals vom November 1892 über Lili Schalk lautet:*
5 Lili ...
sie erinnert an irgend einen der Engel des Mantegna, der schlanken Pagen
Gottes, mit goldblondem Haar und stahlblauem Harnisch. *(H VII 4)
Später trug er den folgenden Satz nach:* Gerechtigkeit, eine persönliche Anekdote in Märchenform, im Frühjahr 1893 geschrieben.

10 **231, 16** Yvette Guilbert *(1866–1944) Pariser Diseuse, Begründerin dieses
Genres. Hofmannsthal hatte die Absicht, ihr ein eigenes Prosagedicht zu widmen
(s. S. 397, 37). Am 4. Dezember 1893 schreibt er an Andrian:* Heute abend geh
ich zur Yvette Guilbert und hoffe, sie ist wirklich so wie ich mir sie denke:
halb Trecento, halb voyou[1], Botticelli – madonna am Brettl. Das wär sehr
15 hübsch. *(BW Andrian 17). Ob Hofmannsthal seine Erwartung bestätigt fand,
ließ sich nicht herausfinden.*

231, 18–232, 5: *Die Notizen lassen sich durch die auf derselben Seite wie N 3
befindliche Notiz 2 zur* Geschichte der kleinen Anna *in den Sommer 1893 datieren. Zusammen mit dieser Geschichte, die ursprünglich auch als Prosagedicht geplant
20 war (s. S. 397, 27), sollten sie die Überschrift* Variationen über das Thema Tod
erhalten (s. S. 399, 10f.).
*Seine Gedanken über die Sehnsucht des Antäus nach der Erde in Verbindung mit
dem Tod drückte Hofmannsthal in dem Drama* Alkestis, *das ebenfalls 1893 entstand, aus:*
25 Im Rausch begreifst du alles, auch den Tod!
– Ich würgte einmal einen Riesen tot,
weiß nicht mehr wo, der war der Erde Sohn
und prahlte, durch die Sohlen ströme Kraft
ihm auf, wie durch die Wurzeln in den Baum.
30 Ich hob ihn in die Luft und würgt ihn dort!
Nüchterne Menschen sind wie der arme Narr,
und zappelnd sehnen alle sich zurück
nach ihrem Muttergrund, der Trunkenheit!
Göttliche Art der Trunkenheit vielleicht
35 ist, was wir Totsein heißen! *(Steiner, D I 37).*
*Die Beschäftigung mit der Gestalt des Antäus für dieses Drama gab wohl den
Anstoß zu den vorliegenden Notizen.*
Vgl. auch BW Karg 32, 1–15.

---

[1] *Straßenjunge.*

231, 23: *Max Klinger (1857–1920). Seine erste Radierfolge ›Vom Tode‹ erschien* *1889. Was Hofmannsthal unter einer Klingerschen Landschaft versteht, deutet er* *später einmal in einer Aufzeichnung vom 1. Januar 1895 an, als er eine Fahrt im* *offenen Wagen nach Heiligenkreuz beschreibt:* die Berge weiss mit schwarzen Bäumen, etwas kühnes wie Klinger'sche Radierung, darüber zartblauer Himmel. Am Weg ein Leichenbegängniss. *(H VB 11.8ᵇ)*

232, 7 f.: *Durch die auf derselben Seite enthaltenen Notizen zu dem Essay I über* *Gabriele d'Annunzio, die sicherlich zur gleichen Zeit entstanden, läßt sich das Prosa-* *gedicht in den August 1893 datieren.*

232, 21–28: *Die* Monographie einer Hand *übernahm Hofmannsthal als Ein-* *leitung in seinen 1893 entstandenen Essay* Eduard von Bauernfelds dramatischer Nachlaß *(Steiner, P I 159f.).*

233, 5–11: *Das Stück entspricht dem in der Titelliste angegebenen* intimwerden durch Musik *(s. S. 397, 23).*
    Arnold Böcklin (1827–1901) spielte für Hofmannsthals Dichtung im Jahre *1893 eine große Rolle (s. auch Prosagedicht 19). Die im selben Jahr entstandene* Idylle *hat einen Schauplatz im* Böcklinschen Stil *(SW III 55,1).*
    Ein Aufsatz Hofmannsthals über Franz Stuck erschien 1894 in der ›Neuen *Revue‹.*

234, 22 der heimkehrende Lanzknecht des Böcklin *Arnold Böcklin: ›Die* *Heimkehr‹.*

235, 17 Syrinx *Panflöte.*

236, 11–13: *Durch den Entwurf zu dem Gedicht* Ich lösch das Licht . . . , *der* *sich auf derselben Seite befindet, läßt sich diese Notiz auf den 19. oder 20. Dezember* *1893 datieren.*

236, 15–34: *Durch den Kontext des Tagebuches, in dem es sich befindet, ist* Inter- mezzo *in den Mai 1894 zu datieren.*

237, 3–14: *Anlaß zu diesem Prosagedicht gab das Gemälde ›King Cophetua and* *the beggar maid‹ von Edward Burne-Jones (es befindet sich in der Tate Gallery,* *London). Auch Alfred Tennysons Gedicht ›The beggar maid‹, das dem Gemälde* *zu Grunde lag, war Hofmannsthal sicherlich bekannt. (Die Werke Tennysons be-* *finden sich noch in Hofmannsthals Bibliothek; das Gedicht ist im 4. Band der* *›Poetical works‹, Leipzig 1860, S. 217, enthalten.) Die ursprüngliche Quelle ist die* *schottische Ballade ›The beggar's daughter of Bednall Green‹. Auch Goethe ver-* *wandte den Stoff in seiner ›Ballade‹, die 1813/16 entstand.*
    Über den legendären König Cophetua schreibt Richard Beer-Hofmann in seiner *Erzählung ›Der Tod Georgs‹:* »Einen König trieb es, eine verwaiste Bettlerin die ihn nicht liebte, aus dem Staub zu heben, und seine Macht und Hoheit nach der sie

nicht verlangte, und die stolze Sehnsucht seiner Träume die ihr fremd war, um ihre
dürftigen Kinderschultern zu hängen; und er lebte sein Leben in ihren Diensten, und
breitete seine Siege wie einen Teppich zu ihren Füssen, und nannte sein Thun, das er
selbst nicht fasste, ›Liebe‹ – unwissend, dass er nur auserlesen war, Verheissungen
und den Segen einer sterbenden Mutter, an ihrem Kind zu erfüllen.« Berlin, *1900,*
S. 208.

> *S. auch 398, 21–23.*

237, 20–29: *Das Prosagedicht wird noch einmal auf einem Konvolutdeckel, zusammen mit der* Geschichte von den Prinzen Amgiad und Assad *erwähnt (s. dort, S. 285, 20 f.).*

238, 2–30: *Im September 1928 notiert Hofmannsthal unter der Überschrift* Autobiographisches: Frühe Einwirkung jenes Bildes Kaiser Maximilian spricht mit 8 Hauptleuten in ihren Sprachen *(E IVB 130.5; Steiner, A 243). Dieses Bild des flämischen Historienmalers Jan van Beers (1852–1927) gab die Anregung zu dem vorliegenden Prosagedicht.*

238, 20 f. 3 neue Blätter vom Triumpfzug *Die Holzschnittfolge des Triumphs Kaiser Maximilians I. Sie enthält die ›Ehrenpforte‹ von Albrecht Dürer, Hans Springinklee, Wolf Traut und Albrecht Altdorfer sowie den ›Triumphzug‹ aus der Werkstatt Albrecht Dürers und verherrlicht in monumentaler Weise Abkunft, Leben und geschichtliche Taten des Kaisers.*

239, 3–6: *Der Gegenstand des Bildes von Giorgione aus dem Kunsthistorischen Museum zu Wien ist nicht eindeutig bestimmt. Hofmannsthal nennt es* die 3 Geometer. *In der Forschung trägt es auch die Bezeichnung ›I tre filosofi‹ oder ›I tre Magi che aspettano l'apparizione della stella‹. S. auch S. 398, 21–23.*

239, 8–19: *Durch den auf derselben Seite enthaltenen Entwurf zu dem Gedicht* Der Jüngling in der Landschaft *läßt sich das Prosagedicht in das Jahr 1896 datieren. Es könnte von der Lektüre des ›Vathek‹ von William Beckford beeinflußt sein, die in diese Zeit fällt. (Über die Bedeutung dieses Buches für die Erzählung* Die Frau ohne Schatten *s. SW XXVIII 276, 5–31).*

239, 21 contrées factices *künstliche Landschaften.*

239, 21–28: *Das Prosagedicht läßt sich anhand der Schrift ungefähr in das Jahr 1897 datieren.*

240, 1–29: *Die beiden Prosagedichte sind in das Jahr 1898 oder 1899 zu datieren.*

D' ANNUNZIO L' INNOCENTE

ENTSTEHUNG

Am 29. März 1893 schreibt Hofmannsthal an Stefan George: Darf ich Sie . . .
zu der (auch für Ihr Können) höchlichst gelungenen Nachdichtung der
2 Gedichte von d'Annunzio in den B.f.d.K. herzlich beglückwünschen?   5
Ich kenne von dem bedeutenden Italiener nur die Novelle ›Giovanni
Episcopa‹; ›l'Innocente‹ will ich nächstens ansehen. *(BW 60) Seine Wert-
schätzung von ›L'Innocente‹ findet dann in dem am 9. August 1893 in der ›Frankfurter Zeitung‹ erschienenen ersten Aufsatz über Gabriele d'Annunzio ihren Ausdruck (Steiner, P I 151–153). Wohl unter dem Eindruck der Lektüre und mit dem*   10
*Versuch, diesen für den erwähnten Aufsatz in Worte zu fassen, entstand das vor-
liegende Fragment einer Übersetzung. Es wäre somit in den Sommer 1893 zu datieren.*
*Zwischen Aufzeichnungen zu dem Aufsatz über d'Annunzio fanden sich die
folgenden Notizen über ›L'Innocente‹:*

l'Innocente.   15

Die schweigsame Frau, die ihren ganzen Schmerz, ihre ganze Liebe, ihren
ganzen Hass in e i n e unendlich bedeutungsvolle Geberde legt.
der Kuss auf den Nacken, die Scene mit dem blühenden Weissdorn

Er: willenlos grausam

das Achten auf ein Zucken, einen Laut, die Vibrationen engwohnender   20
Menschen

tu mi guardavi come si guarda un pazzo

tu eri nella mia casa mentre io ti cercavo lontano

Überwache Sinne   S I 119 120 126

Art D e l i r i u m   25

Mädchenhaftigkeit wie die kleine Frau im D. Copperfield
il guanciale pallido men di lei *(E IV B 6.6)*

Kunst des »Innocente«

Kleine Bewegungen die viel verrathen, symbolische Gesten, ein Lächeln,
ein Wort, ein Ton der Stimme, der Hall der Schritte   30

die Poesie eng zusammenlebender sensitiver Menschen

gegenüber Bourget die Intimität des Familienlebens feiner, fast an Flaubert
erinnernd. *(E IV B 6.9)*

ÜBERLIEFERUNG

H   *H II 69 – Beidseitig beschriebenes Blatt, 1. paginiert; die Niederschrift bricht auf der oberen Hälfte der zweiten Seite ab.*

ANEKDOTE

ENTSTEHUNG

In Venedig, im Januar 1904, las Hofmannsthal wieder einmal Lafcadio Hearns Buch ›Kokoro‹, hints and echoes of Japanese inner life‹,[1] das für die Entwicklung seines Denkens eine große Rolle spielte.[2] Wahrscheinlich hierbei kam ihm der Gedanke, die Episode daraus, die den Titel ›At a railway station‹ trägt, zu übersetzen. Ob in dem kurz darauf erfolgten Tode Lafcadio Hearns oder in der Kenntnis von dem Vorhaben des Verlages Rütten & Loening, Frankfurt/Main, das ganze Buch in deutscher Übertragung herauszubringen, der Grund zu suchen ist, daß die Publikation seiner bereits fertigen und für den Druck vorbereiteten Übersetzung nicht zu Stande kam, ließ sich nicht ermitteln.

Am 2. Dezember 1904 veröffentlichte Hofmannsthal in der ›Zeit‹ einen Nachruf auf Lafcadio Hearn, der unverändert als Vorwort in Berta Franzos' 1906 erschienene deutsche Übersetzung des Buches ›Kokoro‹ übernommen wurde. Darin schreibt er über die vorliegende Episode: Da ist das Kapitel, das die Überschrift trägt: ›Auf einer Eisenbahnstation‹. Es ist eine kleine Anekdote. Eine beinahe triviale Anekdote. Eine Anekdote, die nicht ganz frei von Sentimentalität ist. Nur freilich von einem Menschen geschrieben, der schreiben kann, und vorher von einem Menschen gefühlt, der fühlen kann. *(Steiner, P II 106)*

ÜBERLIEFERUNG

H   *H IV A 5.1–4; H IV B 197.12 – 5 Blätter Reinschrift, 1.–5. paginiert, mit der Druckanweisung »petit« und einigen Varianten von fremder Hand. Auf der ersten Seite oben links:* Hofmannsthal.

[1] *Leseliste: H IV A 4.2. Das Exemplar, das in seiner Bibliothek erhalten ist, war in London erschienen, ohne Jahr; das Vorwort trägt das Datum »Kobé, September 15, 1895«.*

[2] *S. Ellen Ritter: Über den Begriff der Praeexistenz bei Hugo von Hofmannsthal. GRM XXII, 1972, S. 197–200.*

VARIANTEN

Die folgenden Varianten wurden von fremder Hand eingetragen:
247, 6   vermuthen *aus* zu sehen erwarten
247, 8   Annahme war *aus* Vermuthungen waren
248, 30 Ein Ton aber *aus* und ein Ton   5

NACHTRAG

CASTELFRANCO: GEIZHALS UND REIFENDER DIEB...

N 1

Castelfranco: Geizhals und reifender Dieb neben einander,

aus einer Dachkammer erwischt der Verzweifelnde den Strick der Glocke.   10

Vögel picken Kirschen und daneben hängt Nachtigall im Gitter, liegen todte
auf der Polenta

N 2

Kleine Stadt: alter Geizhals schiesst mit Bolzen Krammetsvögel um sie auf
Polenta zu essen – sein Erbe fischt unten – Dieb schaut von oben ...   15

hier scheinen alle nur Masken anzuhaben, und ich frage mich wo sie sie alle
ablegen .. nur scheinbar sind alle Ungleichheiten, alles marionettenhaft.
Einer sieht aus dem Fenster oder am Laden vorübergehend – seine Unge-
treue (die er als 16jähr⟨iger⟩ angebetet hat) nun feist geworden, mit einem
andern liebeln. cf. Rousseau, Abenteuer in Piemont, circa 16jährig.   20

ENTSTEHUNG

*Die Notizen entstanden, wie die Aufzeichnungen zu Elektra und Der Park, die
sich jeweils auf derselben Seite befinden, nahelegen, im Jahr 1903. Durch die Erwähnung von Vicenza, wo sich Hofmannsthal im Sommer aufhielt, lassen sie sich noch
näher, auf diesen Zeitraum, datieren.*   25

ÜBERLIEFERUNG

N 1   *H VB 8.51 – Auf derselben Seite Notizen zu Elektra.*
N 2   *H IVB 114.14 – Auf derselben Seite N 10 zu Der Park.*

NACHWORT

Für die Erlaubnis zum Abdruck einer Notiz zur Knabengeschichte *danke ich der Bibliotheca Bodmeriana, Genf Cologny.*

Mein ganz besonderer Dank gilt Herrn Dr. Rudolf Hirsch, Frankfurt/Main, für unzählige Hinweise und Ratschläge, Herrn Professor Dr. Heinz Otto Burger, Tübingen, der die Entstehung des Bandes mit seinem Rat begleitete, sowie Herrn Prof. Dr. Ernst Zinn, Tübingen. Herrn Hans Grüters, Frankfurt/Main, dessen Mitarbeit über den Aufgabenbereich eines Redaktors hinausging, danke ich sehr herzlich, ebenso Herrn Dr. Manfred Pape, Karlsruhe, für die Hinweise auf Parallelstellen im Andreas. *Mein Dank gilt auch Frau Dr. Isolde F. Emich, Wien, für die Entzifferung der stenographischen Passagen und Herrn Dr. Wolfgang Köhler, Frankfurt/Main, der mir die sehr seltene Ausgabe von Dalziel's Tausendund-eine Nacht zur Verfügung stellte.*

Bad Nauheim, im Oktober 1977   *Ellen Ritter*

WIEDERHOLT ZITIERTE LITERATUR

Hugo von Hofmannsthal. Gesammelte Werke in Einzelausgaben. Herausgegeben von Herbert Steiner, Frankfurt:
A   *Aufzeichnungen, 1959*
D I   *Dramen I, 1964*
D II   *Dramen II, 1966*
E   *Die Erzählungen, 1953*
GLD *Gedichte und Lyrische Dramen, 1963*
L III *Lustspiele III, 1956*
P I   *Prosa I, 1956*
P II   *Prosa II, 1959*
P III *Prosa III, 1964*
P IV   *Prosa IV, 1966*

SW   *Hugo von Hofmannsthal. Sämtliche Werke (Vorliegende Ausgabe).*

B I   *Hugo von Hofmannsthal, Briefe 1890–1901. Berlin 1935.*

Hugo von Hofmannsthal – Leopold von Andrian, Briefwechsel. Hrsg. von Walter Perl, Frankfurt 1968.

Hugo von Hofmannsthal – Richard Beer-Hofmann, Briefwechsel. Hrsg. von Eugene Weber, Frankfurt 1972.

Hugo von Hofmannsthal – Eberhard von Bodenhausen. Briefe der Freundschaft. Hrsg. von Dora Freifrau von Bodenhausen, Düsseldorf 1953.

Hugo von Hofmannsthal – Ottonie Gräfin Degenfeld, Briefwechsel. Hrsg. von Marie Therese Miller-Degenfeld unter Mitwirkung von Eugene Weber, Frankfurt 1974.

Briefwechsel zwischen George und Hofmannsthal. Hrsg. von Robert Boehringer; zweite ergänzte Auflage, München und Düsseldorf 1953.

Hugo von Hofmannsthal – Edgar Karg von Bebenburg, Briefwechsel. Hrsg. von Mary E. Gilbert, Frankfurt 1966.

Hugo von Hofmannsthal – Harry Graf Kessler, Briefwechsel 1898–1929. Hrsg. von Hilde Burger, Frankfurt 1968.

Hugo von Hofmannsthal – Arthur Schnitzler, Briefwechsel. Hrsg. von Therese Nickl und Heinrich Schnitzler, Frankfurt 1964.

ABKÜRZUNGEN

BW   *Briefwechsel*

DVjs   *Deutsche Vierteljahresschrift für Literaturwissenschaft und Geistesge-
schichte*

E   *in Signaturen: Eigentum der Erben Hugo von Hofmannsthals, Lagerungs-
ort: z.Zt. FDH*

FDH   *Freies Deutsches Hochstift*

GRM   *Germanisch-Romanische Monatsschrift*

H   *in Signaturen: Eigentum der Houghton Library, Harvard University;
Mikrofilm im FDH*

NR   *Neue Rundschau*

NZZ   *Neue Zürcher Zeitung*

pag.   *pagina, paginiert: Seitenzählung Hofmannsthals*

ERRATA IN SW XXVIII, ERZÄHLUNGEN 1

S. 8, 37   Begonienbeeten *(statt* Pegonienbeeten*)*

S. 28, 29   gekommen *(statt* genommen*)*

S. 67, 6f.   Amphitryon *(statt* Amphytrion*)*

S. 196, 2   ihr *(statt* dir*)*

S. 196, 16   ausgetilgt *(statt* ausgetigt*)*

S. 215, 14   *Prosastücke (statt Prosaschriften)*

S. 216, 13   *34, 28f. (statt 34, 33f.)*

S. 226, 29   *Vor Poèmes zu ergänzen: Petits*

S. 286, 4   *Erzählungen (statt Erzählung)*

S. 366, 30   hältst *(statt* hälst*)*

S. 410, 35   wegzulassende *(statt* wegzulassene*)*

S. 435, 10   *Rahsin (statt Rashin)*

In der Überlieferung zum Märchen der 672. Nacht *wurde ein Blatt (E IV A
53.36) mit Entwürfen zu S. 30,10–15 und 24–27 zu erwähnen vergessen.*

EDITIONSPRINZIPIEN

I. GLIEDERUNG DER AUSGABE

Die Kritische Ausgabe Sämtlicher Werke Hugo von Hofmannsthals enthält sowohl die von Hofmannsthal veröffentlichten als auch die im Nachlaß überlieferten Werke.

GEDICHTE 1|2

I   Gedichte 1

II   Gedichte 2 [Nachlaß]

DRAMEN 1–20

III   Dramen 1
Kleine Dramen: Gestern, Der Tod des Tizian, Der Tor und der Tod, Idylle, Die Frau im Fenster, Das Kleine Welttheater, Der weiße Fächer, Der Kaiser und die Hexe, Vorspiel zur Antigone des Sophokles, Landstraße des Lebens, Gartenspiel, Das Kind und die Gäste, Die treulose Witwe, Die Schwestern u. a.

IV   Dramen 2
Die Hochzeit der Sobeide, Das gerettete Venedig

V   Dramen 3
Der Abenteurer und die Sängerin, Die Sirenetta, Fuchs

VI   Dramen 4
Das Bergwerk zu Falun, Semiramis

VII   Dramen 5
Alkestis, Elektra

VIII   Dramen 6
Ödipus und die Sphinx, König Ödipus

IX   Dramen 7
Jedermann

5   *X   Dramen 8*
Das Salzburger Große Welttheater – Christianus der Wirt, Gott allein kennt die
Herzen [Pantomimen]

XI   Dramen 9
Cristinas Heimreise, Silvia im »Stern«

10   *XII Dramen 10*
Der Schwierige

XIII   Dramen 11
Dame Kobold, Der Unbestechliche

XIV   Dramen 12
15   *Timon der Redner*

XV–XVI   Dramen 13 | 14
Das Leben ein Traum, Der Turm

XVII   Dramen 15
Die Heirat wider Willen, Die Lästigen, Der Bürger als Edelmann [1911 und
20   *1917], Die Gräfin von Escarbagnas, Vorspiel für ein Puppentheater, Szenischer*
Prolog zur Neueröffnung des Josephstädter Theaters, Das Theater des Neuen

XVIII–XIX   Dramen 16 | 17
Trauerspiele aus dem Nachlaß: Ascanio und Gioconda, Die Gräfin Pompilia, Herbst-
mondnacht, Jemand, Xenodoxus, Phokas, Dominik Heintl, Die Kinder des Hauses u.a.

25   *XX–XXII   Dramen 18 | 19 | 20*
Lustspiele aus dem Nachlaß: Der Besuch der Göttin, Der Sohn des Geisterkönigs,
Der glückliche Leopold, Das Caféhaus oder Der Doppelgänger, Die Freunde,
Das Hotel u.a.

REDEN UND AUFSÄTZE 1–5

II. GRUNDSÄTZE DES TEXTTEILS

Es ergibt sich aus der Überlieferungssituation, ob der Text einem Druck oder einer Handschrift folgt. In beiden Fällen wird er grundsätzlich in der Gestalt geboten, die er beim Abschluß des genetischen Prozesses erreicht.

10 *Es bietet sich bei den zu Hofmannsthals Lebzeiten erschienenen Werken in der Regel an, dem Text die jeweils erste Veröffentlichung in Buchform zugrunde zu legen. Sind im Verlauf der weiteren Druckgeschichte noch wesentliche Eingriffe des Autors nachzuweisen, wird der Druck gewählt, in dem der genetische Prozeß zum Abschluß gelangt. Kommt es zu einer tiefgreifenden Umarbeitung, werden beide Fassungen*
15 *dargeboten (hierbei ist die Möglichkeit des Paralleldruckes gegeben).*

Dem Text werden Handschriften zugrunde gelegt, wenn der Druck verschollen, sonstwie unzugänglich, nicht zustandegekommen oder die Werkgenese nicht zum Abschluß gelangt ist. Während die ersten Fälle bei Hofmannsthal nur selten anzutreffen sind, hat der letzte wegen des reichen handschriftlichen Nachlasses eminente
20 *Bedeutung. In all diesen Fällen wird im Textteil die Endphase der spätesten Niederschrift – unbeschadet ihres möglicherweise unterschiedlichen Vollendungsgrades – dargeboten; dazu treten ggf. Vorstufen besonderen Gewichts und inhaltlich selbständige Notizen. Um von kleinen unvollendeten Nachlaßwerken – unabhängig von ihrem Rang – eine Vorstellung zu geben, muß das Vorhandene, das in diesen Fällen oft nur*
25 *aus Notizen besteht, mehr oder minder vollständig dargeboten werden (vgl. IV).*

Im Textteil wird soweit irgend möglich auf Konjekturen und Emendationen verzichtet. Orthographische und grammatische Abweichungen von der heutigen Gewohnheit und Schwankungen in den Werken werden nicht beseitigt. Nur bei Sinnentstellungen und bei eindeutigen Druck- bzw. Schreibfehlern korrigiert der Editor.
30 *Handschriftliche Notizen und Entwürfe werden in der Regel typographisch nicht normiert.*

III. VARIANTEN UND ERLÄUTERUNGEN (AUFBAU)

Dieser Teil gliedert sich wie folgt:

1. Entstehung
   Unter Berücksichtigung von Zeugnissen und Quellen wird über die Entstehungs-
   geschichte des jeweiligen Werkes berichtet (vgl. III/4).

2. Überlieferung
   Die Überlieferungsträger werden (möglichst in chronologischer Folge) sigliert und
   beschrieben.
   a) die Handschriften- bzw. Typoskriptbeschreibung nennt: Eigentümer, La-
      gerungsort, gegebenenfalls Signatur, Zahl der Blätter und der beschriebenen
      Seiten;[1] sofern sie wesentliche Schlußfolgerungen erlauben, auch Format
      [Angabe in mm], Papierbeschaffenheit, Wasserzeichen, Schreibmaterial,
      Erhaltung.
   b) Die Druckbeschreibung nennt: Titel, Verlagsort, Verlag, Erscheinungsjahr,
      Auflage, Buchschmuck und Illustration; bei seltenen Drucken evtl. Standort
      und Signatur.
   Die Rechtfertigung der Textkonstituierung erfolgt bei der Beschreibung des dem
   Text zugrundeliegenden Überlieferungsträgers.

3. Varianten (vgl. IV und V)

4. Erläuterungen
   a) Die unter 1. verarbeiteten Zeugnisse und Quellen werden – ggf. ausschnitt-
      weise – zitiert und, wo nötig, erläutert.
   b) Der Kommentar besteht in Wort- und Sacherklärungen, Erläuterungen zu
      Personen, Zitatnachweisen, Erklärungen von Anspielungen und Hinweisen
      auf wichtige Parallelstellen. Auf interpretierende Erläuterungen wird grund-
      sätzlich verzichtet.
   Literatur wird nur in besonderen Fällen aufgeführt; generell werden die einschlä-
   gigen Bibliographien vorausgesetzt.

---

[1] *Beispiel: Die Signatur E III 89.16–20 (lies: Eigentum der Erben Hugo von Hof-*
mannsthals, Lagerungsort: z. Zt. FDH | Handschriftengruppe III | Konvolut 89 | Blät-
ter 16 bis 20) schließt, sofern nichts Gegenteiliges gesagt wird, die Angabe ein, daß die
5 Blätter einseitig beschrieben sind. Ein [b] (z. B. E III 220.1[b]) bezeichnet die nicht
signierte Seite eines beidseitig beschriebenen Blattes; diese gilt als Rückseite. [c] und [d] be-
zeichnen entsprechend die dritte und vierte Seite eines Doppelblattes. – Ausführliche
Beschreibung des Sachverhalts kann hinzutreten.

IV. GRUNDSÄTZE DER VARIANTEN-DARBIETUNG

Kritische Ausgaben bieten die Varianten in der Regel vollständig dar. Hiervon weicht das Verfahren der vorliegenden Ausgabe auf zweierlei Weise ab:

Die Darbietung der Werkvorstufen konzentriert sich entweder auf deren abgehobene
5 *Endphasen oder erfolgt in berichtender Form.*

Da beide Verfahren innerhalb der Geschichte Kritischer Ausgaben neuartig sind, bedürfen sie eingehender Begründung.

Die Herausgeber haben sich erst nach gründlichen Versuchen mit den herkömmlichen Verfahren der Varianten-Darbietung zu den neuen Verfahren entschlossen. Die
10 *traditionelle und theoretisch verständliche Forderung nach vollständiger Darbietung der Lesarten erwies sich in der editorischen Praxis als unangemessen. Hierfür gab es mehrere Gründe:*

Die besondere Art der Varianz bei Hofmannsthal wäre zumeist nur unter sehr großem editorischem Aufwand – d.h.: nur mittels einer extrem ausgebildeten Zei-
15 *chenhaftigkeit der Editionsmethode – vollständig darstellbar. Als Ergebnis träten dem Leser ein Wald von Zeichen und eine Fülle editorisch bedingter Leseschwierigkeiten entgegen. Besonders bei umfangreichen Werken, z.B. Dramen, deren Varianten sich über Hunderte von Seiten erstrecken würden, wäre ein verstehendes Lesen der Varianten kaum mehr zu leisten. Vor allem aber ergäbe die Vollständigkeit für die*
20 *Erkenntnis des Dichterischen, der Substanz des Hofmannsthalschen Werkes relativ wenig. Die Varianz erschöpft sich auf weite Strecken in einem Schwanken zwischen nur geringfügig unterschiedenen Formulierungen. Der große editorische Aufwand stünde in keinem Verhältnis zum Ergebnis. Überdies wäre die Ausgabe in der Gefahr, nie fertig zu werden.*

25 *Zur Entlastung der Genese-Darbietung wurden daher die oben erwähnten Verfahren des Abhebens und des Berichtens entwickelt.[1]*

Die Abhebung der Endphase[2] wird insbesondere bei Vorstufen solcher Werke angewendet, die Hofmannsthals Rang bestimmen.

Die Entscheidung für die Darbietung der abgehobenen Endphase beruht darauf,

---

30 [1] *Zwei Werke, deren editorische Bearbeitung vor der Entwicklung dieser entlastenden Verfahrensweisen schon weitgehend beendet war –* Ödipus und die Sphinx *und* Timon der Redner *–, erscheinen mit vollständiger Variantendarstellung. Diese dient so zugleich als Beispiel für Art und Umfang der Gesamt-Varianz Hofmannsthalscher Werke. Die hier geltenden Richtlinien werden im Apparat dieser Werke erläutert. Für die Varianten-*
35 *Darbietung im* Rosenkavalier *wurde ein eigenes Verfahren entwickelt.*

[2] *Steht die abzuhebende Endphase dem im Textteil gebotenen Wortlaut (oder der Endphase des im Abschnitt »Varianten« zuvor dargebotenen Überlieferungsträgers) sehr nahe, so werden ihre Varianten, gegebenenfalls in Auswahl, lemmatisiert, oder es wird über den betreffenden Überlieferungsträger lediglich berichtet.*

daß sie nicht einen beliebigen, sondern einen ausgezeichneten Zustand der jeweiligen Vorstufe bzw. Fassung darstellt. Sie ist dasjenige, was der Autor ›stehengelassen hat‹, sein jeweiliges Ergebnis. Als solchem gebührt ihr die Darbietung in vorzüglichem Maße.

So ist auch ein objektives Kriterium für die ›Auswahl‹ der darzustellenden Varian 5 *ten gefunden. Das bedeutet sowohl für den Editor als auch für den Leser größere Sicherheit und Durchsichtigkeit gegenüber anderen denkbaren Auswahlkriterien. Ein von der Genese selbst vorgegebenes Prinzip schreibt dem Editor das Darzubietende vor. Dieser ›wählt‹ nicht ›aus‹, sondern ›konzentriert‹ die Darbietung der Genese gemäß derjenigen Konzentration, die der Autor selbst jeweils vornahm. Der* 10 *leitende editorische Gesichtspunkt hat sich, der Hofmannsthalschen Schaffensweise gemäß, gewandelt. Die Abfolge der jeweiligen Endphasen – von den ersten Notizen über Entwürfe und umfangreichere Niederschriften bis hin zu den dem endgültigen Text schon nahestehenden Vorstufen bzw. Fassungen – ist die Abfolge nicht mehr der lückenlosen Genese, sondern ihrer maßgebenden Stationen.* 15

Der Bericht wird dagegen als bevorzugte Darbietungsform der Varianten solcher Werke verwendet, deren Rang den der Werke in der zuvor beschriebenen Kategorie nicht erreicht.[1] Der Bericht, der in jedem Fall auf einer Durcharbeitung der Gesamtgenese beruht, referiert gestrafft über die wesentlichen Charakteristika des betreffenden Überlieferungsträgers; er weist auf inhaltliche und formale Besonderheiten hin und 20 *hebt gegebenenfalls Eigentümlichkeiten der Varianz, auch zitatweise, hervor. Die Berichtsform wird durch eine Fußnote im Abschnitt »Varianten« kenntlich gemacht.[2]*

Sowohl den abgehobenen Endphasen als auch den Berichten werden in Ausnahmefällen ausgewählte, wichtige Binnen- bzw. Außenvarianten[3] der jeweiligen Überlieferungsträger hinzugefügt. Bevorzugt werden dabei Varianten, die ersatzlos gestrichen 25 *sind, und solche, deren inhaltliche oder formale Funktion erheblich von der ihres Ersatzes abweicht.*

Diese Binnen- bzw. Außenvarianten werden mit Hilfe der im Abschnitt V erläuterten Zeichen dargestellt.

---

[1] *Ist ein Werk einer dieser Kategorien nicht eindeutig zuzuweisen, so wird dem durch eine* 30 *weitgehend gleichwertige Anwendung des Abhebens bzw. Berichtens Rechnung getragen.*
[2] *In den Fällen, in denen bei kleinen unvollständigen Nachlaßwerken das Vorhandene mehr oder minder vollständig im Text geboten wird (vgl. II), erscheint in den »Varianten« etwa auftretende wichtige Binnenvarianz.*
[3] *Binnenvarianz: Varianten innerhalb ein und desselben Überlieferungsträgers – Außen* 35 *varianz: Varianten zwischen zwei oder mehreren Überlieferungsträgern.*

V. SIGLEN · ZEICHEN

Siglen der Überlieferungsträger:

H	*eigenhändige Handschrift*
h	*Abschrift von fremder Hand*
t	*Typoskript (immer von fremder Hand)*
tH	*eigenhändig überarbeitetes Typoskript*
th	*von fremder Hand überarbeitetes Typoskript*
D	*autorisierter Druck*
DH	*Druck mit eigenhändigen Eintragungen (Handexemplar)*
Dh	*Druck mit Eintragungen von fremder Hand*
d	*wichtiger posthumer Druck*
N	*Notiz*

Alle Überlieferungsträger eines Werkes werden in chronologischer Folge durchlaufend mittels vorangestellter Ziffer und zusätzlich innerhalb der Gruppen H, t, D mittels Exponenten gezählt: 1 H^1 2 t^1 3 H^2 4 D^1.

Ist die Ermittlung einer Gesamt-Chronologie und also eine durchlaufende Zählung aller Überlieferungsträger unmöglich, so werden lediglich Teilchronologien erstellt, die jeweils die Überlieferungsträger der Gruppen H, t, D umfassen. Die vorangestellte Ziffer (s. o.) entfällt hier also.

Gelingt die chronologische Einordnung nur abschnittsweise (z.B. für Akte oder Kapitel), so tritt entsprechend ein einschränkendes Symbol hinzu: I|1 H^1.

Lassen sich verschiedene Schichten innerhalb eines Überlieferungsträgers – aufgrund evidenter graphischer Kriterien – unterscheiden, so werden sie fortlaufend entsprechend ihrer chronologischen Abfolge gezählt: 1,1 H^1 1,2 H^1 1,3 H^1.

Da eine chronologische Anordnung von Notizen oft schwer herstellbar ist, werden diese als N 1, N 2 ... N 75 durchlaufend gezählt, jedoch – wenn möglich – an ihren chronologischen Ort gesetzt.

Das Lemmazeichen] trennt den Bezugstext und die auf ihn bezogene(n) Variante(n). Die Trennung kann auch durch (kursiven) Herausgebertext erfolgen. Umfangreiche Lemmata werden durch ihre ersten und letzten Wörter bezeichnet, z.B.: Aber ... können.]

Besteht das Lemma aus ganzen Versen oder Zeilen, so wird es durch die betreffende(n) Vers- oder Zeilenzahl(en) mit folgendem Doppelpunkt ersetzt. Das Lemmazeichen entfällt.

Die Stufensymbole

I	II	III
A	B	C
(1)	(2)	(3)
(a)	(b)	(c)
(aa)	(bb)	(cc)

dienen dazu, die Staffelung von Variationsvorgängen wiederzugeben. »Eine (2) kün-
digt . . . an, daß alles, was vorher, hinter der (1) steht, jetzt aufgehoben . . . ist;
ebenso hebt die (3) die vorangehende (2) auf, das (b) das (a) und das (c) das (b) . . .«
(Friedrich Beißner, Hölderlin. Sämtliche Werke, Große Stuttgarter Ausgabe, I, 2,
S. 319).

Die Darstellung bedient sich bei einfacher Variation primär der arabischen Zif-
fern. Bei stärkerer Differenzierung des Befundes treten die Kleinbuchstaben-Reihen
hinzu. Nur wenn diese 3 Reihen zur Darbietung des Befundes nicht ausreichen,
beginnt die Darstellung bei der A- bzw. I-Reihe.

Die Stufensymbole und die zugehörigen Varianten werden in der Regel vertikal
angeordnet. Einfache Prosavarianten können auch horizontal fortlaufend dargeboten
werden.

Ist die Variation mit einem von der Grundschicht abweichenden Schreibmaterial
vollzogen worden, so treten zum betreffenden Stufensymbol die Exponenten S für
Bleistift, T für Tinte.

Einfache Variation wird vorzugsweise mit Worten wiedergegeben. An die
Stelle der stufenden Verzeichnung treten dann Wendungen wie »aus«, »eingefügt«,
»getilgt« u.s.f.

Werden Abkürzungen aufgelöst, so erscheint der ergänzte Text in Winkelklam-
mern ⟨ ⟩ in aufrechter Schrift; der Abkürzungspunkt fällt dafür fort. Bei Ergän-
zung ausgelassener Wörter wird analog verfahren.

Kürzel und Verschleifungen werden stillschweigend aufgelöst, es sei denn, die Auf-
lösung hätte konjekturalen Charakter.

Unsicher gelesene Buchstaben werden unterpunktet, unentzifferte durch möglichst
ebensoviele xx vertreten.

INHALT

Einband- und Umschlaggestaltung: Dieter Kohler
Gesetzt aus der Monotype Garamond Antiqua
Satz und Druck: Druckerei Gebr. Rasch & Co., Bramsche
Einband: Realwerk G. Lachenmeier GmbH u. Co. KG, Reutlingen
Papier: Scheufelen, Lenningen
Iris-Leinen der Vereinigten Göppinger-Bamberger-Kalikofabrik, GmbH, Bamberg